国家级一流本科专业（公安情报学）建设成果
国家级一流本科专业（网络安全与执法）建设成果
新型工业化·新计算·数据科学技术与应用系列

U0663025

DATA SCIENCE

公安大数据 应用基础

（第2版）

邱明月　陈俊霭◎主编

高宇　朱庆辉　张慧◎副主编

王新猛◎主审

电子工业出版社

Publishing House of Electronics Industry

北京·BEIJING

内 容 简 介

本书以公安大数据应用型教改实践为出发点，以公安实战案例化教学思想为导向，将教学内容合理地划分为 3 个模块：大数据理论模块(第 1 章)，主要介绍大数据与人工智能技术的概念、发展、应用和常用的数据挖掘工具，旨在使读者初步理解大数据；数据分析与挖掘模块(第 2～9 章)，主要介绍 SPSS Modeler 软件、数据清洗、时间序列分析、决策树、人工神经网络、Logistic 回归分析、关联分析和聚类分析，充分结合公安大数据的特点，给出多个实战型、功能型案例；数据可视化模块(第 10 章)，主要介绍数据可视化的基本概念和操作，给出 6 个典型、完整的公安工作中的数据可视化案例，提高读者的数据可视化处理能力。

本书适合作为公安类本科院校和高职高专院校大数据相关课程的教材及参考书，也可供相关技术人员参考。

图书在版编目（CIP）数据

公安大数据应用基础 / 邱明月，陈俊霭主编.
2 版. -- 北京 : 电子工业出版社, 2025. 7. -- ISBN 978-7-121-50735-9

Ⅰ. D631-39

中国国家版本馆 CIP 数据核字第 2025C76Q80 号

责任编辑：刘 瑶
印　　刷：三河市双峰印刷装订有限公司
装　　订：三河市双峰印刷装订有限公司
出版发行：电子工业出版社
　　　　　北京市海淀区万寿路 173 信箱　　　邮编：100036
开　　本：787×1 092　1/16　印张：18　　字数：461 千字
版　　次：2020 年 2 月第 1 版
　　　　　2025 年 7 月第 2 版
印　　次：2025 年 7 月第 1 次印刷
定　　价：69.00 元

凡所购买电子工业出版社图书有缺损问题，请向购买书店调换。若书店售缺，请与本社发行部联系，联系及邮购电话：(010)88254888，88258888。

质量投诉请发邮件至 zlts@phei.com.cn，盗版侵权举报请发邮件至 dbqq@phei.com.cn。

本书咨询联系方式：liuy01@phei.com.cn。

前　言

大数据备受各界重视，成为就业前景广阔的领域，大数据人才的短缺将严重制约大数据行业的发展。与此同时，保障社会稳定的相关政府部门，对大数据人才的需求也非常旺盛。在公安领域，相关技术紧跟社会发展的步伐不断更新迭代，因此，在大数据时代的公安工作中，不可避免地会使用大数据技术进行侦查和分析。编写本教材的目的是培养能在互联网侦查、公安情报、公安大数据等业务中从事大数据处理、分析、预测和运维工作的复合型、应用型、技术型人才。

本书为国家级一流本科专业(公安情报学)和国家级一流本科专业(网络安全与执法)建设成果，编者常年从事公安情报、公安大数据建模的教学与科研工作。我们知道，掌握基础计算机知识，但不太了解数据挖掘的原理和方法，渴望通过数据挖掘技术解决公安工作中的问题的读者有很多。所以，本书在编写时着重考虑以下 3 个要点：

(1) 以公安实战案例为线索，介绍数据清洗、数据挖掘、数据可视化的方法和流程；

(2) 避免罗列较多的数学公式，侧重介绍数据挖掘的核心思想和基本原理；

(3) 语言通俗易懂，操作过程翔实，图文并茂。

本书的特点是内容模块化、教学目标实用化、教学案例标准化、教学流程图表化，着重体现了以"应用型"为目标的教学特点，集设计性、通俗性、实战性于一体，重点在于提高读者的公安大数据应用能力，使读者轻松掌握所学的知识，达到事半功倍的效果。本书配有PPT、源代码、全部案例文件，读者可登录华信教育资源网(www.hxedu.com.cn)免费下载。

本书适合作为公安类本科院校和高职高专院校大数据相关课程的教材及参考书，也可供相关技术人员参考。

本书由邱明月、陈俊霭任主编，由高宇、朱庆辉、张慧任副主编，由王新猛任主审。本书共 10 章，其中，邱明月、陈俊霭编写第 1～6 章，设计了本书案例、组织架构，并进行全书统稿；高宇、朱庆辉、张慧编写第 7～10 章，并负责书中模型的测试。

由于编者水平有限，错误之处在所难免，恳请广大读者和专家批评指正。

编　者

目　　录

大数据理论模块

数据分析与挖掘模块

数据可视化模块

大数据理论模块

第1章

大数据与人工智能技术理论

当前，大数据已成为数字化时代的核心生产要素，其来源涵盖互联网、物联网、政务系统或各种信息系统。传统的信息系统以个体信息生产和局部查询统计为主，处理的数据量有限，输出多为单一主题的统计结果；而大数据技术则面向全局，通过对海量数据(TB 级甚至 PB 级)的深度挖掘与分析，揭示复杂关联规律，为决策提供更全面的支持。

大数据处理流程包括数据采集、数据预处理、数据分析、数据挖掘、数据可视化等环节，每个环节都面临不同程度的技术挑战。随着人工智能与大模型技术的快速发展，大数据处理正从传统的"数据驱动"向"知识驱动"演进，深度学习、自然语言处理等技术大幅提升了数据价值的挖掘能力，尤其在公共安全领域，智能化的数据分析正推动警务模式向精准预测、主动防控转型。

1.1 大数据的基本概念

1.1.1 大数据的定义

大数据的概念起源于天文学、基因学等面临海量数据处理需求的学科领域。当传统计算机内存和处理能力难以应对这些学科产生的庞大数据量时，科学家们被迫开发新的数据处理工具和方法体系，从而催生了大数据技术的雏形。

从本质上看，大数据是指无法通过传统数据处理工具在合理时间内完成采集、管理和处理的超大规模数据集。其核心特征体现在五个维度(5V 特征)：体量大(Volume)、数据类型繁多(Variety)、价值密度低(Value)、处理速度快(Velocity)、数据真实性(Veracity)。在技术实现层面，大数据与分布式计算(如 Hadoop/Spark)、机器学习、数据可视化等技术深度融合，形成了包括数据采集、存储、处理、分析和应用在内的完整技术生态。特别值得注意的是，现代大数据已突破传统互联网数据的范畴，扩展至物联网终端数据、空间地理信息数据、生物特征数据、社会行为数据等。利用新的处理模式，大数据具有了更强的决策力和洞察力，提供更全面的态势感知和更精准的预测能力。归根结底，通过大数据技术可以快速处理不同种类的数据，推动数据处理范式从"描述性分析"向"预测性分析"和"认知计算"演进，从而获得更有价值的信息。

1.1.2 大数据的本质

人类历史上经历过四次信息革命。第一次信息革命创造了语言。语言是即时变换和传递信息的工具，人类通过它建立相互关系、认识世界。语言表明人类开始表达、认识世界并开始作用于世界。语言产生思维，但语言的限制和缺点是无法突破个体的时空界限，信息无法长期保存。第二次信息革命创造了文字，使用文字作为信息的载体，可以使知识、经验长期得到保存，实现了人类远距离和跨时空的思想传递。文字虽然突破了时空上的限制，但是需要耗费较高的交流成本和传播成本。第三次信息革命发明了造纸与印刷术，极大地促进了信息的共享和文化的普及，促进知识的大众化普及，但传播速度仍受物理载体限制。第四次信息革命实现了电子通信(信息化)，电报、广播、电视实现了文字、声音和图像信息的远距离即时传递，为电子计算机与互联网奠定了基础。

目前，人类正处在第五次信息革命的浪潮中，其标志是电子计算机、互联网与人工智能，其特点是将所有的信息全部归结为数据、表达为数据，将一切信息转化为可计算的数字形式。电子计算机和互联网的有效结合，使信息的传递速度和处理速度得到了巨大的提高，使人类掌握信息、利用信息的能力达到了空前的高度。大数据的本质就是人类社会信息革命发展的第五阶段产物，是信息数字化进程的必然结果。

1. 信息

从哲学本体论角度来看，信息可定义为事物的存在方式和运动状态的表现形式。事物是指存在于人类社会、思维活动中一切可能的对象；存在方式是指事物的内部结构和外部联系；运动状态是指事物在时空变化过程中表现出的特征和规律。

从认识论角度来看，信息是主体感知或表述的事物的存在方式和运动状态。主体感知的是外部世界向主体输入的信息，主体表述的则是主体向外部世界输出的信息，信息是主客体交互过程中产生的意义建构。

2. 数据

数据是指能够客观反映事实的数字和资料，是客观世界在特定维度上的量化表征，是构成信息的基本单元。数据按表征维度可分为反映事物本质属性的定性数据和刻画事物数量特征的定量数据；按载体形式可分为数字数据和模拟数据，模拟数据又可分为符号数据、文字数据、图形数据和图像数据等。

数据在 IT 领域是指可以输入计算机的一切字母、数字、符号，具有一定意义，能够被程序处理，是信息系统的组成要素。数据可以被记录或传输，并通过外围设备在物理介质上被计算机接收，经过处理而得到结果。计算机系统的每个操作都要处理数据，数据在通过转换、检索、归并、计算、制表和模拟等操作，经过解释并被赋予一定的意义之后，便成了信息。分析数据中包含的主要特征，就是对数据进行采集、录入、存储、检验、分析等一系列操作。

3. 数据与信息

数据是信息的载体，信息是有背景的数据，而知识是经过人类的归纳和整理，最终呈现出规律的信息。进入信息时代之后，"数据"二字的内涵开始扩大：不仅指有根据的数字，还指一切保存在计算机中的信息，包括文本、图像、视频等。这是因为在 20 世纪 60 年代，计算机软件取得了巨大进步，人们发明了数据库。此后，数字、文本、图像等都可以不加区分地被保存在数据库中，数据也逐渐成为数字、文本、图像等的统称，即"信息"的代名词。

简单地说，信息是经过加工的数据，或者说，信息是数据处理的结果。信息与数据是不可分离的，数据是信息的表现形式，信息是数据的内涵。数据本身并没有意义，数据只有在对实体行为产生影响时才会成为信息。信息可以离开计算机独立存在；而数据的格式往往与计算机有关，并随着承载它的物理设备的改变而改变。因此，大数据可以视为依靠信息技术支持的信息群。

1.1.3　大数据的分类

1．基于数据来源

大数据根据其产生源头可分为 4 类：科研大数据、互联网大数据、感知大数据和企业大数据。

1)科研大数据

科研数据在大数据时代前就存在，可能来自生物工程、天文望远镜或粒子对撞机，不一而足。这些数据存在于封闭系统中，使用者都是传统的做高性能计算(HPC)的企业，很多大数据技术来源于 HPC。科研数据存在于具有极高计算速度且性能优越的机器中，如欧洲核子研究中心的大型强子对撞机，其在满负荷的工作状态下每秒可以产生 PB 级的数据。

2)互联网大数据

互联网大数据是时代的主流，社交媒体成为近年来大数据的主要来源。几乎所有的大数据技术都源于快速发展的互联网企业。例如，以搜索引擎著称的百度与谷歌的数据规模都已经达到 EB 至 ZB 的级别，而 Facebook、亚马逊、阿里巴巴的总数据存储量也都已突破上千 PB。互联网数据增长理论包括梅特卡夫定律(互联网企业的价值与用户数的平方成正比)和扎克伯格反复引用的信息分享理论——一个人分享的信息每一到两年翻一番。

3)感知大数据

进入移动互联网时代后，移动平台的感知功能和 LBS(Location Based Service，基于位置的服务)的普及，使感知数据与互联网数据逐渐重叠。感知数据的体量同样惊人，并且总量可能不低于互联网数据。

4)企业大数据

企业数据种类繁杂。企业数据和感知数据本质上并不是依据MECE(不重复、不遗漏)划分的，企业同样可以通过物联网收集大量的感知数据，之所以把它们分为两类，是因为企业数据是由人产生的，而感知数据是由传感器等机器产生的。企业外部数据日益吸纳社交媒体数据，内部数据不仅包括结构化数据，还包括越来越多的非结构化数据，由早期的电子邮件和文档文本等扩展到多种多样的音频、视频、图像、模拟信号等。企业数据和感知数据都涉及传统产业，在经济总量上要比互联网产业大很多，但是传统产业自身的大数据处理能力有限，所以是大数据技术和服务企业的主要目标市场。

2．基于使用主体

基于使用主体，大数据可分为 3 类：政府大数据、企业大数据、个人大数据。

1)政府大数据

各级政府各个机构拥有海量的原始数据，构成社会发展与运行的基础，包括形形色色的环保、气象、电力等生活数据，道路交通、自来水、住房等公共数据，安全、海关、旅游等管理数据，教育、医疗、金融等服务数据。在具体的政府单一部门中，无数数据被固化而没有产生任何价值，如果关联这些数据并使其流动起来，进行综合分析、有效管理，将产生巨大的社会价值和经济效益。

现代城市依托互联网从智能走向智慧，无论是智能电网与智慧医疗，还是智能交通与智慧城市，都离不开大数据的支撑，大数据是智慧城市的核心。建设智慧城市，大数据可以在方方面面提供决策与支持。

2）企业大数据

企业离不开数据，在大数据的帮助下，企业能为快速膨胀的消费者群体提供差异化的产品或服务，实现精准营销。互联网企业应该依靠大数据实现服务升级与方向转型，传统企业面临无处不在的互联网压力，同样必须谋求变革并不断前进。

随着信息技术的发展，数据成为企业的核心资产和基本要素。互联网时代，互相自由连通的外部数据的重要性逐渐超过单一的内部数据，企业个体的内部数据更难以和整个互联网数据相提并论。综合提供数据、推动数据应用、整合数据加工的新型公司明显具有竞争优势。大数据时代产生了很多影响巨大的互联网企业，而传统 IT 企业随着网络社会的到来也开始进入互联网领域，用云计算与大数据技术改善产品、提升平台、实现升级，这两类公司互相借鉴，相互合作，彼此竞争。

3）个人大数据

每个人都能通过互联网建立属于自己的信息中心，积累、记录、采集、存储个人的一切信息。经过本人授权，个人相关信息可以被转化为有价值的数据被第三方采集，这些数据经过快速处理，可用于个性化的数据服务。各种可穿戴设备都可以通过感知技术获得个人数据，包括但不限于体温、心率等各类健康数据及社会关系、地理位置、购物活动等各类社会数据。

采集个人数据应该明确按照国家法律要求，数据只有由用户明确授权后才能被采集处理。用户可以选择将个人健康数据授权给医疗服务机构，以便监测当前的身体状况，拟定私人健康计划；还能把个人金融数据授权给专业的金融理财机构，以便拟订相应的理财计划并预测收益。

1.1.4　大数据的特征

1. 体量巨大，种类繁多

随着互联网应用的普及和物联网设备的激增，全球数据总量正以惊人的速度增长，数据类型已从传统的结构化数据扩展到包含视频监控流、社交媒体图文、传感器日志等 300 余种格式的多模态数据。挖掘这些类型不同的数据之间的相关性是大数据技术的主要任务。以智慧城市为例，通过交叉分析供水系统压力数据和交通卡口流量数据，可发现居民用水高峰与通勤拥堵之间存在的潜在关联。

2. 开放，容易获取

采集大数据不是为了存储，而是为了分析。大数据不仅存在于特定的政府机构和企业中，而且存在于社会生活的生产过程中。电信公司采集客户的电话通信记录，电子商务网站整合消费者的各种信息，这些企业通过挖掘海量数据增强自身能力，改善运营服务，实现商业智能化，进而获得更多的经济效益。如今，在数据共享理念推动下，各国政府和企业通过开放 API 接口提供数据服务，美国甚至主动开源了其政府大数据网站 Data.gov。开源成了大数据时代的基本特征，并产生了巨大的社会影响。

3. 显著的社会预测价值

基于全量数据分析的预测能力正在改变传统决策模式。例如，推出《纸牌屋》的美国 Netflix 公司，其团队通过采集 3000 万名用户的播放动作(包括打开、暂停、快进、倒退等动作)，分析用户的评论与搜索内容，从导演、演员、题材、情节、类型等各方面了解公众欣赏节目的习惯。该公司改变了视频的传统制作方式，用计算方法和逻辑分析替代了以前的生产方式，通过大数据使节目获得更多的关注。人们极为关注大数据预测社会问题的功能，在社会科学领域，大数据将发挥越来越重要的作用。

4．重视发现而非实证

实证研究强调建立理论假设，设定范围、随机抽样，定量调查采集数据，进而证伪或证实理论假设。大数据方法论强调发现而非实证。区别于传统抽样调查，大数据分析采用全量数据处理技术，借助机器学习算法从海量数据中自动发现关联规则，从而发现知识、预测前景、探索未知、发现机遇。大数据预见未来依靠的是自下而上的数据采集、处理，大数据能在不依赖理论假设的前提下去发现知识、洞察趋势、找到规律。通常，在数据挖掘过程中，不做刻板假设，虽然具有未知性，但结果有效且实用。此外，大数据重视全体、忽略抽样。大数据是指信息技术自动采集、存储的海量数据，可以通过对其进行快速分析而得到结果。随着存储设备成本的不断下降，计算机性能的日趋进步，人们处理大数据的能力快速提升，数据挖掘算法被持续改进，逐渐消除了小概率事件的不确定性，大数据在理论上更加重视全体数据。

5．非结构化数据越来越多

数据挖掘重视未知的有效信息和实用知识。非结构化数据越来越多，是大数据发展的突出特征。目前，人们处理的超过 90%的数据都是非结构化数据。社交媒体每时每刻都在产生海量文本、图像、视频等数据，使有价值的数据隐藏其中。大数据技术则从海量数据中挖掘、分析人们的态度和行为，呼应舆情监测的社会需求和企业的重大商机。非结构化数据的增多使社会产生了新的需求，技术发生了新的变革，Hadoop(一种分布式系统基础架构)、NoSQL(非关系型数据库)及 MapReduce(一种编程模型，用于大规模数据集的并行运算)等技术开始流行，IT 新技术不断涌现。

1.1.5　大数据的功能

1．连接功能

现代社会中，各类平台通过大数据技术实现了前所未有的连接广度与深度。以互联网三巨头为例：百度连接了信息与用户，阿里巴巴连接了商品与消费者，腾讯连接了人与人。无数的连接都是建立在数据基础上的，大数据具有强大的连接功能。

2．反馈功能

大数据的反馈功能实现了对社会运行的精准刻画。大数据将会反馈所连接的事物、空间和时间，通过数据记录反馈物体的移动，人们的个人爱好、行为习惯、活动轨迹、运动规律等。这些反馈不仅具有实时性，更具备传统手段无法实现的多维特征。

3．揭示功能

大数据通过挖掘数据间的隐性关联，能够揭示事物内部和外部的相关性，这些相关性揭示了事物的真相和规律，也改变了我们认识和改造世界的方式，将会为个人、企业、社会带来巨大价值。

1.1.6　大数据处理流程

大数据处理的完整流程包含数据采集、存储、分析和可视化四个关键环节。由于大数的来源广泛，因此大数据处理的第一步是对异构数据进行采集，从中找出关系和实体，经过关联、聚合等操作，再按照统一的格式对数据进行存储。现有的数据采集引擎有 3 种：基于物化或 ETL（Extract、Transform、Load 的缩写，即抽取、转换、装载）方法的引擎、基于中间件的引擎、基于数据流方法的引擎。数据分析是大数据处理流程的核心步骤。用户根据需求对数据进行分析，数据分析的相关技术包括机器学习、深度学习、统计分析等，可用于决策支持、商业智能、推荐系统、预测系统等。最后，人们关心大数据处理的结果以何种方式被展示出来，数据可视化和人机交互是目前常用的两种技术。数据可视化技术可以将结果以图形方式直观地呈现给用户，如标签云、历史流、空间信息等；人机交互技术可以引导用户对数据进行逐步分析，使用户理解数据挖掘的结果。

1.1.7　大数据处理范式

随着智能技术的发展，目前大数据处理范式发生了根本性变革，呈现出以下特征。

1．端到端实时处理与决策

传统大数据处理往往是批处理模式，而智能时代数据处理升级为"批流一体"范式，数据在生成的同时被处理，实现毫秒级响应。此外，部分计算和决策被前移到数据源附近，在终端完成分析与决策，实现"端—边—云"协同计算。

2．融合多模态数据的综合分析

在数据采集阶段，系统通过多元化引擎获取异构数据源，同时处理文本、图像、语音、视频、传感器等多种数据形式，不再局限于结构化数据。打破数据孤岛，实现不同来源、不同类型数据的深度关联。

3．人工智能驱动的自适应分析

不需要对数据进行严格的预处理分析，模型能从未标记数据中自主学习，大幅减少人工标注需求，模型具备知识迁移能力和不断自我更新的能力，可以基于自然语言处理和生成式 AI 实现与数据的对话式交互。

4．沉浸式交互的数据可视化展示

智能时代的数据可视化已突破传统二维图表的限制，发展为融合多感官交互的沉浸式体验系统，支持多终端多用户实时协同标注与分析，可通过三维全息投影立体呈现，支持语音指令、手势控制、眼动追踪等自然交互方式，可通过动态故事线可视化技术呈现事件发展脉络，实现智能叙事式展示。

1.2　大数据的技术演进

1.2.1　大数据的发展现状

进入 21 世纪以来，移动通信技术历经 2G 到 5G 的代际跃迁，数据传输速率从最初的 10kbps 提升至当前的 1Gbps。这一进程直接推动了全球数据规模的爆发式增长。

《纽约时报》2012 年 2 月的一篇专栏称，"大数据"时代已经来临，在商业、经济及其他领域中，管理者的决策越来越依靠数据，而不再只依靠经验和直觉。在 2013 年 5 月举行的庆祝以太网诞生 40 周年的大会上，博通公司 CTO 亨利在接受采访时表示，摩尔定律很快就要

走向终结。2016年3月,阿尔法围棋(AlphaGo)与围棋世界冠军、职业九段棋手李世石进行围棋人机大战,以4比1的总比分获胜,验证了大数据驱动的训练范式,标志AI与大数据的深度融合。2023年,ChatGPT引爆生成式AI革命,大模型参数量突破万亿级,多模态技术融合标志着通用人工智能(AGI)的阶段性进展。2025年,深度求索公司发布DeepSeek大模型,推动AI研发范式从"数据驱动"转向"知识驱动",降低了对标注数据的依赖。

近年来,中国大数据产业实现了跨越式发展,互联网巨头的技术能力与数据规模均取得重大突破。百度文心大模型日均调用量达16.5亿次,文心一言用户规模达4.3亿(2024年12月数据);阿里云"飞天智算平台"支持百万级计算节点协同,能够满足百亿级设备的计算需求,覆盖从物联网场景随时启动的轻计算到超级计算的能力;腾讯则拥有5.24亿的QQ移动终端活跃用户和超过13.85亿月活跃的微信用户(2024年12月数据)。技术层面,中国超算中心2025年FP64算力需求达2000PFLOPS(年均+50%),深算二号DCU基于自主指令集架构(海光ISA),FP64双精度算力达9.8TFLOPS。当前,中国大数据产业已呈现深度智能化、全面云化和价值显性化三大特征,据IDC预测,到2025年中国数据圈将增长至48.6ZB,成为全球最大的数据圈。这一发展进程正在深刻重塑社会各领域的运行方式,为数字中国建设提供关键支撑,也标志着我国数字经济进入高质量发展新阶段。

1.2.2 大数据的发展趋势

1. 数据的战略资源化

大数据已从技术概念演进为关键生产要素。2020年中共中央、国务院发布的《中共中央 国务院关于构建更加完善的要素市场化配置体制机制的意见》中将数据列为第五大生产要素。国家工信安全发展研究中心数据显示,我国2025年数据要素市场规模将突破1749亿元。因此,提前制定大数据营销战略,抢占市场先机,具有重大意义。

2. 云边端协同计算新范式

云计算与边缘计算的深度融合推动数据处理架构革新。根据IDC报告,85%的企业已采用混合云架构处理大数据,而Gartner预测到2025年,89%企业将基于多云环境构建核心业务系统。云边端协同计算模式日渐成熟,如阿里云"飞天"系统已实现百万级节点的统一调度,数据处理延迟降至毫秒级。Data Fabric、Data Mesh等新型数据架构正在重塑大数据基础设施。

3. 大模型驱动的智能分析革命

随着技术的不断进步,大数据的发展趋势正朝着大模型驱动的智能分析革命迈进,生成式AI与大数据的融合开创分析新范式。百度文心大模型已实现万亿级参数训练,使非结构化数据处理效率提升到5.1倍;微软Azure OpenAI服务支持直接对接企业数据湖进行智能分析。未来,大数据将更加注重深度学习、人工智能等技术的融合应用,通过构建大规模、高性能的模型,实现对复杂数据的快速、准确分析。

4. 数据共享平台的成立

2016年,"数据科学与大数据"成为一级本科专业,催生了一批与之相关的新的就业岗位。与此同时,基于大数据将建立很多跨领域的数据共享平台,这些平台的建立,标志着数据资源从分散走向集中,从封闭走向开放。数据共享平台通过提供统一的数据交换和访问接口,促进了跨行业、跨领域的数据流通和融合,极大地提升了数据利用效率。

5．垂直行业深度赋能

大数据作为一种重要的战略资产，已渗透到多个领域中，其应用不仅有助于企业经营，还有助于推动国民经济的发展。未来，将更加专注于在特定行业深入应用大数据，通过精准的数据分析和行业解决方案，为垂直行业提供定制化的服务。

6．隐私计算技术突破

哈佛大学教授拉塔尼娅·斯威尼的研究显示，只要知道一个人的年龄、性别和邮编，并与公开的数据库进行交叉对比，便可识别出 87%的人的身份。这意味着人们的隐私在大数据面前非常脆弱。大数据的发展正迎来"隐私计算技术突破"的新阶段。随着数据安全和隐私保护需求的日益增强，隐私计算技术如同态加密、安全多方计算和联邦学习等，将得到广泛应用。这些技术能够在不暴露原始数据的情况下进行计算和分析，有效解决了数据孤岛问题，促进了数据的跨域流通和共享。未来，大数据将在保障个人隐私和企业机密的前提下，实现更高效的利用，推动数据驱动的创新发展，同时为合规的数据治理提供技术支撑，引领大数据产业走向更加安全、智能和可持续的发展道路。

1.2.3　人工智能与大模型

1．人工智能技术发展

1956 年，"人工智能"一词在达特茅斯会议上正式诞生，标志着人工智能作为独立学科的开端。20 世纪 50 年代到 60 年代是人工智能发展的初期繁荣期，科学家们开发了早期的推理程序、定理证明系统和简单的机器学习算法。然而，受限于计算能力和理论基础的不足，研究者们对人工智能的乐观预期未能实现，人工智能随之进入 70 年代的"第一次 AI 寒冬"。

70 年代末至 80 年代，基于规则的专家系统兴起，将人类专家知识编码为计算机程序，在医疗诊断、矿物勘探等领域取得实际应用。然而，这些系统在处理不确定性和学习方面的局限性，以及商业化预期的落空，引发了 80 年代末的"第二次 AI 寒冬"。

90 年代，随着机器学习理论的完善和互联网产生的大量数据，人工智能研究重获生机。2006 年，深度学习概念的提出和随后的技术突破，掀起了人工智能发展的新浪潮。2012 年，深度神经网络在 ImageNet 竞赛中的惊人表现，标志着深度学习时代的真正到来。

2010 年，得益于大数据、云计算和 GPU 等硬件的发展，人工智能技术取得了前所未有的突破。计算机视觉、自然语言处理、语音识别等领域进步显著。AlphaGo 在 2016 年战胜世界围棋冠军，展示了人工智能在复杂决策领域的潜力。

2020 年年初，以 GPT、DALL-E 为代表的生成式人工智能取得重大突破，展现了人工智能在创造性任务中的能力。大模型的出现使人工智能能够理解和生成人类语言，推动了人工智能应用的普及化。

当前，人工智能正从感知智能向认知智能和通用人工智能方向发展，同时也面临着伦理、安全和监管等挑战。在医疗、教育、金融、交通等领域，人工智能应用正深刻改变人类生活和工作方式，引领新一轮科技革命和产业变革。

2．大模型的革命性影响

自 2020 年 OpenAI 发布 GPT-3 以来，大模型的规模和能力持续攀升。当前领先的模型，如 GPT-4、Claude 3 和 DeepSeek 系列已展现出接近人类水平的语言理解和生成能力，能够处理复杂推理、代码编写和知识应用等多样化任务。大模型正经历爆发性的增长阶段,模型规模已从1750亿增至数万亿参数,训练数据量呈指数级增长。在技术架构上,大模型已从纯文本处理向多模态方向演进,实现了文本、图像、音频和视频的统一理解与生成。同时,在效率优化方面取得显著进展,通过稀疏激活、量化技术和模型蒸馏等方法,降低了计算资源需求,使部署成本大幅下降。

大模型正以前所未有的方式重塑人类与技术的关系,带来多维度的革命性影响。在认知工具层面,大模型创造了全新的人机交互范式,通过自然语言理解用户意图并完成复杂任务,使技术使用门槛大幅降低,让各年龄段、不同背景的人群都能平等获取人工智能能力。在知识获取方面,大模型正取代搜索引擎成为信息入口,将分散的知识整合为连贯答案。在生产力领域,大模型显著提升了创意写作、程序开发、设计创作和科学研究的效率。在社会层面,大模型正打破信息鸿沟,为资源匮乏地区提供优质教育和医疗咨询。大模型引发的变革不仅是技术工具的更迭,更是人类社会组织方式和价值创造模式的根本性转变。

3. 智能技术对公安大数据的影响

人工智能技术,尤其是大模型的崛起正全面革新公安大数据工作。在数据处理方面,大模型打破了结构化与非结构化数据的壁垒,实现多源异构数据的统一理解与关联分析;在侦查分析方面,智能系统自动发现案件关联性、构建犯罪网络并提出侦查假设,大幅提升破案效率;在预警预测方面,大模型能识别犯罪前兆和异常模式,推动公安工作从事后打击向预测预防转变;在决策支持方面,智能系统提供基于历史案例和当前情境的处置建议,优化警力资源配置;在业务协同方面,大模型促进跨部门情报共享与协作办案,同时改善公安服务模式。尽管面临数据安全、算法公平性等挑战,但智能技术对公安大数据的影响不仅是工具升级,更是能力拓展和工作范式的根本变革,正推动公安工作进入智能化、精准化、协同化的新阶段。

1.3　大数据的应用

1.3.1　企业内部大数据

商业智能(Business Intelligence,BI)和联机分析处理(On-Line Analytical Processing,OLAP)是大数据应用的前身。目前,企业内部大数据的应用,可以在多方面提升企业的生产效率和竞争力。例如,在市场方面,可以更准确地了解消费者的使用行为,挖掘新的商业模式;在销售规划方面,可以优化商品价格;在运营方面,可以准确预测人员配置要求,优化劳动力投入,提高运营效率和运营满意度,避免产能过剩,降低人员成本;在供应链方面,可以优化库存,优化物流,实现供应商协同,缓和供需之间的矛盾,控制预算开支,从而提升服务质量。

在金融领域,企业内部大数据的应用发展迅速。例如,某银行通过数据分析识别出信用卡客户经常光顾的商户后,通过"多倍积分"等活动吸引优质客户;通过构建客户流失预警模型,对流失率排在前 20%的客户发售高收益理财产品予以挽留,使客户流失率降低;通过对客户交易记录进行分析,有效识别出潜在的小微企业客户,并利用远程银行和云平台实施交叉销售,取得了良好成效。

1.3.2　在线社交网络大数据

在线社交网络是一种在信息网络上由社会个体集合及个体之间的连接关系构成的社会性结构。在线社交网络大数据主要来自即时消息、社交媒体、共享空间等应用。由于在线社交网络大数据往往代表了人类的主要活动，因此对此类数据的分析得到了更多关注。在线社交网络大数据分析是从网络结构、群体互动和信息传播 3 个维度上进行的，其基于数学、信息学、社会学、管理学等多个学科的融合理论和方法，为理解人类社会中存在的各种关系提供了一种可计算的分析方法。目前，在线社交网络大数据的应用包括网络舆情分析、网络情报收集与分析、社会化营销、政府决策支持、在线教育等。

圣克鲁斯警察局是美国警界最早应用大数据进行预测分析的试点之一。通过分析在线社交网络大数据，可以发现犯罪趋势和犯罪模式，甚至可以对重点区域的犯罪概率进行预测。

2013 年 4 月，美国计算搜索引擎 Wolfram Alpha 通过对 Facebook 中 100 多万条美国用户的社交数据进行分析，试图研究用户的社会行为规律。分析发现，大部分 Facebook 用户大约在 20 岁开始恋爱，27 岁订婚，30 岁结婚，在 30～60 岁之间，婚姻关系变化缓慢。这个研究结果与美国人口普查的数据几乎完全一致。

总体而言，在线社交网络大数据的应用可以从以下 3 方面帮助我们了解人的行为，掌握社会和经济活动的变化规律。

(1) 前期警告：通过监测用户使用电子设备及服务时出现的异常，在出现危机时更快速地应对。

(2) 实时监控：通过对用户当前行为、情感和意愿等方面的监控，为政策和方案的制定提供准确的信息。

(3) 实时反馈：在实时监控的基础上，针对某些社会活动获得群体的反馈信息。

1.3.3　健康医疗大数据

健康医疗大数据是复杂数据，其蕴涵的信息价值很高，对其进行有效的存储、处理、查询、分析和应用，可以开发出巨大的潜在价值，对改善人类健康状况意义重大。

2009 年，谷歌比美国疾病控制与预防中心提前 1～2 周预测到了甲型 HIN1 流感的爆发，此事震惊了医学界和计算机领域的科学家。谷歌正是借助大数据技术从用户的相关搜索中预测到流感的爆发的。2020 年，"百度预测"上线了"疾病预测"功能，借助用户搜索预测疾病的爆发。其策略分为主动收集和被动收集两种，被动收集利用用户周期性提交的数据，分析疾病的当前状况和趋势，而主动收集则利用用户在社交媒体上的动态、在搜索引擎上的记录进行分析，预测疾病的爆发。

西奈山医学中心是美国重要的医学教育和生物医药研究中心。该中心使用来自大数据创业公司 Ayasdi 的技术分析大脑杆菌的全部基因序列(包括超过 100 万个 DNA 变体)，了解大脑菌株对抗生素产生抗药性的原因。该技术使用了一种全新的数学研究方法，通过拓扑数据分析了解数据的特征。

中国政府也十分重视健康医疗大数据的发展。2016 年 6 月，《国务院办公厅 关于促进和规范健康医疗大数据应用发展的指导意见》(以下简称《意见》)印发，部署通过"互联网+健康医疗"探索服务新模式，培育发展新业态，努力建设人民满意的医疗卫生事业，为打造健康中国提供有力支撑。《意见》指出，要坚持以人为本、创新驱动，规范有序、安全可控，开放融合、共建共享的基本原则,以保障全体人民健康为出发点,大力推动政府健康医疗信息系统和公众健康医疗数据互联融合、开放共享,积极营造促进健康医疗大数据安全规范、创新应用的发展环境。

1.3.4　金融大数据

互联网金融是传统金融行业与互联网相结合的新兴领域,是指借助于互联网技术、移动通信技术实现资金融通、支付和信息中介等业务的新型金融模式。互联网金融包括 3 种基本的企业组织形式:网络小贷公司、第三方支付公司及金融中介公司。当前商业银行普遍推广的电子银行、网上银行、手机银行等也属于此范畴。近年来,以第三方支付、网络信贷机构为代表的互联网金融模式越发引起人们的高度关注。互联网金融以其独特的经营模式和价值创造方式,对商业银行传统业务形成直接冲击。

目前,在全球范围内,互联网金融已经出现了以下 3 个重要的发展趋势。

(1)移动支付替代传统支付业务。

(2)个人向个人(创业者)提供便捷借贷通道的 P2P 平台替代传统存贷款业务。

(3)众筹融资替代传统证券业务。

金融大数据可以理解为反映人们金融交易行为互动的数据,金融大数据具有极大量、多维度和完备性等特征。人们根据金融大数据进行决策,需要有处理这些特征的新科技手段。在现已运用的新科技中,云平台是收集和分类金融大数据的基础,集约化云计算是加工和处理金融大数据的主要手段,机器学习、物联网、区块链等其他人工智能技术则是对多维度金融大数据进行甄别、判断和预测的主要分析工具。

1.3.5　公安大数据

公安大数据是指公安机关在履行职责过程中,通过现代信息技术手段获取的海量、多源、异构的数据集合。这些数据包括结构化数据(如户籍信息、接处警信息、交通违法数据等)和非结构化数据(如视频监控、社交媒体动态、网络行为痕迹等)。当前,公安大数据已成为新型警务运行模式的"高能燃料",是提升公安机关新质战斗力的重要增长极。

我国公安大数据建设的雏形可追溯至 20 世纪 90 年代。当时,公安机关主要依托传统数据库技术,对各类数据进行电子化存储,初步实现了数据的数字化管理。2003 年,国务院批准《"金盾"工程初步设计方案》。该工程以提升公安系统的快速反应和协同作战能力为目标,推动了公安工作向信息化、智能化转型,为后续公安信息化发展和大数据应用奠定了基础。2017 年,全国公安科技信息化工作会议明确提出,各级公安机关要以大数据建设和应用为重点,推动公安科技信息化建设提档升级。2018 年,全国公安厅局长会议正式提出实施公安大数据战略,并成立了全国公安大数据工作领导小组,旨在推动公安信息化建设取得重大进展。当前,公安机关坚持"一切面向实战、一切为了实战"的原则,锚定建立完善"专业+机制+大数据"新型警务运行模式的目标要求,通过标准化建设打破数据孤岛、大模型集成提升风险响应速度、运行机制优化保障协同联动效率,已在多任务场景中得以推广应用,助力公安机关新质战斗力的形成与发展。

(1)案件侦破效率显著提升。面对新型电信网络诈骗犯罪,公安机关借助自然语言处理(NLP)技术,构建欺诈关键词词库,分析关键词在欺诈和正常通话中的频率分布差异。通过对疑似诈骗的信息、账号等进行识别、分类、拦截,极大地提高了诈骗信息的识别和拦截效率，为案件侦破提供了有力支持。

（2）犯罪防控能力得以强化。面向犯罪主体特征和时空特性，通过历史犯罪数据、社会动态信息和地理环境因素等多源数据融合，实现 72 小时犯罪风险预警，据此优化警力资源配置，提高警务工作的针对性。2023 年，杭州市根据数据研判结果，实现整治重点部位的打架斗殴、寻衅滋事等警情同比下降 42.9%。

（3）服务创新能力取得突破。面向人民群众日常通行需求，集成人工智能与多传感器数据，广州市天河区实现交通流量的高精度预测，辅助交通管理部门优化信号灯配时，提高道路通行效率。杭州市萧山区则对全区 1260 个红绿灯路口、3600 多个路段交通态势实时分析，生成并优化了 130 条绿波方案，提升城市干道平均通行速度约 6.3%，同时拥堵报警下降 6%。

1.4　常用的数据挖掘工具

1.4.1　Tableau

Tableau 是一家成立于 2004 年的商业智能软件公司，总部位于美国西雅图。Tableau 家族的产品包括 Tableau Desktop、Tableau Server、Tableau Online、Tableau Public 和 Tableau Reader。Tableau 是桌面系统中非常简单的商业智能工具软件，它不强迫用户编写定义，新的 Tableau 控制台也可完全由用户自定义配置。Tableau 控制台不仅能够监测信息，而且具有完整的分析能力。它非常灵活，具有高动态性。它将数据运算与美观的图表完美结合，让用户容易上手。用户可以用它将大量数据拖放到数字"画布"上，转眼间就能创建好各种图表。

1. Tableau Desktop

Tableau Desktop 是一个桌面端分析工具，具有活跃的仪表盘和可视化数据浏览功能，可以生动地分析实际存在的结构化数据，可以在几分钟内生成美观的图表、坐标图、报告等。利用 Tableau Desktop 简单的拖放式界面，用户可以自定义视图、布局、形状、颜色等，从而展示自己的数据。

2. Tableau Server

Tableau Server 是一个商业智能应用程序，用于发布和管理 Tableau Desktop 制作的仪表盘，同时也可以用于发布和管理数据源。

3. Tableau Online

Tableau Online 是 Tableau Server 软件及服务的托管版本，它让商业分析比以往更加快速，可以在办公室、家等地利用 Web 浏览器查看实时交互的仪表盘，并进行数据筛选、查询等工作。

4. Tableau Public

Tableau Public 是一个免费产品，用于将视图分享在网页、博客或者其他社交媒体上，便于互动。

5. Tableau Reader

Tableau Reader 是一个免费的桌面应用程序，用来打开 Tableau Desktop 创建的视图文件。

1.4.2　Excel

Excel 是 Microsoft Office 中的电子表格程序。可以使用 Excel 创建工作簿，以便分析数据并做出更明智的业务决策；可以使用 Excel 跟踪数据，生成数据模型，编写公式以对数据进行计算，并以多种方式透视数据，以各种具有专业外观的图表展示数据。简而言之，Excel 是用来方便地处理数据的办公软件。

Excel 提供数据服务，已成为企业解决相关数据问题常用且实用的数据挖掘工具。Excel 提供的这组数据挖掘工具，又称"分析工具库"，包括方差分析、直方图分析、移动平均分析、回归分析、抽样分析、T-检验等，利用这些数据挖掘工具，可以解决企业管理、财务、运营、业务等各项工作中的许多问题。它能根据企业实际业务情况，更好地发挥数据的作用，实现公司内部数据的整合及使用，提高工作效率。

虽然随着功能的不断增强，Excel 在数据处理方面有着不错的表现，但对于数据体量巨大的大数据来说，Excel 有些"力不从心"。

1.4.3　SPSS Modeler

SPSS Modeler 的前身是英国 ISL(Integral Solutions Limited) 公司开发的一款名为 Clementine 的数据挖掘产品，1998 年，ISL 公司被 SPSS 公司收购，Clementine 被重新整合和开发。

Clementine 研发项目始于 1992 年，2007 年发布了 11.0 版本，研发速度惊人。2009 年，SPSS 公司被 IBM 公司收购，Clementine 得到了更有效的整合，被重新命名为 SPSS Modeler，成为 IBM 麾下一个面向商业用户的高品质的数据挖掘产品。

SPSS Modeler 内置了丰富的数据挖掘算法，支持与数据库之间的数据和模型转换；同时，其具有可视化的操作界面，具有简单易用、分析结果直观易懂、图形功能强大等特点，已从 StatSoft Statistics、SAS Enterprise Miner、MATLAB 等众多数据挖掘软件中脱颖而出。

1.4.4　Python

随着 NumPy、SciPy 等科学计算库的成熟和 Pandas 在 2008 年的出现，Python 逐渐成为数据分析的首选工具。2010 年后，随着 Scikit-learn 机器学习库的普及和深度学习框架(如 TensorFlow、PyTorch)的崛起，Python 已成为数据挖掘和人工智能领域无可争议的领导者。

Python 作为数据挖掘工具具有生态系统丰富、学习曲线平缓、适应性强等优势。其开源库覆盖了从数据采集、清洗、特征工程到模型训练、评估、部署的完整数据挖掘流程；同时，Python 支持交互式开发环境，如 Jupyter Notebook，使数据科学工作流程更加直观透明。凭借其编程灵活性、社区活跃度和企业支持，Python 已从 R 语言、MATLAB、SAS 等传统数据分析工具中脱颖而出，成为当今数据挖掘领域的标准工具。

数据分析与挖掘模块

第 2 章

SPSS Modeler 软件

2.1 SPSS Modeler 软件概述

2.1.1 SPSS Modeler 界面

SPSS Modeler 的操作与数据挖掘的一般流程吻合，SPSS Modeler 形象地将这些环节表示成若干节点，将数据挖掘过程看成数据在各个节点之间的流动，并通过一个图形化的"数据流"直观地表示整个数据挖掘的过程。SPSS Modeler 的操作目的是建立一条或多条数据流，不断修改和调整数据流中的节点及参数，最后执行数据流，完成整个数据挖掘任务。

成功安装并启动 SPSS Modeler 后，会出现 SPSS Modeler 主窗口，如图 2-1 所示。SPSS Modeler 主窗口由数据流编辑区域和 3 个窗格组成。

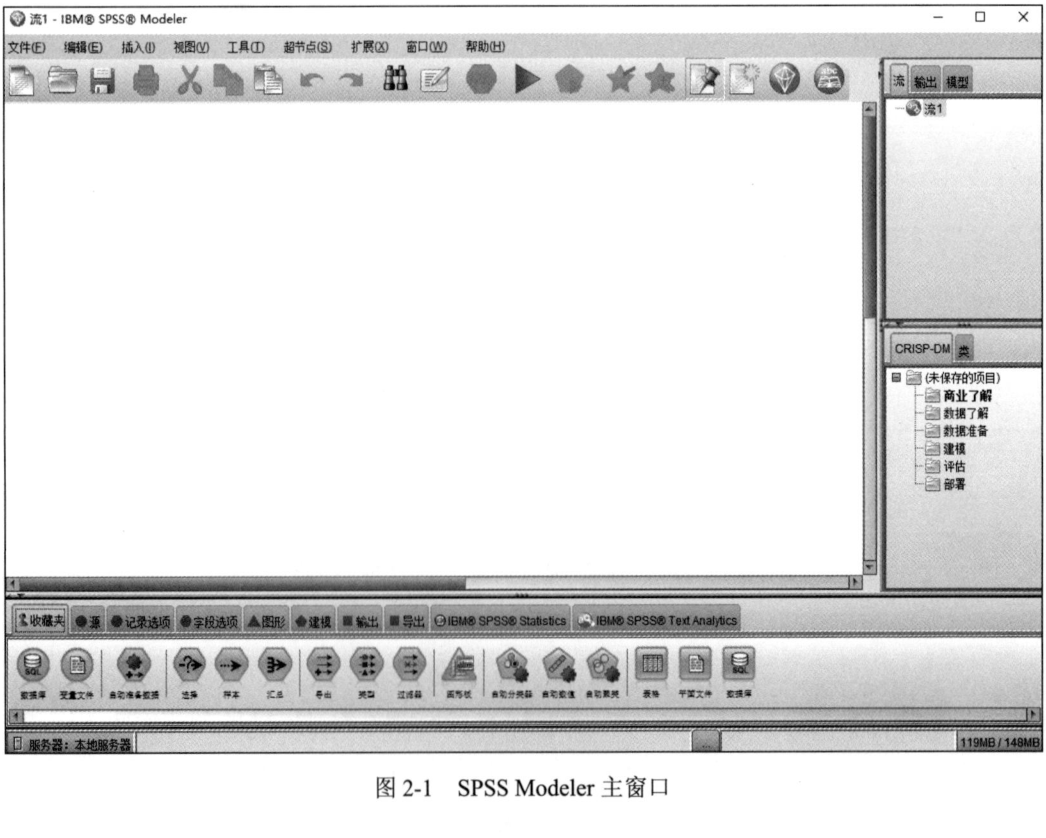

图 2-1　SPSS Modeler 主窗口

1. 数据流编辑区域

数据流编辑区域位于主窗口中间，是建立和编辑 SPSS Modeler 数据流的区域。用户的大部分操作都是在这个区域内完成的。

2. 节点工具箱窗格

SPSS Modeler 数据流是由多个节点组成的。节点工具箱窗格位于主窗口的下方，用户可控制其"可见"或"不可见"的状态。

节点工具箱窗格中分类存放着 SPSS Modeler 的所有节点，这些节点均以图标的形式显示，可实现数据采集、数据（包括变量和样本）预处理、数据建模、数据可视化、模型评价等功能。它们被分别放置在"源"、"记录选项"、"字段选项"、"图形"、"建模"、"输出"和"导出"选项卡中，其中的常用节点又被集中放置在"收藏夹"选项卡中。呈黄色背景显示的选项卡为当前选项卡，用户可通过鼠标任意指定当前选项卡，并在其中选择所需的节点。

3. 流管理窗格

多个节点依次连接就形成了数据流。流管理窗格位于主窗口的右上方，用户可控制其"可见"或"不可见"的状态。流管理窗格由流、输出、模型 3 个选项卡组成。

可在"流"选项卡中新建、打开、关闭、保存数据流。呈黄色背景显示的数据流为当前数据流，用户只能对当前数据流进行操作，用户可通过鼠标任意指定当前数据流。

"输出"选项卡中存放执行数据流后生成的各种数据表，用户可根据需要对这些数据表进行必要的管理操作。呈黄色背景显示的数据表为当前数据表，用户只能对当前数据表进行操作。用户可通过鼠标任意指定当前数据表。

"模型"选项卡中存放着执行数据流后生成的各种模型的计算结果。用户可根据需要对模型的计算结果进行必要的管理操作。

需要注意的是，在"流"选项卡中，数据流文件的扩展名为".str"；在"输出"选项卡中，数据表文件的扩展名为".cou"；在"模型"选项卡中，模型计算结果文件的扩展名为".gm"。

4. 项目管理窗格

项目管理窗格位于主窗口的右下方，用户可控制其"可见"或"不可见"的状态。多条数据流可组成一个数据挖掘项目，数据挖掘项目的实施需经历多个阶段，而各阶段都需要与之对应的数据流来实现不同的目标。因此，SPSS Modeler 通常以项目为单位，对流管理窗格中的各种数据流进行集中分类管理，进而避免由数据流过多带来的管理上的混乱。

所以，当用户的数据挖掘任务较庞大而建立了很多数据流时，可自行将流管理窗格中服务于不同目标的数据流分别存放到不同的文件夹中，这些文件夹的默认名为商业了解、数据了解、数据准备、建模、评估、部署，分别对应数据挖掘的各阶段，最终形成一个完整的数据挖掘项目。当用户打开一个项目时，SPSS Modeler 便会自动打开该项目中记录的全部数据流，并显示在流管理窗格中。

项目管理窗格中的"商业了解"文件夹默认呈黑体字显示，表示当前文件夹。用户也可单击鼠标右键，选择快捷菜单中的"设为缺省值"选项，指定任意文件夹为当前文件夹。此时，在流管理窗格的"流"选项卡中，单击鼠标右键，选择快捷菜单中的"添加到项目"选项，当前数据流将被存放到项目的当前目录中。

同理，可采用同样的操作方法将"输出"和"模型"选项卡中的数据表及模型计算结果存放到项目的当前文件夹中。

需要注意的是，项目文件的扩展名为".cpj"。".cpj"文件只记录项目中相关数据流的索引，并不存储数据流本身，数据流是以".str"文件单独存储的。

2.1.2　数据流的基本管理和执行

数据流的基本管理是 SPSS Modeler 的核心操作。由于节点是组成数据流的最小单元，因此，数据流的基本管理是围绕节点展开的。数据流中的节点通常实现以下功能。

(1)从指定数据源中读数据，将数据读入 SPSS Modeler 中，通常这些节点位于整个数据流的开始部分。

(2)对读入的数据进行必要的预处理。例如，以表格形式显示数据内容，数据分布特征的分析和展示，筛选部分数据以参与后续分析等。

(3)数据建模。

(4)对所建立的模型进行评价，选择最优模型。

为实现上述功能，对数据流的基本操作如下。

(1)选择和管理节点。

(2)节点连接和连接调整。

(3)设置节点参数。

(4)执行数据流。

图 2-2 是一个简单的数据流，其中的有向线段表示数据的流动方向。

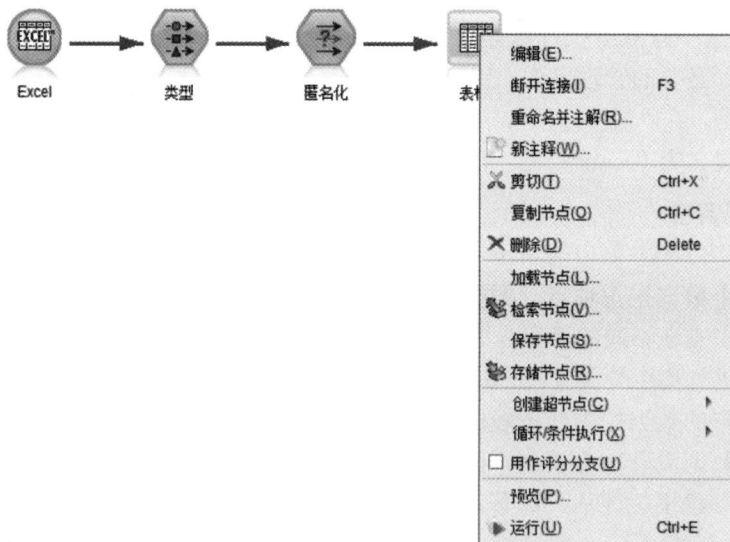

图 2-2　简单的数据流

1．选择和管理节点

根据实现功能的不同，不同的节点会被安排在节点工具箱窗格的不同选项卡中。在建立数据流时，应根据实际需要，首先选择相应的选项卡，然后再通过鼠标双击或拖动操作，将某个节点选中并添加到数据流编辑区域中。

节点工具箱窗格中包括以下选项卡。

（1）收藏夹：存放数据流建立过程中常用的节点。

（2）源：存放将各种外部数据读入 SPSS Modeler 的节点。

（3）记录选项：存放针对记录操作的节点。通常，数据以行为单位，每行为一条数据。数据库中的行称为记录，统计中的行称为样本。为避免混乱，本书将行统称为样本。

（4）字段选项：存放针对字段操作的节点。数据库中的列称为字段，统计中的列称为变量。为避免混乱，本书将列统称为变量。

（5）图形：存放展示数据分布特征和变量关系规律的可视化图形节点。

（6）建模：存放建立各种数据模型的节点。

（7）输出：存放展示数据和数据基本统计特征的节点。

（8）导出：存放将数据转换成其他格式保存的节点。

在数据流编辑区域中的当前节点处，单击鼠标右键，选择快捷菜单中的选项或按相应的快捷键，可实现对节点的管理。例如，重命名并注解（给节点改名和添加说明文字）节点、剪切、复制节点、删除等。

2．节点连接和连接调整

当数据流编辑区域中有两个节点 A、B 时，可通过有向线段实现节点 A、B 之间的连接。连接操作的实现方式很灵活，包括：

（1）在节点 A 处，单击鼠标右键，选择快捷菜单中的"连接"选项或按快捷键 F2，指定将节点 A、B 相连；

（2）按住 Alt 键，拖动光标从节点 A 指向节点 B，实现节点 A、B 之间的连接。

节点间连接的调整也是经常用到的操作。

（1）删除节点 A、B 之间的连接：在节点 A 处，单击鼠标右键，选择快捷菜单中的"断开连接"选项；或者在相应的有向线段处，单击鼠标右键，选择快捷菜单中的"删除"选项。

（2）在已连接的两个节点 A、B 之间插入一个节点 C：首先将节点 C 添加到数据流编辑区域的相应位置上，然后将 A、B 之间的有向线段拖动到节点 C 处。

（3）在已建立的数据流"A—B—C"上删除节点 B 而使节点 A、C 直接连接：首先指定节点 A 为当前节点，然后按住 Alt 键，拖动节点 A、B 之间的有向线段到节点 C 处。

需要注意的是，并非所有节点都可以建立连接。例如，"输出"选项卡中的节点都为"终止"节点，它们的后面不能再连接其他节点。

3．设置节点参数

节点是用来处理数据的，需要对某些节点中针对数据处理的参数进行必要的说明。例如，"记录选项"选项卡中有样本筛选节点"选择"，对这个节点就需要进行参数设置，以指明按照怎样的策略进行样本筛选。

设置节点参数的操作也非常简单，只需在相应节点处单击鼠标右键，选择快捷菜单中的"编辑"选项即可。不同节点的参数不同，若要弄清楚参数的含义，往往首先要了解节点的功能，这是学习和使用 SPSS Modeler 的难点。后面的章节将陆续对相关节点参数的含义做详细解释。

4．执行数据流

当数据流建立完成后，若要得到数据挖掘结果，则需要执行数据流。

选中某个节点作为当前节点，然后单击鼠标右键，选择快捷菜单中的"从此处运行"选项，表示从当前节点开始执行数据流。

　　需要注意的是，并非所有节点在任何条件下都是可执行节点。例如，"源"选项卡中的节点，如果后面没有适当的节点与之相连，则不能被执行。

　　若数据流执行成功，则其产生的数据表或模型结果会显示在流管理窗格的相应选项卡中；若没有执行成功，则 SPSS Modeler 会给出错误提示信息，用户需要对节点参数进行重新调整。

2.1.3　数据流的其他管理

　　为提高数据流的执行效率，便于复杂数据流的管理，在节点的基础上，SPSS Modeler 又提出了缓存节点和超节点的概念。它们在大规模复杂数据的挖掘过程中，起到了非常重要的作用。

1. 缓存节点

　　缓存节点，顾名思义，就是能够起到数据缓存作用的节点。在缓存节点上可建立一个数据缓存区，以存放数据流执行至此的中间结果，且结果可保存到文件中。于是，下次执行数据流时就不必从头开始，而只需从该节点开始即可，大大提高了数据流的执行效率。通常，数据读入和数据预处理节点都可作为缓存节点。

　　要使用缓存节点，需首先创建缓存节点。在当前节点处，单击鼠标右键，选择快捷菜单中的"缓存"—"启用"选项，如图 2-3 所示，节点右上角将显示白色文本图标。

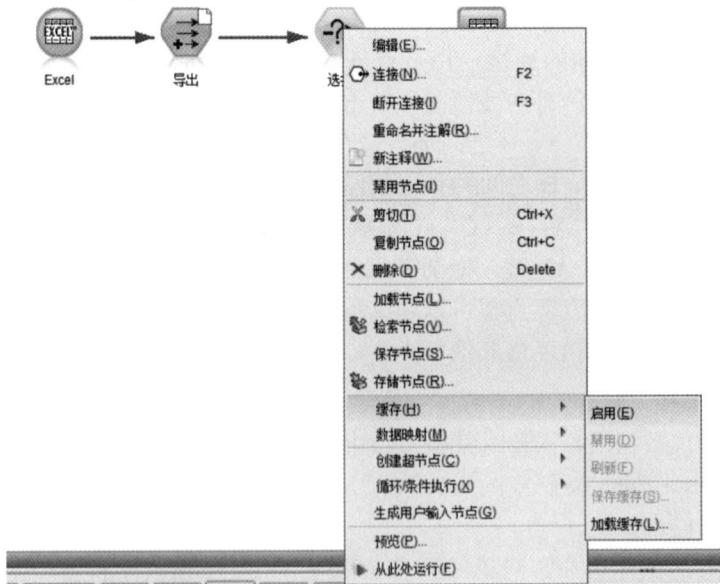

图 2-3　选择快捷菜单中的"缓存"—"启用"选项

　　需要注意的是，若快捷菜单中没有"缓存"—"启用"选项，则表示当前节点不能作为缓存节点。

　　执行数据流。若执行成功，则节点右上角将显示绿色文本图标，表示数据已被装入缓存区。此时，可单击鼠标右键，选择快捷菜单中的"缓存"—"保存缓存"选项，将缓存区中的数据以".sav"格式保存到文件中。

如果要清空缓存节点缓存区中的数据，可单击鼠标右键，选择快捷菜单中的"缓存"—"刷新"选项，节点右上角的文本图标将重新显示为白色。

如果要将已保存到".sav"文件中的数据重新装入缓存区，可单击鼠标右键，选择快捷菜单中的"缓存"—"加载缓存"选项。

如果要撤销已经建立的缓存区，可单击鼠标右键，选择快捷菜单中的"缓存"—"禁用"选项。

2．超节点

当数据挖掘过程较复杂，所建立的数据流包含很多节点时，在有限的数据流编辑区域中浏览整个数据流就很不方便。SPSS Modeler 通过超节点解决了该问题。

所谓超节点，就是由多个节点集成在一个节点中而形成的节点，它便于数据流的浏览和管理。SPSS Modeler 中的超节点包括 3 种类型：左侧无连接的超节点、两侧均有连接的超节点、右侧无连接的超节点，图标分别如图 2-4(a)～图 2-4(c)所示。

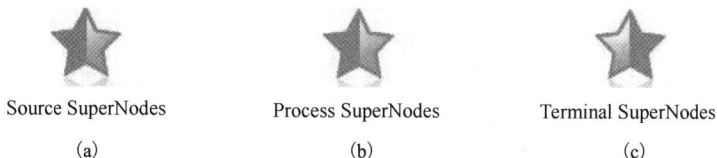

Source SuperNodes　　　Process SuperNodes　　　Terminal SuperNodes
(a)　　　　　　　　　(b)　　　　　　　　　(c)

图 2-4　SPSS Modeler 中的超节点

选中若干个节点，然后单击鼠标右键，选择快捷菜单中的"创建超节点"选项。例如，将图 2-3 中数据流中的第二个和第三个节点合并为一个超节点，如图 2-5 所示。

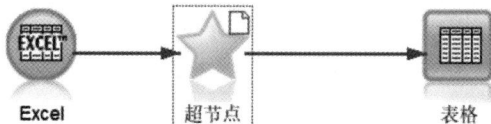

Excel　　　超节点　　　表格

图 2-5　超节点

要查看超节点中的具体内容，可在超节点处单击鼠标右键，选择快捷菜单中的"放大"选项。此时，数据流编辑区域呈黄色背景显示，选择快捷菜单中的"缩小"选项，可返回到正常显示状态；若要取消超节点，则选择快捷菜单中的"展开"选项。

3．节点映射

一个完整的数据流可实现对某领域中某特定问题的某份数据的处理和分析。若处理和分析的流程具有通用性，则在不改变数据流设置的条件下，该数据流应该同样适用于该领域、该问题的另一份数据。节点映射功能就是为实现这个目标而设计的，它可方便地用新数据替换当前数据流中的旧数据，实现对新数据进行同样的处理和分析。

节点映射的操作步骤如下。

选中新数据的源节点，单击鼠标右键，选择快捷菜单中的"数据映射"—"映射到"选项；然后，选择旧数据的源节点，会显示新旧数据变量名的对应窗口。如果新旧两份数据有相同的变量名，SPSS Modeler 可自动匹配，否则用户应指定两份数据的变量对应关系。如果操作成功，新数据将被自动装入现有数据流中，旧数据将自动脱离数据流。

此外，选择快捷菜单中的"数据映射"—"选择替换节点"选项，可用指定数据流中的某个节点替换当前节点，与当前节点后面的节点相连。

2.1.4 SPSS Modeler 应用案例

这里，通过一个案例展示 SPSS Modeler 数据挖掘的整个过程，其中涉及的操作和参数细节，将在后续章节介绍。

SPSS Modeler 的数据流是依据数据挖掘的思路而建立的。通常，数据挖掘的过程可归纳为图 2-6 所示的过程。首先，读入数据；然后，浏览数据内容；之后，观察各变量的数据分布特征，通过统计图形和统计量相结合的方式，对各变量进行单变量和多变量的研究，通过多变量联合分布和相关性研究，分析变量之间相互影响的程度；最后，由于单变量未必是对事物做出全面、正确判断的合理指标，因此还可借助在原始变量基础上派生出的新变量建立各种模型，并对模型进行评价，选择较理想的模型，得出合理的分析结论。

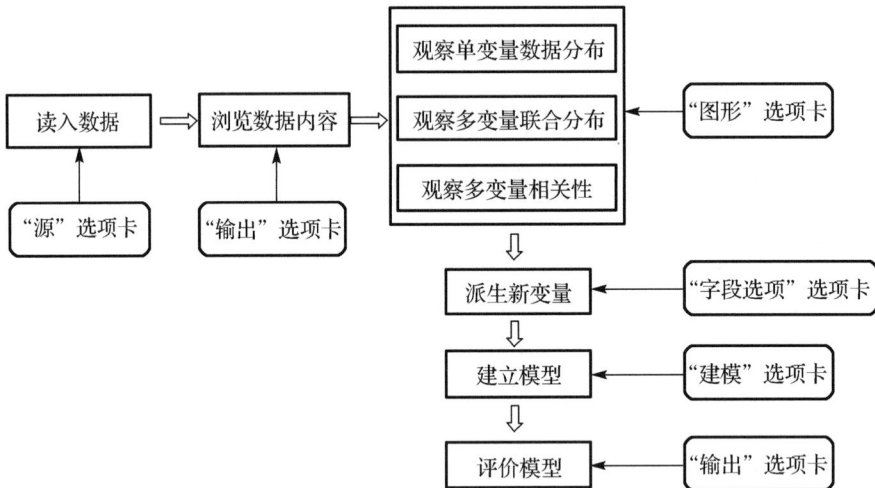

图 2-6 数据挖掘的过程

本案例的数据是 SPSS Modeler 自带的一份关于药物研究的数据。以往有大批患有同种疾病的不同病人，在服用 5 种药物(Drug，分为 drugA、drugB、drugC、drugX、drugY)中的一种之后都取得了同样的治疗效果。这里的数据是随机挑选的部分病人服用药物前的基本临床检查数据，包括血压(BP，分为高血压 HIGH、正常 NORMAL、低血压 LOW)、胆固醇(Cholesterol，分为正常 NORMAL 和高胆固醇 HIGH)、唾液中钠元素(Na)和钾元素(K)的含量，以及病人的年龄(Age)、性别(Sex，包括男 M、女 F)等。

现想要通过数据挖掘发现以往药物适用的规律，给出不同临床病人更适合服用哪种药物的建议。本案例建立的数据流如图 2-7 所示，文件名为"药物研究.str"。

具体步骤如下。

(1)读入数据。

在"源"选项卡中选择变量文件节点，并设置节点参数，指定从文件 DRUG.txt 中读入数据。

(2)浏览数据内容。

在"输出"选项卡中选择表格节点，并将其连接到数据流的恰当位置上，执行该节点，生成的数据内容文件将列在流管理窗格的"输出"选项卡中。数据内容如图 2-8 所示。

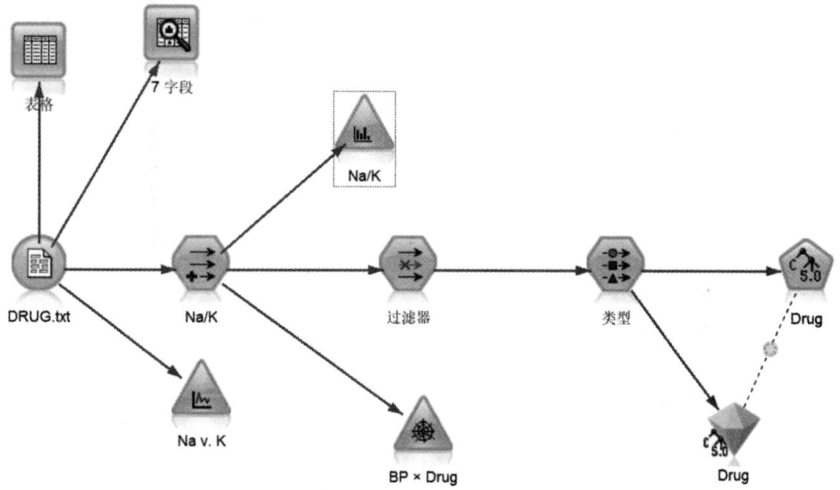

图 2-7　数据流

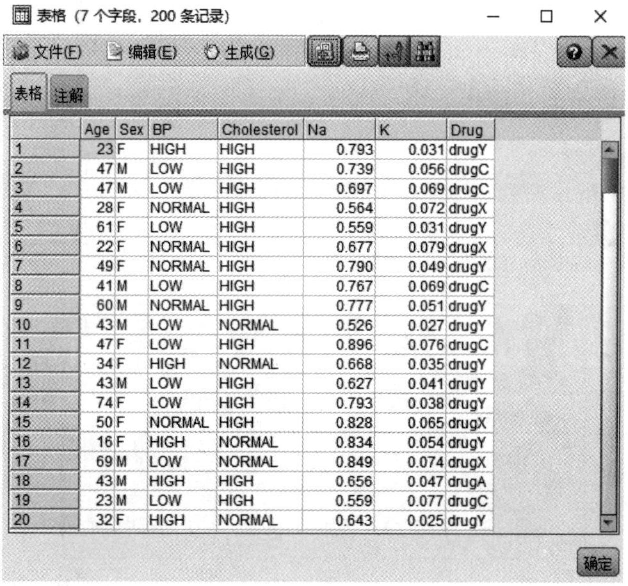

表格（7 个字段，200 条记录）

文件(F)　编辑(E)　生成(G)

表格　注解

	Age	Sex	BP	Cholesterol	Na	K	Drug
1	23	F	HIGH	HIGH	0.793	0.031	drugY
2	47	M	LOW	HIGH	0.739	0.056	drugC
3	47	M	LOW	HIGH	0.697	0.069	drugC
4	28	F	NORMAL	HIGH	0.564	0.072	drugX
5	61	F	LOW	HIGH	0.559	0.031	drugY
6	22	F	NORMAL	HIGH	0.677	0.079	drugX
7	49	F	NORMAL	HIGH	0.790	0.049	drugY
8	41	M	LOW	HIGH	0.767	0.069	drugC
9	60	M	NORMAL	HIGH	0.777	0.051	drugY
10	43	M	LOW	NORMAL	0.526	0.027	drugY
11	47	F	LOW	HIGH	0.896	0.076	drugC
12	34	F	HIGH	NORMAL	0.668	0.035	drugY
13	43	M	LOW	HIGH	0.627	0.041	drugY
14	74	F	LOW	HIGH	0.793	0.038	drugY
15	50	F	NORMAL	HIGH	0.828	0.065	drugX
16	16	F	HIGH	NORMAL	0.834	0.054	drugY
17	69	M	LOW	NORMAL	0.849	0.074	drugX
18	43	M	HIGH	HIGH	0.656	0.047	drugA
19	23	M	LOW	HIGH	0.559	0.077	drugC
20	32	F	HIGH	NORMAL	0.643	0.025	drugY

确定

图 2-8　数据内容

(3) 观察各变量的数据分布特征。

在“输出”选项卡中选择数据审核节点，并将其连接到数据流的恰当位置上，执行该节点，生成的数据分布特征文件将列在流管理窗格的“输出”选项卡中，数据分布特征如图 2-9 所示。

可以看到，该数据有 200 个样本，对 Age、Na、K 这 3 个数值型变量进行计算，输出最小值(Min)、最大值(Max)、平均值(Mean)、标准差(Std.Dev)、偏度(Skewness)等基本描述统计量。数据显示，病人年龄差距比较大。同时，输出了各变量的直方图或柱形图。图形表明，病人 Age、BP、Cholesterol 变量的分布都比较均匀，但服用药物 drugY 的病人数明显高于服用其他药物的病人数。

图 2-9　数据分布特征

(4)观察服用不同药物的病人唾液中 Na、K 的含量。

这里，通过散点图反映服用不同药物的病人唾液中 Na、K 的含量。在"图形"选项卡中选择散点图节点，并将其连接到数据流的恰当位置上，设置节点参数，指定 Na 变量作为 X 轴，K 变量作为 Y 轴，服用不同药物的病人数据采用不同颜色的点表示，执行该节点，生成的图形文件将列在流管理窗格的"输出"选项卡中。散点图如图 2-10 所示。

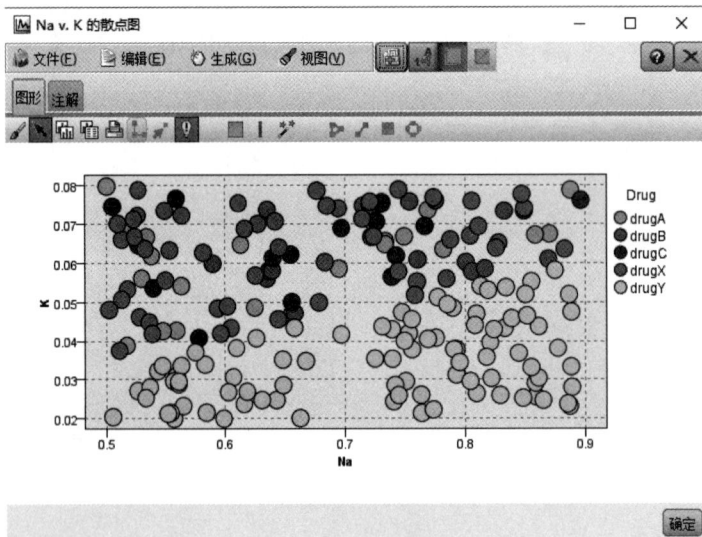

图 2-10　散点图

图形显示，服用 drugY 的病人，其唾液中 K 的含量明显低于服用其他药物的病人，但 Na 的含量有的较低、有的较高。唾液中 K 的含量较低的病人选用 drugY 比较理想。

(5)观察服用不同药物病人唾液中 Na、K 的浓度比例。

为更准确地评价药物，单纯观测 K 的含量是不全面的，应观测 Na 与 K 的浓度比例，它能够更准确地反映病人肾上腺皮质的功能状态。该指标是原始数据中没有的，应通过计算生成，然后观察其分布特征。在"字段选项"选项卡中选择导出节点，并将其连接到数据流的恰当位置上，设置节点参数，指定生成的新变量名为 Na/K，计算公式为 Na/K。在"图形"选项卡中选择直方图节点，设置节点参数，指定绘制 Na/K 的直方图，且将服用不同药物的病人数据采用不同的颜色显示。执行直方图节点，生成的图形文件将列在流管理窗格的"输出"选项卡中。直方图如图 2-11 所示。图形显示，针对 Na/K 值处在高水平的病人，drugY 应是理想的选择。

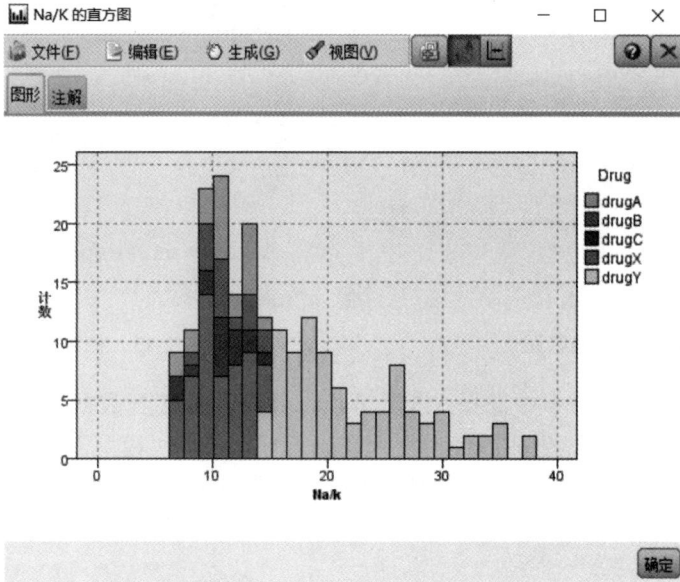

图 2-11　直方图

(6) 同血压特征病人的药物选择。

在"图形"选项卡中选择网络节点，并将其连接到数据流的恰当位置上，设置节点参数，指定绘制关于 Drug 与 BP 的网状图，执行网络节点，生成的图形文件将列在流管理窗格的"输出"选项卡中。网状图如图 2-12 所示。

网状图通过线条粗细反映病人 Drug 与 BP 的取值情况。可以看到，无论 BP 取值如何，都可以服用 drugY，其 3 条线的粗细程度差别不大。因此，drugY 对病人的血压没有特殊限制，具有普遍服用性。在不考虑选择 drugY 时，血压高的病人可服用 drugA 或 drugB，血压低的病人则应在 drugX 和 drugC 中选择。

(7) 全面分析决定药物选择的其他影响因素。

通过前面的分析，似乎对选择 drugY 的依据有了一定的结论，但没有考虑 Age、Sex 和 Cholesterol 等因素，分析仍是不全面的。同时，应怎样选择其他药物，也没有给出明确且全面的标准。这里，希望进一步利用数据，建立模型，从 Age、Sex、BP、Cholesterol、Na/K 的综合角度分析选择不同药物的依据。

首先，在建模时将不再直接采用 K 变量和 Na 变量，而是采用 Na/K 变量，因此应先将 K 变量和 Na 变量过滤掉。在"字段选项"选项卡中选择过滤器节点，并将其连接到数据流的恰当位置上，设置节点参数，在 K 变量和 Na 变量的过滤器选项上打"×"，如图 2-13 所示。

然后，指定建立模型过程中各变量的作用，这里 Age、Sex、BP、Cholesterol、Na/K 为解释变量，称为模型的输入(In)变量，Drug 为被解释变量，称为模型的目标变量。在"字段选项"选项卡中选择类型节点,并将其连接到数据流的恰当位置上,设置节点参数,指定不同变量的作用和角色,如图2-14所示。

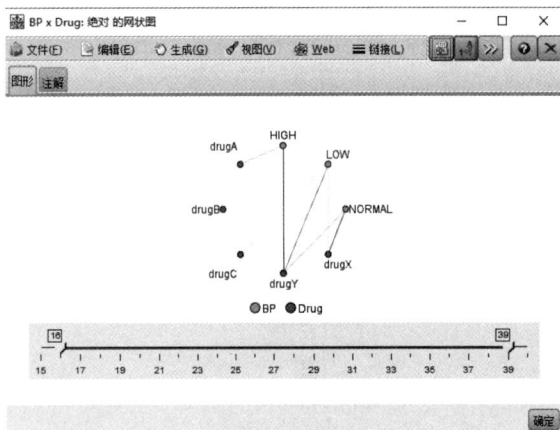

图2-12　网状图

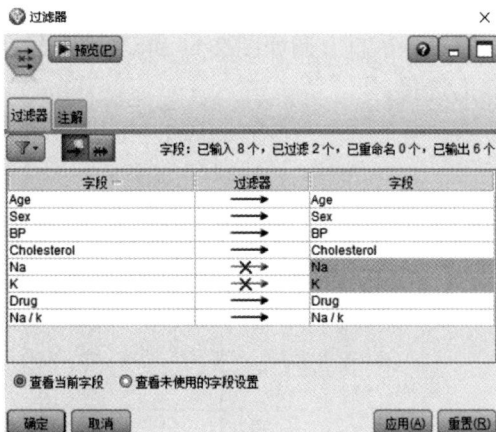

图2-13　将K变量和Na变量过滤掉

最后,在"建模"选项卡中选择 C5.0 节点,并将其连接到数据流的恰当位置上,建立 C5.0 模型,执行 C5.0 节点,生成的模型将列在流管理窗格的"模型"选项卡中。选择流管理窗格中的"模型"选项卡,单击鼠标右键,选择快捷菜单中的"浏览"选项,浏览模型结果,如图2-15所示。

图2-14　类型节点参数

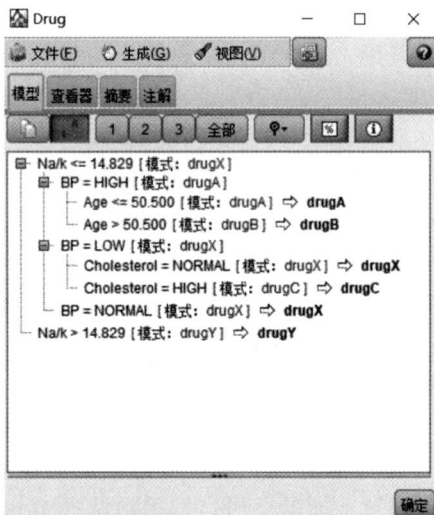

图2-15　模型结果

可以看出,当病人的 Na/K 值高于 14.829 时,应选择 drugY,无须考虑其他因素。当病人的 Na/K 值低于 14.829 时,对于高血压病人,年龄是主要的判断依据,年龄低于 50 岁时,更适合选择 drugA,年龄高于 50 岁时,更适合选择 drugB;对于低血压病人,则应依据其胆固醇指标选择 drugX 或 drugC;对于血压正常的病人,可选择 drugX。性别对选择药物没有影响。

(8)模型评价。

首先,选择流管理窗格中的"模型"选项卡,选中生成的 C5.0 模型,单击鼠标右键,选择快捷菜单中的"添加到字符串"选项，将模型计算结果加到数据流中；然后，在"输出"选项卡中选择分析节点并与模型结果节点相连，执行分析节点，生成的结果文件将列在流管理窗格的"输出"选项卡中，模型的预测准确度如图 2-16 所示。可以看出，所建模型的预测准确度达到了 100%，模型比较理想。

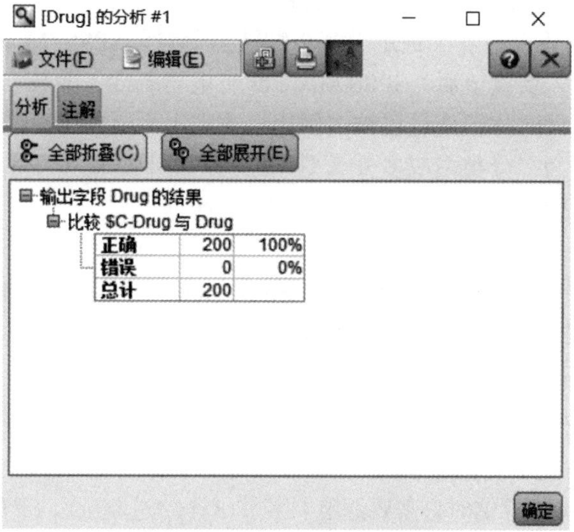

图 2-16　模型的预测准确度

2.2　SPSS Modeler 数据的读入

利用 SPSS Modeler 进行数据挖掘是通过数据流方式实现的，数据流的核心是数据。数据流都是从数据读入开始的。

2.2.1　变量的类型

变量是数据读入和分析的基本单位。在数据挖掘的实际应用中，变量的类型多种多样，在计算机中有不同的存储方式，并且各自有其合适的数据模型。因此，明确变量的类型是数据挖掘的第一步，是实现数据分析的前提。

变量的类型可以从数据挖掘和数据存储两个角度进行划分。

1. 从数据挖掘角度

从数据挖掘角度看，变量的类型反映了其代表事物的某种特征的类型。大千世界，万物多姿多彩，事物特征类型繁多。从计量层次归纳，变量通常包括以下类型：数值型、定类型和定序型，后两种类型统称为分类型。

例如，表示年龄、家庭人口数的变量是数值型变量；表示性别、职业的变量是定类型变量；表示学历和收入水平的变量是定序型变量。

为更细致地反映事物类型，SPSS Modeler 将变量进一步细分为以下类型。

(1) 连续数值型(Range)。

(2) 离散数值型(Discrete)。

(3)二分类型(Flag)。

(4)多分类型(Set)。

(5)定序型(Ordered Set)。

(6)默认型(Default),是一种尚未明确的变量类型。

在用户定义变量时,如果仅指定了变量名称而没有读入具体的变量值,此时 SPSS Modeler 并不能确定该变量的具体类型,于是定义其为默认型变量。SPSS Modeler 称这样的变量为非实例化变量。当用户读入变量值后,SPSS Modeler 将根据所读入的数据自动将默认型变量改为其他类型的变量存储,此时称该变量已被实例化。事实上,上述的离散数值型是一个半实例化类型,因为它最终表现为二分类型或多分类型,也就是离散数值型变量在实例化后会转换为二分类型变量或多分类型变量。

(7)无类型型(Typeless)。

对于变量值为文字等复杂数据的变量,SPSS Modeler 无法将其归纳到上述前 5 种类型中,所以指定其为无类型型变量。无类型型变量通常不参与数据建模。

2.从数据存储角度

从数据存储角度看,变量类型反映了数据在计算机中的存储方式。通常,不同类型变量存储时所占用的字节数是不同的。

例如,有些类型的变量存储时只需要占用 1 字节(8 个二进制位),而有些则需要占用 2 字节或更多字节。从存储占用字节上归纳,变量通常包括以下类型:整数型(Integer)、实数型(Real)、字符串型(String)、时间型(Time)、日期型(Date)、时间戳型(TimeStamp)。其中,时间型和时间戳型变量的表示形式相同(如 01:25:30),但含义不同。时间型表示持续的时间(如时间持续了 1 小时 25 分 30 秒),而时间戳型则表示某个时刻(如某人登录服务器的时间是 1 时 25 分 30 秒)。

以上两种变量类型的划分角度是相互联系的。例如,连续数值型变量可采用整数型或实数型存储,多分类型变量可采用整数型或字符串型存储等。

需要注意的是,在实际应用中,通常是从数据挖掘角度进行变量分类的,只有在进行复杂计算(需要编写程序)时,才会从数据存储角度进行变量分类。

2.2.2　读数据

由于数据挖掘中数据量通常较庞大,因此一般会将数据存储在数据库中,或者以文本或其他类型文件的形式存储。

读数据的节点放置在节点工具箱窗格的"源"选项卡中,如图 2-17 所示。SPSS Modeler 支持从自由格式的多种形式的文件中读数据。

图 2-17　"源"选项卡

需要注意的是,读数据的节点没有数据显示功能。因此,当参数设置完毕后,如果希望浏览数据内容,应选择"输出"选项卡中的表格节点,并将其与读数据的节点连接起来,然后在表格节点处单击鼠标右键,选择快捷菜单中的"运行"选项。于是,SPSS Modeler 将生成表格，并将表格文件列在流管理窗格的"输出"选项卡中。

由于自由格式的文本文件、Excel 电子表格文件、SPSS 文件和数据库文件比较常见，因此这里重点讨论如何从这些文件中读入数据。

1．读自由格式的文本文件

在自由格式的文本文件中，通常一行数据为一个样本；每行数据有相同的列，分别依次对应不同的变量；列之间以逗号等分隔符分隔；变量名一般存储在文件的第一行上。读自由格式的文本文件应通过"源"选项卡中的变量文件节点实现。

这里，以 2.1.4 节中的药物研究文件为例。该文件是自由格式的文本文件，文件名为 DRUG.txt。

首先，选择"源"选项卡中的变量文件节点，并将其放置到数据流编辑区域中，在该节点处单击鼠标右键，选择快捷菜单中的"编辑"选项，进行参数设置，如图 2-18 所示。

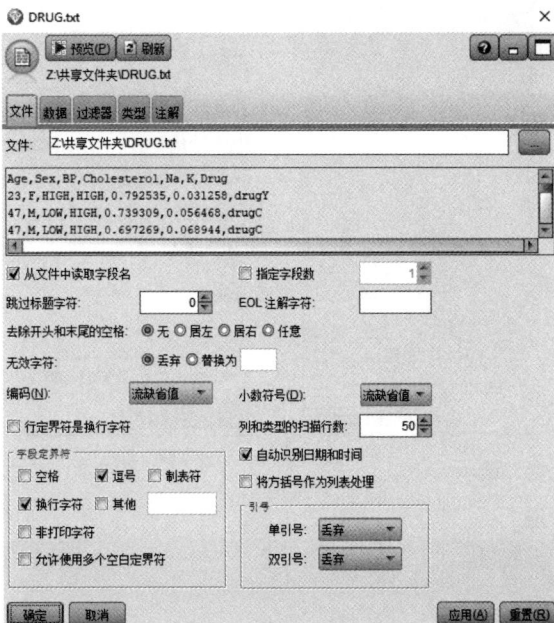

图 2-18　"文件"选项卡

图 2-18 中包含文件、数据、过滤器、类型和注解 5 个选项卡。

（1）"文件"选项卡：指定文件的基本格式，部分参数的含义如下。

① 文件：指定读入文件的路径。

② 从文件中读取字段名：如果文件中的第一行是变量名，则勾选该复选框；否则不勾选。

③ 指定字段数：指定文件中包含几个列。由于文件中的列是以分隔符分隔的，因此 SPSS Modeler 可依此自动判断列数，通常不勾选该复选框。

④ "字段定界符"区域：指定文件中的列分隔符(一般为逗号)和行分隔符(通常为换行字符)。

（2）"数据"选项卡：指定数据的基本类型等，如图 2-19 所示。图 2-19 显示了数据的变量名(字段)，以及 SPSS Modeler 根据数据判断出的变量存储类型。通常无须修改变量的存储类型，如果要修改，应首先勾选某变量覆盖列中的复选框，然后选择所需的存储类型。

(3) "过滤器"选项卡：与过滤器节点的参数设置对话框相同，指定读数据时不读哪些变量并可重新修改变量名，如图 2-20 所示。如果不希望读某个变量，只需单击相应变量"过滤器"列中的箭头，打"×"即可。当然也可以再次单击取消"×"。图 2-20 中，指定不读入变量 Sex。

(4) "类型"选项卡：与类型节点的参数设置对话框相同，指定数据的变量类型，并对变量的默认值和取值合理性等进行检查，如图 2-21 所示。图 2-21 中，在数据尚未读入时，SPSS Modeler 只粗略地判断变量的类型。为得到变量的准确类型和取值范围，需单击"读取值"按钮读取数据(也称对节点进行实例化处理)。实例化后，"测量"列表示变量类型，"值"列表示变量的取值范围。

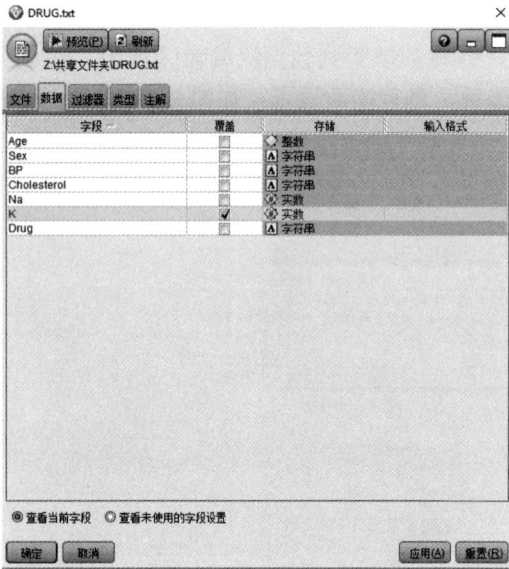

图 2-19 "数据"选项卡

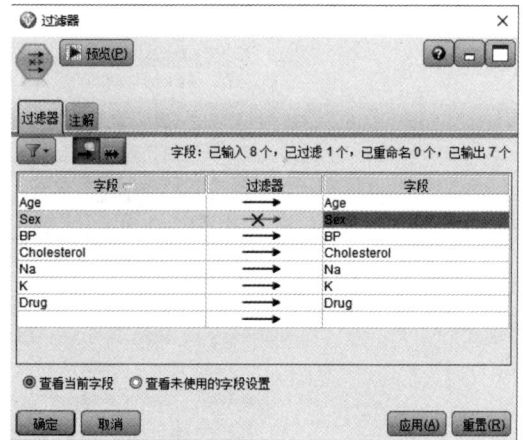

图 2-20 "过滤器"选项卡

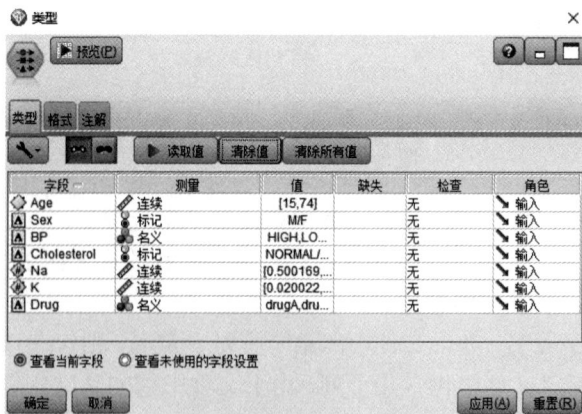

图 2-21 "类型"选项卡

需要注意的是，实例化后，如果用户重新修改了文本文件中的数据，图 2-21 中变量的取值范围并不能随之动态更新，这会导致后续节点处理的数据并非更新后的新数据。因此，SPSS Modeler 中实例化后的数据为静态数据。

为保持数据流中的数据与文本文件一致，需重新从头执行数据流。虽然此时数据流中的数据已被更新了，但用户仍无法在图 2-21 中看到正确的变量取值范围，这无疑会影响用户对变量值合理性检查的操作。解决这个问题的方法是重新实例化，步骤如下。

① 单击"清除值"或"清除所有值"按钮，取消当前实例化。于是，所有变量的"值"列将自动改为"读取"，表示重新读取数据。

② 单击"读取值"按钮，再次实例化。

此外，如果文本文件中数据的更新只集中在某个变量上，则从效率的角度考虑，并不需要再次读取全部数据，而只需对某个变量进行重新实例化。为此，操作时应略去上述第①步，只在"值"列相应变量行的下拉菜单中手动选择"读取"或"读取+"选项，再单击"读取值"按钮。

(5)"注解"选项卡：用于给节点命名和添加注释性文字，如图 2-22 所示。部分参数的含义如下。

① 名称：指定节点名称。选中"自动"单选按钮，表示由 SPSS Modeler 自动命名，选中"定制"单选按钮，表示由用户自行指定名称。

② 工具提示文本：当光标指到数据流编辑区域中的某个节点时，如果希望随之显示关于该节点的简短说明信息，则可在此框中输入相关文字。大段说明应在该对话框中间的空白区域中输入。

"注解"选项卡几乎出现在 SPSS Modeler 中所有节点的参数设置对话框中，含义相同，后面不再赘述。

图 2-22 "注解"选项卡

2. 读 Excel 电子表格文件

Excel 电子表格是极常见的数据存储格式，通过"源"选项卡中的 Excel 节点可实现 Excel 电子表格文件的读入。

这里，以一份学生参与某次社会公益活动的样本数据为例进行说明。该文件是 Excel 文件，文件名为 Students.xls，变量包括编号、是否无偿献血、家庭人均年收入、在校综合评价指数、家长是否鼓励、是否参与，共 6 个。

首先，选择"源"选项卡中的 Excel 节点并将其放置到数据流编辑区域中，在该节点处单击鼠标右键，选择快捷菜单中的"编辑"选项，进行参数设置，如图 2-23 所示。

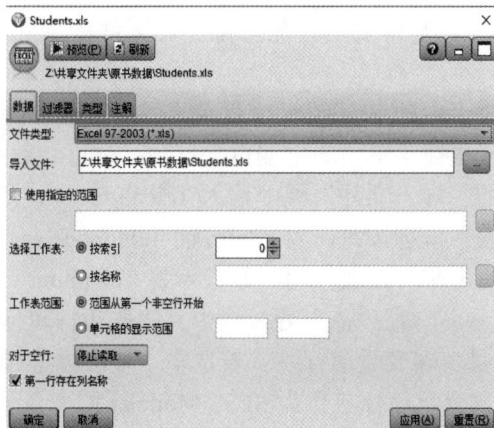
图 2-23 "数据"选项卡

在"数据"选项卡中的"导入文件"框中输入 Excel 文件所在的路径。如果 Excel 文件中有多张工作表，要读其中某张表的数据，应在"选择工作表"处选中"按索引"单选按钮，在后面的框中输入工作表编号(从 0 开始)；或选中"按名称"单选按钮，在后面的框中输入工作表名称。如果只读工作表中的某个特定区域，如 Al:B10，应在"工作表范围"处选中"单元格的显示范围"单选按钮，在后面的两个框中分别输入 Al 和 B10，字母应大写。

Excel 节点的参数设置对话框中还包括"过滤器""类型""注解"选项卡，具体含义同变量文件节点，其中，"过滤器"选项卡和"类型"选项卡如图 2-24 所示。

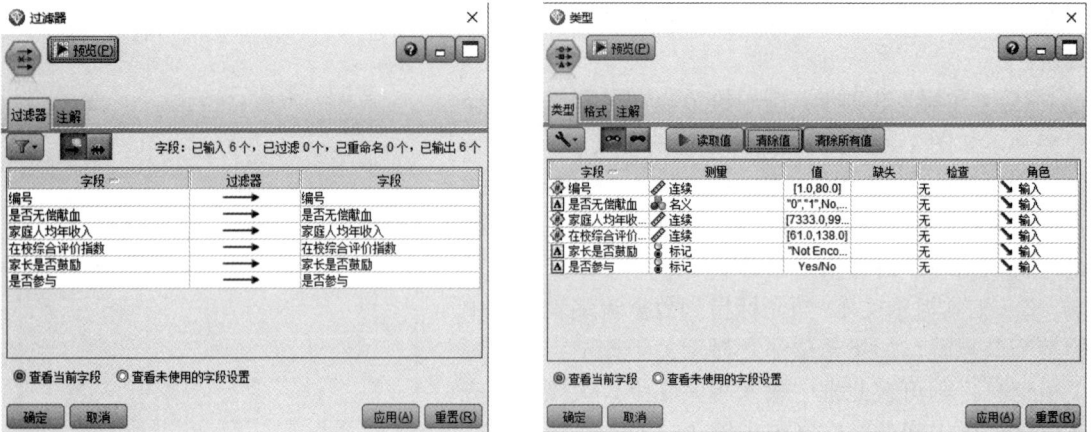

图 2-24 "过滤器"选项卡和"类型"选项卡

需要注意的是，Excel 节点只是一个读数据节点，没有数据展示功能。因此，当参数设置完毕后，如果希望浏览数据内容，应选择"输出"选项卡中的表格节点，并将其与 Excel 节点连接起来，然后在表格节点处单击鼠标右键，选择快捷菜单中的"运行"选项，执行数据流。于是，SPSS Modeler 生成数据表格，并将表名列在流管理窗格的"输出"选项卡中。

3. 读 SPSS 文件

SPSS Modeler 是一个高品质的统计分析软件，其数据文件的扩展名为".sav"。通过"源"选项卡中的 Statistics 文件节点可实现 SPSS 文件的读入。

这里，以一份虚拟的电信客户数据为例进行说明，该文件是 SPSS 文件，文件名为 Telephone.sav，变量包括居住地、年龄、婚姻状况、收入(百元)、教育水平、性别、家庭人数、开通月数、无线服务、基本费用、免费部分、无线费用、电子支付、套餐类型、流失，共 15 个。

首先，选择"源"选项卡中的 Statistics 文件节点并将其放置到数据流编辑区域中，在该节点处单击鼠标右键，选择快捷菜单中的"编辑"选项，进行参数设置，如图 2-25 所示。

在"数据"选项卡中的"导入文件"框中输入 Telephone.sav 文件的路径。在"变量名"处，选中"读取名称和标签"单选按钮，表示同时读 Telephone.sav 文件的变量名和变量名标签；若选中"读取标签作为名称"单选按钮，则表示将 Telephone.sav 文件中的变量名标签作为 SPSS Modeler 数据的变量名。在"值"处，选中"读取数据和标签"单选按钮，表示同时读 Telephone.sav 文件的变量值和变量值标签；若选中"读取标签作为数据"单选按钮，则表示将 Telephone.sav 文件中的变量值标签作为 SPSS Modeler 的变量值。

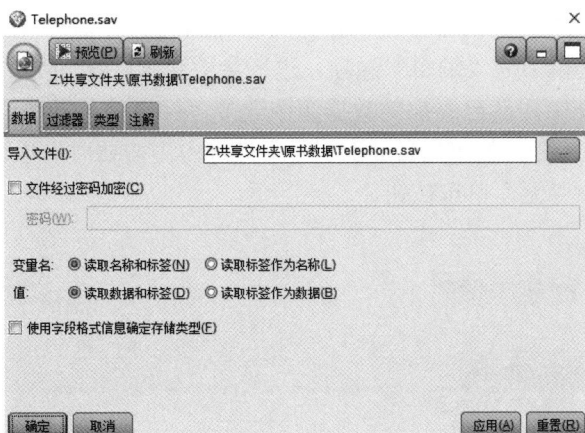

图 2-25　参数设置

4．读数据库文件

商业数据库种类繁多,但不同的数据库产品都遵循开放式数据互联 ODBC(Open DataBase Connectivity)标准,并通过 ODBC 实现数据库的互访。SPSS Modeler 通过 ODBC 方式访问数据库,需经过两个步骤完成:第一步,建立数据源;第二步,通过数据源访问数据库。

这里,以一份客户浏览网页的历史记录数据为例进行说明。该数据是 Access 数据库文件,文件名为 WebData.mdb。它包括 3 张数据表,分别为 Customer1、Customer2、ClickPath。其中 Customerl 记录了客户的基本信息,包括客户编号、年龄、性别、婚姻状况、教育水平、平均每天在线时间、居住区域;Customer2 记录了客户上网的基本情况,包括客户编号、平均日在线时间、平均夜在线时间、浏览器类型、平均收发邮件时间、平均网聊时间等;ClickPath 记录了客户浏览网页类型的数据。

在利用 SPSS Modeler 读数据库文件之前,应首先通过 Windows 系统的"控制面板"依次选择"管理工具"和"数据源 ODBC",添加一个关于客户访问网页的数据源。注意,本例的数据源驱动程序是 Microsoft Access Driver,数据源名称为"网页访问数据"。添加数据源后的"ODBC 数据源管理程序"对话框如图 2-26 所示。

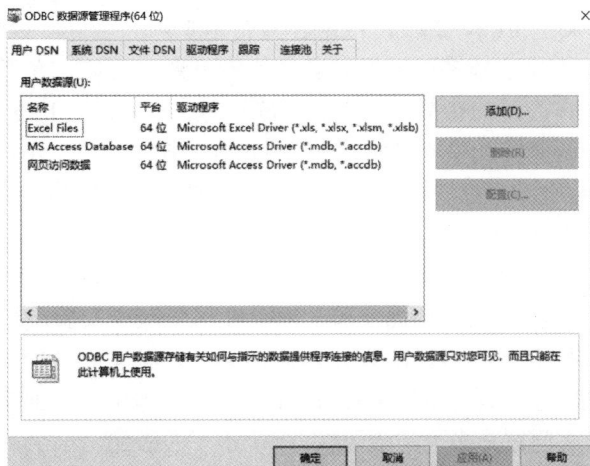

图 2-26　"ODBC 数据源管理程序"对话框

选择"源"选项卡中的数据库节点,并将其放置到数据流编辑区域中,在该节点处单击鼠标右键,选择快捷菜单中的"编辑"选项,进行参数设置,如图 2-27 所示。在"数据"选项卡中的"数据源"框中,从已添加的数据源中选择"网页访问数据",并选择数据库中的数据表 Customer1,在"给表名和列名加上引号"处选中"需要时"单选按钮,在"去除开头和末尾的空格"处选中"无"单选按钮。

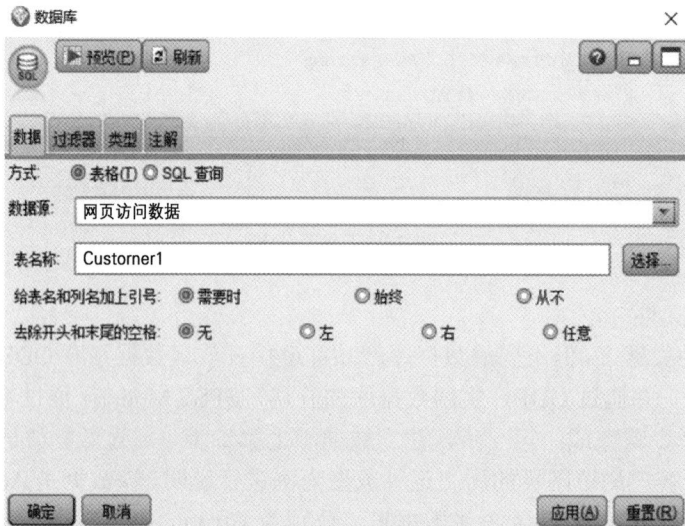

图 2-27　参数设置

2.2.3　生成实验方案数据

在数据挖掘实验中,数据的规律性是影响实验结果的决定性因素,也是数据挖掘的目标之一。在实验中,希望考察的实验条件称为实验因素,实验因素的具体取值称为水平;衡量实验结果好坏程度的指标称为实验指标。

例如,进行大豆每亩产量(简称大豆亩产量)的实验,目的是考察氮肥施加量对大豆亩产量的影响。如果每亩地的氮肥施加量分别为 0 kg、1 kg、2 kg、3 kg,则实验中的氮肥施加量就是实验因素,它有 0 kg、1 kg、2 kg、3 kg 这 4 个水平,大豆亩产量就是实验指标。

当实验因素较多且水平也较多时,实验就会比较复杂。例如,在考察氮肥施加量的同时考察磷肥施加量对大豆亩产量的影响,如果磷肥施加量也取 0 kg、1 kg、2 kg、3 kg 这 4 个水平,那么氮肥施加量和磷肥施加量不同水平的搭配就有 16 种。进一步,如果同时考察大豆品种对大豆亩产量的影响,且大豆品种有 A、B、C 共 3 种,则氮肥施加量、磷肥施加量和大豆品种不同水平的搭配就有 48 种。

对每种实验因素不同水平的搭配都进行实验,称为全面实验。当然,从人力、物力和时间等方面考虑,人们通常不会进行全面实验,而会在尽量减少实验次数、获得全面有效实验结果的目标下,找出实验高效、最优的设计方案。关于如何优化实验不是本书讨论的内容。这里,仅从数据组织的角度,讨论 SPSS Modeler 如何方便地生成全面实验数据。

全面实验实施的最大问题是多个实验因素、多个水平的搭配,因为它们很容易被遗漏。"源"选项卡中的用户输入节点很好地解决了这个问题,它能够自动生成多个实验因素、多个水平的搭配,用户只需要输入相应的实验指标即可。

首先，选择“源”选项卡中的用户输入节点并将其放置到数据流编辑区域中，在该节点处单击鼠标右键，选择快捷菜单中的“编辑”选项，进行参数设置，如图 2-28 所示。

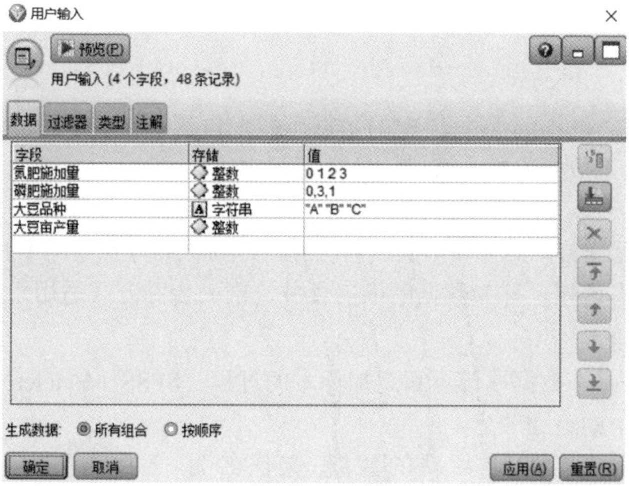

图 2-28　参数设置

首先，单击表格右侧第二个按钮(添加新项目)，增加行。还可利用其他按钮删除多余的行，向上或向下调整行的顺序。

然后，在“字段”列中输入实验因素或实验指标，在“存储”列中选择变量的存储类型，在“值”列中输入水平值，水平值之间可用空格分隔，如“0 1 2 3”，也可以用逗号分隔，如“0,1,2,3”。对于字符串型变量，变量值应用双引号引起来，如“A”“B”“C”。本例中，“大豆亩产量”是实验指标，其值不在这里输入，SPSS Modeler 默认将其设为$null$。

选择“输出”选项卡中的表格节点，并将其与用户输入节点连接起来，在表格节点处单击鼠标右键，选择快捷菜单中的“运行”选项，SPSS Modeler 将生成数据表格，如图 2-29 所示。

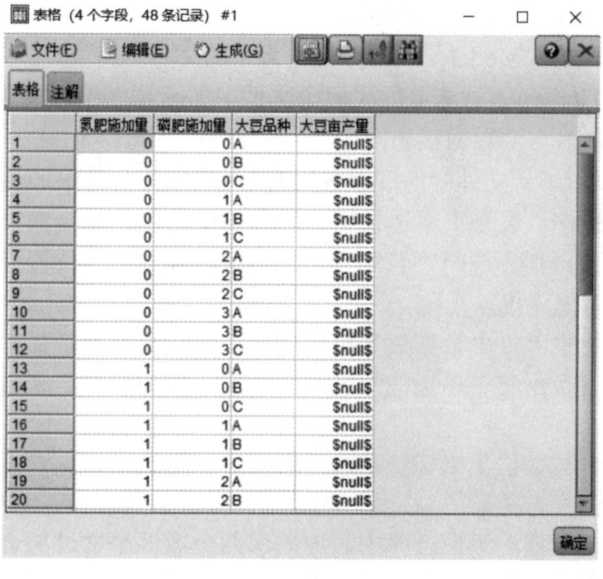

	氮肥施加量	磷肥施加量	大豆品种	大豆亩产量
1	0	0	A	$null$
2	0	0	B	$null$
3	0	0	C	$null$
4	0	1	A	$null$
5	0	1	B	$null$
6	0	1	C	$null$
7	0	2	A	$null$
8	0	2	B	$null$
9	0	2	C	$null$
10	0	3	A	$null$
11	0	3	B	$null$
12	0	3	C	$null$
13	1	0	A	$null$
14	1	0	B	$null$
15	1	0	C	$null$
16	1	1	A	$null$
17	1	1	B	$null$
18	1	1	C	$null$
19	1	2	A	$null$
20	1	2	B	$null$

图 2-29　数据表格

由于 SPSS Modeler 没有提供手动数据录入的界面，因此，大豆亩产量的数据还需事先输入到文本或 Excel 电子表格文件中，然后再读入 SPSS Modeler 中，这样的处理将涉及两个或多个文件的合并问题。

2.2.4　数据合并

如前所述，SPSS Modeler 数据流中的数据可能来自两个或多个外部文件，如何有效地合并外部文件并将其送入数据流是本节讨论的主要内容。

通常，数据合并有以下两种方式：

(1)数据依次首尾连接，称为数据的纵向合并。纵向合并方式适用于追加样本。

(2)数据依次左右连接，称为数据的横向合并。横向合并方式适用于追加变量。

1．数据的纵向合并

数据的纵向合并是在数据尾部不断追加样本的过程。SPSS Modeler 实现该功能的节点是"记录选项"选项卡中的追加节点。

以学生参与某次社会公益活动的数据(文件名为 Students.xls 和 Newstudents.xls)为例进行说明，两个文件中分别是老生和新生的数据。由于分析是针对所有学生的，故需要将两个文件纵向合并成一个新文件。建立的数据流如图 2-30 所示。

首先，按照读 Excel 电子表格文件的操作方法建立两个 Excel 节点，分别读入两个文件的数据；然后，选择"记录选项"选项卡中的追加节点并将其连接到两个 Excel 节点的后面，在该节点处单击鼠标右键，选择快捷菜单中的"编辑"选项，进行参数设置，如图 2-31 所示。

图 2-31(a)显示了两个文件的标记和顺序。合并后样本将依据"标记"列进行排序，标记值小的文件，其数据排在前面，标记值大的表，其数据排在后面。可通过右边的上下按钮调整顺序。SPSS Modeler 默认标记值为 1 的文件为主数据集(Main DataSet)，意味着如果两个文件中的变量名不同或变量个数不一致，则合并后的新文件中的变量名与主数据集相同。

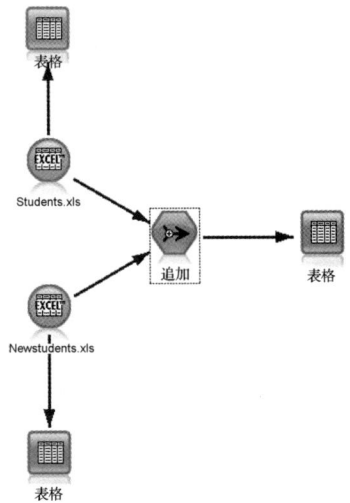

图 2-30　数据流

图 2-31(b)依次显示了新文件中的变量名，以及两个原始文件中的变量名，参数说明如下。

字段匹配依据：选中"名称"单选按钮，表示按变量名连接。如果不能保证两个文件的变量排列顺序完全一致，则应选中"名称"单选按钮。若选中"位置"单选按钮，则表示按两个文件的顺序依次首尾连接。

包含字段来源：选中"仅主数据集"单选按钮，表示合并后新文件的变量名只能来自主数据集；若选中"所有数据集"单选按钮，则表示新文件的变量名来自所有原始文件，是原始文件变量名的并集。

通过在字段中包含源数据集来标记记录：若勾选该复选框，则表示在新文件中自动增加一个变量名，默认为输入的变量。

需要注意的是，在数据的纵向合并中，应确保两个或多个文件的合并是有实际意义的，相同含义的变量应取相同的变量名，且变量的类型要一致。

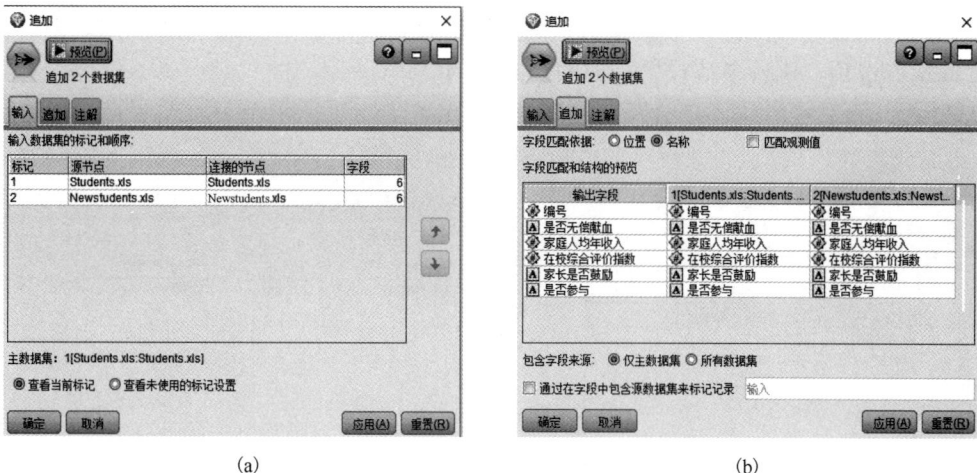

(a)　　　　　　　　　　　　　　　(b)

图 2-31　参数设置

为方便数据流的管理和浏览，可将数据的纵向合并过程做成一个超节点，如图 2-32 所示。

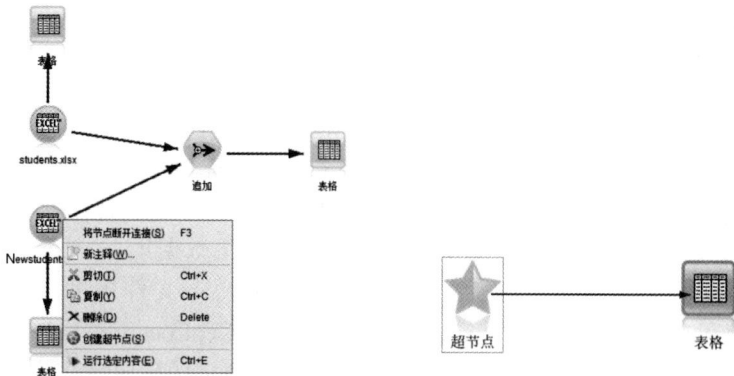

图 2-32　将数据的纵向合并过程做成一个超节点

2．数据的横向合并

数据的横向合并是在数据的右侧不断添加变量的过程。SPSS Modeler 实现该功能可使用"记录选项"选项卡中的合并节点。

以客户浏览网页的历史记录数据（文件名为 WebData.mdb）为例进行说明，希望将 Customer1 表（客户编号、年龄、性别、婚姻状况、教育水平、平均每天在线时间、居住区域）和 Customer2 表（客户编号、平均日在线时间、平均夜在线时间、浏览器类型、平均收发邮件时间、平均网聊时间）横向合并在一起，为分析不同教育水平的客户的平均收发邮件时间是否有差异，网聊时间是否与性别、婚姻状况相关等问题做准备，建立的数据流如图 2-33 所示。

首先，按照读数据库文件的操作方法建立两个数据库节点，分别读两个数据库文件；然后，选择"记录选项"选项卡中的

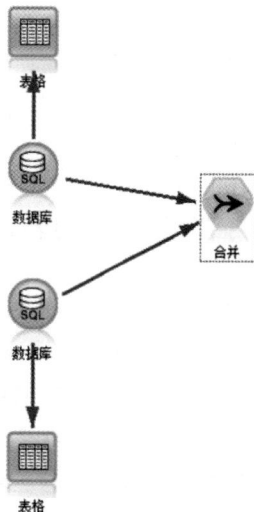

图 2-33　数据流

合并节点，并将其连接到两个数据库节点的后面，在该节点处单击鼠标右键，选择快捷菜单中的"编辑"选项，进行参数设置，如图 2-34 所示。

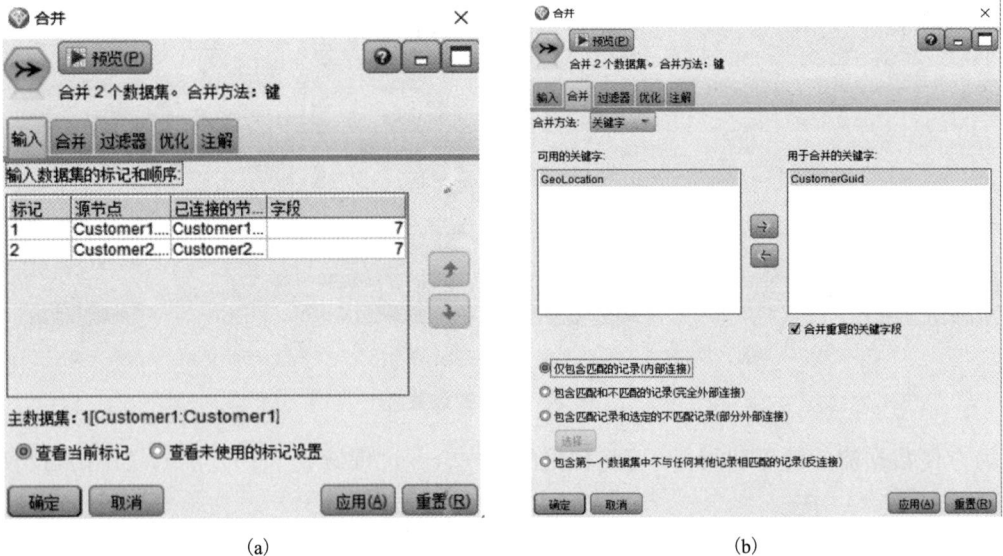

(a)   (b)

图 2-34　参数设置

图 2-34(a)显示了两个数据库文件的标记和顺序。合并后样本将依据"标记"进行排列，标记值小的表，其数据排在最左边，标记值大的表，其数据排在最右边。可通过右边的上下按钮调整顺序。SPSS Modeler 默认标记值为 1 的文件为主数据集。

在图 2-34(b)中，"可用的关键字"框中将显示两个文件中的同名变量，本例中为 CustomerGuid(已被送入"用于合并的关键字"框中)和 GeoLocation，这些变量名可能成为横向合并的关键字。"用于合并的关键字"框中将显示用户指定的横向合并关键字，即如果依据关键字合并，则只有该关键字取值相同的样本才可左右连接。本例指定 CustomerGuid 为用于合并的关键字。

在"合并方法"下拉菜单中，选择"顺序"选项，表示两个文件按前后顺序一一左右连接，选择"关键字"选项，表示按关键字合并。如果不能保证两个文件的排列顺序完全一致，应选择"关键字"选项。

在指定按关键字合并后，还需指定新数据的来源，包括内部连接(inner join)、完全外部连接(full outer join)、部分外部连接(partial outer join)和反连接(anti join)4 种。

内部连接：如果对表 A、B、C 进行内部连接，则合并结果是表 A、B、C 的交集，如图 2-35(a)所示。

完全外部连接：如果对表 A、B、C 进行完全外部连接，则合并结果是表 A、B、C 的并集，如图 2-35(b)所示。

部分外部连接：如果将表 A、B 与表 C 进行部分外部连接，则合并结果一定包含表 A、B 中的所有样本，同时还包含表 C 中那些关键字值也出现在表 A、B 中的样本，表 C 中的样本通常不能全部进入新表，如图 2-35(c)所示。

反连接：如果表 A 与表 B、C 进行反连接，则合并结果是表 A 中与其余表关键字值不相同的样本，如图 2-35(d)所示。

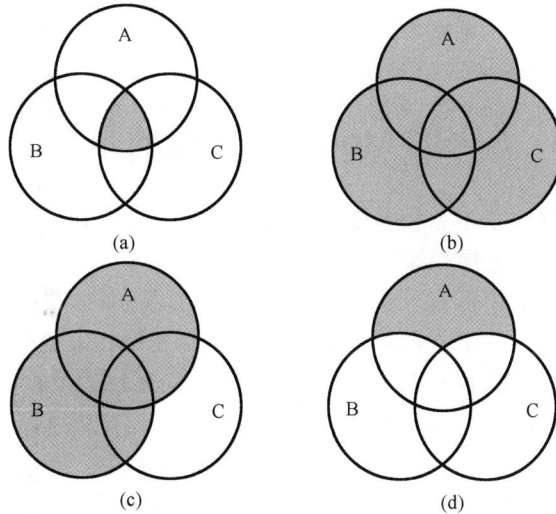

图 2-35　新数据的来源

图 2-36 中给出的两个文件中均有 CustomerGuid 和 GeoLocation 变量，而合并结果中只能保留一个 CustomerGuid 和一个 GeoLocation 变量。由于已指定 CustomerGuid 为用于合并关键字，因此默认保留主数据集中的 CustomerGuid 变量；同时，还应指定保留哪个文件中的 GeoLocation 变量，这里保留了第一个文件中的 GeoLocation 变量，过滤掉了第二个文件中的 GeoLocation 变量。

图 2-36　数据合并

如果被合并的数据比较大，为提高数据流的执行效率，可将合并节点设置成缓存节点，并将缓存结果保存到 SPSS 文件中。同时，还可以将其定义成超节点。

此外，对 2.2.3 节中的大豆亩产量实验，可首先在外部文件(如 Excel 文件)中，按照实验方案的顺序依次输入大豆亩产量这个实验指标,然后将实验因素与实验指标横向合并,并在"合并方法"下拉菜单中选择"顺序"选项。

2.3 SPSS Modeler 数据的基本分析

数据挖掘往往从数据的基本分析开始,其是了解数据分布特征、把握数据间相关性强弱的基本手段,也是后续模型选择和深入分析的基础。

数据的基本分析一般从单变量分析入手。通常,可通过探索性分析评估数据的质量;通过计算基本描述统计量,确切掌握数据的分布特点。两变量相关性研究是数据基本分析的另一个重要方面,可通过列联表揭示变量之间的内在联系,通过均值检验数据之间的相互影响。两变量相关性研究是数据模型分析的基础。

数据的基本分析结果可通过具体数字结果展示,也可通过图形直观展示,下面分别进行讨论。数据基本分析相应的节点放置在节点工具箱窗格的"输出"选项卡和"图形"选项卡中,如图 2-37 和图 2-38 所示。

图 2-37 "输出"选项卡

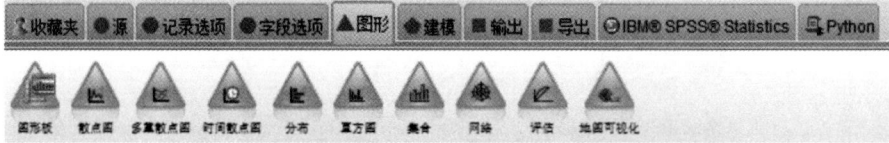

图 2-38 "图形"选项卡

本节以一份虚拟的电信客户数据为例进行说明,该文件是 SPSS 文件,文件名为 Telephone.sav(同 2.2.2 节中的 Telephone.sav 文件)。利用这份数据,可分析流失客户的一般特征,同时建立模型,进行客户流失的预测。

2.3.1 数据质量

数据挖掘的首要任务是对数据质量进行考察。

高质量数据是数据挖掘的前提和分析结论可靠性的保障。SPSS Modeler 对数据质量的考察指标主要包括数据缺失、数据离群值和极值两大方面,具体操作包括数据中有效样本比例的计算、变量中用户缺失值比例的计算和处理、数据中离群值的诊断和处理等。

本案例的数据流文件为"基本分析.str",数据流如图 2-39 所示。

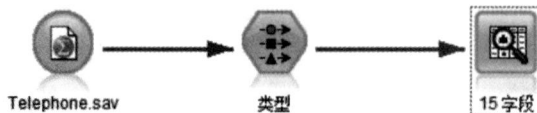

图 2-39 数据流

对数据质量的考察可通过"输出"选项卡中的数据审核节点实现。数据审核节点还可以计算变量的基本统计量并绘制相应的柱形图或直方图等。

首先，按照读 SPSS 文件的方法，添加 Statistics 文件节点并读入 Telephone.sav；然后，添加类型节点并说明变量角色。这里，"流失"为目标变量，其他变量均为输入变量；之后，选择"输出"选项卡中的数据审核节点，将其连接到数据流的相应位置上，在数据审核节点处，单击鼠标右键，选择快捷菜单中的"编辑"选项，进行参数设置，如图 2-40 所示。

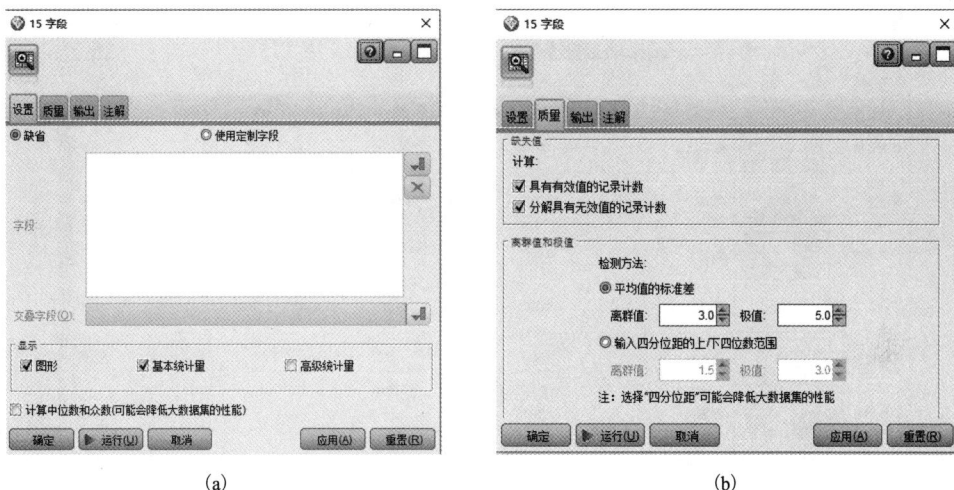

(a)　　　　　　　　　　　(b)

图 2-40　参数设置

在图 2-40(a)中，相关参数说明如下。

缺省：选中"缺省"单选按钮，表示对节点中的所有变量进行分析，其中在类型节点中指定的目标变量将作为交叠字段变量。如果交叠字段变量为分类型变量，则在所绘制的各种统计图形中，将分别显示该变量不同的取值在其他变量上的分布状况。如果交叠字段变量为数值型变量，则计算该变量与其他变量的相关参数，如简单相关系数、相关系数 F 检验的观测值和自由度、概率-P 值及协方差等。

使用定制字段：选中"使用定制字段"单选按钮，表示自定义参与计算的变量，如果有必要，还应在"交叠字段"下拉菜单中自行指定一个交叠字段变量。

"显示"区域：勾选"图形"复选框，表示输出各变量的统计图形，包括柱形图、直方图和散点图(当交叠字段变量为数值型变量时)；勾选"基本统计量"复选框，表示输出各变量的基本描述统计量，主要包括数值型变量的最小值、最大值、平均值、标准差、偏度等；勾选"高级统计量"复选框，表示输出各变量的其他描述统计量，主要包括总和、极差、均值标准误差、方差、峰度系数等。

计算中位数和众数：勾选该复选框表示计算各变量的中位数和众数。出于计算效率的考虑，SPSS Modeler 不建议在使用大样本时计算这两个指标。

在图 2-40(b)中，相关参数说明如下。

"缺失值"区域：勾选"具有有效值的记录计数"复选框，表示计算各变量的有效样本的个数；勾选"分解具有无效值的记录计数"复选框，表示计算各变量取各种无效值的样本个数，这里的无效值主要包括系统缺失值、空串、空格、空白。

"离群值和极值"区域：用于指定离群值和极值的检测方法。例如，按照图 2-40(b)中的设置，选中"平均值的标准差"单选按钮，表示以均值为中心，变量值在 3 个标准差以外的为离群值，在 5 个标准差以外的为极值；若选中"输入四分位距的上/下四位数范围"单选按钮，则表示变量值与上四分位数或下四分位数的绝对差大于 1.5 倍的为离群值，大于 3 倍的为极值。

数据审核的结果可以直接显示在屏幕窗口中，也可以输出到指定的文本文件中。本例的部分计算结果如图 2-41 所示。

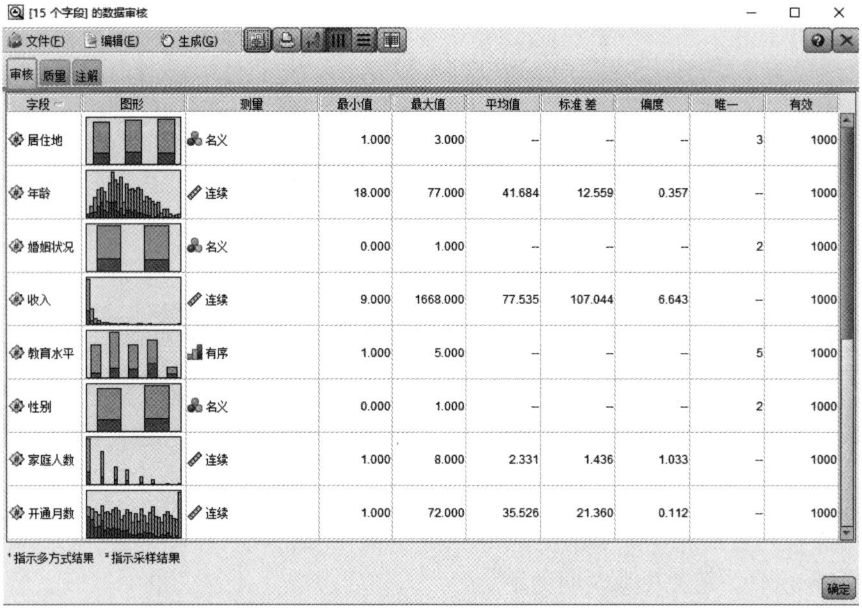

图 2-41　部分计算结果

在图 2-41 中，菜单栏右侧的窗口工具栏中，从右数第 1 个▥按钮，允许用户计算其他描述统计量，从右数第 2 个▤和第 3 个▥按钮可以指定统计图形的显示方向，即左右横向显示(条形图)或上下纵向显示(柱形图)。单击各列标题，可使数据按相应内容排序。

此外，图形中的深色部分表示目标变量"流失"取 Yes，即流失客户的样本数。可以看到，流失客户在各变量不同的取值上都有分布。从图形粗略分析，在"开通月数"变量上，开通月数比较短的客户，其流失比例相对较大，而在其他变量上的分布差异不十分明显。图 2-41 还显示了各数值型变量的基本描述统计量，其中"收入"变量呈显著的左偏不对称分布。"唯一"列表示各分类型变量的取值个数，如"教育水平"有 5 个取值，"婚姻状况"有 2 个取值；"有效"列显示了各变量上的有效样本数，各变量均不存在无效样本(共 1000 个样本)。

为进一步观察数据的总体质量，选择"质量"选项卡，如图 2-42 所示。

在图 2-42 中，"完整字段"结果为 100%，即取有效值(不包括离群值和极值)的变量占总变量的 100%，该值较理想。"完整记录"结果也为 100%，即在所有变量上都取有效值(不包括离群值和极值)的样本，占总样本的 100%，该值也较理想。结合这两个指标可以得出，这份数据的总体质量是令人满意的。

进一步观察这些变量发现，有些变量存在离群值和极值。例如，"收入"变量上有 9 个离群值和 6 个极值，"基本费用"变量上有 18 个离群值和 4 个极值。可见，这份数据的质量问题主要出在离群值和极值上。

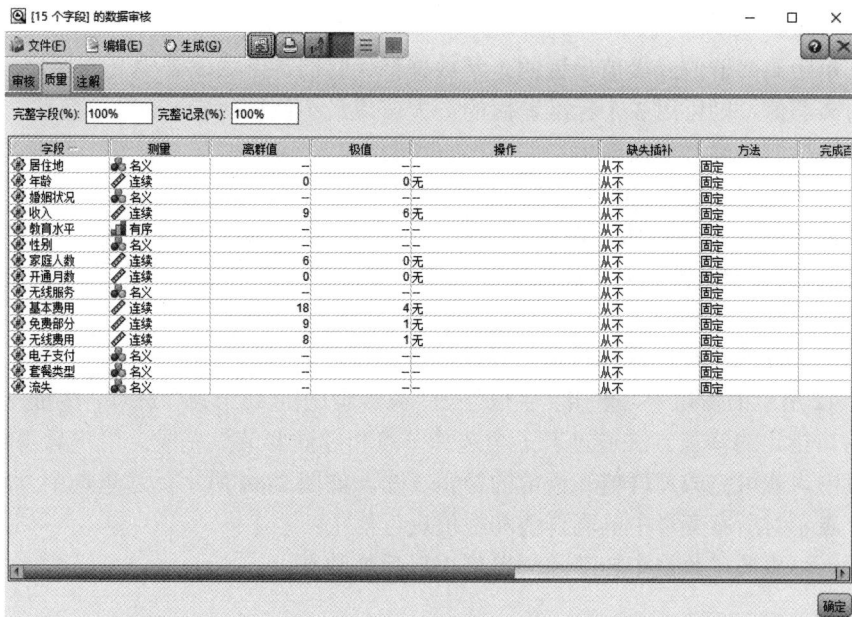

图 2-42　"质量"选项卡

1．离群值和极值的修正

由于这份数据的质量问题主要出在离群值和极值上，可以考虑对它们进行修正。SPSS Modeler 对离群值和极值的修正方法是，在"操作"列，选择下拉菜单中修正方法，具体操作如图 2-43 所示。

图 2-43　离群值和极值的修正

在"操作"列的下拉菜单中提供了以下离群值和极值的修正方法。

无：不修正。

强制：用距离离群值或极值最近的正常数据替代它们。例如，若定义变量值在 3 个标准差以外的为离群值，则可用 3 个标准差内的最大值或最小值替代它。

丢弃：直接删除离群值或极值。

无效：用系统缺失值$null$替代离群值或极值。

强制替换离群值/丢弃极值：按照"强制"方法修正离群值，删除极值。

强制替换离群值/使极值无效：按照"强制"方法修正离群值，用系统缺失值$null$替代极值。

SPSS Modeler 修正离群值和极值的操作步骤如下。

在图 2-42 所示的窗口中，单击"生成"—"离群值/极值超节点"选项，生成一个超节点，它自动将用户指定的修正方法通过若干个选择节点和过滤器节点完成。用户只需将超节点放置到数据流中，就可完成离群值和极值的修正工作，如图 2-44 所示，这里选中"所有字段"单选按钮，表示对所有变量中的离群值和极值进行修正。

完成后，可再通过数据审核节点浏览修正以后的数据。

图 2-44　选中"所有字段"单选按钮

2. 缺失值的插补

SPSS Modeler 可对缺失值进行插补处理，在"缺失插补"和"方法"列的下拉菜单中提供了插补处理的选项。其中，"缺失插补"列下拉菜单中的选项具体如下。

从不：不插补。

空白值：表示将对空白值进行插补。

空值：表示将对系统缺失值$null$进行插补。

空白值和空值：表示将对空白值和系统缺失值$null$进行插补。

条件：表示将对满足指定条件的变量值进行插补，显示的对话框如图 2-45 所示。"条件"

框用于输入 CLEM(表达式操作控制语言)条件表达式，可以手动输入，也可以使用表达式构建器输入，表达式构建器中将显示一个 CLEM 函数和运算符的完整列表及当前数据流中的变量。CLEM 条件表达式由值、变量、运算符和函数构成。"插补方法"下拉菜单中默认的方法是"固定"，表示用一个具体值进行插补，包括平均值(Mean)、中间值(Mid-Range，即 1/2 的极差)和一个指定的常数(Constant)。

指定：含义与条件类似。

应在"方法"列的下拉菜单中指定插补方法，具体如下。

固定：表示用一个具体的值进行插补。

随机：表示用正态分布或均匀分布中的一个随机数进行插补。

表达式：表示用一个指定的算术表达式的结果进行插补。

算法：表示用分类回归树的预测值进行插补。

与修正离群值和极值类似，SPSS Modeler 插补缺失值的操作步骤如下。

单击"生成"—"缺失值超节点"选项，生成一个超节点，它自动将用户指定的插补方法通过若干过滤器节点完成。用户只需将超节点连接到数据流中，就可完成缺失值的插补工作。

3. 数据审核节点的其他功能

1) 保留或剔除变量

数据审核节点可以实现保留高质量的变量，自动剔除那些质量不高的变量。在图 2-42 所示的窗口中，单击"生成"—"缺失值过滤节点"选项，显示的对话框如图 2-46 所示。

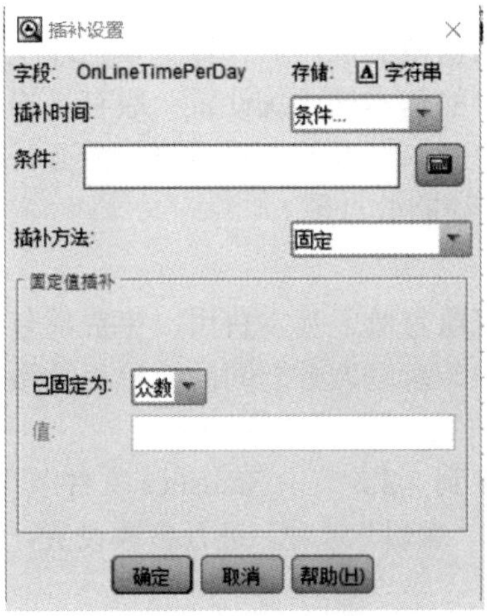

图 2-45　插补设置 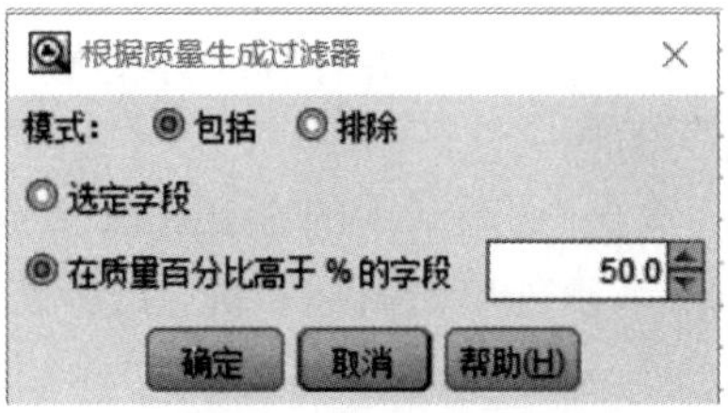　　　　　　　　　图 2-46　根据质量生成过滤器

图 2-46 中的相关参数说明如下。

模式：选中"包括"单选按钮，表示保留相应变量；选中"排除"单选按钮，表示剔除相应变量。

选定字段：选中"选定字段"单选按钮，表示保留或剔除用户指定的变量。

在质量百分比高于%的字段：选中"在质量百分比高于%的字段"单选按钮，表示保留或剔除数据质量百分比在指定百分比以上的变量。

设置后，SPSS Modeler 将在数据流编辑区域自动生成一个过滤器节点，将节点恰当连接后，可以看到保留或剔除变量的情况。

2) 保留有效样本

数据审核节点还可以实现保留有效样本,自动剔除无效样本。在图2-42所示的窗口中,单击"生成"—"缺失值选择节点"选项,显示的对话框如图2-47所示。

图2-47中的相关参数说明如下。

当记录处于以下状态时选择:选中"有效"或"无效"单选按钮分别表示保留有效或无效样本。

"查询无效值"区域:指定在哪些变量中查找无效样本。选中"所有字段"单选按钮,表示在节点的所有变量中查找;选中"表格中的所选字段"单选按钮,表示在所选择的变量中查找;选中"在质量百分比高于%的字段"单选按钮,表示在质量百分比高于指定百分比的变量中查找。

如果在以下位置发现无效值,则认为记录无

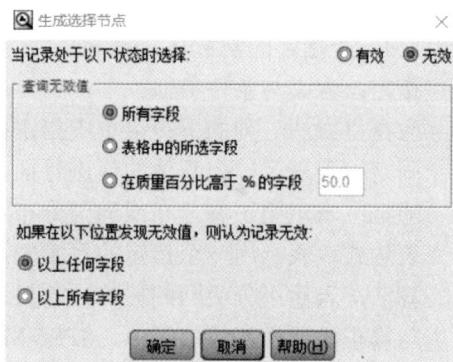

图2-47　生成选择节点

效:用于指定查找出哪种无效样本。选中"以上任何字段"单选按钮,表示若样本在上述 3种查询方式中的任何一种中取无效值,则挑出它们;选中"以上所有字段"单选按钮,表示若样本在上述 3 种查询方式中都取无效值,则挑出它们。

2.3.2　基本描述分析

数据分析通常是从基本描述统计量开始的。对数值型变量,应计算基本描述统计量,以准确把握变量的集中趋势和离散程度。描述集中趋势的基本描述统计量一般有平均值、中位数、众数等,描述离散程度的基本描述统计量包括方差、标准差、极差等。为分析数值型变量之间的相关程度,还可以计算基本描述统计量或者绘制散点图。

1. 计算基本描述统计量

这里,对电信客户数据进行分析,目标是计算开通月数、基本费用、免费部分、无线费用的基本描述统计量,并计算上述变量与年龄、收入、家庭人数之间的简单相关系数,以反映变量之间的相关性。

选择"输出"选项卡中的 Statistics 节点并将其连接到 2.2.2 节中 Statistics 文件节点的后面,在 Statistics 节点处单击鼠标右键,选择快捷菜单中的"编辑"选项,进行参数设置,如图2-48所示。

图2-48中的相关参数说明如下。

检查:选择需计算基本描述统计量的变量。

Statistics:勾选需要计算的基本描述统计量。

相关:选择与哪些变量进行相关性分析。

"相关设置"按钮:用来设置相关性分析的输出内容。若简单相关系数大于 0.33 且小于0.66,则表示中度相关,会默认输出"中"字样;若简单相关系数大于或等于 0.66 且小于 1,则表示强相关,会默认输出"强"字样。

计算结果如图2-49所示。以"开通月数"为例,可以看出,它与"年龄"和"收入"都有强相关性,它们的简单相关系数分别为 0.490 和 0.243,从统计检验的角度看,有95%以上的把握认为它们之间是相关的。

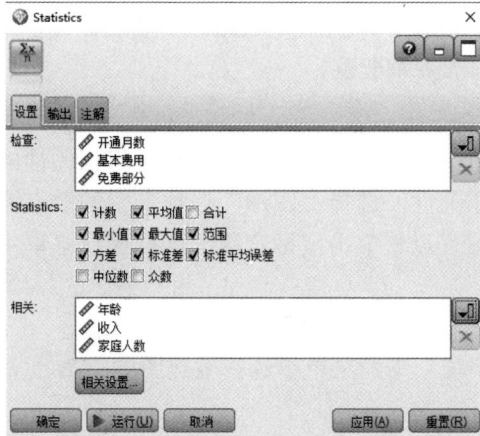

图 2-48　参数设置

选择"生成"—"过滤器"选项，挑选出相关性较高的变量，如图 2-50 所示。

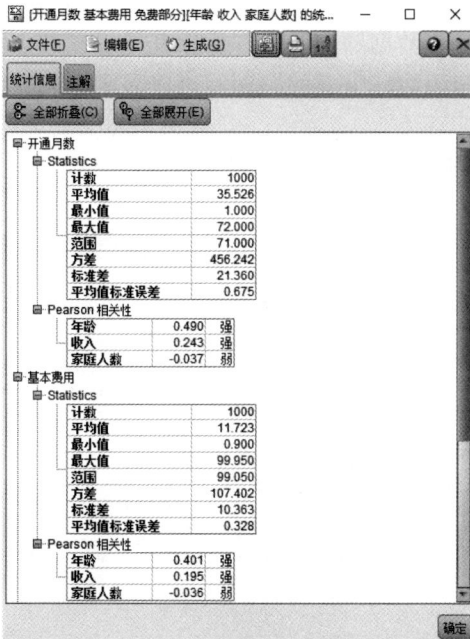

图 2-49　计算结果

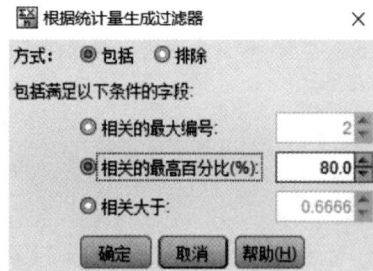

图 2-50　根据统计量生成过滤器

在图 2-50 中，相关参数说明如下。

方式：选中"包括"单选按钮，表示保留相应变量；选中"排除"单选按钮，表示剔除相应变量。

包括满足以下条件的字段：选中"相关的最大编号"单选按钮，表示保留或剔除相关性较高的指定个数的变量；选中"相关的最高百分比(%)"单选按钮，表示保留或剔除相关性较高的指定百分比的变量；选中"相关大于"单选按钮，表示保留或剔除简单相关系数大于指定值的变量。

设置后，SPSS Modeler 将在数据流编辑区域中自动生成一个过滤器节点，将其连接到数据流中就可以查看变量的保留和剔除情况。这里选中"相关的最高百分比(%)"单选按钮，选出了年龄、开通月数和基本费用 3 个变量。利用这个功能，可以从众多输入变量中挑选出与数值型目标变量相关性较高的少数变量。

2. 绘制散点图

还可以通过绘制散点图的方法来进行数值型变量之间相关性的分析。这里，观察"基本费用"和"年龄"之间的相关性，选择"图形"选项卡中的散点图节点，并将其连接到数据流的恰当位置上，在散点图节点处单击鼠标右键，选择快捷菜单中的"散点图"选项，进行参数设置，如图 2-51 所示。

具体参数设置如下。

在"X 字段"和"Y 字段"下拉菜单中选择散点图的 X 轴变量和 Y 轴变量。这里，分别选择了"基本费用"和"年龄"。

在"交叠字段"区域，可设置以不同的颜色、大小、形状、透明度表示交叠字段变量的不同取值的样本点，"面板"用于绘制多张散点图，"动画"用于以动画方式分别显示多张散点图。这里选择以不同的颜色表示交叠字段变量"流失"的样本点。

交叠字段类型：选中"无"单选按钮，表示不拟合回归线；选中"平滑器"单选按钮，表示采用局部加权最小二乘法(LOESS)拟合样本数据的回归线，并将其显示在散点图中；选中"函数"单选按钮，表示自行输入一个回归函数，生成的回归线也将显示在散点图中。这里选中"无"单选按钮。

绘制出的散点图如图 2-52 所示，可以看到变量之间的线性相关性不太明显。

图 2-51　参数设置

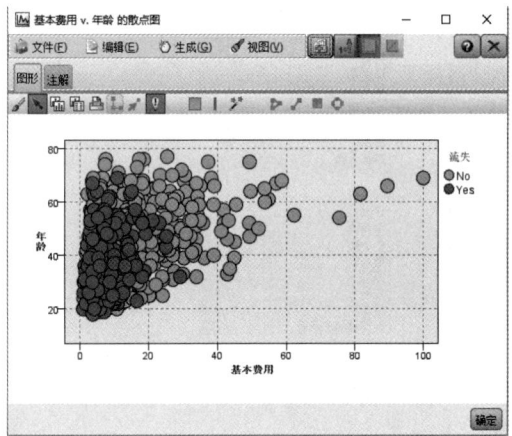

图 2-52　散点图

需要说明的是，SPSS Modeler 图形与数据的交互功能非常优秀。用户可选中图中感兴趣的区域，然后单击鼠标右键，在快捷菜单中选择相应选项进行相应设置，如图 2-53 所示。

快捷菜单中的相关选项说明如下。

重命名带：表示给选中的区域重命名。

删除所有带：表示删除选中区域。

生成带的选择节点：表示在数据流编辑区域中自动生成选择节点，筛选出相应区域中的样本。

生成带的导出节点：表示在数据流编辑区域中自动生成导出节点，派生一个二分类型的新变量。如果样本属于该区域，则新变量的值为 T，否则为 F。

图 2-53　在快捷菜单中选择相应选项

若要删除所选择的区域，可选择"编辑"—"图区域"选项，SPSS Modeler 将显示所选区域内的样本在 X 轴和 Y 轴上的最小值和最大值，单击对话框中的"×"按钮删除相应区域即可。

此外，图 2-52 中的散点图有显示和编辑两种状态。单击"箭头"按钮可进入显示状态，单击"毛笔"按钮可进入编辑状态。图 2-54 所示的状态为编辑状态，此时可以对图中各部分进行编辑，如调整图形的边框颜色、填充颜色、填充模式、标题的字体和字号等。

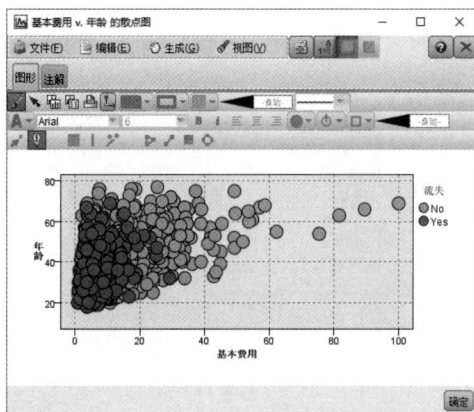

图 2-54　编辑状态

2.3.3　变量分布探索

统计建模常常要求变量服从正态分布，如果变量不服从正态分布，应对变量进行适当的转换处理。应该采用怎样的转换处理方式呢？这无疑需要反复测试，且这个过程会比较烦琐。SPSS Modeler 提供了直观的图形方式用于变量的转换，大大缩短了变量分布探索的时间。

这里，思考一下，对各种费用变量应做怎样的转换才能使其接近正态分布？选择"输出"选项卡中的变换节点，并将其连接到数据流的恰当位置上，在该节点处单击鼠标右键，选择快捷菜单中的"编辑"选项，进行参数设置，如图 2-55 所示。

在"字段"选项卡中选择相应的变量。在"选项"选项卡中指定采用哪种变量转换公式，如图 2-56 所示。其中，选中"所有公式"单选按钮，表示采用 SPSS Modeler 提供的默认公式，若遇除 0 或对 0 取对数等无法计算的问题，计算结果将取系统缺失值$null$；选中"选择公式"单选按钮，表示自行指定计算公式，为避免除 0 或对 0 取对数等问题，需要在"偏移量"框中给出修正值。选中"所有公式"单选按钮的计算结果如图 2-57 所示。

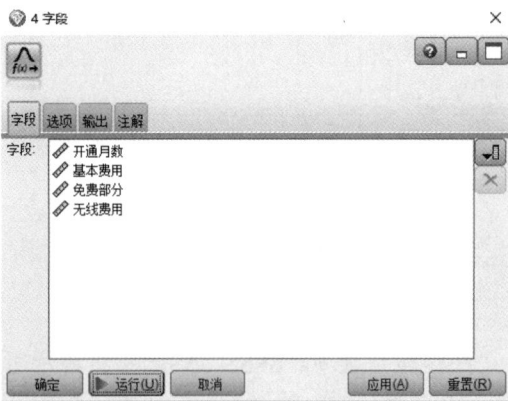

图 2-55　"字段"选项卡　　　　　　　　图 2-56　"选项"选项卡

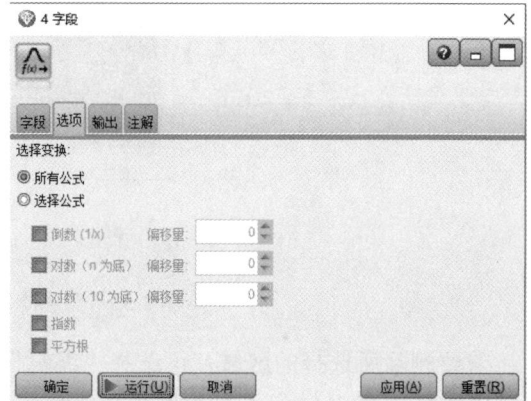

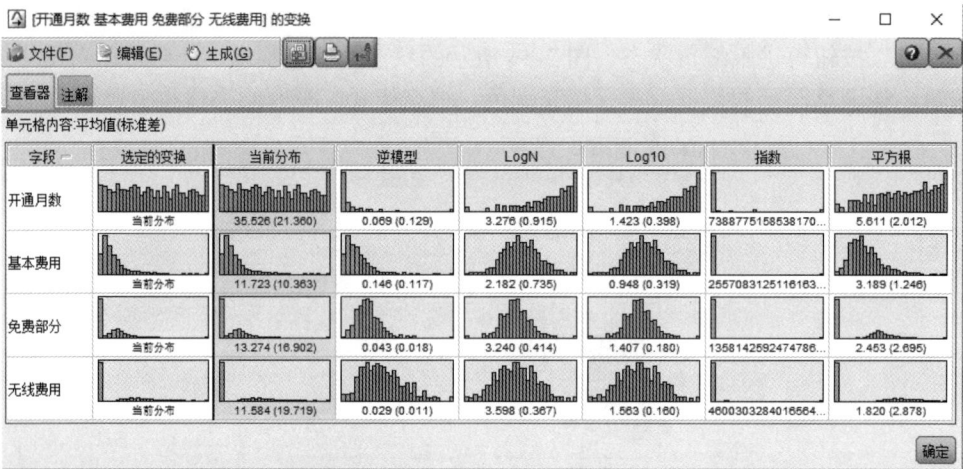

图 2-57　计算结果

变换节点的执行结果由若干图形组成。第 1 列图形是用户选定计算方式后的直方图(选定的变换)，初始时默认为原始变量的分布图。从第 2 列图形开始，依次为原始变量的直方图(当前分布)、原始变量计算倒数后的直方图(逆模型)、原始变量求自然对数后的直方图(LogN)、原始变量求以 10 为底的对数后的直方图(Log10)、计算 e 的原始变量次幂后的直方图(指数)、原始变量求平方根后的直方图(平方根)。各图形下方括号外的数字为变量的平均值，括号内的数字为变量的标准差。

可以看到，"开通月数"原始变量基本呈均匀分布，"基本费用"原始变量呈左偏分布，"免费部分"和"无线费用"原始变量的分布不清晰。"开通月数"经过各种处理后与正态分布仍相距较大，但"基本费用""免费部分"和"无线费用"经求对数处理后，已基本呈正态分布。因此，此时可以选择对这 3 个变量进行对数转换处理。选中合适的图形，如图 2-58 所示。应注意观察第 1 列图形的变化。此时，选择"生成"—"导出节点"选项，弹出的对话框如图 2-59 所示。

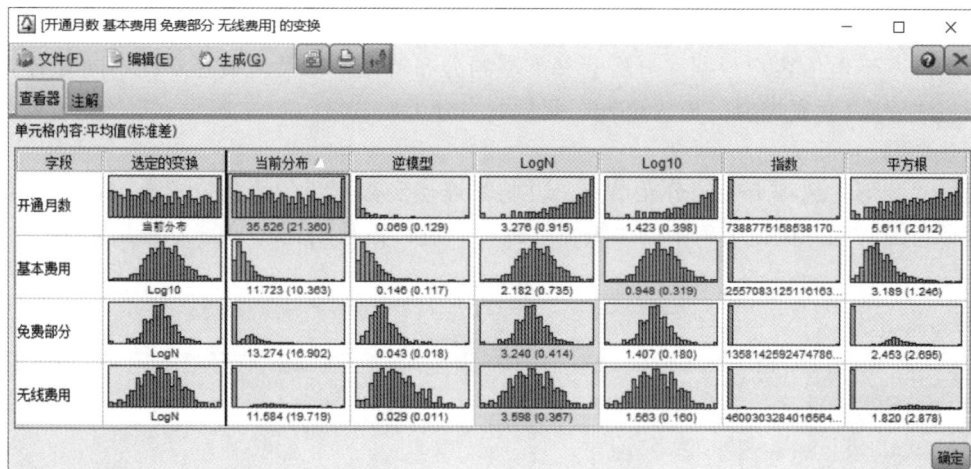

图 2-58　选中合适的图形

　　其中，选中"非标准化变换"单选按钮，表示对转换处理后的变量不进行标准化处理；选中"标准变换(Z 评分)"单选按钮，表示对转换处理后的变量进行标准化处理，并计算 Z 评分。这里选中"标准变换(Z 评分)"单选按钮，SPSS Modeler 将在数据流编辑区域自动生成一个由若干个导出节点组成的超节点，将超节点连接到数据流的恰当位置上，可自动实现原始变量的转换。

　　此外，选择"生成"—"填充节点输出"选项，可将指定图形输出到一个单独的窗口中，图中添加了正态分布曲线，如图 2-60 所示。

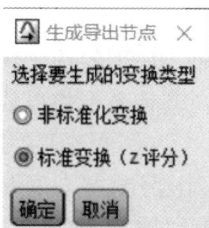

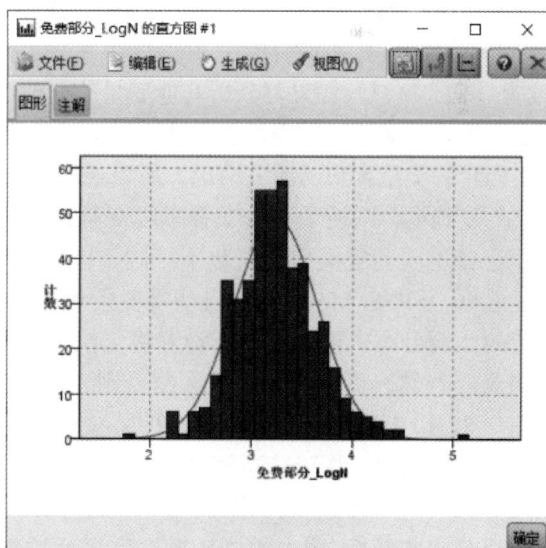

图 2-59　生成导出节点　　　　　　　　　　　　图 2-60　输出图形

2.3.4　二分类型相关性研究

　　对二分类型相关性进行研究具有重要意义。例如，基于电信客户数据，可分析客户流失与套餐类型、婚姻状况、电子支付等是否相关。

　　二分类型相关性研究可以从图形分析入手，然后采用数值方法进行分析。

1．二分类型相关性的图形分析

这里，基于电信客户数据，分析套餐类型的分布特征，以及流失客户在不同套餐类型上的分布。注意，"套餐类型"和"流失"变量均为分类型变量。

1）条形图

选择"图形"选项卡中的分布节点，并将其连接到数据流的恰当位置上，在分布节点处单击鼠标右键，选择快捷菜单中的"编辑"选项，进行参数设置，如图 2-61 所示。

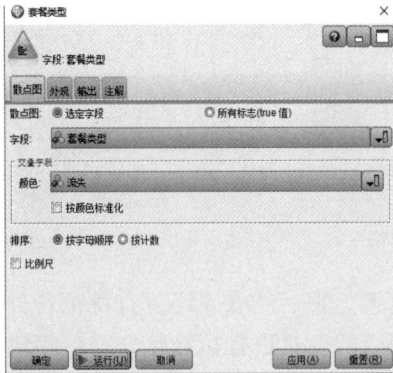

(a)　　　　　　　　　　　　　(b)

图 2-61　参数设置

图 2-61（a）中的相关参数说明如下。

散点图：选中"选定字段"单选按钮，表示用户自行指定绘图变量，并在"字段"下拉菜单中选择变量。这里，选择"套餐类型"变量。若选中"所有标志（true 值）"单选按钮，则表示选择节点中所有的二分类型进行绘图。

"交叠字段"区域：如果要分析其他变量的取值在绘图变量上的分布情况，应在"颜色"下拉菜单中选择一个交叠字段变量，交叠字段变量的不同取值将以不同的颜色显示。这里，要观察选择不同套餐类型客户的流失情况，所以选择"流失"变量为交叠字段变量。若勾选"按颜色标准化"复选框，则便于比较交叠字段变量在绘图变量不同取值上的分布。如图 2-61（b）所示，由于选择不同套餐类型的人数不相同，因此客户保留和流失的比例显示不直观。如果勾选了该复选框，SPSS Modeler 将自动将各条形调整为最长，然后再以不同颜色反映交叠字段变量取值的比例分布。但是，这样设置将无法反映绘图变量自身取值的分布特点。

比例尺：若勾选"比例尺"复选框，则表示自动调整条形图的长短。如果勾选了该复选框，则图 2-61（b）中频数最高的条形长度将被调整到最长（表示 100%），其他条形将以最长条形为标准按比例调整，图形将更清晰。

在图 2-61（b）中，深色表示流失客户，浅色表示保留客户，图中还列出了选择各套餐类型的客户的百分比和频数（图中的"计数"列表示频数）。可以看出，选择"附加服务"套餐类型的客户比例是较高的，客户流失比例是最低的。

在图 2-61（b）中，选中某个条形（称为目标条形），再选择"生成"菜单下的相应选项，SPSS Modeler 将自动在数据流编辑区域中生成相应的节点，具体如下。

选择表格的节点：自动从众多样本中挑选出目标条形所对应的样本。

导出表格的节点：自动生成一个二分类型，目标条形对应的样本默认取 T，其余样本默认取 F。

平衡节点：观察图形，当绘图变量各取值的频数差异很大时，可进行样本的平衡处理。平衡处理的两种方式如下。

(1)平衡节点(增加)：表示进行推进的平衡处理。重新分类节点(组)将自动选择频数最大的类别，为其赋权值 1；对其他类别，依其频数的大小，为其赋一个大于 1 的权值。频数小的权值大，频数大的权值小，以使各类别的样本量接近。

(2)平衡节点(减少)：表示进行缩减的平衡处理。同理，重新分类节点(组)将自动选择频数最小的类别，为其赋权值 1；对其他类别，依其频数的大小，为其赋一个小于 1 的权值。频数小的权值大，频数大的权值小，也可保证各类别的样本量接近。

从分类预测的角度看，通常选择平衡节点(减少)方式。

2) 网状图

网状图是一种能更生动和直观地展示两个或多个分类型变量(尤其适合多个分类型变量)相关性特征的图形。

选择"图形"选项卡中的网络节点，并将其连接到数据流的恰当位置上，在网络节点处单击鼠标右键，选择快捷菜单中的"编辑"选项，进行参数设置，如图 2-62 所示。

图 2-62 中相关参数的说明如下。

网络：选中"网络"单选按钮，表示绘制反映多个分类型变量两两之间相关性强弱的网状图，应在"字段"框中指定绘图变量，这些变量应均为分类型变量。这里，选择"套餐类型"和"流失"两个变量，所绘制的网状图如图 2-63 所示。

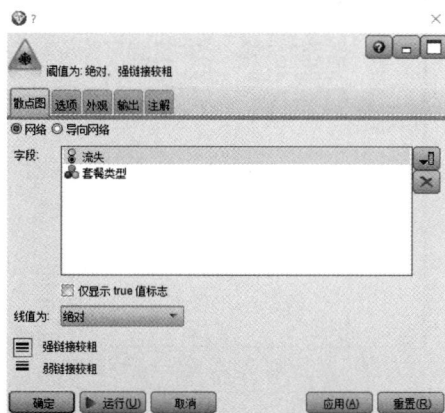

图 2-62　参数设置　　　　图 2-63　网状图

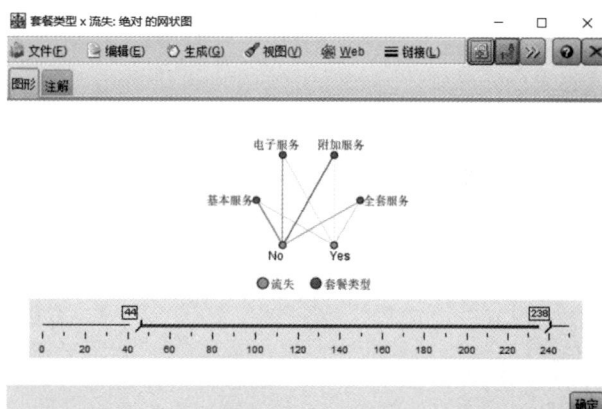

导向网络：若选中"导向网络"单选按钮，则表示绘制反映多个分类型变量与一个分类型变量之间相关性强弱的网状图。例如，对比"居住地""婚姻状况""电子支付""套餐类型"中哪些因素对客户流失更有影响力时，就可绘制该图形。此时，应在"源字段"框中指定"居住地""婚姻状况""电子支付""套餐类型"变量，在"目标字段"框中指定"流失"变量(未给出图，请读者自行完成)。

仅显示 true 值标志：若勾选该复选框，则表示绘制精简网状图，对二分类型只显示其取值为 T 的线段。

线值为："线值为"下拉菜单指定图中线条粗细的含义，默认为"绝对"，表示线条的粗细反映两变量交叉分组下频数的大小；若为"总体百分比"，则表示线条的粗细反映两变量交叉分组下频数总体百分比的大小。

强链接较粗：选中"强链接较粗"选项后，粗线代表频数(或总体百分比)大，细线代表频数(或总体百分比)小。

弱链接较粗："弱链接较粗"选项与"强链接较粗"选项的意义相反，通常应用于欺诈行为的甄别分析中。

如图 2-64 所示，图中最细的线代表 44 人，最粗的线代表 238 人，选择"附加服务"套餐类型的客户保留情况是最好的，因为它的保留线明显粗于流失线。而选择"基本服务"套餐类型的客户保留情况不如选择"附加服务"的。为得到更准确的数据，可单击窗口中的">>"按钮，显示具体的频数信息。如果网状图中的线段比较密集，还可选择图中的某点，单击鼠标右键，在快捷菜单中选择"隐藏"选项，隐藏当前点的显示；或者选择"隐藏并重新计划"选项，去除当前节点后重新绘制网状图。

调整网状图下方的两个滑块，可设置仅显示指定频数(或百分比)范围内的线。

此外，与条形图的操作类似，可选中一条线(选中后呈红色显示)，然后选择"生成"菜单下的相应选项，SPSS Modeler 将在数据流编辑区域中自动生成相应节点，将红色线代表的样本筛选出来。

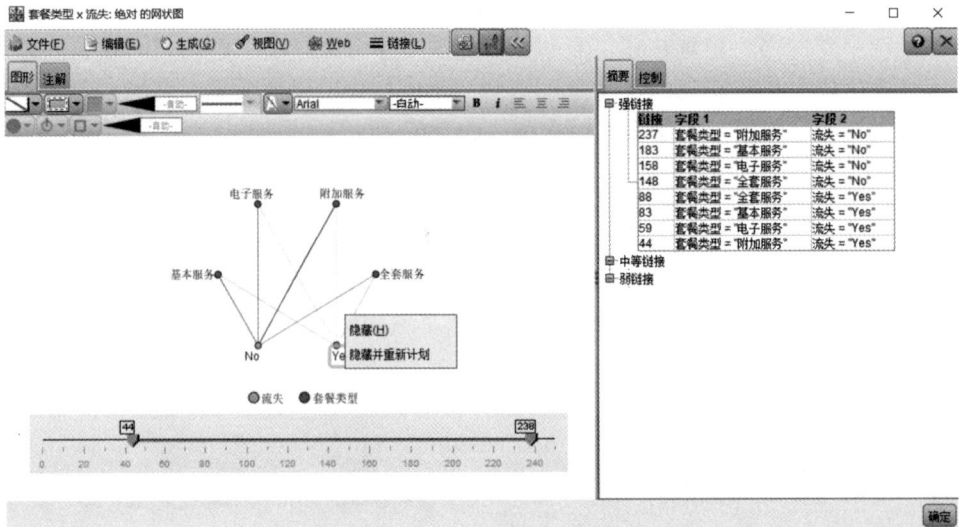

图 2-64　显示具体的频数信息

2．二分类型相关性的数值分析

图形分析并不能准确反映二分类型之间精确的相关程度，因此进行数值分析是必要的。数值分析通常采用的方法是列联分析。

列联分析包括两个步骤：第一步，计算二分类型的列联表；第二步，分析列联表中行、列变量之间的相关性。

这里，对电信客户数据进行数值分析，目标是分析客户"流失"与"套餐类型"是否相关。

1)计算二分类型的列联表

选择"输出"选项卡中的矩阵节点，将其连接到数据流的恰当位置上，在矩阵节点处单击鼠标右键，选择快捷菜单中的"设置"选项，进行参数设置，如图 2-65 所示。

图 2-65(a)中的相关参数说明如下。

字段：选中"选定"单选按钮，表示用户自行指定列联表中的行变量和列变量，需在"行"下拉菜单和"列"下拉菜单中选择变量并计算相应的列联表。这里，行、列变量分别为"套餐类型"和"流失"；若选中"所有标志(true 值)"单选按钮，则表示默认选择节点中所有的二分类型进行计算，生成多张列联表；若选中"所有数值"单选按钮，则表示生成一个满足如下条件的列联表：每个变量都包含一个行变量和一个列变量，单元格表示相应行变量、列变量的乘积的总和。换言之，对于每个单元格，会将该单元格内每条记录的行变量和列变量相乘，然后对单元格内所有记录的乘积值求和。

包含缺失值：勾选该复选框，表示将在相应变量上取缺失值的样本也计算在列联表的频数内。

单元格内容：选中"交叉列表"单选按钮，表示列联表中各单元格中的数据为频数(一般的列联表都是这样的)；若选中"函数"单选按钮，则表示列联表中各单元格中的数据为指定变量的基本描述统计量，应在"字段"下拉菜单中指定变量，且应在"函数"区域选择基本描述统计量，基本描述统计量可为平均值、合计、标准差、最大值、最小值。

选择"外观"选项卡，如图 2-65(b)所示，相关参数说明如下。

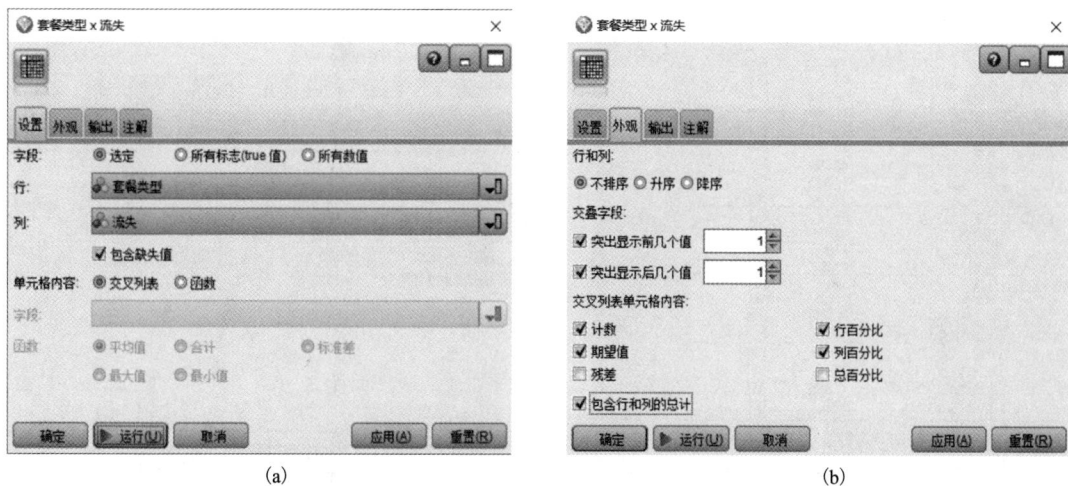

(a)　　　　　　　　　　　　　　(b)

图 2-65　参数设置

行和列：说明列联表行变量、列变量的输出顺序。选中"不排序"单选按钮，表示不按变量取值的自然顺序输出；若选中"升序"单选按钮，则表示按变量取值的升序输出；若选中"降序"单选按钮，则表示按变量取值的降序输出。

交叠字段：勾选"突出显示前几个值"复选框，表示将频数最高的若干单元格数据以红色字显示，这里设置为 1；勾选"突出显示后几个值"复选框，表示将频数最低的若干单元格数据以绿色字显示，这里也设置为 1。

交叉列表单元格内容：指定单元格中包含的内容，包括计数、期望值、残差、行百分比、列百分比、总百分比、包含行和列的总计。这里，勾选"计数""期望值""行百分比""列百分比""包含行和列的总计"复选框。

计算出的列联表如图 2-66(a)所示，表中结果是剔除极值样本后的计算结果。

可以看出，在 1000 名客户中，客户保留和流失的人数分别为 726 和 274，总保留率为72.6%，总流失率为 27.4%，客户保留情况不理想。

此外，在 1000 名客户中，选择"附加服务"套餐类型的客户人数最多，达 281，占总人数的 28.1%。选择“电子服务”套餐类型的客户人数最少，为 217，占总人数的 21.7%。但总体上，套餐类型分布差异不明显。

选择“附加服务”套餐类型的客户忠诚度相对最高，281 人的保留率为 84.342%，高于总保留率，流失率仅为 15.658%，低于总流失率；选择“全套服务”套餐类型的客户忠诚度相对最低，236 人的保留率为 62.712%，低于总保留率，流失率为 37.288%，高于总流失率。可见，选择不同类型套餐的客户的保留率和流失率存在差异。

综上所述，从基本描述分析来看，客户流失与套餐类型是有关的。

矩阵节点还可以计算在二分类型的不同分组下，另一个数值型变量的基本描述统计量。利用这个功能，可进行选择不同套餐类型的客户群基本费用的对比分析等。

选中图 2-65(a)单元格内容处的“函数”单选按钮，并在“字段”下拉菜单中选择“基本费用”选项，在“函数”区域选中“平均值”单选按钮，计算出的列联表如图 2-66(b)所示。很明显，无论选择哪种套餐类型，流失客户的上月基本费用的平均值都低于保留客户。

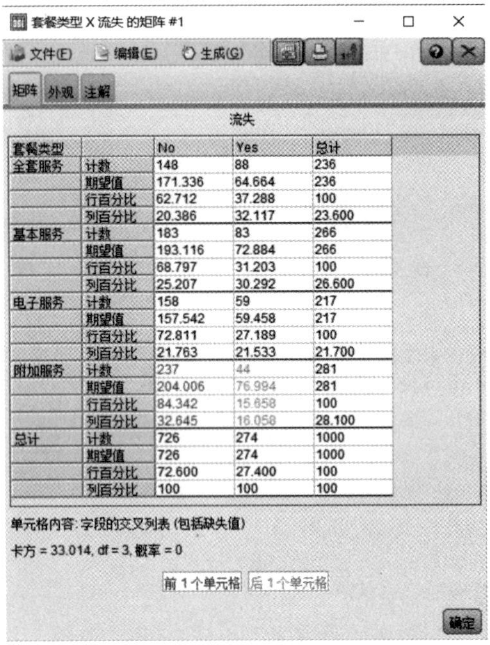

套餐类型		No	Yes	总计
全套服务	计数	148	88	236
	期望值	171.336	64.664	236
	行百分比	62.712	37.288	100
	列百分比	20.386	32.117	23.600
基本服务	计数	183	83	266
	期望值	193.116	72.884	266
	行百分比	68.797	31.203	100
	列百分比	25.207	30.292	26.600
电子服务	计数	158	59	217
	期望值	157.542	59.458	217
	行百分比	72.811	27.189	100
	列百分比	21.763	21.533	21.700
附加服务	计数	237	44	281
	期望值	204.006	76.994	281
	行百分比	84.342	15.658	100
	列百分比	32.645	16.058	28.100
总计	计数	726	274	1000
	期望值	726	274	1000
	行百分比	72.600	27.400	100
	列百分比	100	100	100

(a)

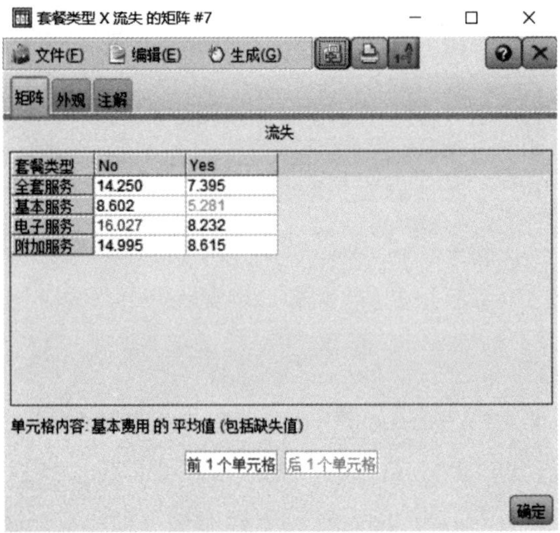

套餐类型	No	Yes
全套服务	14.250	7.395
基本服务	8.602	5.281
电子服务	16.027	8.232
附加服务	14.995	8.615

(b)

图 2-66 列联表

2)分析列联表中行、列变量的相关性

列联表反映出“流失”与“套餐类型”具有相关性，现在的任务是要考察这种相关性是只表现在现有的特定数据中，还是表现在总体数据上。对此，需要利用统计学中的卡方检验方法。

卡方检验方法属于统计学中的假设检验范畴，主要涉及以下 4 个步骤。

第一步，提出零假设(H_0)，这里的零假设是行变量与列变量独立。

第二步，选择和计算检验统计量。

卡方检验的检验统计量是 Pearson 卡方统计量，其数学定义为

$$\chi^2=\sum_{i=1}^{r}\sum_{j=1}^{c}\frac{(f_{ij}^{\mathrm{o}}-f_{ij}^{\mathrm{e}})^2}{f_{ij}^{\mathrm{e}}} \tag{2.1}$$

其中，r 为列联表的行数，c 为列联表的列数；f_{ij}^o 为观察频数，f_{ij}^e 为期望频数。要明确卡方统计量的含义，首先应明确期望频数的含义。本例中，各单元格的期望频数的结果如图 2-66(a) 所示。

在图 2-66(a) 中，各单元格中的"期望值"就是期望频数。例如，第 1 个单元格的期望频数为 171.336。期望频数的计算方法为

$$f^e = \frac{\mathrm{RT}}{n} \cdot \frac{\mathrm{CT}}{n} \cdot n = \frac{\mathrm{RT} \cdot \mathrm{CT}}{n} \tag{2.2}$$

其中，RT 是指定单元格所在行的观测频数的总计，CT 是指定单元格所在列的观测频数的总计，n 是观测频数的总计。例如，选择"全套服务"套餐类型的保留客户，期望频数 171.336 的计算公式是：236×726÷1000=171.336。这里，期望频数可以理解为：1000 名客户中保留客户和流失客户的比例是 72.60%∶27.40%，如果遵从这种总体比例关系，那么选择"全套服务"套餐类型的 236 人的保留和流失的分布也应为 72.60%∶27.40%，于是期望频数分别为 236×72.60%、236×27.40%。

可见，期望频数的分布与总体分布一致。也就是说，期望频数的分布反映的是行、列变量独立时的分布。

再分析式(2.1)，不难看出，卡方统计量观测值的大小取决于两个因素：第一，列联表的单元格个数；第二，观测频数与期望频数的总差值。也就是说，在列联表确定的情况下，卡方统计量观测值的大小仅取决于观测频数与期望频数的总差值。总差值越大，卡方统计量越大，实际分布与期望分布的差距越大，行、列变量越相关；总差值越小，卡方统计量越小，实际分布与期望分布越接近，行、列变量越独立。

那么，在统计上，卡方统计量观测值究竟怎样才足够大，才能断定行、列变量相关呢？这就需要依据一个理论分布。由于本例卡方检验中的卡方统计量近似服从卡方分布，因此可依据卡方理论分布找到某自由度和显著性水平(置信水平)下的卡方值，即卡方临界值。

第三步，确定显著性水平 α 下的卡方临界值。

显著性水平 α 是指 H_0 为真却将其拒绝的概率，即弃真的概率，通常设为 0.05 或 0.01。在卡方检验中，由于卡方统计量服从(行数–1)×(列数–1)自由度的卡方分布，因此在行、列数目和显著性水平 α 确定时，卡方临界值是唯一的。

第四步，得出结论，做出决策。

对统计推断做出决策通常有以下两种方式。

(1)根据卡方统计量观测值和卡方临界值比较的结果进行决策。在卡方检验中，如果卡方统计量观测值大于卡方临界值，则认为观测值已经足够大，实际分布与期望分布之间的差距显著，可以拒绝 H_0，并断定列联表的行、列变量不独立，存在相关关系；如果卡方统计量观测值不大于卡方临界值，则认为观测值不足够大，实际分布与期望分布之间的差异不显著，不能拒绝 H_0，列联表的行、列变量相互独立。

(2)根据卡方统计量观测值的概率-P 值和显著性水平 α 的比较结果进行决策。在卡方检验中，如果概率-P 值不大于 α，则认为在 H_0 成立的前提下，观测值出现的概率很小，一个本不应发生的小概率事件发生了，因此可以拒绝 H_0，断定列联表的行、列变量不独立，存在相关关系；如果概率-P 值大于 α，则在 H_0 成立的前提下，观测值出现的概率不小，是极可能发生的事件，因此没有理由拒绝 H_0，列联表的行、列变量相互独立。

这两种决策方式本质上是一样的。在 SPSS Modeler 中，上述卡方检验过程将自动完成，

并给出卡方统计量观测值及该值的概率-P 值。在应用中,用户只要明确 H_0,便可方便地按照第二种决策方式进行决策。

在图 2-66(a)中,卡方统计量观测值为 33.014,自由度为 3(df),概率-P 值为 0,说明如果假设"流失"与"套餐类型"不相关成立,则得到现有样本数据的可能性接近于 0,因此"流失"与"套餐类型"不相关是不成立的。

2.3.5　两总体的平均值比较

两总体的平均值比较以两组样本的对比为基础,最终目标是利用两组样本,对样本来自的两总体的平均值是否存在显著差异进行检验。例如,分析保留客户和流失客户的各种费用、家庭月收入、年龄等是否存在显著差异。

可从样本的图形分析入手,绘制各种费用的直方图,并观察保留客户和流失客户的分布。如果分布差异不明显,则没有理由认为保留客户与流失客户在各种费用的平均值上存在显著差异。

当然,样本的描述具有局限性,更多地要考虑差异是否源于现有的样本数据,结论是否在总体数据上仍然成立。这就需要通过统计检验来实现。

这里,首先讨论图形分析方法,然后介绍相关的统计检验方法。

1.　两总体平均值比较的图形分析

这里,对电信客户数据的分析目标是,分析保留客户与流失客户的基本费用的平均值是否存在显著差异。

选择"图形"选项卡中的直方图节点,并将其连接到数据流的恰当位置上,在直方图节点处单击鼠标右键,选择快捷菜单中的"编辑"选项,进行参数设置,如图 2-67(a)所示。

首先,在"字段"下拉菜单中选择一个数值型变量,这里选择"基本费用"选项;然后选择一个交叠字段变量,在"颜色"下拉菜单中选择"流失"选项,将以不同颜色表示交叠字段变量的不同取值。如果在"面板"下拉菜单中选择"流失"选项,SPSS Modeler 将分别绘制两张(保留客户和流失客户)基本费用直方图;如果在"动画"下拉菜单中选择"流失"选项,SPSS Modeler 将以动画形式分别显示两张直方图。

本例生成的直方图如图 2-67(b)所示。可以看到,流失客户在基本费用的高分区分布很少,都集中在低分区,而保留客户在基本费用的高分区和低分区都有分布,因此仅从图形还无法给出"两总体的平均值是否存在显著差异"的判断结果。

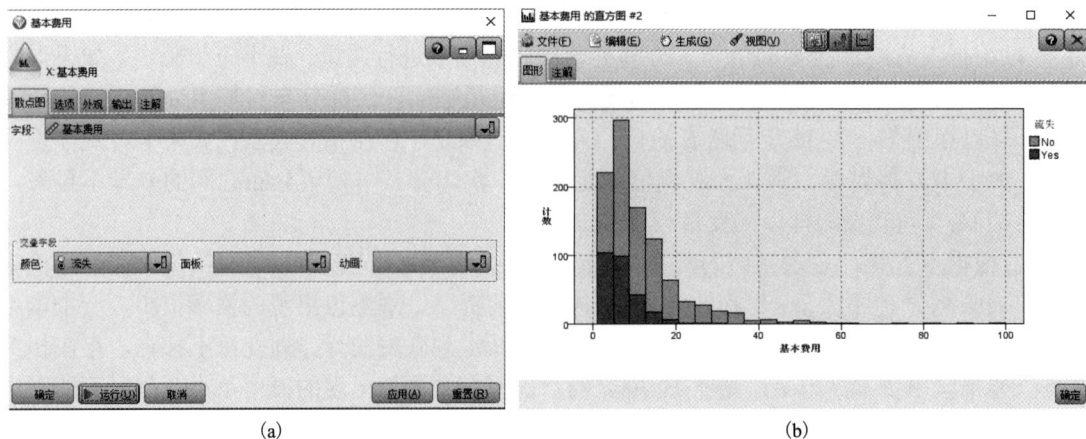

(a)　　　　　　　　　　　　　　　(b)

图 2-67　两总体平均值比较的图形分析

此外，双击图 2-67(b)中的直方图区域，或单击菜单栏中的左数第 3 个按钮，可以对所得到的直方图进行任意区间的分割或等距离分割。选择"生成"菜单下的"导出带的节点"选项，可派生新变量，指明各个样本所在的区间；选择"平衡节点"选项，可进行增加或减少样本的平衡处理，如图 2-68 所示。

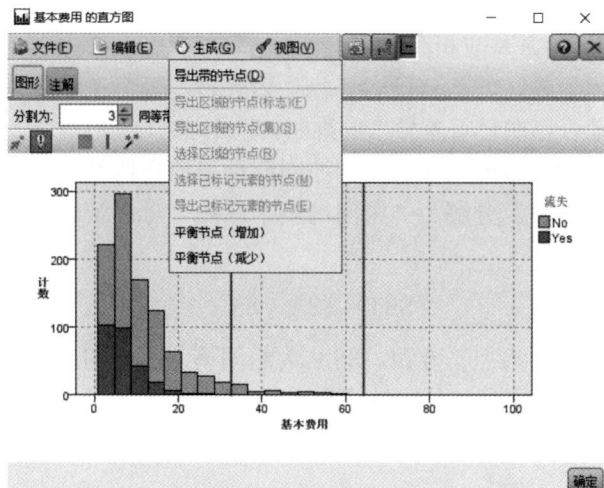

图 2-68　选择"生成"菜单下的相应选项

简单的图形分析是不充分的，对两总体平均值的比较还需要使用统计检验方法。两总体平均值的统计检验可用于分析样本所属的两总体的平均值是否存在显著差异，包括独立样本的平均值检验和配对样本的平均值检验两个步骤，下面分别进行讨论。

2．独立样本的平均值检验

若从一个总体中抽取的一组样本对从另一个总体中抽取的一组样本没有任何影响(两组样本的样本量可以不相等)，则这样的样本称为独立样本。例如，电信客户数据中的保留客户和流失客户的基本费用数据可看成两组独立样本。

SPSS Modeler 采用方差分析的方法实现独立样本的平均值检验。

1)方差分析的基本思路

为了解方差分析的基本思路，应首先了解其涉及的相关概念。在方差分析中，将电信客户数据中的各种费用、家庭月收入、年龄等称为观测因素或观测变量；将"流失"变量称为控制因素或控制变量；将控制变量的不同类别称为控制变量的不同水平。

方差分析从观测变量的方差入手，研究控制变量的不同水平是否会对观测变量产生显著影响。它认为观测变量的变化受两类因素影响：第一类是控制变量的不同水平；第二类是随机因素，这里的随机因素主要指抽样误差。如果控制变量的不同水平对观测变量产生了显著影响，那么它和随机因素共同作用，必然使得观测变量有显著变化；反之，如果控制变量的不同水平没有对观测变量产生显著影响，那么观测变量就不会有明显的变化，其变化可以归结为由抽样误差造成。换句话说，若观测变量在控制变量的不同水平下出现了明显波动，则认为该控制变量是影响观测变量的主要因素；反之，则认为该控制变量没有对观测变量产生显著影响，观测变量的波动是抽样误差造成的。

那么如何判断在控制变量的不同水平下，观测变量是否出现了明显波动呢？判断的原则是，如果在控制变量的不同水平下，观测变量总体的分布存在显著差异，则认为观测变量出现了明显波动，意味着控制变量的不同水平对观测变量产生了显著影响。

方差分析正是通过推断在控制变量的不同水平下，观测变量的总体分布是否有显著差异来实现其分析目标的。与此同时，方差分析对观测变量各总体的分布还有以下两个基本假设：

(1)观测变量各总体应服从正态分布；

(2)观测变量各总体的方差应相同。

基于上述两个基本假设，方差分析对"各总体分布是否存在显著差异"的推断就转化成了对"各总体平均值是否存在显著差异"的推断。

方差分析认为，观测变量的变化会受到控制变量和抽样误差两方面的影响。据此，它将观测变量总的"离差平方和"分解为"组间离差平方和"与"组内离差平方和"两部分，数学表述为

$$SST = SSA + SSE \tag{2.3}$$

其中，SST 为观测变量总的离差平方和，SSA 为组间离差平方和，是由控制变量的不同水平造成的；SSE 为组内离差平方和，是由抽样误差造成的。

SST 的数学定义为

$$SST = \sum_{i=1}^{k}\sum_{j=1}^{n_i}(x_{ij} - \overline{x})^2 \tag{2.4}$$

其中，k 为控制变量的水平数，x_{ij} 为控制变量第 i 个水平下的第 j 个样本值，n_i 为控制变量第 i 个水平下的样本个数，$\overline{x}$ 为观测变量的平均值。

SSA 的数学定义为

$$SSA = \sum_{i=1}^{k}n_i(\overline{x_i} - \overline{x})^2 \tag{2.5}$$

SSE 的数学定义为

$$SSE = \sum_{i=1}^{k}\sum_{j=1}^{n_i}(x_{ij} - \overline{x_i})^2 \tag{2.6}$$

式(2.6)表明，组内离差平方和是每个样本数据与本水平组平均值的差的平方和，反映了抽样误差的程度。

于是，通过方差分析和 SST 各部分所占的比例(即 SSA 和 SSE 的比例)，容易理解，在观测变量总的离差平方和中，如果组间离差平方和所占比例较大，说明观测变量的变化主要由控制变量引起，控制变量的不同水平对观测变量产生显著影响；反之，观测变量的变化主要由抽样误差引起。

2)方差分析的基本步骤

方差分析的基本步骤如下。

第一步，提出零假设(H_0)。方差分析的 H_0 是"在控制变量的不同水平下，观测变量各总体的平均值无显著差异"。

第二步，选择检验统计量。

方差分析采用的检验统计量是 F 统计量，数学定义为

$$F = \frac{\text{SSA}/(k-1)}{\text{SSE}/(n-k)} = \frac{\text{MSA}}{\text{MSE}} \tag{2.7}$$

其中，n 为总样本数，和 $k-1$ 和 $n-k$ 分别为 SSA 和 SSE 的自由度，MSA 是平均组间平方和，MSE 是平均组内平方和，其目的是消除水平数和样本数对分析的影响。可见，这里 F 统计量的构造方式完全体现了前面提及的方差分析的基本思想。F 统计量服从 $(k-1, n-k)$ 自由度的 F 分布。

第三步，计算检验统计量的观测值和概率-P 值。

SPSS Modeler 自动将相关数据代入式 (2.7) 中，计算出 F 统计量的观测值和对应的概率-P 值。不难理解，如果控制变量的不同水平对观测变量产生了显著影响，观测变量总的离差平方和中，组间离差平方和所占比例较大，那么控制变量的不同水平对观测变量的影响必然较大，F 值将显著大于 1；反之，F 值将接近于 1。

第四步，给出显著性水平 α，并做出决策。

给出显著性水平与检验统计量的概率-P 值进行比较。如果概率-P 值小于显著性水平 α，则应拒绝 H_0，认为在控制变量的不同水平下，观测变量各总体的平均值存在显著差异，控制变量的不同水平对观测变量产生了显著影响；反之，则不应拒绝 H_0，认为在控制变量的不同水平下，观测变量各总体的平均值无显著差异，控制变量的不同水平对观测变量没有产生显著影响。

3) 独立样本平均值检验的应用示例

这里，对电信客户数据的分析目标是，分析保留客户与流失客户的各种费用的平均值是否存在显著差异。

选择"输出"选项卡中的平均值节点，并将其连接到数据流的恰当位置上，在平均值节点处单击鼠标右键，选择快捷菜单中的"编辑"选项，进行参数设置，如图 2-69 所示。

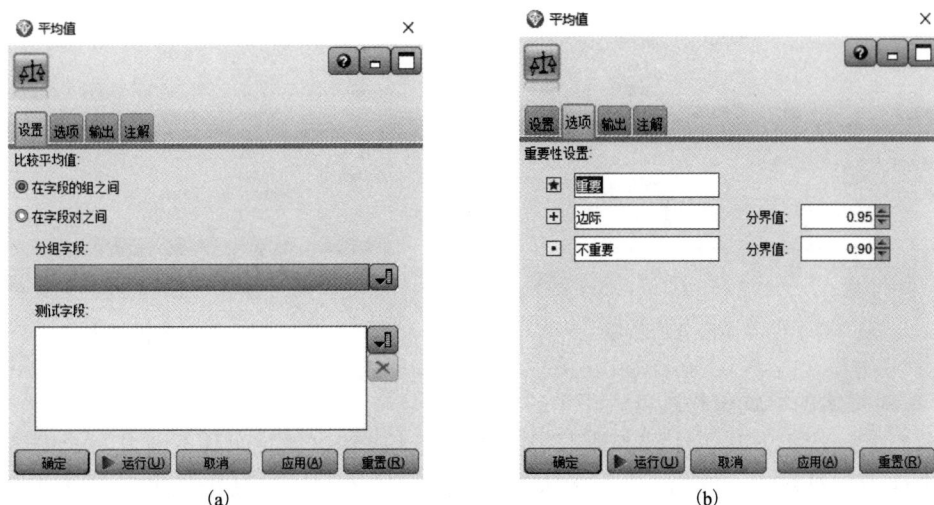

图 2-69　参数设置

图 2-69(a) 中的相关参数说明如下。

比较平均值：选中"在字段的组之间"单选按钮，表示进行独立样本的平均值比较，应在"分组字段"下拉菜单中指定控制变量。这里，控制变量为"流失"。应在"测试字段"

框中指定观测变量,这里,观测变量是各种费用。若选中"在字段对之间"单选按钮,则表示进行配对样本的平均值比较。

选择"选项"选项卡,在图 2-69(b)中,重要性设置用来设置显著性水平 α。通常将显著性水平 α 设为 0.95,表示判断的把握程度的标准是 95%,如果把握程度高于 95%,则有充分理由判断"保留客户与流失客户的各种费用的平均值存在显著差异"。从预测角度看,这里的控制变量(流失)是输入变量,观测变量(各种费用)是目标变量。于是,可理解为输入变量对目标变量的预测有重要意义;如果把握程度在 90%~95%之间,则认为输入变量对目标变量的预测有中等重要意义(边际);如果把握程度低于 90%,则认为输入变量对目标变量的预测没有重要意义。重要程度用不同的图标表示。本例的计算结果如图 2-70 所示。

SPSS Modeler 默认输出图 2-70 所示的简洁分析结果。表格中间两列内容为相应的平均值,如保留客户的免费部分的平均值为 14.209,流失客户的免费部分的平均值为 10.796 。表格的"重要性"列的内容表示方差分析的 F 统计量的概率-P 值,由于 1−0.996=0.004,因此免费部分的平均值在流失客户和保留客户中存在显著差异,客户流失与否对预测免费部分的费用很重要。同理,可分析其他结果。

单击表格的各列标题,如字段、重要性,可重新排序输出结果;选择"视图"下拉菜单中的"高级"选项,可显示图 2-71 所示的详尽分析结果,包括各组样本的平均值、标准差、标准误差、频数,以及 F 统计量的观测值(F 检验)、自由度(df)等。

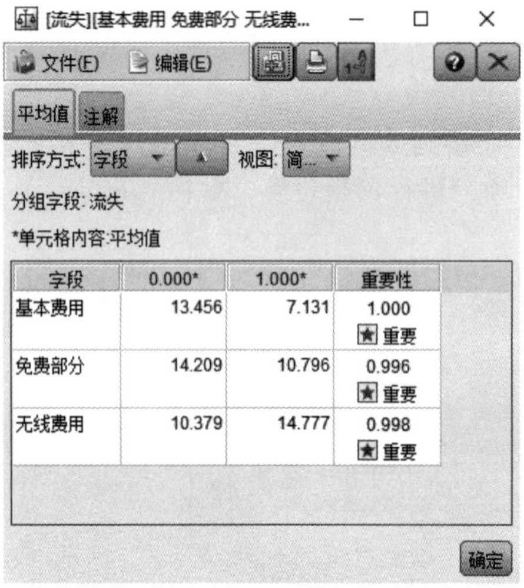

图 2-70　简洁分析结果

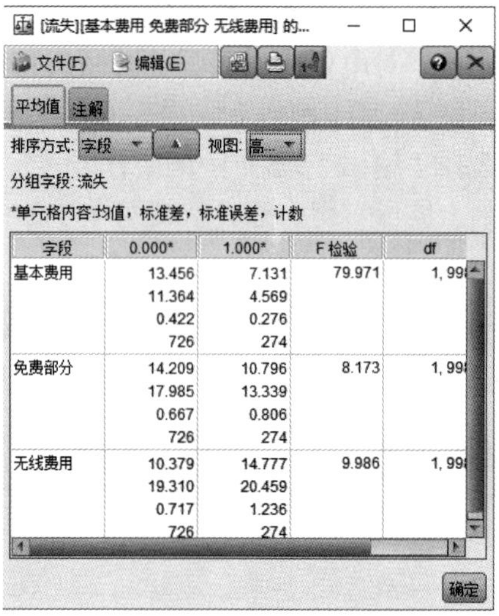

图 2-71　详尽分析结果

3. 配对样本的平均值检验

若前后两种状态下某属性有两种不同的特征值,或某事物有两种不同方面的描述,则这样的样本称为配对样本。例如,为研究某种减肥茶是否有显著的减肥效果,需要对肥胖人群喝茶前与喝茶后的体重进行分析。数据采集可以采用独立抽样的方式,但这种抽样方式由于没有将肥胖者自身或环境等其他因素排除出去,分析结果很有可能是不准确的。因此,通常采用配对的抽样方式,即首先从肥胖人群中随机抽取部分志愿者并记录下他们喝茶前的体重,喝茶一段时间后,再重新测量这些肥胖志愿者喝茶后的体重,这样获得的两组样本就是配对样本。又如,为分析两种不同促销形式对商品的销量是否产生显著影响,需要分别收集任意几种商品在不同促销形式下的销量数据。为保证研究结果的准确性，也应采用配对的抽样方式，即随机选取几种商品，并分别记录它们在两种不同促销方式下的销量。这样的两组样本也是配对样本。

电信客户数据中的基本费用和免费部分也可视为配对样本。

1）配对样本平均值检验的基本步骤

配对样本平均值检验的基本步骤如下。

第一步，提出零假设（H_0），配对样本平均值检验的 H_0 是"两总体平均值无显著差异"，表述为

$$H_0: \mu_1 - \mu_2 = 0$$

其中，μ_1、μ_2 分别为第一个和第二个总体的平均值。

第二步，选择检验统计量。

首先对两组样本分别计算每对观测值的差值，得到差值样本；然后，利用差值样本，通过对其"平均值是否显著为 0"的检验，推断两总体平均值的差是否为 0。显而易见，如果差值样本的平均值与 0 有显著差异，则可认为两总体平均值有显著差异。

这里采用的检验统计量是 t 统计量，数学定义为

$$t = \frac{\overline{D}}{\sqrt{\dfrac{S^2}{n}}} \qquad (2.8)$$

其中，$\overline{D}$ 为差值样本的均值，S^2 为差值样本的方差，n 为差值样本量。该统计量服从 $n-1$ 自由度的 t 分布。

第三步，计算检验统计量的观测值和概率-P 值。

SPSS Modeler 将计算两组样本的差值，并将相应数据代入式（2.8）中。

第四步，给出显著性水平 α，并做出决策。

给出显著性水平 α，与检验统计量的概率-P 值比较。如果概率-P 值小于显著性水平 α，则应拒绝 H_0，认为差值的总体平均值与 0 有显著差异，两总体平均值有显著差异；反之，则不应拒绝 H_0，认为差值的总体平均值与 0 无显著差异，两总体平均值无显著差异。

2）配对样本均值检验的应用示例

这里，对电信客户数据的分析目标是，分析客户基本费用的平均值与免费部分的平均值是否存在显著差异。

选择"输出"选项卡中的平均值节点，并将其连接到数据流的恰当位置上，在平均值节点处单击鼠标右键，选择快捷菜单中的"编辑"选项，进行参数设置，如图 2-72（a）所示。

首先选中"在字段对之间"单选按钮，然后在"字段 1"下拉菜单和"字段 2"下拉菜单中指定两个配对变量，单击"添加"按钮，将它们添加到"测试字段对"框中，单击"相关设置"按钮，弹出的对话框如图 2-72（b）所示，按照图 2-72（b）进行相应设置。

本例的分析结果如图 2-73 所示。SPSS Modeler 默认输出图 2-73 所示的简洁分析结果。在图 2-73 中，表格第 3 列及以后的数据的含义依次为：基本费用的平均值、免费部分的平均值、两变量的简单相关系数、两组样本的均值差、重要性。可见，基本费用和免费部分的平均值存在显著差异，虽然两者的相关系数不高，但从统计检验的角度看，应拒绝两者不相关的假设。

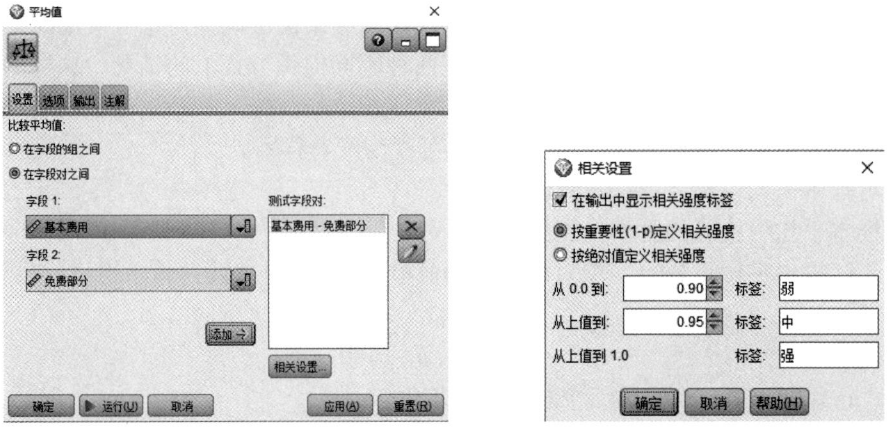

(a)　　　　　　　　　　　　　　　　(b)

图 2-72　参数设置

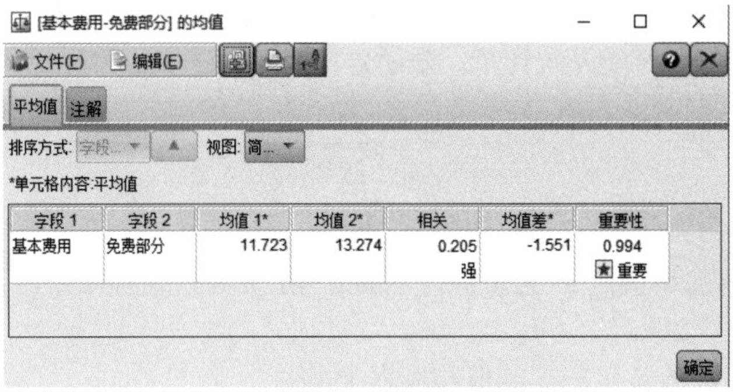

图 2-73　简洁分析结果

在图 2-73 中，选择"视图"下拉菜单中的"高级"选项，显示图 2-74 所示的详尽分析结果，包括各组样本的平均值、标准差、标准误差、频数，以及两组样本均值差的 95%置信区间、t 统计量的观测值、自由度(df)等。

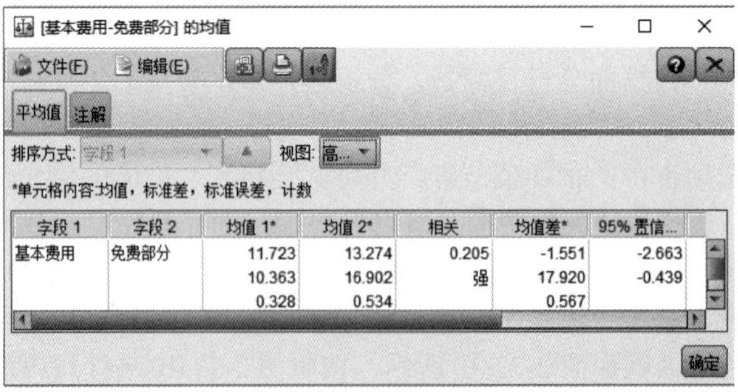

图 2-74　详尽分析结果

2.3.6　变量的重要性分析

通常，数据挖掘中的数据量非常庞大，因此浓缩和提炼数据就显得极为必要。在分类预测问题中，浓缩和提炼数据的目标是，找到对目标变量的分类预测有重要贡献的输入变量和样本，并保留它们，同时剔除那些对目标变量没有意义的不重要的输入变量和样本，重点是剔除取值完全相同的重复样本，以减少样本量。

本节将重点讨论变量的重要性分析问题，可通过"建模"选项卡中的特征选择节点实现。

1. 变量重要性分析的一般方法

变量的重要性可以从两个方面联合考察：第一，从变量本身考察；第二，从变量与目标变量的相关性角度考察。

从变量本身看，重要的输入变量应是携带信息较多的变量，也就是方差较大的变量。容易理解，那些均取缺失值或均取某常数的输入变量不是重要变量。为此，需根据具体情况指定一些标准，如变量值中缺失值所占的比例（如果该比例大于某个标准，则该变量不是重要变量）、分类型变量中类别所占比例的最大值（如果该比例大于某个标准，则该变量不是重要变量）、分类型变量的类别个数占总样本的比例（如果该值大于某个标准，则该变量不是重要变量）、数值型变量的标准差（如果该值小于某个标准，则该变量不是重要变量）等。

从变量与目标变量的相关性角度看，重要变量应对目标变量的分类预测有显著意义。例如，样本标记变量（ID 变量）对分类预测没有意义，不是重要变量。这里的重点是讨论如何衡量某输入变量对目标变量的意义，以及根据什么标准给出输入变量重要性的排序。

通常，输入变量的类型不同，所采用的衡量方法也不同。

1）输入变量为数值型变量，目标变量为数值型变量

最常用的方法是进行输入变量和目标变量的相关性分析，步骤如下。

第一步，计算 Pearson 样本相关系数 r。

Pearson 样本相关系数 r 反映了两变量间线性相关程度的强弱，数学定义为

$$r = \frac{\sum_{i=1}^{n}(x_i - \overline{x})(y_i - \overline{y})}{\sqrt{\sum_{i=1}^{n}(x_i - \overline{x})^2 \sum_{i=1}^{n}(y_i - \overline{y})^2}} \qquad (2.9)$$

其中，n 为样本数，x_i 和 y_i 分别为两变量的变量值，r 的取值范围和含义如下：r 的取值范围为 $-1\sim1$，$r > 0$ 表示两变量存在正的线性关系，$r < 0$ 表示两变量存在负的线性关系。$r = 1$ 表示两变量存在完全正线性关系，$r = -1$ 表示两变量存在完全负线性关系，$r = 0$ 表示两变量不存在线性关系。$|r| > 0.8$ 表示两变量之间具有较强的线性关系，$|r| < 0.3$ 表示两变量之间的线性关系较弱。

第二步，对样本来自的两总体是否存在显著的线性关系进行检验。

由于抽样的随机性和样本量较少，通常 r 不能直接用来说明样本来自的两总体是否具有显著的线性关系，而需要通过假设检验的方式进行统计推断，基本步骤如下。

（1）提出零假设（H_0）：两总体无线性关系。

（2）选择检验统计量。

Pearson 简单相关系数的检验统计量为 t_1，其数学定义为

$$t_1 = \frac{r\sqrt{n-2}}{\sqrt{1-r^2}} \qquad (2.10)$$

其中，t_1 服从 $n-2$ 自由度的 t 分布。

(3)计算检验统计量 t_1 的观测值和对应的概率-P 值。

(4)给出显著性水平 α，并做出决策。如果检验统计量 t_1 的概率-P 值小于给定的显著性水平 α，应拒绝零假设 H_0，认为两总体存在显著的线性关系；反之，则不能拒绝 H_0，认为两总体不存在显著的线性关系。

SPSS Modeler 将自动计算 Pearson 简单相关系数，检验统计量 t_1 的观测值和对应的概率-P。容易理解，概率-P 值越低，输入变量与目标变量的相关性越强，输入变量越重要。

2)输入变量为数值型变量，目标变量为分类型变量

可利用方差分析的方法。其中，输入变量为观测变量，目标变量为控制变量，分析在目标变量在输入变量不同水平下的平均值是否存在显著差异。

可见，如果目标变量在输入变量不同水平下的平均值存在显著差异，则输入变量和目标变量之间的相关性较强；反之，SPSS Modeler 将自动计算 F 统计量的观测值和对应的概率-P 值。容易理解，概率-P 值越低，输入变量与目标变量的相关性越强，输入变量越重要。

3)输入变量为分类型变量，目标变量为数值型变量

同上，仍利用方差分析的方法。其中，目标变量为观测变量，输入变量为控制变量，分析目标变量在输入变量不同水平下的平均值是否存在显著差异。

4)输入变量为分类型变量，目标变量为分类型变量

利用卡方检验的方法，这里利用似然比(Likelihood Ratio)卡方统计量，其数学定义为

$$T = 2 \sum_{i=1}^{r} \sum_{j=1}^{c} f_{ij}^{o} \ln \frac{f_{ij}^{o}}{f_{ij}^{e}} \tag{2.11}$$

其中，f_{ij}^{o} 为观察频数，f_{ij}^{e} 为期望频数。当样本量较大时，似然比卡方统计量与 Pearson 卡方统计量非常接近，检验结论通常也一致。

SPSS Modeler 将自动计算似然比卡方统计量的观测值和对应的概率-P 值。容易理解，概率-P 值越高，输入变量与目标变量的相关性越强，输入变量越重要。

此外，SPSS Modeler 还将计算克莱姆系数(Cramer's V)，数学定义为

$$V = \sqrt{\frac{X^2}{n \min[(r-1),(c-1)]}} \tag{2.12}$$

其中，$\min[(r-1),(c-1)]$ 表示取 $(r-1)$ 和 $(c-1)$ 中的最小值(r、c 分别表示列联表的行数和列数)。V 是对 Pearson 卡方统计量的修正。由于 Pearson 卡方统计量会受到样本量的影响，因此，V 对此进行了调整，同时还兼顾了列联表的单元格数。可以证明，V 的取值在 $0\sim1$ 之间，V 越接近 1，表明输入变量与目标变量的相关性越强，输入变量越重要。

2. 变量重要性分析的应用示例

这里，将"流失"作为目标变量，将其他变量均作为输入变量，对电信客户数据进行分析，分析目标是，给出输入变量对目标变量重要性的排序。

选择"建模"选项卡中的特征选择节点，并将其连接到数据流的恰当位置上，在特征选择节点处单击鼠标右键，选择快捷菜单中的"编辑"选项，进行参数设置，如图 2-75 所示。

(a)

(b)

(c)

图 2-75　参数设置

在图 2-75(a)中，选中"使用定制字段分配"单选按钮，表示用户自行指定输入变量和目标变量。

在图 2-75(b)中，给出了从变量本身考察不重要变量的若干标准。可以根据实际分析需求调整标准值，不重要变量将被自动屏蔽。

在图 2-75(c)中，给出了变量重要性的排序依据。当输入变量和目标变量均为分类型变量时，可选择依据 Pearson 卡方统计量、似然比卡方统计量或克莱姆系数的值降序排列，其他情况均按各检验统计量的(1−概率-P 值)降序排列。选中"所有排列的字段"单选按钮，在下面的两个"分界值"框中指定判断变量很重要、中等重要(边际)、不重要的标准值。同时，SPSS Modeler 将默认勾选"重要"复选框。单击"运行"按钮，本例的分析结果如图 2-76 所示，SPSS Modeler 将自动勾选重要变量。

可以看出，开通月数、基本费用、年龄、电子

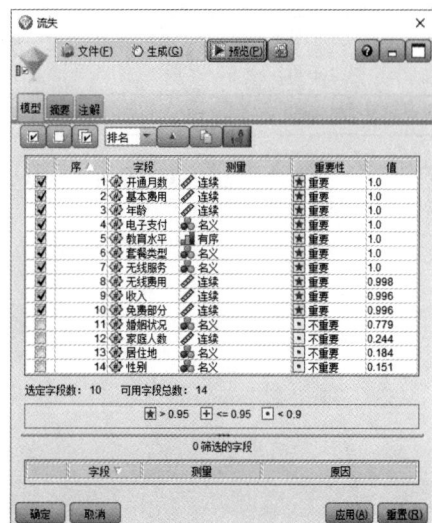

图 2-76　参数设置

支付、教育水平、套餐类型、无线服务、无线费用、收入及免费部分对预测客户是否流失很重要,而婚姻情况、家庭人数、居住地、性别对预测客户是否流失意义不大。图 2-76 表格中的最后一列是检验的值(1–概率-P 值)。单击各列标题,可重新排序输出结果。选择"生成"—"过滤器"选项,SPSS Modeler 将在数据流编辑区域自动生成一个过滤器节点,自动过滤掉或保留相应的变量。

在实际应用中,当输入变量个数很多时,不需要全部选用,可依据 SPSS Modeler 给出的参考公式来确定选用变量的个数,参考公式为

$$L = [\min(\max(30, 2\sqrt{L_0})), L_0] \qquad (2.13)$$

其中,L_0 为输入变量的个数,[]表示取整。确定变量个数的参考表如表 2-1 所示。

表 2-1　确定变量个数的参考表

L_0	L	L/L_0
10	10	100.00%
15	15	100.00%
20	20	100.00%
25	25	100.00%
30	30	100.00%
40	30	75.00%
50	30	60.00%
60	30	50.00%
100	30	30.00%
500	45	9.00%
1000	63	6.30%
1500	77	5.13%
2000	89	4.45%
5000	141	2.82%
10000	200	2.00%
20000	283	1.42%
50000	447	0.89%

可见,当输入变量多达 40 个时,只需选用 75%的变量即可;而当输入变量多达 100 个时,选用 30%的变量就足够了。

第 3 章

数据清洗

现在的社会是一个高速发展的社会,科技发达,信息流通,人们之间的交流越来越密切,生活也越来越方便,大数据就是这个时代的产物。近年来,公安机关进行决策分析时越来越依赖大数据,而大数据的重要性并不完全在于"大",还在于"有用",价值含量、挖掘成本比数量更重要,因此必须进行数据清洗来提高信息系统中的数据质量,得到适合进行数据挖掘的数据源。

3.1 数据清洗概述

3.1.1 数据清洗的概念

数据清洗(Data Cleaning),即对目标数据进行审查、处理及校验的过程,其目的是删除重复数据,发现并纠正错误的"脏数据",把原始数据中的"脏数据"洗干净。数据清洗包括检查数据一致性,处理无效值、缺失值等流程。数据清洗是提高数据质量的有效手段,它能把"脏数据"转化为满足数据质量要求或应用要求的数据,能有效防止"脏进"和"脏出",为数据挖掘提供干净的数据源。本章重点阐述数据清洗的思路及利用 Excel 进行数据清洗的具体操作。

3.1.2 数据清洗的对象

数据清洗的对象可以按照来源领域与产生原因进行分类。前者属于宏观层面的分类,后者属于微观层面的分类。

1. 来源领域

很多领域都涉及数据清洗操作,如数字化文献服务、搜索引擎、金融系统、政务系统等,数据清洗的目的是为信息系统提供准确而有效的数据。

数字化文献服务:在进行数字化文献资源加工时,OCR(Optical Character Recognition,光学字符识别)软件有时会造成字符识别错误,或由标引人员的疏忽而导致标引词错误,这些错误就需要利用数据清洗进行处理。

搜索引擎:搜索引擎为用户在互联网上查找具体的信息提供了方便,查找信息是通过索引实现的。而一个网页上到底哪些部分需要索引,是数据清洗需要关注的问题。例如,网页中的广告部分,通常是不需要索引的。按照网页数据清洗粒度的不同,可以将网页数据清洗分为两类,即 Web 页面级别的数据清洗和页面内部元素级别的数据清洗:前者以谷歌公司提出的 PageRank 算法和 IBM 公司 Clever 系统的 HITS 算法为代表；后者则集中体现在 VIPS 算法上。

金融系统：金融系统中的"脏数据"主要表现为数据格式错误、数据不一致、数据重复、违反业务规则等，主要包括未经验证的身份证号码、未经验证的日期、账户开户日期晚于销户日期、交易处理的操作员号不存在。

政务系统：政务系统中也存在"脏数据"。某警察局曾使用数据清洗软件大范围清洗嫌疑人的数据，本次清洗跨越不同的系统，清洗的数据中不仅有该警察局内部系统的数据，还有外部数据库中的数据。

2. 产生原因

在微观方面，数据清洗可分为模式层数据清洗与实例层数据清洗。数据清洗的任务是过滤或者修改那些不符合要求的数据。不符合要求的数据主要有缺失值、异常值和重复值三大类。

缺失值的特征是信息缺失，如机构名称缺失、区域信息缺失等。

异常值产生的原因是信息系统不够健全，信息系统在接收输入后没有对其进行判断而直接将其写入了后台数据库，例如，字符串后多一个回车、日期格式不正确、数据越界等。异常值产生的原因可归纳为录入错误和客观错误两种：录入错误是由数据录入人员的疏忽造成的；而客观错误大多是由一些客观原因造成的，如人员的升迁等。

重复值是指同一个现实实体在数据集中的多条不完全相同的记录。这些记录在格式、拼写上的差异，导致数据库管理系统不能正确地识别它们。从狭义的角度看，如果两条记录某些变量的值相等或足够相似，则可以将这两条记录视为重复记录。识别重复值是数据清洗的核心任务之一。

3.1.3 数据清洗的一般步骤

数据清洗的一般步骤如图 3-1 所示。

1. 数据准备及备份

用不同方式采集的数据，需要合并后才能进行数据清洗。在对数据进行合并的过程中，变量名称、数据格式、数据类型等需要统一。在进行数据清洗前，一定要对原始数据进行备份，以防在数据清洗过程中出现数据丢失或损坏等现象。

2. 定义清洗规则

对数据的各种问题进行汇总，具体问题具体分析，根据不同的错误类型定义不同的清洗规则。清洗规则主要包括对缺失值、异常值、重复值的检测和处理规则。

3. 验证清洗结果

抽取少量的数据进行测试，通过测试查看未能达到清洗效果的数据，针对这类数据，进一步修改清洗程序或者重新定义清洗规则。数据清洗的过程是一个反复的过程，要经过多次分析验证，直到满足清洗要求为止。

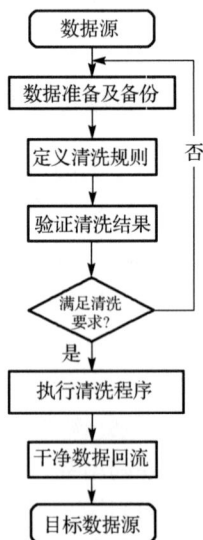

图 3-1 数据清洗的一般步骤

4．执行清洗程序

选定验证后的清洗规则，执行清洗程序。执行清洗程序的先后顺序一般为：检查异常值、剔除重复值、补全缺失值、解决数据不一致问题。

5．干净数据回流

当数据清洗完成后，应及时建立一个新的、用于数据挖掘的干净的目标数据源，或者替换数据源中的原始数据，避免今后再进行重复的数据清洗工作。

3.1.4 数据清洗的常用方式

1．人工清洗

对非标准数据或数据量较小的数据，可借助实际工作经验，通过人工检查的原始方法来发现异常值，但如果数据量较大，变量较多，使用这种方法费时费力，效率相对较低。

2．计算机清洗

通过 SPSS、SAS、Excel 等软件或 Python 等程序设置清洗规则，对需要清洗的数据进行识别和处理，对离散程度不高的数据，可利用数据分布特征或箱线图等方法发现离群值并进行处理。计算机清洗的优点是清洗自动化、速度快，缺点是实现过程复杂、后期维护困难。

3．人机同步清洗

对某些特殊数据的清洗，可设计人机交互界面，采取人工和计算机同步清洗的方式，当计算机清洗程序无法处理数据时，通过人工干预的方式进行处理。人机同步清洗的优点是既降低了计算机程序的复杂度，又减少了人工操作，缺点是需要人员实时参与。

4．人机异步清洗

人机异步清洗是指在对数据进行清洗的过程中，当计算机遇到清洗程序不能处理的问题时，无须人员实时参与，只需将异常情况记录下来，生成相应的报告，然后继续进行清洗工作，人员在后期按照报告进行相应的处理即可。

3.1.5 数据清洗的基本方法

通常情况下，数据清洗的标准流程是：先把待清洗的数据输入处理器，经过一系列数据清洗环节后，输出满足要求的数据。一般情况下，数据清洗应用于特定的应用程序，所以很难概括出统一的方法，但对不同类型的数据来说，能够给出几种基本方法。

1．异常值的处理

异常值是指数值明显偏离所属样本的其余观测值的数据。在数据清洗时，箱线图提供了识别异常值的标准，大于或小于箱线图设定的上下界的数值即为异常值。

出现异常值时，可以先把异常值变成缺失值，然后进行缺失值的插补，也可以直接删除异常值。数据删除操作需谨慎执行，因为某些被删除的数据很可能反映了一种实际情况，盲目删除数据可能会造成在研究时无法识别一些真正的现象或规律。

如果把异常值包括在数据挖掘的过程中，会对分析结果产生一定影响。因此，在数据清洗时，首先应分清异常值产生的原因是录入错误还是客观错误。如果是录入错误，核实后可直接修改；如果是客观错误，还应根据调查研究目的做出相应处理。

2．缺失值的处理

缺失值与空值不同，是指原本必须存在，但实际上没有数据的值。对缺失值的处理方法如下。

(1)将含有缺失值的样本提交给调查研究人员进行复核补充。

(2)当样本量足够大时，可直接删除缺失值，以减少对总体数据的影响。

(3)采用特殊的填充方法。根据变量的类型分别进行处理，如采用样本均值、中位数或众数等方法进行填充。需要注意的是，无论采用哪种方式填充，都无法避免对样本产生影响，如果填充不当，会将新的噪声引入样本，从而产生数据偏差。

(4)通过备用样本填充。在调查实践中，调查研究人员往往会有备用的调查样本，如果需要删除有异常值或缺失值的样本，可以选择适当的备用样本进行填充，填充时应选择与原样本特征相似的样本。

3．重复值的处理

可利用 SPSS、SAS、Excel 等软件将调查数据按照一定的规则排序，比较邻近数据是否相似，以检测数据是否重复，或按指定变量进行重复值的查找。一般通过组合变量定义重复值，例如，将地区、姓名、电话都相同的数据定义为重复值。在删除重复值时，需经专业人员确认，慎重处理。

4．其他错误类型数据的处理

在数据源中，还会出现一些其他错误类型，如数据格式、数据存储类型及拼写错误，一个变量中存储多值，以及关联数据相互矛盾等。因此，在数据清洗过程中，还应通过对变量值进行描述性统计，根据每个变量的相互关系检查数据是否符合要求，检测出不符合逻辑或前后矛盾的数据。例如，在城乡居民出游情况调查中，应检查受访者某月外地游和本地游的住宿天数的和是否超过当月的总天数。

3.2 Excel 数据清洗的基本操作

Excel 是常用的表格处理软件，可进行数据分列、快速定位等操作。此外，Excel 还提供了数据和公式的自动填充、表格格式的自动套用、筛选等功能，能够帮助用户快速、高效地清洗各种数据。它提供了几百个内置函数及数据透视表等工具，可以满足许多领域的数据清洗要求。

3.2.1 重复值的处理

在利用 Excel 进行数据清洗的过程中，常会遇到重复值。如图 3-2所示，个别电话号码出现了多次。下面介绍 6 种利用 Excel 处理重复值的操作。

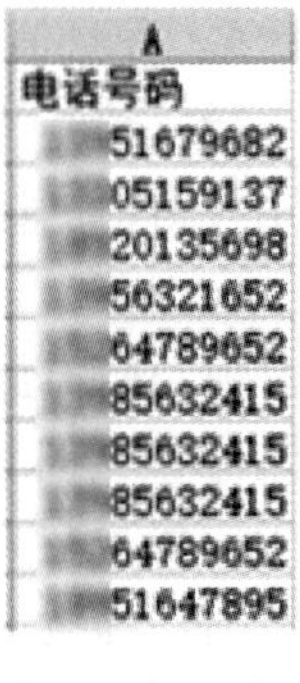

1．用 COUNTIF 函数查找重复值

COUNTIF 函数是条件统计函数，用于对区域中满足单个指定条件的单元格进行计数。用该函数可以查找电话号码中的重复值，并根据重复的次数显示相应的数字。

A
电话号码
51679682
05159137
20135698
56321652
64789652
85632415
85632415
85632415
64789652
51647895

图 3-2 电话号码

COUNTIF 函数的表达式如下：

$$COUNTIF（range,criteria）$$

可以看出，该表达式分为两个部分，range 表示要计数的单元格范围；criteria 表示条件，形式可以是数字、表达式或文本，甚至可以使用通配符。

用 COUNTIF 函数查找重复值的操作步骤如下。

（1）在"重复标记"单元格下方，输入"=COUNTIF（A\$2:A11,A2）"，如图 3-3 所示。

（2）按"Enter"键，随后该单元格的显示结果为"1"，如图 3-4 所示，说明"***51679682"在该数据范围中出现的次数为 1。

A	B
电话号码	重复标记
51679682	=COUNTIF(A\$2:A11, A2)

图 3-3　输入函数

A	B
电话号码	重复标记
51679682	1

图 3-4　显示结果

（3）拖动该单元格右下角的填充柄进行填充，显示结果如图 3-5 所示，B 列显示了各电话号码在该数据范围中出现的次数。

2. 用 COUNTIF 函数查找重复值次序

若想完整查找电话号码中的重复值在数据中出现的次序，同样可以采用 COUNTIF 函数来实现，操作步骤如下。

（1）在"重复次序"单元格下方，输入"=COUNTIF（A\$2:A2,A2）"，如图 3-6 所示。

A	B
电话号码	重复标记
51679682	1
05159137	1
20135698	1
56321652	1
64789652	2
85632415	3
85632415	3
85632415	3
64789652	2
51647895	1

图 3-5　显示结果

A	B
电话号码	重复次序
51679682	=COUNTIF(A\$2:A2, A2)

图 3-6　输入函数

（2）按"Enter"键，该单元格的显示结果为"1"，如图 3-7 所示，说明"***51679682"在数据中出现的次序为第 1 次。

（3）拖动该单元格右下角的填充柄进行填充，显示结果如图 3-8 所示，B 列显示了各电话号码在数据中的重复次序。

3. 用高级筛选法查找重复值

用高级筛选法查找重复值的操作步骤如下。

（1）选中数据区域。单击"数据"选项卡，在"排序和筛选"功能区中单击"高级"按钮，如图 3-9 所示。

（2）弹出"高级筛选"对话框，如图 3-10 所示，进行以下操作。

① 选中"将筛选结果复制到其他位置"单选按钮。

图 3-7　显示结果　　　　　图 3-8　显示结果　　　　　图 3-9　"高级"按钮

②　"列表区域"框将自动显示数据列表区域；在"复制到"框中输入适合放置筛选结果的区域，这里输入"$B$1"，将筛选结果放置到以 B1 单元格为首的位置。

③　勾选"选择不重复的记录"复选框。

(3) 单击"确定"按钮，筛选结果如图 3-11 所示，B 列显示了删除重复号码后的数据。

图 3-10　"高级筛选"对话框　　　　　图 3-11　筛选结果

4．用条件格式法查找重复值

用条件格式法查找重复值的操作步骤如下。

(1) 选中数据区域。单击"开始"选项卡，在"样式"功能区中的"条件格式"下拉菜单中选择"突出显示单元格规则"—"重复值"选项，如图 3-12 所示。随后弹出"重复值"对话框，如图 3-13 所示，默认将数据中的"重复"值用"浅红填充色深红色文本"标记。

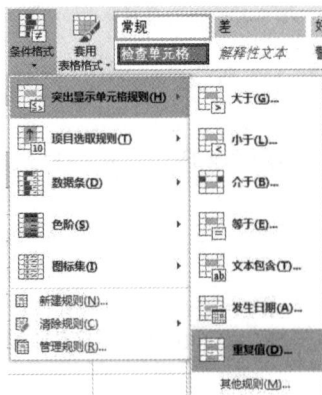

图 3-12　"重复值"选项　　　　　图 3-13　"重复值"对话框

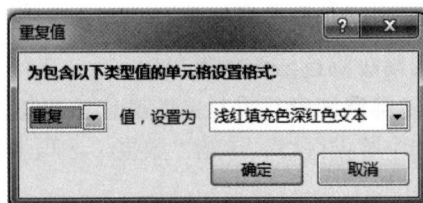

(2) 单击 "确定" 按钮, 显示结果如图 3-14 所示。

5. 用数据透视表法查找重复值

用数据透视表法查找重复值的操作步骤如下。

(1) 单击 "插入" 选项卡中的 "数据透视表" 按钮, 如图 3-15 所示。

(2) 弹出 "创建数据透视表" 对话框, 进行以下操作, 如图 3-16 所示。

① 选中 "选择一个表或区域" 单选按钮, "表/区域" 框将自动显示数据列表区域。

② 在 "选择放置数据透视表的位置" 区域中, 选中 "现有工作表" 单选按钮, 并在下方的 "位置" 框中输入合适的放置数据透视表的区域。这里输入 "$C$1", 即将数据透视表放置到以 C1 单元格为首的位置。

图 3-14 显示结果

图 3-15 "数据透视表" 按钮

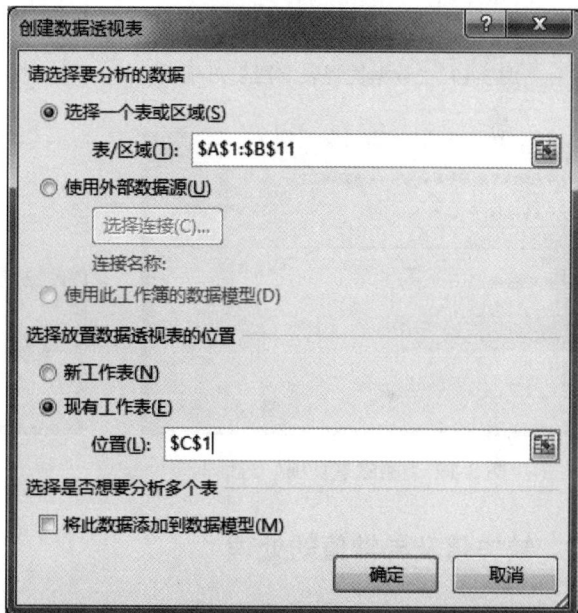

图 3-16 "创建数据透视表" 对话框

(3) 单击 "确定" 按钮, 工作表的右侧将出现 "数据透视表字段" 对话框。"数据透视表字段" 对话框分为两个区域, 将上面区域中的 "电话号码" 字段拖动至下面区域中的 "行" 与 "值" 区域中, 如图 3-17 所示。

(4) 完成以上操作后, 数据透视表中将显示各电话号码在数据中重复出现的次数, 如图 3-18 所示。

6. 用 "删除重复项" 按钮删除重复值

用 "删除重复项" 按钮删除重复值的操作步骤如下。

(1) 选中数据区域, 单击 "数据" 选项卡中的 "删除重复项" 按钮, 弹出 "删除重复项" 对话框, 勾选 "电话号码" 复选框, 如图 3-19 所示。

(2) 单击 "确定" 按钮, 显示结果如图 3-20 所示, 在原数据中直接删除了 3 个重复值。

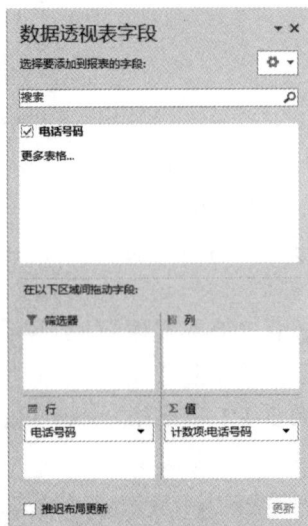

图 3-17　"数据透视表字段"对话框

图 3-18　显示结果

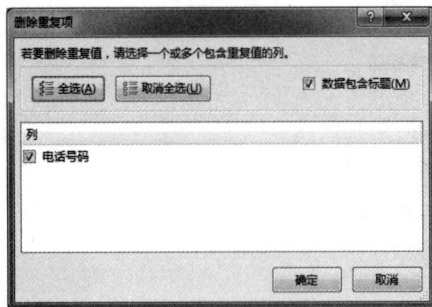

图 3-19　"删除重复项"对话框

图 3-20　显示结果

3.2.2　缺失值及异常值的处理

在利用 Excel 进行数据清洗的过程中，经常遇到缺失值及异常值问题。如图 3-21 所示，"经济损失"列中的空白即缺失值，"DIV/0!"即异常值。

1．缺失值的定位

操作步骤如下。

(1)在"开始"选项卡中，选择"查找与选择"下拉菜单中的"定位条件"选项，如图 3-22 所示。弹出"定位条件"对话框，选中"空值"单选按钮，如图 3-23 所示。

(2)单击"确定"按钮，显示结果如图 3-24 所示，数据中的空白单元格全部被选中。

2．缺失值的快速填写

操作步骤如下。

(1)选中所有需填写相同值的空白单元格。

(2)在空白单元格中填写一个值，这里输入"0"。

(3)按"Ctrl + Enter"键，显示结果如图 3-25 所示。可以看出，"0"被填入了所有空白单元格中。

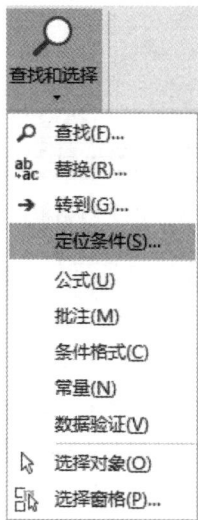

图 3-21　缺失值及异常值　　　图 3-22　"定位条件"选项　　　图 3-23　"定位条件"对话框

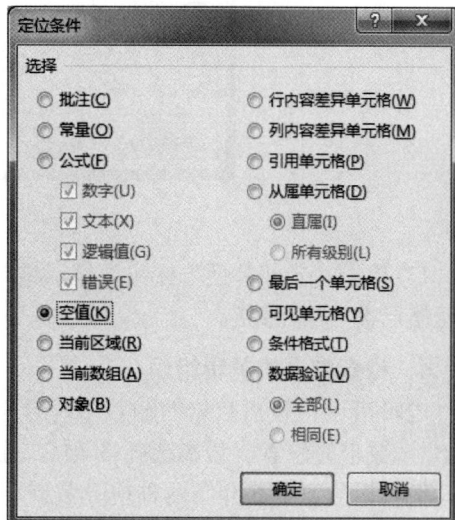

图 3-24　显示结果　　　　　　　图 3-25　显示结果

3．异常值的定位和填写

操作步骤如下。

（1）在"开始"选项卡中选择"查找与选择"下拉菜单中的"替换"选项。

（2）弹出"查找和替换"对话框，进行以下操作，如图 3-26 所示。

① 在"查找内容"框中输入 DIV/0!。

② 在"替换为"框中输入 0。

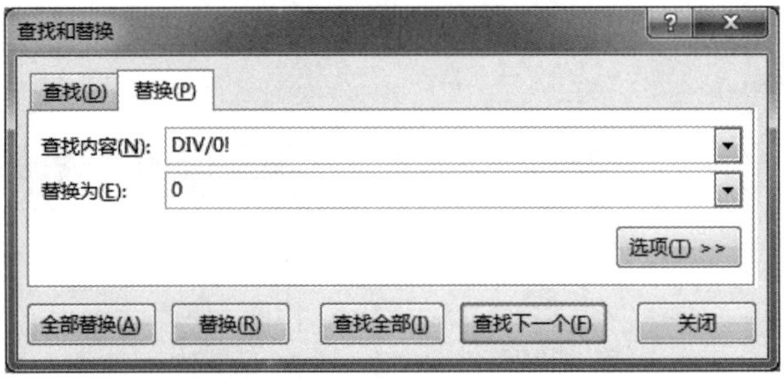

图 3-26 “查找和替换”对话框

(3) 单击“全部替换”按钮，显示结果如图 3-27 所示。可以看出，所有填写“DIV/0!”的单元格已被“0”替换。

4．检查数据的逻辑错误

逻辑错误一般指数据的输入不符合指定条件。例如，在一次调查中(调查结果如图 3-28 所示)，要求答题者“最多选择 3 项”，而答题者选了 4 项，或只接受“0、1”的选项中出现了其他数据等。下面介绍两种检查数据逻辑错误的方法。

1) 利用 IF 函数

先利用 IF 函数执行 True 或 False 判断，再根据 True 或 False，得出检查结果。

IF 函数的表达式如下：

IF(logical_test,[value_if_true],[value_if_false])

可以看出，该表达式分为 3 个部分，logical_test 是一个计算结果为 True 或 False 的表达式；value_if_true 是计算结果为 True 时的返回值；value_if_false 是计算结果为 False 时的返回值。

B	C	D
案件状态	案件副类	经济损失
破案	网络诈骗	8980
立案	网络诈骗	18494
破案	网络诈骗	
立案	网络诈骗	20800
破案	电话诈骗	80500
立案	短信诈骗	0
破案	网络诈骗	4900
破案	网络诈骗	4000
破案	网络诈骗	
破案	网络诈骗	10500
破案	网络诈骗	0
破案	短信诈骗	6206
破案	网络诈骗	
破案	网络诈骗	63962
立案	网络诈骗	1350000
破案	电话诈骗	
破案	网络诈骗	6238
破案	短信诈骗	0
破案	网络诈骗	3026
立案	网络诈骗	
破案	网络诈骗	12500
立案	网络诈骗	3000
破案	网络诈骗	78400
破案	网络诈骗	

图 3-27 显示结果

	A	B	C	D	E	F	G	H	J
1	序号	T1							校验结果
2		A	B	C	D	E	F	G	
3	1	0	0	1	1	0	1	0	
4	2	1	1	0	1	0	1	0	
5	3	1	0	1	0	2	0	0	
6	4	1	10	1	0	0	0	0	

图 3-28 调查结果

利用 IF 函数执行 True 或 False 判断，操作步骤如下。

(1) 在图 3-28 中的“校验结果”单元格下方输入“=IF(COUNTIF(B3:H3,"<>0")>3,"错误","正确")”，如图 3-29 所示。

	A	B	C	D	E	F	G	H	J	L	M	N	O	P
1	序号				T1				校验结果					
2		A	B	C	D	E	F	G						
3	1	0	0	1	1	0	1	0	=IF(COUNTIF(B3:H3,"<>0")>3,"错误","正确")					

图 3-29　输入函数

（2）按"Enter"键得到结果，拖动该单元格右下角的填充柄至 J6 单元格，得到完整结果，如图 3-30 所示。可以看出，由于序号为 2 的答题者选择了 4 项，因此校验结果为"错误"。

图 3-30　完整结果

2）利用条件格式

利用条件格式标记错误值的操作步骤如下。

（1）选中数据区域。选择"开始"选项卡中"条件格式"下拉菜单中的"突出显示单元格规则"—"其他规则"选项。

（2）弹出"编辑格式规则"对话框，进行以下操作，如图 3-31 所示。

① 选择"选择规则类型"框中的"使用公式确定要设置格式的单元格"选项。

② 在"编辑规则说明"框中输入"=OR(B3=1,B3=0)=FALSE"。

③ 单击"格式"按钮，设置符合规则的显示格式，这里将文字的格式改成加粗、红色。

（3）单击"确定"按钮，显示结果如图 3-32 所示。可以看出，序号为 3 的答题者与序号为 4 的答题者的答案均含加粗、红色数字，这两个数字就是被特殊标记的错误值。

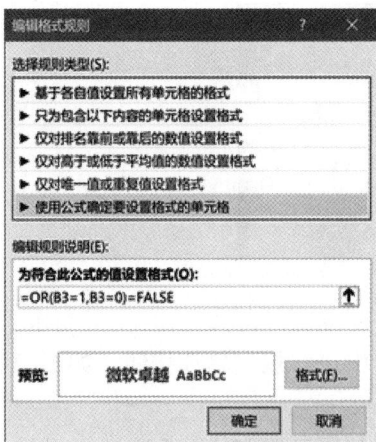

图 3-31　"编辑格式规则"对话框

图 3-32　显示结果

思考：

如何将上述两个校验结果合并成一个汇总的校验结果？即只有个数校验和范围校验都通过的数据，校验结果才是"正确"，否则是"错误"。

3.3 Excel 数据加工的基本操作

3.3.1 字段分列

在数据清洗过程中常会遇到一列单元格中的数据是组合型数据的情况，如数字与文字的组合，这时需要提取一列数据中的部分数据，将之拆分为两列。下面介绍两种分列操作。

1．有特殊分隔符的列

有特殊分隔符的列如图 3-33 所示，数字与文字之间用空格隔开。由于"空格"属于特殊分隔符，因此可直接采用"分列"功能实现拆分，操作步骤如下。

(1)选中要分列的数据区域，单击"数据"选项卡中的"分列"按钮。

(2)弹出"文本分列向导"对话框，默认选中"分隔符号"单选按钮，如图 3-34 所示。

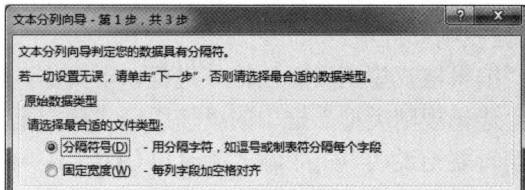

图 3-33　有特殊分隔符的列　　　　图 3-34　"文本分列向导"对话框

(3)单击"下一步"按钮，在"分隔符号"区域中勾选"空格"复选框，如图 3-35 所示。

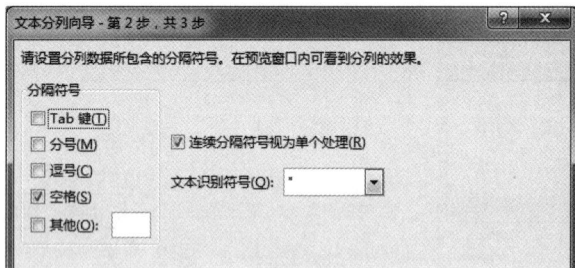

图 3-35　勾选"空格"复选框

(4)单击"下一步"按钮，在"列数据格式"区域中选中"常规"单选按钮，如图 3-36 所示。

(5)单击"完成"按钮，显示结果如图 3-37 所示，数字与文字被拆分成了两列。

2．没有特殊分隔符的列

没有特殊分隔符的列如图 3-38 所示，要提取"案件类别"下方所有单元格中文字的第 1 个字，可以利用 LEFT 函数实现。

(1)在"案件类别(简)"单元格下方输入"=LEFT(A2,1)"，如图 3-39 所示。

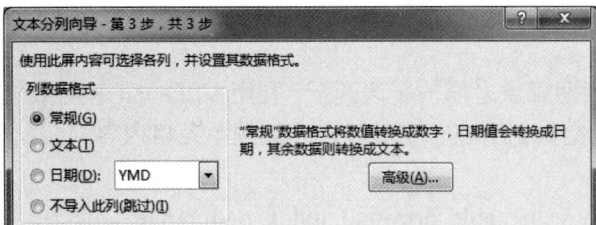

图 3-36　选中"常规"单选按钮　　　图 3-37　显示结果

（2）按"Enter"键得到结果，拖动该单元格右下角的填充柄至 B8 单元格，得到完整结果，如图 3-40 所示。可以看出，"网络诈骗"的第 1 个字"网"被提取了出来。

图 3-38　没有特殊分隔符的列　　　图 3-39　输入函数　　　图 3-40　完整结果

3.3.2　字段合并

在填写案件信息时，常常需要把相关信息合并在一起，如图 3-41 所示，如何将"受害人姓名"与"报案时间"数据合并在"汇总"列呢？

图 3-41　相关信息合并

操作步骤如下。

（1）在"汇总"单元格下方输入"=D2&"于"&E2&"报案""，如图 3-42 所示。

（2）按"Enter"键得到结果，拖动该单元格右下角的填充柄至 F4 单元格，显示结果如图 3-43 所示。可以看到，包含不同内容的两列数据，通过特殊字符"&"合并成了新的一列。

图 3-42　输入函数

图 3-43　显示结果

3.3.3 字段匹配

可以采用 VLOOKUP 函数实现两张表之间的字段匹配，利用 VLOOKUP 函数可在表格的首列查找指定的数据，然后返回指定数据所在行中的指定列处的单元格内容。

VLOOKUP 函数的表达式如下：

VLOOKUP(lookup_value,table_array,col_index_num,range_lookup)

可以看出，该表达式分为 4 个部分，lookup_value 表示要在表格或区域的第一列中查找的值，table_array 表示查找数据的区域，col_index_num 表示希望返回值所在的列序号，range_lookup 表示匹配要求，近似匹配为 1，精确匹配为 0。

采用 VLOOKUP 函数实现两张表之间的字段匹配的操作步骤如下。

(1) 在“案件状态”单元格下方输入“=VLOOKUP()”，如图 3-44 所示。在“()”中进行以下操作：

① 单击 A2 单元格，随后输入“,”;

② 选择“缺失数据”表并选中该表中的数据区域，随后输入“,”，因为“案件状态”列在“缺失数据表”中是第 2 列，再输入“2”，随后输入“,”如图 3-45 所示；

③ 最后输入“0”，代表采用精确匹配方式，如图 3-46 所示。

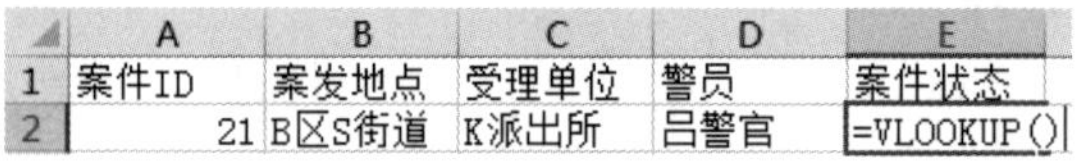

图 3-44 输入函数

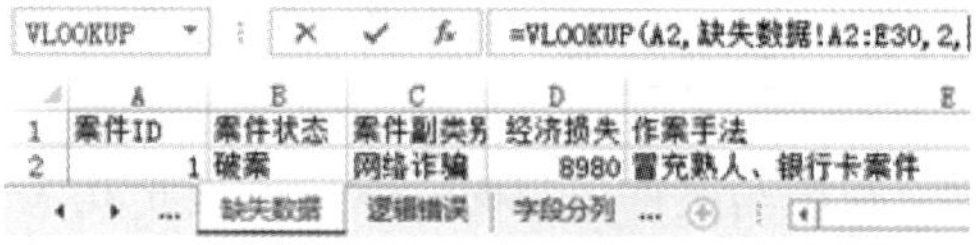

图 3-45 输入函数

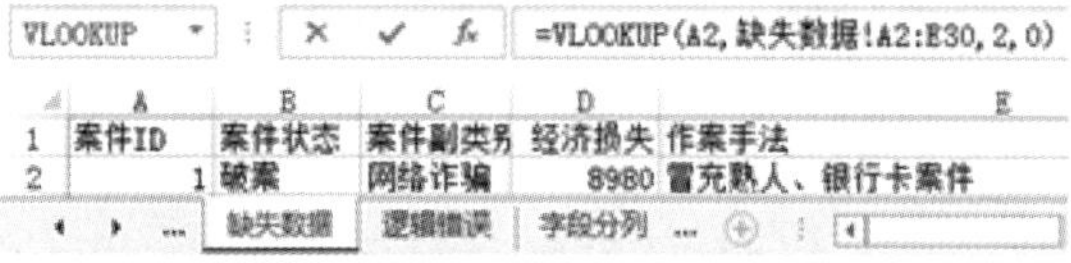

图 3-46 输入函数

(2) 使用填充柄进行填充时，数据的引用范围默认会随之变化，会导致函数计算结果出错，这里使用“$”符号来锁定数据的引用范围。在“A2:E30”的行与列前添加“$”符号，如图 3-47 所示。

(3) 按“Enter”键得到结果，然后拖动该单元格右下角的填充柄至 E14 单元格，显示结果如图 3-48 所示。可以看出，“缺失数据”表中的“案件状态”信息被填入了“字段匹配”表。

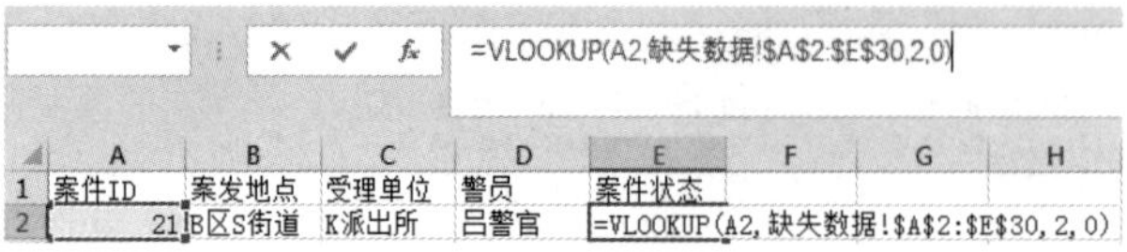

图 3-47 添加“$”符号

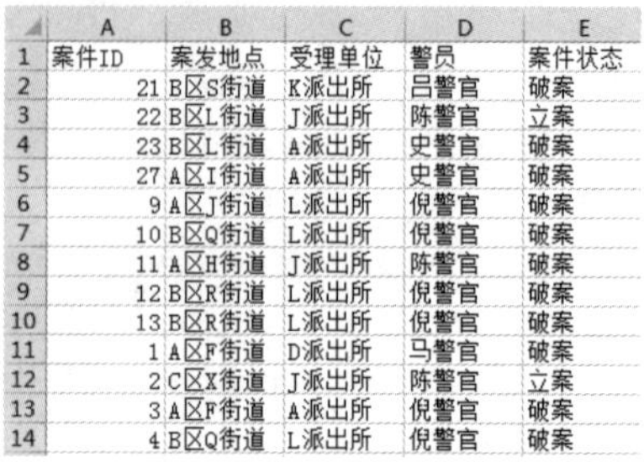

	A	B	C	D	E
1	案件ID	案发地点	受理单位	警员	案件状态
2	21	B区S街道	K派出所	吕警官	破案
3	22	B区L街道	J派出所	陈警官	立案
4	23	B区L街道	A派出所	史警官	破案
5	27	A区I街道	A派出所	史警官	破案
6	9	A区J街道	L派出所	倪警官	破案
7	10	B区Q街道	L派出所	倪警官	破案
8	11	A区H街道	J派出所	陈警官	破案
9	12	B区R街道	L派出所	倪警官	破案
10	13	B区R街道	L派出所	倪警官	破案
11	1	A区F街道	D派出所	马警官	破案
12	2	C区X街道	J派出所	陈警官	立案
13	3	A区F街道	A派出所	倪警官	破案
14	4	B区Q街道	L派出所	倪警官	破案

图 3-48 显示结果

3.3.4　数据分组

VLOOKUP 函数的另一个功能是对数据进行分组，通过设置数据的分组参考值，使用 VLOOKUP 函数即可快速将数据分组。

在 B 列“分组”单元格下方输入“=VLOOKUP(A2,$D$1:$E$5,2,1)”，按“Enter”键得到结果，然后拖动该单元格右下角的填充柄至 B5 单元格，显示结果如图 3-49 所示，使用 VLOOKUP 函数可实现根据“损失金额”与自行设定的阈值进行分组。

=VLOOKUP(A2,$D$1:$E$5,2,1)

A	B	C	D	E	F
损失金额	分组		阈值	分组	备注
880	治安处罚		0	治安处罚	0<=x<3000
10148	数额较大		3000	数额较大	3000<=x<30000
1000	治安处罚		30000	数额巨大	30000<=x<100000
7680	数额较大		100000	数额特别巨大	100000<=x

图 3-49　显示结果

3.4　Excel 数据透视表

数据透视表是一种交互式的表格，可以进行一些计算，如求和、计数等，所进行的计算与数据在数据透视表中的排列有关。之所以称为数据透视表，是因为用户可以动态地改变它的版面布置，以便按照不同的方式分析数据。每一次改变版面布置时，数据透视表会立即按照新的版面布置重新计算数据。如果原始数据发生改变，数据透视表也会随之更新。

3.4.1　数据透视表应用

某电信诈骗案 2010 年的案件数据如图 3-50 所示，下面通过该数据来介绍数据透视表的应用。

	A	B	C	D	E	F	G
1	日期	辖区	警员	案件类别	案件状态	受理时段	经济损失（元）
2	2010/1/6	A	张警官	网络诈骗	破案	深夜	8980
3	2010/1/23	B	王警官	网络诈骗	立案	下午	18494
4	2010/2/9	B	周警官	网络诈骗	破案	下午	5352
5	2010/2/26	B	周警官	网络诈骗	立案	深夜	20800
6	2010/3/15	C	田警官	电话诈骗	破案	晚上	80500
7	2010/4/1	A	李警官	短信诈骗	立案	上午	12600
8	2010/4/18	B	周警官	网络诈骗	破案	下午	4900
9	2010/5/5	B	周警官	网络诈骗	破案	深夜	4000
10	2010/5/22	C	田警官	网络诈骗	破案	下午	10000
11	2010/6/8	A	李警官	网络诈骗	破案	深夜	10500
12	2010/6/25	B	王警官	网络诈骗	破案	深夜	20164
13	2010/7/12	A	张警官	短信诈骗	破案	中午	6206
14	2010/7/29	A	张警官	网络诈骗	破案	晚上	116200
15	2010/8/15	A	张警官	网络诈骗	破案	下午	63962
16	2010/9/1	B	周警官	网络诈骗	立案	晚上	1350000
17	2010/9/18	A	李警官	电话诈骗	破案	凌晨	49998
18	2010/10/5	B	周警官	网络诈骗	破案	晚上	6238
19	2010/10/22	A	李警官	短信诈骗	破案	中午	11000
20	2010/11/8	A	李警官	网络诈骗	破案	中午	3026
21	2010/11/25	B	周警官	网络诈骗	立案	上午	4248
22	2010/12/12	B	周警官	网络诈骗	破案	凌晨	12500
23	2010/12/29	A	李警官	网络诈骗	立案	下午	3000
24	2010/1/15	B	王警官	网络诈骗	破案	上午	78400

图 3-50　案件数据

1. 计算 2010 年的总经济损失

将"经济损失(元)"字段拖动至"值"区域(或勾选"经济损失(元)"复选框)进行求和，得到 2010 年的总经济损失，如图 3-51 所示。

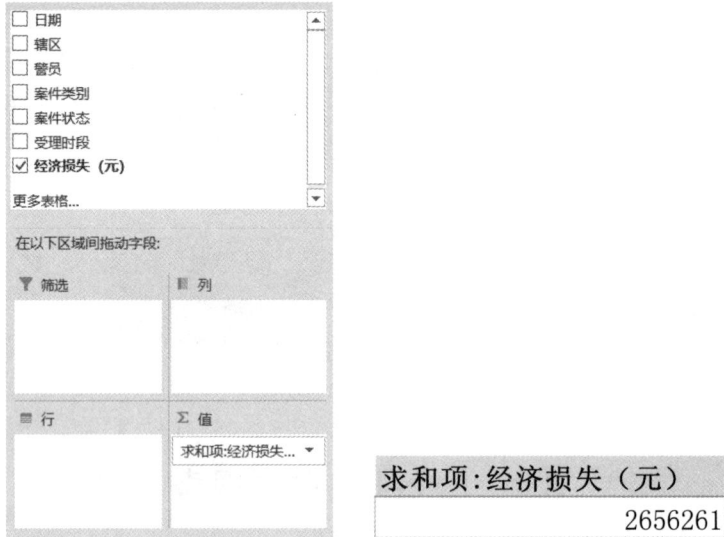

图 3-51　计算 2010 年的总经济损失

2. 计算 2010 年 A、B、C 3 个辖区的总经济损失

将"辖区"字段拖动至"行"区域，将"经济损失(元)"字段拖动至"值"区域，得到 2010 年 A、B、C 3 个辖区的总经济损失，如图 3-52 所示。

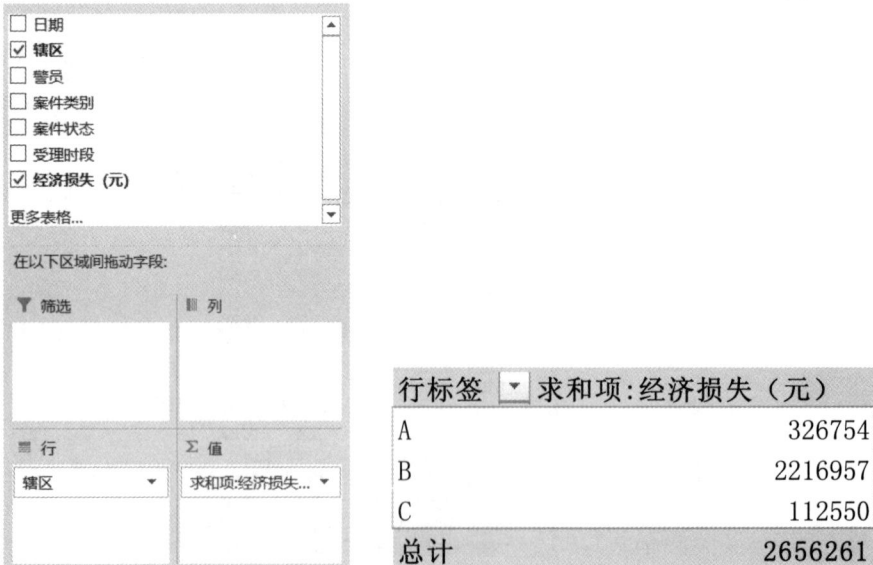

图 3-52　计算 2010 年 A、B、C 3 个辖区的总经济损失

3. 计算 2010 年 3 种案件类别的总经济损失

将"案件类别"字段拖动至"行"区域，将"经济损失(元)"字段拖动至"值"区域，得到 2010 年 3 种案件类别的总经济损失，如图 3-53 所示。

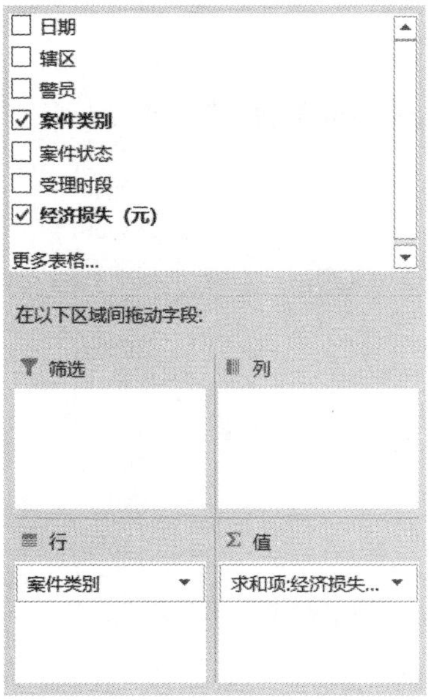

行标签 ▼	求和项:经济损失（元）
电话诈骗	346950
短信诈骗	34806
网络诈骗	2274505
总计	2656261

图 3-53　计算 2010 年 3 种案件类别的总经济损失

4．计算 2010 年 6 位警员的破案金额

将"警员"字段拖动至"行"区域，将"案件状态"字段拖动至"列"区域，将"经济损失(元)"字段拖动至"值"区域，得到 6 位警员的破案金额，如图 3-54 所示。

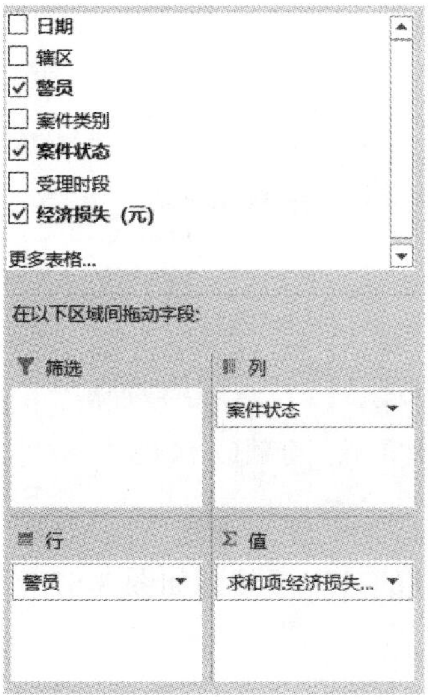

求和项:经济损失（元）	列标签 ▼		
行标签 ▼	立案	破案	总计
李警官	25244	87274	112518
田警官		98000	98000
王警官	18494	418687	437181
张警官		214236	214236
赵警官		14550	14550
周警官	1405101	374675	1779776
总计	1448839	1207422	2656261

图 3-54　计算 2010 年 6 位警员的破案金额

5．计算 2010 年每个月的经济损失

操作步骤如下。

(1)在表格中新建一列"月份"，在"月份"单元格下方输入"=month(A2)"，按"Enter"键得到结果，拖动该单元格右下角的填充柄至最后一行。

(2)在数据透视表中将"月份"字段拖动至"行"区域，将"经济损失(元)"字段拖动至"值"区域，得到 2010 年每个月的经济损失，如图 3-55 所示。

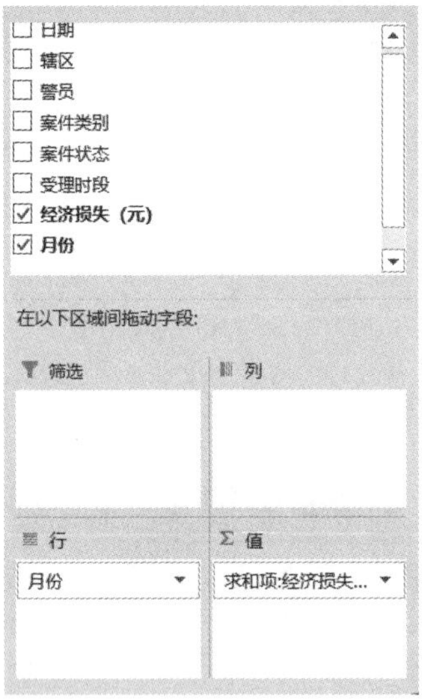

行标签	求和项:经济损失（元）
1	105874
2	60000
3	285500
4	30644
5	39481
6	310664
7	141618
8	117656
9	1479998
10	38288
11	12562
12	33976
总计	**2656261**

图 3-55 计算 2010 年每个月的经济损失

6. 计算 2010 年 9 月 B 地区周警官的网络诈骗案件的破案金额

(1)方法一：将“警员”“案件类别”“月份”“辖区”字段拖动至“行”区域，将“经济损失(元)”字段拖动至“值”区域，再分别进行筛选，得到 2010 年 9 月 B 地区周警官的网络诈骗案件的破案金额，如图 3-56 所示。

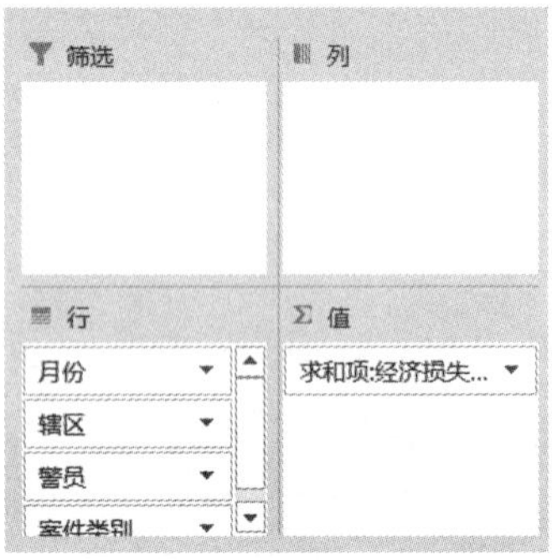

行标签	求和项:经济损失（元）
⊟9	1350000
⊟B	1350000
⊟周警官	1350000
网络诈骗	1350000
总计	**1350000**

图 3-56 计算 2010 年 9 月 B 地区周警官的网络诈骗案件的破案金额(方法一)

(2)方法二：将“月份”“辖区”“警员”“案件类别”字段拖动至“筛选”区域中，再分别进行筛选，得到 2010 年 9 月 B 地区周警官的网络诈骗案件的破案金额，如图 3-57 所示。

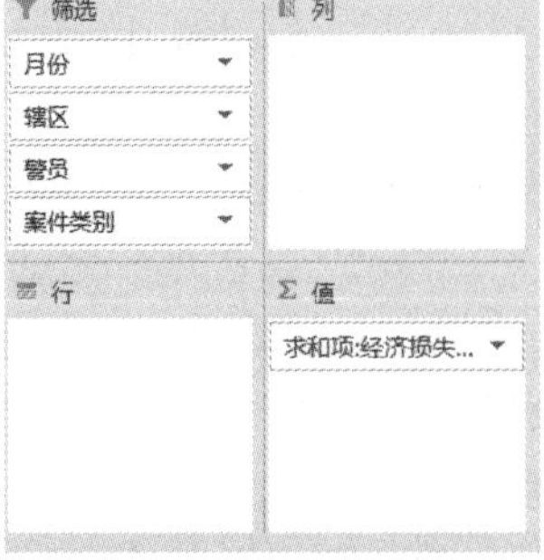

月份	9
辖区	B
警员	周警官
案件类别	网络诈骗
求和项:经济损失（元）	
1350000	

图 3-57 计算 2010 年 9 月 B 地区周警官的网络诈骗案件的破案金额(方法二)

3.4.2　数据透视表的实用技巧

数据透视表的功能丰富，除了上面介绍的主要功能，还有一些实用的技巧可以提高我们在数据挖掘时的效率。

1. 百分比计算

仍然以某电信诈骗案 2010 年的案件数据为例，计算 3 个辖区的经济损失占比，操作步骤如下。

(1) 重复计算两次 3 个辖区的经济损失，如图 3-58 所示。

行标签 ▼	求和项:经济损失（元）	求和项:经济损失（元）2
A	326754	326754
B	2216957	2216957
C	112550	112550
总计	2656261	2656261

图 3-58　重复计算两次 3 个辖区的经济损失

(2) 先将第 3 列的标题"求和项：经济损失(元)2"改成"百分比"，然后在该标题处单击鼠标右键，在弹出的快捷菜单中选择"值显示方式"—"列汇总的百分比"选项，得到 3 个辖区的经济损失占比，如图 3-59 所示。

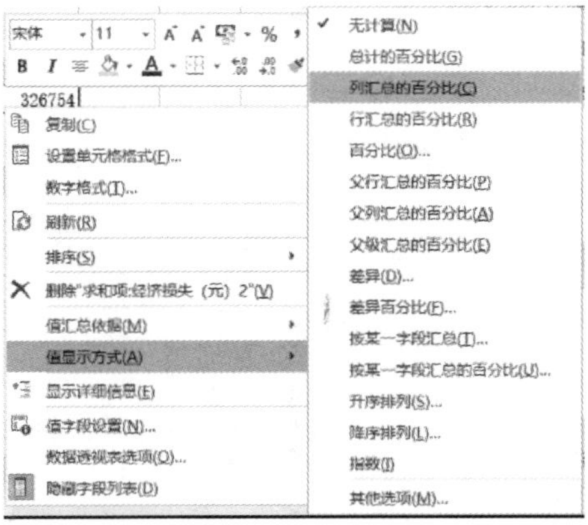

行标签 ▼	求和项:经济损失（元）	百分比
A	326754	12.30%
B	2216957	83.46%
C	112550	4.24%
总计	2656261	100.00%

图 3-59　计算 3 个辖区的经济损失占比

2. 环比计算

操作步骤如下。

(1) 重复计算两次每个月的经济损失，如图 3-60 所示。

(2) 先将第 3 列的标题"求和项：经济损失(元)2"改成"环比"，然后在该标题处单击鼠标右键，在弹出的快捷菜单中选择"值显示方式"—"差异百分比"选项，弹出"值显示方式(环比)"对话框，在"基本项"下拉菜单中选择"(上一个)"选项，得到每个月经济损失的环比数据，如图 3-61 所示。

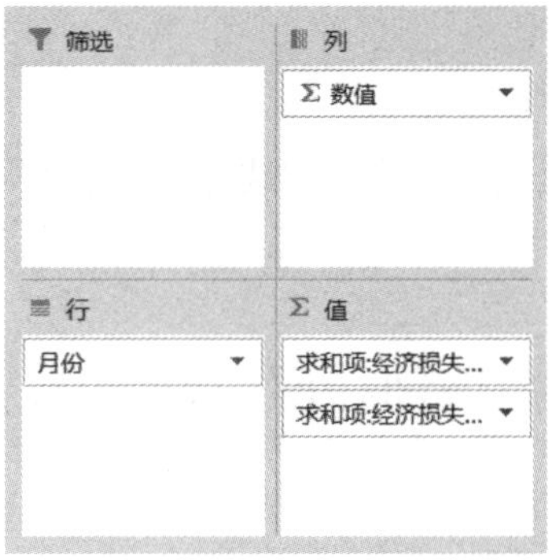

行标签	求和项:经济损失（元）	求和项:经济损失（元）2
1	105874	105874
2	60000	60000
3	285500	285500
4	30644	30644
5	39481	39481
6	310664	310664
7	141618	141618
8	117656	117656
9	1479998	1479998
10	38288	38288
11	12562	12562
12	33976	33976
总计	2656261	2656261

图 3-60　重复计算两次每个月的经济损失

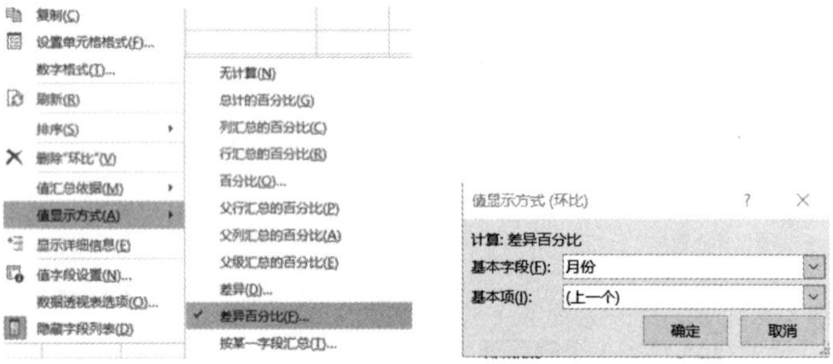

行标签	求和项:经济损失（元）	环比
1	105874	
2	60000	-43.33%
3	285500	375.83%
4	30644	-89.27%
5	39481	28.84%
6	310664	686.87%
7	141618	-54.41%
8	117656	-16.92%
9	1479998	1157.90%
10	38288	-97.41%
11	12562	-67.19%
12	33976	170.47%
总计	2656261	

图 3-61　计算每个月经济损失的环比数据

3．分组统计

数据透视表还有“创建组”的功能，可以对日期型、数值型、文本型数据进行分组。以日期型数据为例，介绍该功能的具体操作。

(1) 先计算各日期的经济损失，如图 3-62 所示。

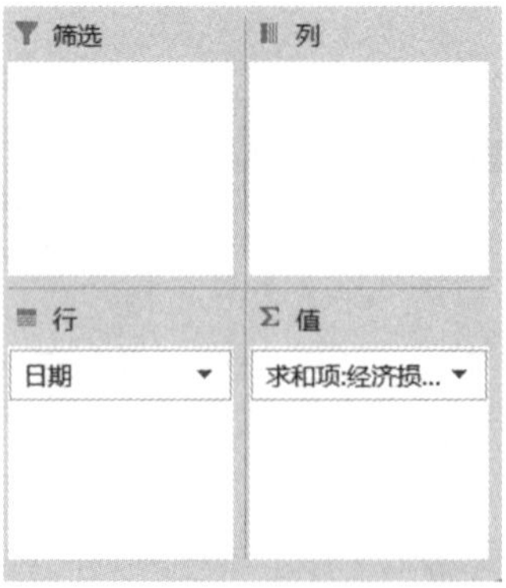

行标签	求和项:经济损失（元）
1月6日	8980
1月15日	78400
1月23日	18494
2月1日	14960
2月9日	5352
2月18日	18888
2月26日	20800
3月7日	5000
3月15日	80500
3月24日	200000
4月1日	12600
4月10日	3500
4月18日	4900
4月27日	9644
5月5日	4000

图 3-62　计算各日期的经济损失

(2) 在数据透视表“行标签”下的任意单元格处单击鼠标右键，在弹出的快捷菜单中选择“创建组”选项。弹出“组合”对话框，在“步长”框中，选择“月”选项，单击“确定”按钮。可以看到，数据透视表分别对各月份的经济损失进行了统计，如图 3-63 所示。

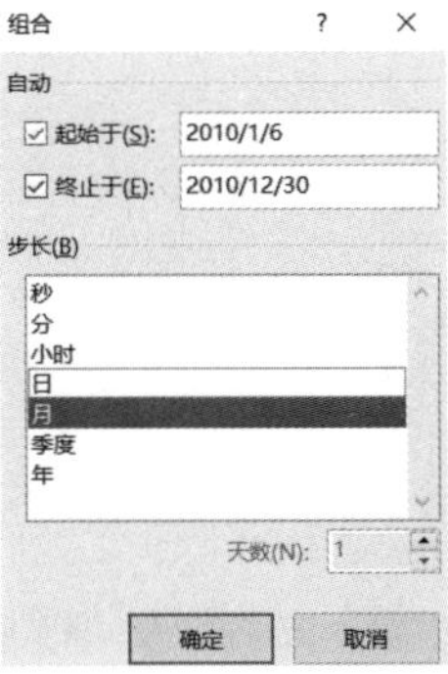

行标签	求和项:经济损失（元）
1月	105874
2月	60000
3月	285500
4月	30644
5月	39481
6月	310664
7月	141618
8月	117656
9月	1479998
10月	38288
11月	12562
12月	33976
总计	2656261

图 3-63　对各月份的经济损失进行统计

4．宣传调查

某电信诈骗案件的宣传途径调查结果(让用户从 5 种宣传途径中选择听过、见过的途径，可多选)如图 3-64 所示。

编号	性别	年龄	学历	网络宣传	社区宣传	电视宣传	警方宣传	电台宣传	年龄段
10001	男	35	大学	1	0	1	0	1	
10002	女	26	大学	1	1	1	0	0	
10003	女	22	中专	0	1	1	1	0	
10004	女	28	大学	1	0	1	1	0	
10005	男	40	高中	0	1	0	1	1	
10006	女	36	高中	1	0	1	0	1	
10007	女	41	高中	0	1	0	1	1	
10008	女	45	大学	1	0	1	0	1	
10009	女	50	中专	1	1	0	1	0	
10010	女	52	中专	1	1	1	0	0	
10011	女	36	研究生	0	1	1	1	0	
10012	女	42	大学	1	0	1	1	0	
10013	女	40	高中	0	1	0	1	1	
10014	女	35	研究生	1	0	1	0	1	
10015	女	26	大学	0	1	0	1	1	
10016	男	24	大学	0	1	0	1	1	

图 3-64　宣传途径调查结果

(1)用户对 5 种宣传途径的整体认识怎样？哪种途径的宣传效果最好？

将 5 种宣传途径字段拖动至“值”区域，得到各宣传途径的使用人数，如图 3-65 所示，由此得出用户对这 5 种宣传途径的整体认识差别不大，社区宣传、电视宣传、警方宣传这 3 种途径的效果相对较好。

(2)不同性别的用户对宣传途径的认识是否有差异？

将“性别”字段拖动至“行”区域，将 5 种宣传途径字段拖动至“值”区域，所得结果如图 3-66 所示。可以看出，男性用户对警方宣传、电台宣传、社区宣传这 3 种宣传途径相对熟悉，对网络宣传、电视宣传相对陌生；女性用户则相反。

(3)不同年龄段的用户对宣传途径的认识是否有差异？

操作步骤如下。

① 利用 VLOOKUP 函数对年龄进行分段，如图 3-67 所示。

② 将“年龄段”字段拖动至“行”区域，将 5 种宣传途径字段拖动至“值”区域，所得结果如图 3-68 所示。可以看出，老年人关注网络宣传、社区宣传；中年人关注电视宣传；青年人关注警方宣传、电台宣传、社区宣传。

求和项:网络宣传	求和项:社区宣传	求和项:电视宣传	求和项:警方宣传	求和项:电台宣传
17	19	19	19	16

图 3-65　各宣传途径的使用人数

行标签	求和项:网络宣传	求和项:社区宣传	求和项:电视宣传	求和项:警方宣传	求和项:电台宣传
男	2	7	2	7	6
女	15	12	17	12	10
总计	17	19	19	19	16

图 3-66　不同性别的用户对宣传途径的认识

=VLOOKUP(C2,$L$1:$M$4,2)

学历	网络宣传	社区宣传	电视宣传	警方宣传	电台宣传	年龄段		阈值	分组
大学	1	0	1	0	1	中年		0	青年
大学	1	1	1	0	0	青年		30	中年
中专	0	1	1	1	0	青年		50	老年

图 3-67　对年龄进行分段

行标签	求和项:网络宣传	求和项:警方宣传	求和项:电视宣传	求和项:电台宣传	求和项:社区宣传
老年	4	3	2	2	4
青年	4	7	5	7	7
中年	9	9	12	7	8
总计	17	19	19	16	19

图 3-68　不同年龄段的用户对宣传途径的认识

(4)不同学历的用户对宣传途径的认识是否有差异?

将"学历"字段拖动至"行"区域,将 5 种宣传途径字段拖动至"值"区域,所得结果如图 3-69 所示。可以看出,学历对用户对宣传途径的认识影响不大,不同学历的用户对宣传途径的接受度差异较小。

行标签	求和项:网络宣传	求和项:社区宣传	求和项:电视宣传	求和项:警方宣传	求和项:电台宣传
大学	9	9	9	10	8
高中	5	5	5	5	7
研究生	1	2	3	2	1
中专	2	3	2	2	0
总计	17	19	19	19	16

图 3-69　不同学历的用户对宣传途径的认识

第4章

时间序列分析

4.1 时 间 序 列

4.1.1 时间序列概述

1. 时间序列

时间序列是指按时间顺序排列的一组数据序列，是一个变量在一定时间段内不同时间点上观测值的集合。这些观测值是按时间顺序排列的，时间点之间的间隔是相等的。根据观察时间的不同，时间序列中的时间间隔可以是年份、季度、月份、周、日或其他时间段。

常见的时间序列有按年、季度、月份、周、日统计的商品销量、销售额或库存量，按年统计的一个国家或省市的国内生产总值、地区犯罪率等。

2. 时间序列的预测方法

1）定性分析方法

定性分析方法是依据预测者的主观分析能力来推断事物的性质和发展趋势的分析方法，这种方法可充分发挥预测者的判断能力，但预测结果准确性较差。常用的方法有专家座谈会法、德尔菲法等。

2）定量分析方法

定量分析方法包括外推法和因果法两种。

外推法：找出时间序列观测值的变化规律与趋势，通过对这些规律或趋势的外推来确定未来的预测值。外推法包括移动平均法、指数平滑法、趋势预测法、季节指数法等。

因果法：寻找时间序列因变量观测值与自变量观测值之间的函数关系，后利用这种函数关系和自变量观测值来确定因变量预测值。

3）时间序列成分

趋势成分：反映一个时间序列在较长时期的变化趋势。

季节成分：反映一个时间序列在一年中有规律的变化趋势。

循环成分：反映一个时间序列在超过一年的时间内有规律的变化趋势。

不规则成分：不能归结于上述 3 种成分的时间序列成分。

3. 时间序列的构成要素

时间序列的构成要素包括：

（1）被研究现象所属时间；

（2）反映该现象在一定时间条件下的特征的指标值。

注意：在同一时间序列中，各指标值的时间间隔一般要求相等，可以是年份、季度、月份、周、日或其他时间段。

4．时间序列的分类

时间序列按照其构成要素中所统计的指标值的表现形式，可分为绝对数时间序列、相对数时间序列和平均数时间序列。

(1)绝对数时间序列：统计的指标值是绝对数。根据指标值的时间特点又可分为时期序列和时点序列。

时期序列：每个指标值反映现象在一定时期内发展的结果，即过程总量。

时点序列：每个指标值反映现象在一个时间点上的瞬间水平。

(2)相对数时间序列：统计的指标值是相对数。

(3)平均数时间序列：统计的指标值是平均数。

4.1.2　时间序列的预测步骤

时间序列的预测步骤如下。

(1)确定时间序列的类型，即分析时间序列的组成成分(趋势成分/季节成分/循环成分/不规则成分)。

(2)选择合适的方法建立预测模型。

如果时间序列中没有趋势成分和季节成分，可选择移动平均法或指数平滑法；如果时间序列中含有趋势成分，可选择趋势预测法；如果时间序列中含有季节成分，可选择季节指数法。

(3)评价模型的准确度，确定最优模型参数：

$$\text{MSE} = \frac{1}{N}\sum_{t=1}^{N}\text{e}_t^2 = \frac{1}{N}\sum_{t=1}^{N}(Y_t - F_t)^2 \tag{4.1}$$

(4)按要求进行时间序列预测。移动平均法和指数平滑法适用于围绕一个稳定水平上下波动的时间序列。

4.2　移动平均法

移动平均法是一种简单的平滑预测方法。它的基本思想是，根据时间序列逐项推移，依次计算包含一定项数的时序平均值，以反映长期趋势。因此，当时间序列中的数值由于受周期波动和随机波动的影响，起伏较大，不易显示出事件的发展趋势时，使用移动平均法可以消除这些因素的影响，显示出事件的发展方向与趋势(趋势线)，可根据趋势线分析、预测序列的长期趋势。

移动平均法的主要特点如下。

(1)移动平均法对原序列有平滑作用，可平滑原序列中的上下波动，而且移动平均时距项数 N 越大，对原序列的平滑作用越强。

(2)当 N 为奇数时，只需进行一次移动平均，其移动平均值是中间时期的趋势代表值；而当 N 为偶数时，其移动平均值代表的是中间位置的水平，无法对应某一时期，需要再进行一次相邻两项的移动平均，才能使其对应某一时期。

(3) 当时间序列中包含季节波动时，N 应与季节波动长度一致，以消除其季节波动；当时间序列中包含周期波动时，N 应与周期长度基本一致，以较好地消除周期波动。

(4) N 不宜过大。

4.2.1 一次移动平均法

一次移动平均法：将观察期的数据分段，由远到近按一定跨越期对其进行一次移动平均，以最后一个移动平均值作为确定预测值的依据。在确定趋势变动值时，如果每年的趋势变动值较平稳，可以采用最后一年的趋势变动值作为每年趋势变动值的平均值；如果各年之间的趋势变动值差别较大，可将趋势变动值再进行一次移动平均，并以最后的一个趋势变动值作为趋势变动值的平均值，或采用算术平均法求其平均值。

一次移动平均值的公式如下：

$$M_t = \frac{Y_t + Y_{t-1} + \cdots + Y_{t-N+1}}{N} \tag{4.2}$$

式中，M_t 为第 t 周期的一次移动平均值，t 为周期数，N 为每一时间段的数据个数，即移动平均时距项数。

N 的取值可以有两种情况：

(1) 当 $N = 1$ 时，$M_t = Y_t$，即一次移动平均值等于原始统计数据；

(2) 当 $N = t$ 时，$M_t = \overline{Y_t}$，即一次移动平均值等于全体数据的平均值。

一次移动平均法有以下 3 个特点：

(1) 预测值是离预测期最近的一组历史数据(实际值)平均的结果；

(2) 参与平均的历史数据的个数 N 是固定不变的；

(3) 参与平均的一组历史数据是随着预测期的推进而不断更新的，每吸收一个新的历史数据，就剔除原历史数据中离预测期最远的那个历史数据。

一次移动平均法的优点是计算量少、移动平均线(将一定时期内的数据加以平均，并把不同时间的平均值连接起来，形成一条线)能较好地反映时间序列的趋势及变化。

案例背景

为了提高公安机关相关工作的预警性，通过对某公安机关 2006 年至 2015 年立案的 A 类刑事案件(单位：起)运用一次移动平均法(在 Excel 工作表中建立一个一次移动平均预测模型)来预测 2016 年公安机关立案的 A 类刑事案件的数量。

基础数据

公安机关立案的 A 类刑事案件.xls

学习目标

业务目标

预测出 2016 年公安机关立案的 A 类刑事案件的数量。

能力目标

(1) 学会使用 AVERAGE 函数。

(2) 学会计算不同时间点的一次移动平均值。

(3) 学会根据一次移动平均预测模型计算出 A 类刑事案件数量的预测值。

(4) 学会使用 SUMXMY2 函数和 COUNT 函数计算均方差(均方差是方差的算术平方根，能反映一个数据集的离散程度)。

学习步骤

(1) 在本书配套资源包中找到对应的案例文件并打开，如图 4-1 所示。图中，*N* 表示移动平均时距项数。

C18 | fx

	A	B	C	D	E	F
1	年份	公安机关立案的A类刑事案件（起）	移动平均值（N=2）	均方差	移动平均值（N=4）	均方差
2	2006	17973				
3	2007	16119				
4	2008	14811				
5	2009	14667				
6	2010	13410				
7	2011	12015				
8	2012	11286				
9	2013	10640				
10	2014	10083				
11	2015	9200				
12	2016					

图 4-1 案例文件①

(2) 当 *N*=2 时，计算 2008 年至 2015 年的一次移动平均值，2016 年的预测值和均方差。

使用 AVERAGE 函数，计算 2008 年至 2015 年的一次移动平均值，如图 4-2 所示。

C4 | fx =AVERAGE(B2:B3)

	A	B	C	D	E	F
1	年份	公安机关立案的A类刑事案件（起）	移动平均值（N=2）	均方差	移动平均值（N=4）	均方差
2	2006	17973				
3	2007	16119				
4	2008	14811	17046			
5	2009	14667	15465			
6	2010	13410	14739			
7	2011	12015	14038.5			
8	2012	11286	12712.5			
9	2013	10640	11650.5			
10	2014	10083	10963			
11	2015	9200	10361.5			
12	2016					

图 4-2 2008 年至 2015 年的一次移动平均值

使用 AVERAGE 函数，计算 2016 年的预测值，如图 4-3 所示。

C12 | fx =AVERAGE(B10:B11)

	A	B	C	D	E	F
1	年份	公安机关立案的A类刑事案件（起）	移动平均值（N=2）	均方差	移动平均值（N=4）	均方差
2	2006	17973				
3	2007	16119				
4	2008	14811	17046			
5	2009	14667	15465			
6	2010	13410	14739			
7	2011	12015	14038.5			
8	2012	11286	12712.5			
9	2013	10640	11650.5			
10	2014	10083	10963			
11	2015	9200	10361.5			
12	2016		9641.5			

图 4-3 2016 年的预测值

使用 SUMXMY2 函数和 COUNT 函数计算均方差，如图 4-4 所示。

① 软件截图中，N 对应变量 *N*。

D12　=SUMXMY2(B4:B11,C4:C11)/COUNT(C4:C11)

	A	B	C	D	E	F
1	年份	公安机关立案的A类刑事案件（起）	移动平均值（N=2）	均方差	移动平均值（N=4）	均方差
2	2006	17973				
3	2007	16119				
4	2008	14811	17046			
5	2009	14667	15465			
6	2010	13410	14739			
7	2011	12015	14038.5			
8	2012	11286	12712.5			
9	2013	10640	11650.5			
10	2014	10083	10963			
11	2015	9200	10361.5			
12	2016		9641.5	2,084,039.63		

图 4-4　均方差

(3) 当 N=4 时，计算 2010 年至 2015 年的一次移动平均值，2016 年的预测值和均方差。使用 AVERAGE 函数，计算 2010 年至 2015 年的一次移动平均值，如图 4-5 所示。

E6　=AVERAGE(B2:B5)

	A	B	C	D	E	F
1	年份	公安机关立案的A类刑事案件（起）	移动平均值（N=2）	均方差	移动平均值（N=4）	均方差
2	2006	17973				
3	2007	16119				
4	2008	14811	17046			
5	2009	14667	15465			
6	2010	13410	14739		15892.5	
7	2011	12015	14038.5		14751.75	
8	2012	11286	12712.5		13725.75	
9	2013	10640	11650.5		12844.5	
10	2014	10083	10963		11837.75	
11	2015	9200	10361.5		11006	
12	2016		9641.5	2,084,039.63		

图 4-5　2010 年至 2015 年的一次移动平均值

使用 AVERAGE 函数，计算 2016 年的预测值，如图 4-6 所示。

E12　=AVERAGE(B8:B11)

	A	B	C	D	E	F
1	年份	公安机关立案的A类刑事案件（起）	移动平均值（N=2）	均方差	移动平均值（N=4）	均方差
2	2006	17973				
3	2007	16119				
4	2008	14811	17046			
5	2009	14667	15465			
6	2010	13410	14739		15892.5	
7	2011	12015	14038.5		14751.75	
8	2012	11286	12712.5		13725.75	
9	2013	10640	11650.5		12844.5	
10	2014	10083	10963		11837.75	
11	2015	9200	10361.5		11006	
12	2016		9641.5	2,084,039.63	10302.25	

图 4-6　2016 年的预测值

使用 SUMXMY2 函数和 COUNT 函数计算均方差，如图 4-7 所示。

F12　=SUMXMY2(B6:B11,E6:E11)/COUNT(E6:E11)

	A	B	C	D	E	F
1	年份	公安机关立案的A类刑事案件（起）	移动平均值（N=2）	均方差	移动平均值（N=4）	均方差
2	2006	17973				
3	2007	16119				
4	2008	14811	17046			
5	2009	14667	15465			
6	2010	13410	14739		15892.5	
7	2011	12015	14038.5		14751.75	
8	2012	11286	12712.5		13725.75	
9	2013	10640	11650.5		12844.5	
10	2014	10083	10963		11837.75	
11	2015	9200	10361.5		11006	
12	2016		9641.5	2,084,039.63	10302.25	5,134,265.11

图 4-7　均方差

4.2.2　二次移动平均法

二次移动平均法：对一次移动平均值进行二次移动平均，再以一次移动平均值和二次移动平均值为基础建立预测模型，计算预测值。

运用一次移动平均法求得的一次移动平均值存在滞后偏差。特别是在时间序列数据呈线性趋势时，一次移动平均值总是滞后于观测值数据的变化。二次移动平均法可纠正这一滞后偏差，建立预测目标的线性时间关系数学模型，求得预测值。二次移动平均法解决了预测值滞后于实际观测值的问题，适用于有明显趋势变化的时间序列的预测，同时保留了一次移动平均法的优点。

设一次移动平均值为 $M_t^{(1)}$，则二次移动平均值 $M_t^{(2)}$ 的计算公式如下：

$$M_t^{(2)} = \frac{M_t^{(1)} + M_{t-1}^{(1)} + \cdots + M_{t-N+1}^{(1)}}{N} \tag{4.3}$$

式中，N 表示移动平均时距项数。

二次移动平均预测模型如下：

$$F_{t+T} = a_t + b_t T \tag{4.4}$$

式中，T 为向未来预测的周期数；a_t 为截距，即第 t 周期的基础水平；b_t 为斜率，即第 t 周期的单位时间变化量。其中：

$$\begin{aligned} a_t &= 2M_t^{(1)} - M_t^{(2)} \\ b_t &= \frac{2}{n-1}(M_t^{(1)} - M_t^{(2)}) \end{aligned} \tag{4.5}$$

二次移动平均法的优点：对具有明显上升趋势的数据，二次移动平均法同样是适用的，各周期的 a_t 和 b_t 是有变化的，保留了客观存在的波动。最后一个 a_t 和 b_t 是固定的，不但可以用于短期预测，而且可以用于近期预测。二次移动平均法比一次移动平均法的适用范围更广，在实践中应用得较多。

案例背景

为了提高公安机关相关工作的预警性，通过对某公安机关 1996 年至 2010 年立案的 B 类刑事案件(单位: 起)运用二次移动平均法(在 Excel 工作表中建立一个二次移动平均预测模型)来预测 2011 年和 2012 年公安机关立案的 B 类刑事案件的数量。

基础数据

公安机关立案的 B 类刑事案件.xls

学习目标

业务目标

预测出 2011 年和 2012 年公安机关立案的 B 类刑事案件的数量。

能力目标

(1)学会使用 AVERAGE 函数；

(2)学会根据一次移动平均值计算二次移动平均值；

(3) 学会根据二次移动平均预测模型计算 a_t，b_t。

学习步骤

(1) 在本书配套资源包中找到对应的案例文件并打开，如图 4-8 所示。在 Excel 中建立一个二次移动平均预测模型来对 2011 年和 2012 年公安机关立案的 B 类刑事案件数量进行预测。

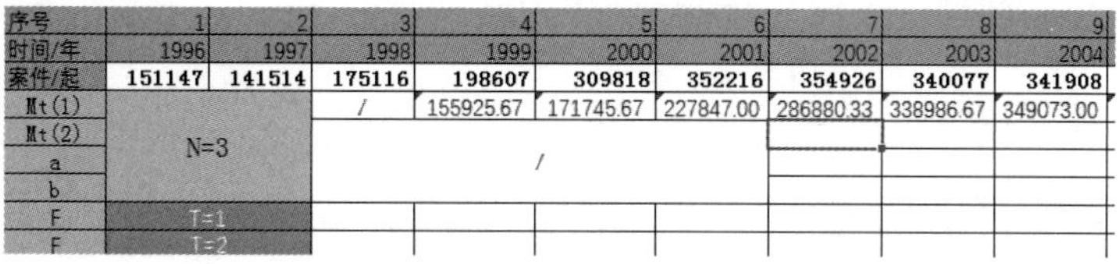

序号	1	2	3	4	5	6	7	8	9
时间/年	1996	1997	1998	1999	2000	2001	2002	2003	2004
案件/起	151147	141514	175116	198607	309818	352216	354926	340077	341908
Mt(1)	N=3		/	155925.67	171745.67	227847.00	286880.33	338986.67	349073.00
Mt(2)			/						
a									
b									
F	T=1								
F	T=2								

图 4-8　案例文件[①]

(2) 当 N=3 时，使用 AVERAGE 函数求 2002 年的二次移动平均值 $M_t^{(2)}$，如图 4-9 所示。同理，求出 2003 年至 2010 年的二次移动平均值 $M_t^{(2)}$。

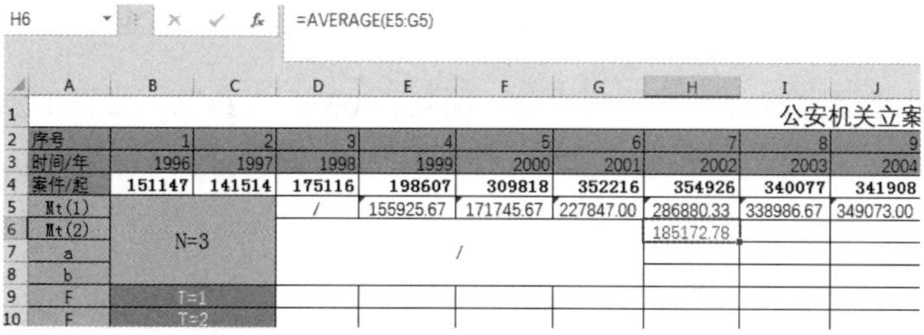

H6　=AVERAGE(E5:G5)

	A	B	C	D	E	F	G	H	I	J
1										公安机关立案
2	序号	1	2	3	4	5	6	7	8	9
3	时间/年	1996	1997	1998	1999	2000	2001	2002	2003	2004
4	案件/起	151147	141514	175116	198607	309818	352216	354926	340077	341908
5	Mt(1)	N=3		/	155925.67	171745.67	227847.00	286880.33	338986.67	349073.00
6	Mt(2)			/				185172.78		
7	a									
8	b									
9	F	T=1								
10	F	T=2								

图 4-9　2002 年的二次移动平均值

(3) 根据二次移动平均预测模型求 a_t，b_t。依据式 (4.5) 求 2002 年 a_t 的值，如图 4-10 所示。同理，求出 2003 年至 2010 年 a_t 的值。

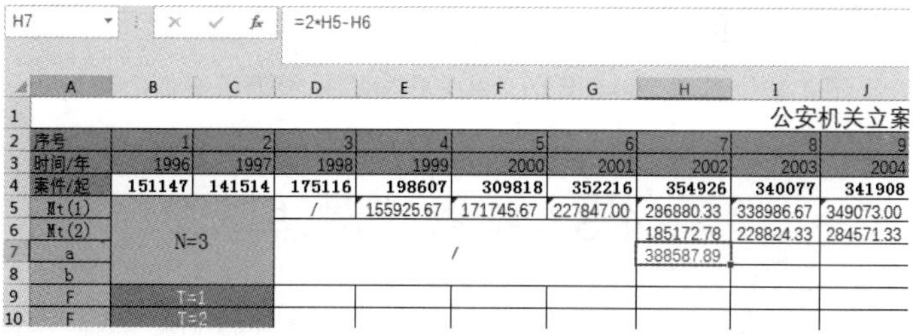

H7　=2*H5-H6

	A	B	C	D	E	F	G	H	I	J
1										公安机关立案
2	序号	1	2	3	4	5	6	7	8	9
3	时间/年	1996	1997	1998	1999	2000	2001	2002	2003	2004
4	案件/起	151147	141514	175116	198607	309818	352216	354926	340077	341908
5	Mt(1)	N=3		/	155925.67	171745.67	227847.00	286880.33	338986.67	349073.00
6	Mt(2)			/				185172.78	228824.33	284571.33
7	a							388587.89		
8	b									
9	F	T=1								
10	F	T=2								

图 4-10　2002 年 a_t 的值

依据式 (4.5) 求 2002 年 b_t 的值，如图 4-11 所示。同理，求出 2003 年至 2010 年 b_t 的值。

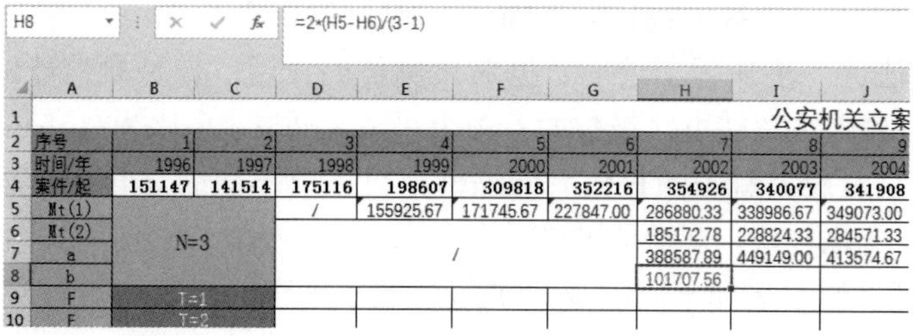

H8　=2*(H5-H6)/(3-1)

	A	B	C	D	E	F	G	H	I	J
1										公安机关立案
2	序号	1	2	3	4	5	6	7	8	9
3	时间/年	1996	1997	1998	1999	2000	2001	2002	2003	2004
4	案件/起	151147	141514	175116	198607	309818	352216	354926	340077	341908
5	Mt(1)	N=3		/	155925.67	171745.67	227847.00	286880.33	338986.67	349073.00
6	Mt(2)			/				185172.78	228824.33	284571.33
7	a							388587.89	449149.00	413574.67
8	b							101707.56		
9	F	T=1								
10	F	T=2								

图 4-11　2002 年 b_t 的值

① 软件截图中，Mt(1) 对应变量 $M_t^{(1)}$，Mt(2) 对应变量 $M_t^{(2)}$，a 对应变量 a_t，b 对应变量 b_t，F 对应变量 F_{t+T}，T 对应变量 T。

(5)根据式(4.4)可知，等式左面的预测模型 F_{t+T} 的时间为 $t+T$，但是等式右边的截距 a_t 和斜率 b_t 的时间是 t，两者之间差了一个向未来预测的周期数 T，所以 2002 年及之前几年的预测值 F_{t+T} 是无法计算出来的，只能从 2003 年开始利用二次移动平均法计算预测值 F_{t+T}。

当 T=1 时，根据二次移动平均预测模型，预测 2003 年公安机关立案的 B 类刑事案件的数量，如图 4-12 所示。同理，求出 2004 年至 2010 年的预测值。

图 4-12　预测 2003 年公安机关立案的 B 类刑事案件的数量

当 T=2 时，根据二次移动平均预测模型，预测 2004 年公安机关立案的 B 类刑事案件的数量，如图 4-13 所示。同理，可求出 2005 年至 2010 年的预测值。

图 4-13　预测 2004 年公安机关立案的 B 类刑事案件的数量

4.3　指数平滑法

指数平滑法是移动平均法的改进方法，其通过对不同时期的数据赋予不同的权值(对近期的数据赋予较大的权值，对较久远的数据赋予较小的权值)实现预测。指数平滑法的原理是，任意时期的指数平滑值都是本期实际观测值与前一期指数平滑值的加权平均值。

指数平滑法实际上是一种加权移动平均法，其特点如下。

(1)指数平滑法进一步加强了近期数据对预测值的作用，使预测值能够迅速反映实际变化。数据的权值按等比级数减小，级数的首项为平滑常数 a，公比为 $(1-a)$。

(2)指数平滑法对数据赋予的权值有伸缩性，可以取不同的 a 以改变权值的变化速率。若 a 较小，则权值变化较快，观测值的变化趋势能较迅速地反映到指数平滑值中。因此，运用指数平滑法，可以通过选择不同的 a 来调节时间序列观测值的均匀程度(趋势变化的平稳程度)。

根据平滑次数的不同，指数平滑法可分为一次指数平滑法、二次指数平滑法和三次指数平滑法等，但它们的基本思想都是相同的。

4.3.1　一次指数平滑法

当时间序列无明显的趋势变化时，可用一次指数平滑法进行预测。

设时间序列为 $y_1, y_2, y_3, \cdots, y_t$，一次指数平滑值的公式如下：

$$S_t^{(1)} = a \sum_{i=0}^{t-1} (1-a)^i y_{t-i} + (1-a)^t S_0^{(1)} \tag{4.6}$$

将式(4.6)依次展开，可以直接通过时间序列的各个数值进行计算，公式如下：

$$S_t^{(1)} = a y_t + a(1-a) y_{t-1} + \cdots + a(1-a)^i y_{t-i} + \cdots + (1-a)^t S_0^{(1)} \tag{4.7}$$

式中，y_t 为第 t 周期的一次指数平滑值，a 为权值，且 $0<a<1$。当时间序列无限长时，有

$$\lim_{t \to \infty} S_t^{(1)} = \lim_{t \to a} a \sum_{i=0}^{t-1} (1-a)^i y_{t-i} + \lim_{t \to \infty} (1-a)^t S_0^{(1)}$$
$$= a \sum_{i=0}^{\infty} (1-a)^i y_{t-i} \tag{4.8}$$

即指数平滑值理论上是时间序列 $y_1, y_2, y_3, \cdots, y_t$ 的加权平均值，权值分别为 $a, a(1-a), a(1-a)^2,$ $a(1-a)^3, \cdots$ 且加权之和等于 1。

利用一次指数平滑法对时间序列进行预测，其模型为

$$\hat{y}_{t+1} = \alpha y_t + (1-\alpha) \hat{y}_t \tag{4.9}$$

其中，初始值 $\hat{y}_1 = S_0^{(1)}$。初始值由预测者估计或指定。当时间序列数据量较多时，可选择第一期数据为初始值；当时间序列数据量较少时，可将前几期的平均值作为初始值。

案例背景

通过对某公安机关 1996 年至 2015 年立案的 B 类刑事案件(单位：起)运用一次指数平滑法(在 Excel 工作表中建立一个一次指数平滑预测模型)来预测 2016 年公安机关立案的 B 类刑事案件的数量。

基础数据

公安机关立案的 B 类刑事案件.xls

学习目标

业务目标

预测出 2016 年公安机关立案的 B 类刑事案件的数量。

能力目标

(1)学会使用 AVERAGE 函数。

(2)学会计算初始值 $\hat{y}_1 = S_0^{(1)}$。

(3)学会根据一次指数平滑预测模型计算出 $\hat{y}_{t+1} = \hat{S}_t^{(1)}$ 的值。

学习步骤

在本书配套资源包中找到对应的案例文件并打开。在 Excel 中建立一个一次指数平滑预测模型对 2016 年公安机关立案的 B 类刑事案件的数量进行预测。

（1）当 a =0.3 时，使用 AVERAGE 函数确定一次指数平滑的初始值 $\hat{y}_1 = S_0^{(1)}$。根据公式 $S_0^{(1)} = \dfrac{y_1 + y_2}{2}$，可求出 $\hat{y}_1 = S_0^{(1)}$ 的值，如图 4-14 所示。

D5			× ✓ fx	=AVERAGE(D4:E4)						
▲	A	B	C	D	E	F	G	H	I	J	K
1										
2			序号	1	2	3	4	5	6	7	8
3			时间/年	1996	1997	1998	1999	2000	2001	2002	2003
4		y	案件/起	151147	141514	175116	198607	309818	352216	354926	340077
5	一次指数	a=0.3	$\hat{y}_t$	146330.5							
6	平滑										

图 4-14　$\hat{y}_1 = S_0^{(1)}$ 的值[①]

根据一次指数平滑预测模型可知，计算 $S_t^{(1)}$ 时会用到 $S_{t-1}^{(1)}$ 的值，所以从 1997 年开始进行计算，1997 年至 2003 年的预测值如图 4-15 所示。

E5			× ✓ fx	=0.3*D4+0.7*D5						
▲	A	B	C	D	E	F	G	H	I	J	K
1										
2			序号	1	2	3	4	5	6	7	8
3			时间/年	1996	1997	1998	1999	2000	2001	2002	2003
4		y	案件/起	151147	141514	175116	198607	309818	352216	354926	340077
5	一次指数	a=0.3	$\hat{y}_t$	146330.5	147775.5	145897	154662.7	167846	210437.6	252971.1	283557.6
6	平滑										

图 4-15　1997 年至 2003 年的预测值

同理，可求出 2004 年至 2016 年的预测值，预测值如图 4-16 所示。

L	M	N	O	P	Q	R	S	T	U	V	W	X
公安机关立案的抢劫刑事案件(起)												
9	10	11	12	13	14	15	16	17	18	19	20	21
2004	2005	2006	2007	2008	2009	2010	2011	2012	2013	2014	2015	2016
341908	332196	315682	292549	276372	283243	237258	202623	180159	146193	111187	86747	
300513.4	312931.8	318711.1	317802.3	310226.3	300070	295021.9	277692.7	255171.8	232668	206725.5	178063.9	150668.9

图 4-16　2004 年至 2016 年的预测值

4.3.2　二次指数平滑法

同移动平均法相似，当时间序列的变动出现线性趋势时，用一次指数平滑法来预测将存在明显的滞后偏差，因此，也需要对一次指数平滑法进行修正。修正的方法是在一次指数平滑法的基础上进行二次指数平滑，利用滞后偏差的规律找出曲线的发展方向和发展趋势，然后建立直线趋势预测模型。

二次指数平滑值的计算公式如下：

$$S_t^{(2)} = aS_t^{(1)} + (1-a)S_{t-1}^{(2)} \tag{4.10}$$

若时间序列 $y_1, y_2, y_3, \cdots, y_t$ 从某时期开始具有线性趋势，且认为未来也按此趋势变化，则可用如下的直线趋势预测模型进行预测：

$$F_{t+T} = a_t + b_t T \tag{4.11}$$

式中，t 为当前的周期，T 为从当前周期 t 到预测期的周期数，即 t 之后模型外推的时间，F_{t+T}

---

①a 对应变量 a。

为第 $t+T$ 周期的预测值，a_t 为截距，b_t 为斜率，a_t，b_t 又称平滑系数。

截距 a_t 和斜率 b_t 的计算公式为

$$a_t = 2S_t^{(1)} - S_t^{(2)}$$
$$b_t = \frac{a}{1-a}(S_t^{(1)} - S_t^{(2)})$$

(4.12)

案例背景

通过对某公安机关 1996 年至 2015 年立案的 B 类刑事案件(单位：起)运用二次指数平滑法(在 Excel 工作表中建立一个直线趋势预测模型)来预测 2016 年至 2020 年公安机关立案的 B 类刑事案件的数量。

基础数据

公安机关立案的 B 类刑事案件.xls

学习目标

业务目标

(1)预测出 2016 年至 2020 年公安机关立案的 B 类刑事案件的数量及均方差。

(2)当 a 取不同值时，分析其区别。

能力目标

(1)学会计算二次指数平滑法的初始值 $S_0^{(2)}$。

(2)学会根据直线趋势预测模型求 a_t，b_t。

(3)学会计算当 T 取不同值时的预测值。

(4)学会使用 SUMXMY2 和 COUNT 函数计算均方差。

(5)学会比较当 a 取 0.3 和 0.7 时的预测值。

学习步骤

(1)在本书配套资源包中找到对应的案例文件并打开。在 Excel 中建立一个直线趋势预测模型，对 2016 年至 2020 年公安机关立案的 B 类刑事案件的数量进行预测。

(2)当 a=0.3 时，先进行一次指数平滑值的计算，同 4.3.1 节。

(3)由一次指数平滑值，根据公式 $S_0^{(2)} = \dfrac{S_1^{(1)} + S_2^{(1)}}{2}$，求出二次指数平滑法的初始值 $S_0^{(2)}$，如图 4-17 所示。

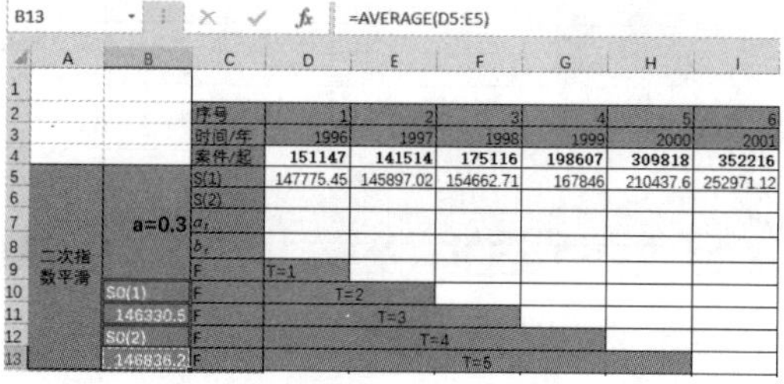

图 4-17　二次指数平滑法的初始值 $S_0^{(2)}$[①]

---

① 软件截图中，S0(2)对应变量 $S_0^{(2)}$，S(2)对应变量 $S_t^{(2)}$。

（4）根据式(4.10)求出 1996 年的二次指数平滑值，如图 4-18 所示。同理，求出 1997 年至 2015 年的二次指数平滑值。

（5）根据二次指数平滑法的直线趋势预测模型进行预测。

① 根据式(4.12)，求出 1996 年直线趋势预测模型中的 a_t，如图 4-19 所示。

图 4-18 中单元格 D6 公式：`=0.3*D5+0.7*B13`

	A	B	C	D	E	F	G	H	I
2			序号	1	2	3	4	5	6
3			时间/年	1996	1997	1998	1999	2000	2001
4			案件/起	151147	141514	175116	198607	309818	352216
5			S(1)	147775.45	145897.02	154662.71	167846	210437.6	252971.12
6			S(2)	147118					
7		a=0.3	a_t						
8	二次指		b_t						
9	数平滑		F	T=1					
10		S0(1)	F		T=2				
11		146330.5	F			T=3			
12		S0(2)	F				T=4		
13		146836.2	F					T=5	

图 4-18 1996 年的二次指数平滑值

图 4-19 中单元格 D7 公式：`=2*D5-D6`

	A	B	C	D	E	F	G	H	I
2			序号	1	2	3	4	5	6
3			时间/年	1996	1997	1998	1999	2000	2001
4			案件/起	151147	141514	175116	198607	309818	352216
5			S(1)	147775.45	145897.02	154662.71	167846	210437.6	252971.12
6			S(2)	147118	146751.7	149125.01	154741.3	171450.19	195906.47
7		a=0.3	a_t	148432.9					
8	二次指		b_t						
9	数平滑		F	T=1					
10		S0(1)	F		T=2				
11		146330.5	F			T=3			
12		S0(2)	F				T=4		
13		146836.2	F					T=5	

图 4-19 1996 年直线趋势预测模型中的 a_t

同理，求出 1997 年至 2015 年直线趋势预测模型中的 a_t。

② 根据式(4.12)，求出 1996 直线趋势预测模型中的 b_t，如图 4-20 所示。

图 4-20 中单元格 D8 公式：`=0.3/0.7*(D5-D6)`

	A	B	C	D	E	F	G	H	I
2			序号	1	2	3	4	5	6
3			时间/年	1996	1997	1998	1999	2000	2001
4			案件/起	151147	141514	175116	198607	309818	352216
5			S(1)	147775.45	145897.02	154662.71	167846	210437.6	252971.12
6			S(2)	147118	146751.7	149125.01	154741.3	171450.19	195906.47
7		a=0.3	a_t	148432.9	145042.33	160200.42	180950.69	249425	310035.77
8	二次指		b_t	281.76525					
9	数平滑		F	T=1					
10		S0(1)	F		T=2				
11		146330.5	F			T=3			
12		S0(2)	F				T=4		
13		146836.2	F					T=5	

图 4-20 1996 年直线趋势预测模型中的 b_t

同理，求出 1997 年至 2015 年直线趋势预测模型中的 b_t。

③ 根据直线趋势预测模型，当 $T=1$ 时，求出 1997 年至 2007 年的预测值，如图 4-21 所示。

图 4-21　1997 年至 2007 年的预测值

同理，求出 2008 年至 2016 年的预测值，如图 4-22 所示。

图 4-22　2008 年至 2016 年的预测值

④ 根据直线趋势预测模型，当 $T=2$ 时，求出 1998 年至 2007 年的预测值，如图 4-23 所示。

图 4-23　1998 年至 2007 年的预测值

同理，求出 2008 年至 2017 年的预测值，如图 4-24 所示。

图 4-24　2008 年至 2017 年的预测值

⑤ 根据直线趋势预测模型，当 $T=3$ 时，求出 1999 年至 2007 年的预测值，如图 4-25 所示。

*G11　fx =D7+D8*3　公安机关立案的B类*

序号	1	2	3	4	5	6	7	8	9	10	11	12
时间/年	1996	1997	1998	1999	2000	2001	2002	2003	2004	2005	2006	2007
案件/起	151147	141514	175116	198607	309818	352216	354926	340077	341908	332196	315682	292549
S(1)	147775.45	145897.02	154662.71	167846	210437.6	252971.12	283558	300513	312932	318711	317802	310226
S(2)	147118	146751.7	149125.01	154741.3	171450.19	195906.47	222202	245695	265866	281720	292544	297849
a_t	148432.9	145042.33	160200.42	180950.69	249425	310035.77	344913	355332	359997	355702	343060	322604
b_t	281.76525	-366.2948	2373.3023	5616.2976	16708.889	24456.278	26295.3	23493.5	20171	15853.4	10824.8	5304.56
F (T=1)		148714.67	144676.03	162573.72	186566.99	266133.89	334492	371209	378825	380168	371556	353885
F (T=2)			148996.43	144309.74	164947.02	192183.29	282843	358948	397504	402318	400339	387409
F (T=3)				149278.2	143943.44	167320.32	197800	299552	383405	423799	425812	420510
F (T=4)												
F (T=5)												

二次指数平滑　a=0.3　S0(1) 146330.5　S0(2) 146836.2

图 4-25　1999 年至 2007 年的预测值

同理，求出 2008 年至 2018 年的预测值，如图 4-26 所示。

刑事案件(起)

序号	13	14	15	16	17	18	19	20	21	22	23	24	25
时间/年	2008	2009	2010	2011	2012	2013	2014	2015	2016	2017	2018	2019	2020
案件/起	276372	283243	237258	202623	180159	146193	111187	86747					
S(1)	300070	295022	277693	255172	232668	206725	178064	150669					
S(2)	298515	297467	291535	280626	266239	248385	227288	204303					
a_t	301625	292577	263851	229718	199097	165066	128839	97035.1					
b_t	666.3	-1048	-5932.4	-10909	-14387	-17854	-21096	-22986					
F	327908	302291	291529	257918	218809	184710	147212	107743	74049.3				
F	364710	333213	302957	290480	251986	207900	170323	129358	86647	51063.4			
F	403263	375535	338517	303624	289432	246053	196991	155935	111505	65550.8	28077.5		

图 4-26　2008 年至 2018 年的预测值

⑥ 根据直线趋势预测模型，当 $T=4$ 时，求出 2000 年至 2007 年的预测值，如图 4-27 所示。

*H12　fx =D7+D8*4　公安机关立案的B类*

序号	1	2	3	4	5	6	7	8	9	10	11	12
时间/年	1996	1997	1998	1999	2000	2001	2002	2003	2004	2005	2006	2007
案件/起	151147	141514	175116	198607	309818	352216	354926	340077	341908	332196	315682	292549
S(1)	147775.45	145897.02	154662.71	167846	210437.6	252971.12	283558	300513	312932	318711	317802	310226
S(2)	147118	146751.7	149125.01	154741.3	171450.19	195906.47	222202	245695	265866	281720	292544	297849
a_t	148432.9	145042.33	160200.42	180950.69	249425	310035.77	344913	355332	359997	355702	343060	322604
b_t	281.76525	-366.2948	2373.3023	5616.2976	16708.889	24456.278	26295.3	23493.5	20171	15853.4	10824.8	5304.56
F (T=1)		148714.67	144676.03	162573.72	186566.99	266133.89	334492	371209	378825	380168	371556	353885
F (T=2)			148996.43	144309.74	164947.02	192183.29	282843	358948	397504	402318	400339	387409
F (T=3)				149278.2	143943.44	167320.32	197800	299552	383405	423799	425812	420510
F (T=4)					149559.96	143577.16	169694	203416	316261	407861	450095	449305

二次指数平滑　a=0.3　S0(1) 146330.5　S0(2) 146836.2

图 4-27　2000 年至 2007 年的预测值

同理，求出 2008 年至 2019 年的预测值，如图 4-28 所示。

刑事案件(起)

序号	13	14	15	16	17	18	19	20	21	22	23	24	25
时间/年	2008	2009	2010	2011	2012	2013	2014	2015	2016	2017	2018	2019	2020
案件/起	276372	283243	237258	202623	180159	146193	111187	86747					
S(1)	300070	295022	277693	255172	232668	206725	178064	150669					
S(2)	298515	297467	291535	280626	266239	248385	227288	204303					
a_t	301625	292577	263851	229718	199097	165066	128839	97035.1					
b_t	666.3	-1048	-5932.4	-10909	-14387	-17854	-21096	-22986					
F	327908	302291	291529	257918	218809	184710	147212	107743	74049.3				
F	364710	333213	302957	290480	251986	207900	170323	129358	86647	51063.4			
F	403263	375535	338517	303624	289432	246053	196991	155935	111505	65550.8	28077.5		
F	440681	419116	386359	343822	304290	288384	240121	186082	141548	93650.6	44454.6	5091.64	

图 4-28　2008 年至 2019 年的预测值

⑦ 根据直线趋势预测模型，当 $T=5$ 时，求出 2001 年至 2007 年的预测值，如图 4-29 所示。

I13			f_x	=D7+D8*5										
	A	B	C	D	E	F	G	H	I	J	K	L	M	N	O

													公安机关立案的B类	
序号			1	2	3	4	5	6	7	8	9	10	11	12
时间/年			1996	1997	1998	1999	2000	2001	2002	2003	2004	2005	2006	2007
案件/起			151147	141514	175116	198607	309818	352216	354926	340077	341908	332196	315682	292549
			S(1)	147775.45	145897.02	154662.71	167846	210437.6	252971.12	283558	300513	312932	318711	317802	310226
	a=0.3		S(2)	147118	146751.7	149125.01	154741.3	171450.19	195906.47	222202	245695	265866	281720	292544	297849
			a_t	148432.9	145042.33	160200.42	180950.69	249425	310035.77	344913	355332	359997	355702	343060	322604
二次指数平滑			b_t	281.76525	-366.2948	2373.3023	5616.2976	16708.889	24456.278	26295.3	23493.5	20171	15853.4	10824.8	5304.56
			F	T=1	148714.67	144676.03	162573.72	186566.99	266133.89	334492	371209	378825	380168	371556	353885
	S0(1)		F	T=2		148996.43	144309.74	164947.02	192183.29	282843	358948	397504	402318	400339	387409
	146330.5		F	T=3			149278.2	143943.44	167320.32	197800	299552	383405	423799	425812	420510
	S0(2)		F	T=4				149559.96	143577.15	169694	203416	316261	407861	450095	449305
	146836.2		F			T=5			149841.73	143211	172067	209032	332969	432317	476390

图 4-29　2001 年至 2007 年的预测值

同理，求出 2008 年至 2020 年的预测值，如图 4-30 所示。

O	P	Q	R	S	T	U	V	W	X	Y	Z	AA	AB
的B类刑事案件(起)													
12	13	14	15	16	17	18	19	20	21	22	23	24	25
2007	2008	2009	2010	2011	2012	2013	2014	2015	2016	2017	2018	2019	2020
292549	276372	283243	237258	202623	180159	146193	111187	86747					
310226	300070	295022	277693	255172	232668	206725	178064	150669					
297849	298515	297467	291535	280626	266239	248385	227288	204303					
322604	301625	292577	263851	229718	199097	165066	128839	97035.1					
5304.56	666.3	-1048	-5932.4	-10909	-14387	-17854	-21096	-22986					
353885	327908	302291	291529	257918	218809	184710	147212	107743	74049.3				
387409	364710	333213	302957	290480	251986	207900	170323	129358	86647	51063.4			
420510	403263	375535	338517	303624	289432	246053	196991	155935	111505	65550.8	28077.5		
449305	440681	419116	386359	343822	304290	288384	240121	186082	141548	93650.6	44454.6	5091.64	
476390	472799	460852	434970	397184	349126	304956	287336	234189	175173	127160	75796.6	23358.3	-17894

图 4-30　2008 年至 2020 年的预测值

⑧ 使用 SUMXMY2 和 COUNT 函数计算均方差。当 $T=1$ 时，均方差=SUMXMY2（E4:W4,E9:W9）/COUNT（E9:W9）；当 $T=2$ 时，均方差=SUMXMY2（F4:W4,F10:W10）/COUNT（F10:W10）；同理，可求出 $T=3$、4、5 时的均方差，结果如图 4-31 所示。

X	Y	Z	AA	AB	AC
21	22	23	24	25	均方差
2016	2017	2018	2019	2020	
74049.3					2,660,546,448
86647	51063.4				6,476,081,373
111505	65550.8	28077.5			12,248,036,124
141548	93650.6	44454.6	5091.64		20,060,506,343
175173	127160	75796.6	23358.3	-17894	28,843,987,084

图 4-31　均方差

（6）当 $a=0.7$ 时，利用二次指数平滑法对 2016 年至 2020 年公安机关立案的 B 类刑事案件的数量进行预测，计算过程与 $a=0.3$ 时一样，最终得出的预测值分别如图 4-32、图 4-33 所示。

D16 ▾ ✕ ✓ *fx* =2*D14-D15

公安机关立案的B类刑事案件(起)

图 4-32　a=0.7 时的预测值(1)（二次指数平滑，a=0.3 及 a=0.7；S0(1)=146330.5，S0(2)=146836.2）

序号	1	2	3	4	5	6	7	8	9	10
时间/年	1996	1997	1998	1999	2000	2001	2002	2003	2004	2005
案件/起	151147	141514	175116	198607	309818	352216	354926	340077	341908	332196
S(1) (a=0.3)	147775.45	145897.02	154662.71	167846	210437.6	252971.12	283558	300513	312932	318711
S(2)	147118	146751.7	149125.01	154741.3	171450.19	195906.47	222202	245695	265866	281720
a_t	148432.9	145042.33	160200.42	180950.69	249425	310035.77	344913	355332	359997	355702
b_t	281.76525	-366.2948	2373.3023	5616.2976	16708.889	24456.278	26295.3	23493.5	20171	15853.4
F T=1		148714.67	144676.03	162573.72	186566.99	266133.89	334492	371209	378825	380168
F T=2			148996.43	144309.74	164947.02	192183.29	282843	358948	397504	402318
F T=3				149278.2	143943.44	167320.32	197800	299552	383405	423799
F T=4					149559.96	143577.15	169694	203416	316261	407861
F T=5						149841.73	143211	172067	209032	332969
S(1) (a=0.7)	149702.05	143970.42	165772.32	188756.6	273499.58	328601.07	347029	342162	341984	335133
S(2)	148842.3	145431.98	159670.22	180030.68	245458.91	303658.42	334017	339719	341305	336984
a_t	150561.8	142508.85	171874.43	197482.51	301540.25	353543.72	360040	344606	342664	333281
b_t	2006.0723	-3410.323	14238.24	20360.463	65428.226	58199.514	30359.1	5701.47	1585.76	-4320.6
F T=1		152567.87	139098.53	186112.67	217842.97	366968.47	411743	390399	350307	344250
F T=2			154573.94	135688.2	200350.91	238203.44	432397	469943	420758	356009
F T=3				156580.01	132277.88	214589.15	258564	497825	528142	451117
F T=4					158586.08	128867.56	228827	278924	563253	586342
F T=5						160592.16	125457	243066	299285	628681

图 4-33　a=0.7 时的预测值(2)

序号	11	12	13	14	15	16	17	18	19	20	21	22	23	24	25
时间/年	2006	2007	2008	2009	2010	2011	2012	2013	2014	2015	2016	2017	2018	2019	2020
案件/起	315682	292549	276372	283243	237258	202623	180159	146193	111187	86747					
S(1) (a=0.3)	317802	310226	300070	295022	277693	255172	232668	206725	178064	150669					
S(2)	292544	297849	298515	297467	291535	280626	266239	248385	227288	204303					
a_t	343060	322604	301625	292577	263851	229718	199097	165066	128839	97035.1					
b_t	10824.8	5304.56	666.3	-1048	-5932.4	-10909	-14387	-17854	-21096	-22986					
F T=1	371556	353885	327908	302291	291529	257918	218809	184710	147212	107743	74049.3				
F T=2	400339	387409	364710	333213	302957	290480	251986	207900	170323	129358	86647	51063.4			
F T=3	425812	420510	403263	375535	338517	303624	289432	246053	196991	155935	111505	65550.8	28077.5		
F T=4	450095	449305	440681	419116	386359	343822	304280	288384	240121	186082	141548	93650.6	44454.6	5091.64	
F T=5	432317	476390	472799	460852	434970	397184	349126	304956	287336	234189	175173	127160	75796.6	23358.3	-17894
S(1) (a=0.7)	321517	301239	283832	283420	251107	217168	191262	159714	125745	98446.4					
S(2)	326157	308715	291297	285783	261509	230470	203024	172707	139834	110863					
a_t	316877	293764	276367	281057	240704	203866	179499	146720	111656	86030.3					
b_t	-10827	-17442	-17418	-5514.1	-27446	-30318	-32873	-28971							
F T=1	328960	306050	276322	258950	275543	216430	172827	152053	116403	78783.1	57059.3				
F T=2	345835	324640	295223	258879	241532	270028	192157	141788	124607	86085.4	45909.8	28088.3			
F T=3	361710	347421	320319	284396	241437	224114	264514	167883	110749	97160.7	55767.9	13036.5	-882.75		
F T=4	481476	367412	349007	315999	273569	223994	206696	259000	143610	79709.7	69714.6	25450.4	-19837	-29854	
F T=5	644541	511835	373113	350593	311678	262742	206552	189279	253486	119336	48670.8	42268.4	-4867.2	-52710	-58825

4.3.3　三次指数平滑法

若时间序列 $y_1, y_2, y_3, \cdots, y_t$ 从某时刻开始具有二次曲线的趋势，且认为未来也按此趋势变化，则需要用三次指数平滑法进行预测。三次指数平滑法是指在二次指数平滑法的基础上再进行一次指数平滑，其计算公式为

$$S_t^{(3)} = aS_t^{(2)} + (1-a)S_{t-1}^{(3)} \tag{4.13}$$

可用以下二次曲线趋势预测模型进行预测：

$$F_{t+T} = a_t + b_t T + c_t T^2 \tag{4.14}$$

其系数的计算公式如下：

$$
\begin{aligned}
a_t &= 3S_t^{(1)} - 3S_t^{(2)} + S_t^{(3)} \\
b_t &= \frac{a}{a(1-a)^2}((6-5a)S_t^{(1)} - 2(5-4a)S_t^{(2)} + (4-3a)S_t^{(3)}) \\
c_t &= \frac{a}{a(1-a)^2}(S_t^{(1)} - 2S_t^{(2)} + S_t^{(3)})
\end{aligned}
\tag{4.15}
$$

案例背景

通过对某公安机关 1996 年至 2015 年立案的 B 类刑事案件(单位：起)运用三次指数平滑法(在 Excel 工作表中建立一个二次曲线趋势预测模型)来预测 2016 年至 2020 年公安机关立案 B 类刑事案件的数量。

基础数据

公安机关立案的 B 类刑事案件.xls

学习目标

业务目标

利用二次曲线趋势预测模型预测出 2016 年至 2020 年公安机关立案的 B 类刑事案件的数量及均方差。

能力目标

(1) 学会根据一、二次指数平滑值计算三次指数平滑法的初始值 $S_0^{(3)}$。

(2) 学会根据二次曲线趋势预测模型求出 a_t, b_t, c_t 的值。

(3) 当 T 取不同值时，学会使用 SUMXMY2 和 COUNT 函数计算均方差。

学习步骤

(1) 在本书配套资源包中找到对应的案例文件并打开，如图 4-34 所示。在 Excel 中建立一个二次曲线趋势预测模型，对 2016 年至 2020 年的公安机关立案的刑事案件的数量进行预测。

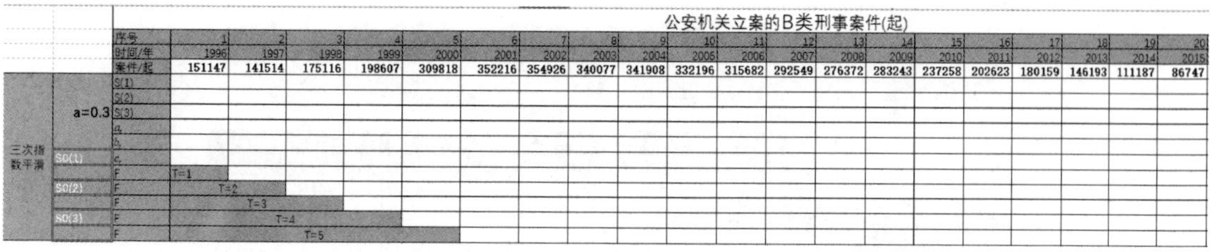
公安机关立案的B类刑事案件(起)

		序号	1	2	3	4	5	6	7	8	9	10	11	12	13	14	15	16	17	18	19	20
		时间/年	1996	1997	1998	1999	2000	2001	2002	2003	2004	2005	2006	2007	2008	2009	2010	2011	2012	2013	2014	2015
		案件/起	151147	141514	175116	198607	309818	352216	354926	340077	341908	332196	315682	292549	276372	283243	237258	202623	180159	146193	111187	86747
三次指数平滑	a=0.3	S(1)																				
		S(2)																				
		S(3)																				
		a																				
		b																				
	S0(1)	c																				
		F	T=1																			
	S0(2)	F	T=2																			
		F	T=3																			
	S0(3)	F	T=4																			
		F	T=5																			

图 4-34　案例文件[1]

(2) 当 a=0.3 时，先进行一次指数平滑值、二次指数平滑值的计算，见 4.3.1、4.3.2 节。

(3) 由一次指数平滑值、二次指数平滑值，根据公式 $S_0^{(3)} = \dfrac{S_1^{(2)} + S_2^{(2)}}{2}$，求出三次指数平滑法的初始值 $S_0^{(3)}$，结果如图 4-35 所示。

(4) 根据式 (4.13) 求出 1996 年的三次指数平滑值，如图 4-36 所示。

---

① 软件截图中，S0(3)对应变量 $S_0^{(3)}$，S(3)对应变量 $S_t^{(3)}$。

图 4-35 三次指数平滑法的初始值 $S_0^{(3)}$

图 4-36 1996 年的三次指数平滑值

同理，可求出 1997 年至 2015 年的三次指数平滑值。

(5)根据三次指数平滑的二次曲线趋势预测模型进行预测。

① 根据式(4.15)，求出 1996 年对应的 a_t，结果如图 4-37 所示。

图 4-37 1996 年对应的 a_t

同理，可求出 1997 年至 2015 年对应的 a_t。

② 根据式(4.15)，求出 1996 年对应的 b_t，结果如图 4-38 所示。

同理，可求出 1997 年至 2015 年对应的 b_t 。

③ 根据式（4.15），求出 1996 年对应的 c_t ，结果如图 4-39 所示。

图 4-38　1996 年对应的 b_t

图 4-39　1996 年对应的 c_t

同理，可求出 1997 年至 2015 年对应的 c_t 。

④ 根据二次曲线趋势预测模型，当 $T=1$ 时，求出 1997 年至 2007 年的预测值，如图 4-40 所示。

图 4-40　1997 年至 2007 年的预测值

同理，求出 2008 年至 2016 年的预测值，如图 4-41 所示。

⑤ 根据二次曲线趋势预测模型，当 $T=2$ 时，求出 1998 年至 2007 年的预测值，如图 4-42 所示。

P	Q	R	S	T	U	V	W	X	Y	Z	AA	AB
刑事案件(起)												
13	14	15	16	17	18	19	20	21	22	23	24	25
2008	2009	2010	2011	2012	2013	2014	2015	2016	2017	2018	2019	2020
276372	283243	237258	202623	180159	146193	111187	86747					
300070	295022	277693	255172	232668	206725	178064	150669					
298515	297467	291535	280626	266239	248385	227288	204303					
277324	283367	285818	284260	278854	269713	256986	241181					
281988	276031	244291	207898	178142	144735	109312	80279.5					
-17968	-16749	-24494	-31616	-34274	-37148	-39627	-38887					
-1803.3	-1519.5	-1796.3	-2003.9	-1924.5	-1867.1	-1793.3	-1538.8					
292746	262217	257762	218001	174278	141943	105721	67891.5	39854.2				

图 4-41　2008 年至 2016 年的预测值

G12 　　fx =E8+E9*2+E10*2^2

	序号	1	2	3	4	5	6	7	8	9	10	11	12
	时间/年	1996	1997	1998	1999	2000	2001	2002	2003	2004	2005	2006	2007
	案件/起	151147	141514	175116	198607	309818	352216	354926	340077	341908	332196	315682	292549
	S(1)	147775.45	145897.02	154662.71	167846	210437.6	252971.12	283558	300513	312932	318711	317802	310226
a=0.3	S(2)	147118	146751.7	149125.01	154741.3	171450.19	195906.47	222202	245695	265866	281720	292544	297849
	S(3)	146989.79	146918.37	147580.36	149728.64	156245.11	168143.52	184361	202761	221693	239701	255554	268242
	a_t	148962.15	144354.3	164193.47	189042.73	273207.33	339337.46	368428	367216	362889	350675	331328	305374
三次指	b_t	784.01181	-1019.215	6162.6334	13295.472	39277.827	52262.989	48610.6	34771.3	22915.5	11082.5	-309.28	-11046
数平滑	c_t	48.604506	-63.18586	366.70946	743.14593	2184.0908	2690.972	2159.54	1091.4	265.6	-461.71	-1077.5	-1582.3
S0(1) 146330.5	F	T=1	149794.77	143271.9	170722.82	203081.34	314669.24	394291	419198	403078	386071	361296	329941
S0(2) 146836.2	F	T=2		150724.59	142063.13	177985.58	218606.25	360499	454627	474288	441124	409783	370993
S0(3)	F	T=3											
146934.9	F	T=5											

图 4-42　1998 年至 2007 年的预测值

同理，可求出 2008 年至 2017 年的预测值，如图 4-43 所示

P	Q	R	S	T	U	V	W	X	Y	Z	AA	AB
刑事案件(起)												
13	14	15	16	17	18	19	20	21	22	23	24	25
2008	2009	2010	2011	2012	2013	2014	2015	2016	2017	2018	2019	2020
276372	283243	237258	202623	180159	146193	111187	86747					
300070	295022	277693	255172	232668	206725	178064	150669					
298515	297467	291535	280626	266239	248385	227288	204303					
277324	283367	285818	284260	278854	269713	256986	241181					
281988	276031	244291	207898	178142	144735	109312	80279.5					
-17968	-16749	-24494	-31616	-34274	-37148	-39627	-38887					
-1803.3	-1519.5	-1796.3	-2003.9	-1924.5	-1867.1	-1793.3	-1538.8					
292746	262217	257762	218001	174278	141943	105721	67891.5	39854.2				
326399	276954	238839	236454	188118	136650	101896	62971.8	22884.2	-3648.8			

图 4-43　2008 年至 2017 年的预测值

⑥ 根据二次曲线趋势预测模型，分别求出 T=3、4、5 时的预测值，如图 4-44、图 4-45 所示。

G13 　　fx =D8+D9*3+D10*3^2

	序号	1	2	3	4	5	6	7	8	9	10	11	12
												公安机关立案的B类	
	时间/年	1996	1997	1998	1999	2000	2001	2002	2003	2004	2005	2006	2007
	案件/起	151147	141514	175116	198607	309818	352216	354926	340077	341908	332196	315682	292549
	S(1)	147775.45	145897.02	154662.71	167846	210437.6	252971.12	283558	300513	312932	318711	317802	310226
a=0.3	S(2)	147118	146751.7	149125.01	154741.3	171450.19	195906.47	222202	245695	265866	281720	292544	297849
	S(3)	146989.79	146918.37	147580.36	149728.64	156245.11	168143.52	184361	202761	221693	239701	255554	268242
	a_t	148962.15	144354.3	164193.47	189042.73	273207.33	339337.46	368428	367216	362889	350675	331328	305374
三次指	b_t	784.01181	-1019.215	6162.6334	13295.472	39277.827	52262.989	48610.6	34771.3	22915.5	11082.5	-309.28	-11046
数平滑	c_t	48.604506	-63.18586	366.70946	743.14593	2184.0908	2690.972	2159.54	1091.4	265.6	-461.71	-1077.5	-1582.3
S0(1) 146330.5	F	T=1	149794.77	143271.9	170722.82	203081.34	314669.24	394291	419198	403078	386071	361296	329941
S0(2) 146836.2	F	T=2		150724.59	142063.13	177985.58	218606.25	360499	454627	474288	441124	409783	370993
	F	T=3			151751.63	140727.98	185981.76	235617	410698	520345	533696	481352	434026
S0(3) 146934.9	F	T=4				152875.87	139266.47	194711	254115	465264	591445	597423	523763
	F	T=5					154097.32	137679	204174	274099	524199	667927	665470

图 4-44　T=3、4、5 时的预测值(1)

P	Q	R	S	T	U	V	W	X	Y	Z	AA	AB
刑事案件(起)												
13	14	15	16	17	18	19	20	21	22	23	24	25
2008	2009	2010	2011	2012	2013	2014	2015	2016	2017	2018	2019	2020
276372	283243	237258	202623	180159	146193	111187	86747					
300070	295022	277693	255172	232668	206725	178064	150669					
298515	297467	291535	280626	266239	248585	227288	204303					
277324	283367	285818	284260	278854	269713	256986	241181					
281988	276031	244291	207898	178142	144735	109312	80279.5					
-17968	-16749	-24494	-31616	-34274	-37148	-39627	-38887					
-1803.3	-1519.5	-1796.3	-2003.9	-1924.5	-1867.1	-1793.3	-1538.8					
292746	262217	257762	218001	174278	141943	105721	67891.5	39854.2				
326399	276954	238839	236454	188118	136650	101896	62971.8	22884.2	-3648.8			
379767	320702	257997	211854	212108	154642	95015.2	57999.8	16488.7	-25710	-50229		
458801	387618	312851	235875	181262	184722	117574	49372.2	10254.6	-33729	-77890	-99887	
568357	484107	394545	302844	210589	147064	154297	76913.6	-278.55	-41340	-87680	-133658	-152623

图 4-45　T=3、4、5 时的预测值(2)

⑦ 使用 SUMXMY2 和 COUNT 函数，分别计算 T=1、2、3、4、5 时的均方差，计算结果如图 4-46 所示。

X	Y	Z	AA	AB	AC
21	22	23	24	25	均方差
2016	2017	2018	2019	2020	
39854.2					1,810,560,734
22884.2	-3648.8				5,614,983,678
16488.7	-25710	-50229			12,490,351,787
10254.6	-33729	-77890	-99887		23,263,692,284
-278.55	-41340	-87680	-133658	-152623	38,186,203,040

图 4-46　均方差

在指数平滑法中，预测成功的关键是 a 的选择。a 的大小决定新预测值中新数据和原预测值所占的比例，a 越大，新数据所占的比例就越大，原预测值所占的比例就越小，当 a=0.5 时，两个数据的比例相当。

在实际应用中，a 是根据时间序列的变化特性来选取的。若时间序列的波动不大，比较平稳，则 a 应取小一些，如 0.1～0.3；若时间序列具有明显的波动倾向，则 a 应取大一些，如 0.6～0.9。实际上，a 是一个经验值，可通过对多个 a 进行尝试比较来确定，哪个 a 引起的预测误差小，就采用哪个 a，以更准确地进行预测。

第 5 章

分类预测：决策树

通过学习现有数据（训练集），能够使模型具备对新数据的分类预测能力。模型的这种能力源于对现有数据所包含的分类规律的归纳和提炼。分类预测在数据挖掘中的应用非常广泛，决策树（Decision Tree）就是一种基本的分类预测方法。

5.1 决策树概述

5.1.1 什么是决策树

决策树的目的是通过对训练集的学习，获得输入变量和输出变量不同取值下的数据分类和预测规律，并用于对新数据的分类预测。决策树算法属于有监督学习范畴，要求训练集中既包含输入变量也包含输出变量。

决策树得名于其分析结论的展示方式类似一棵倒置的树，如图 5-1 所示。

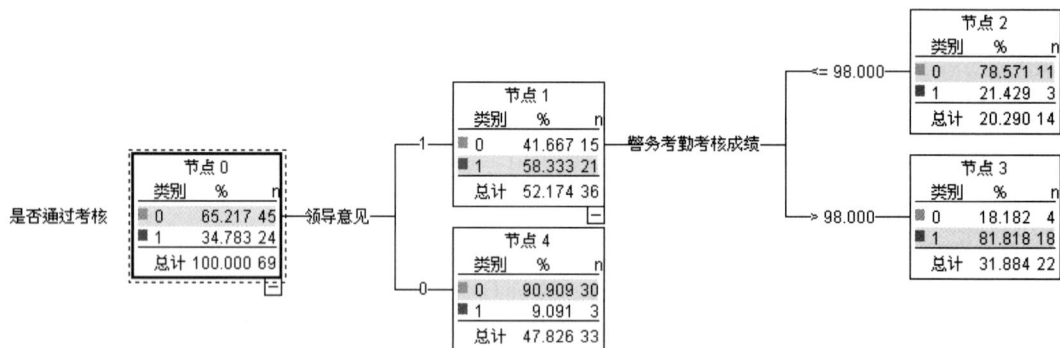

图 5-1　决策树

在图 5-1 中，最左侧的节点称为根节点，中间的节点称为内部节点，同层的节点称为兄弟节点，最右侧的节点称为叶节点。每个节点都只包括两个分支的决策树称为二叉树，若有至少一个节点包括两个以上分支，则称为多叉树。直观性和易懂性是决策树的两大特点。

通常，决策树包括分类决策树和回归决策树两种，分别简称为分类树和回归树。分类树的输出是分类型变量，回归树的输出是数值型变量。分类或回归的结果均体现在决策树的叶节点上。分类树叶节点所含的样本中，输出变量的众数类别就是分类结果；回归树叶节点所含的样本中，输出变量的平均值就是预测值。因此，对新数据进行分类预测时，只需按照决策树的层次，从根节点开始依次对新数据进行判断，使其进入不同的分支，直至叶节点。

另外，与很多同样可以实现分类预测的算法相比，决策树的最大特点是，它是基于逻辑进行分类预测的，即通过对输入变量取值的布尔比较(逻辑比较)实现分类预测。布尔比较其实就是推理规则，每个叶节点都会对应一条推理规则，它们是对新数据进行分类预测的依据。当然，直接从决策树获得的推理规则通常是很复杂的，因此还应该关注如何简化推理规则。

5.1.2 决策树的几何理解

可将训练集中的每个样本看成 n 维空间上的一个点，输出变量取不同类别的点以不同的形状表示(如圆圈或三角形)。决策树建立的过程就是决策树各个分支依次形成的过程，从几何意义上理解，也就是决策树的每个分支在一定规则下对 n 维空间进行矩形区域划分的过程。决策树建好后，n 维空间将被划分成若干个小的区域。通常，由于 n 维空间不直观、不易理解，因此往往采用树形方式展现。

图 5-2 展示了一个二维空间的矩形划分和该划分所对应的决策树。

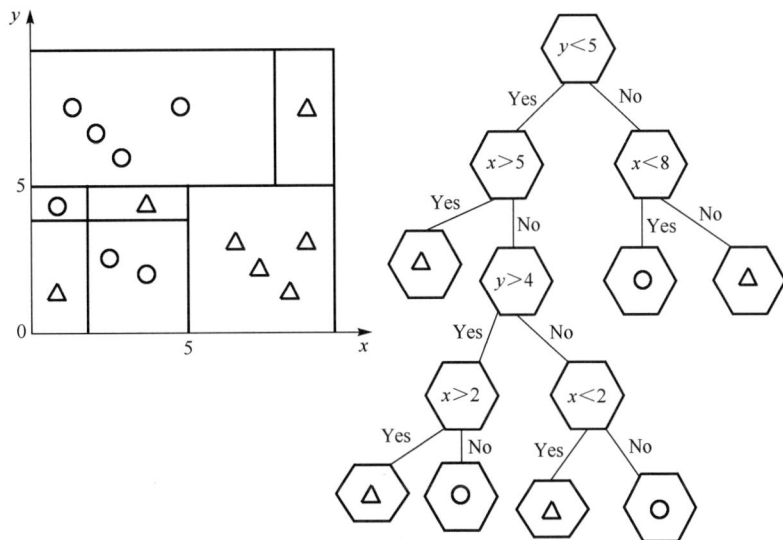

图 5-2 二维空间的矩形划分和该划分所对应的决策树

5.1.3 决策树的核心问题

决策树主要围绕两大核心问题展开。第一，决策树的生长，即利用训练集建立决策树；第二，决策树的剪枝，即利用测试集对决策树进行化简。

1. 决策树的生长

决策树的生长过程本质上是对训练样本进行反复分类的过程。决策树的各个分支是在数据被不断分类的过程中逐渐生长出来的。当对某类数据继续分类不再有意义时，决策树对应的分支便不再生长；当对所有数据继续分类均不再有意义时，决策树的生长过程结束。此时，一棵完整的决策树便形成了。因此，决策树生长的核心是确定数据分类的标准，即决策树的分支准则。图 5-3 展示了决策树的生长过程。

在图 5-3 中，"差异下降是否显著"是指训练样本中输出变量取值的差异是否随着生长而显著减小。有效的决策树分支应当使分支中样本的输出尽快趋同，差异迅速减小。达到叶节点的一般标准是，节点中样本的输出均为相同类别，或满足指定的决策树停止生长条件。

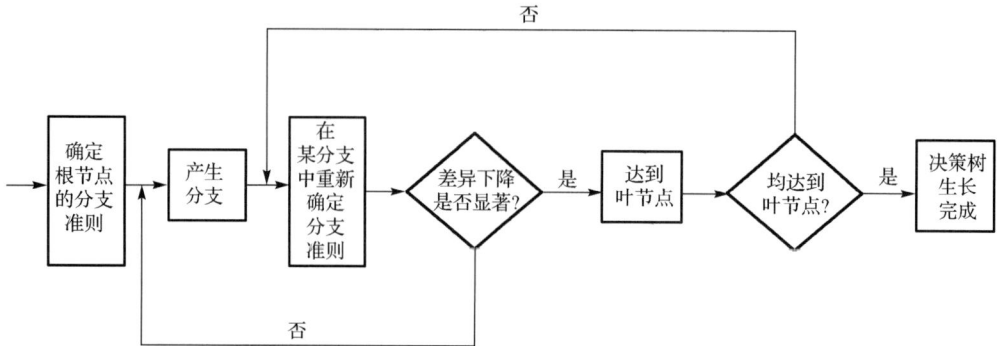

图 5-3　决策树的生长过程

分支准则的确定涉及两个问题。第一，如何从众多的输入变量中选择一个最佳的分组变量；第二，如何从分组变量的众多取值中找到一个最佳分割点。不同的决策树算法(如 C5.0、CHAID、QUEST、C&RT 等)采用了不同的策略，将在后面详细讨论。

2. 决策树的剪枝

完整的决策树一般不是一棵分类预测的最佳树，其主要原因是，完整的决策树对训练样本特征的描述"过于精确"。从决策树生长的过程看，决策树对数据总体规律的表示程度在不断下降，因为它所处理的样本量在不断减少。在根节点上，分支准则的处理对象是训练集中的全体样本，此时的样本量是最大的。当第二层分支形成后，全部样本被分成了若干组，于是再下层的分支准则是基于各分组中的样本形成的，其样本量相对根节点要少很多。当生成决策树后续层的节点时，确定分支准则的依据是多次分组后的极少样本。可见，随着决策树的生长和样本量的不断减少，越深层的节点所体现的数据特征越个性化，一般性越差。极端情况下可能产生这样的推理规则："年收入大于 50000 元、年龄大于 50 岁且姓名是张三的人会购买某种商品。"这条规则的精确性是毋庸置疑的，但失去了一般性。可见，虽然完整的决策树能够准确反映训练集中数据的特征，但很可能因失去一般性而无法用于对新数据的分类预测，这种现象在数据挖掘中称为"过拟合"(Overfitting)。解决这个问题的主要方法是剪枝。

常用的剪枝技术包括预剪枝(Pre-Pruning)和后剪枝(Post-Pruning)两种。预剪枝主要用来限制决策树的充分生长，后剪枝是指在决策树充分生长完毕后再进行剪枝。

预剪枝的一种最直接的方法是事先指定决策树生长的最大深度，或者为防止某节点上的样本量过少，事先指定一个最小样本量。这些都能有效阻止决策树的充分生长，但前提是对变量的取值有较清晰的把握，且对参数值进行了反复调整，否则将导致决策树深度过浅，决策树"过于一般"，同样无法实现对新数据进行准确的分类预测。

后剪枝从另一个角度解决过拟合问题，是指在决策树充分生长的基础上，根据一定的规则剪去决策树中那些不具有一般性的子树，是一个边剪枝、边检验的过程。在后剪枝过程中，需要不断计算当前子树对输出变量的预测精度或误差。可以事先指定一个允许的最大误差，当剪枝达到某个深度时，若当前的误差高于允许的最大误差，则立即停止，否则继续剪枝。

基于训练集进行后剪枝无疑是不恰当的，因为决策树是在训练集的基础上建立的。因此，合理做法是利用测试集对剪枝效果进行验证。当误差明显增大时，停止剪枝，如图 5-4 所示。

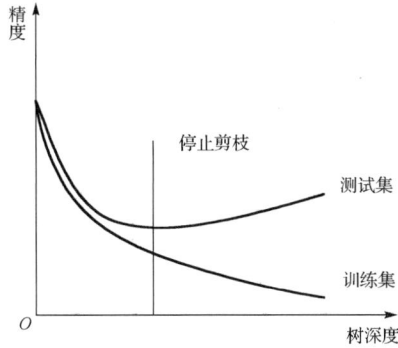

图 5-4　后剪枝

5.2　SPSS Modeler 中的 C5.0 算法及应用

C5.0 算法是在决策树的鼻祖算法 ID3 的基础上发展而来的。ID3 算法自 1979 年被提出后，经过不断改善，形成了具有里程碑意义的 C4.5 算法。C5.0 算法是 C4.5 算法的商业化版本，其核心与 C4.5 算法相同，只是在执行效率和内存使用方面有所改进。在 SPSS Modeler 中，通过"模型"选项卡中的 C5.0 节点可以建立 C5.0 模型进行分类预测。

需要注意的是，C5.0 算法用于生成多分支的决策树，输入变量可以是分类型变量也可以是数值型变量，输出变量应为分类型变量。应注意不同分类预测模型对数据类型的限制。

5.2.1　C5.0 决策树的分割点

在 SPSS Modeler 中，C5.0 模型默认的决策树分割点处理策略是，在确定了最佳分组变量以后，如果最佳分组变量是分类型变量，则按照分组变量的上一个取值将样本分为 k 组，形成树的左分支；如果最佳分组变量是数值型变量，则自动以最小化描述准则(MDLP)算法分箱后的最小组限值为限，小于最小组限值的为一组，大于最小组限值的为另一组，形成二叉树。

SPSS Modeler 出于算法适用性的考虑，允许用户指定是否需要寻找最佳分割点。如果用户指定寻找最佳分割点，SPSS Modeler 将采用 Chi Merge 分箱法将分组变量的多个类别进行合并，然后再进行分割。

Chi Merge 分箱法是典型的数据挖掘分箱方法，其主要特点是，对输入变量进行分箱时，不仅关注该输入变量自身的取值，而且关注分箱处理是否影响到对输出变量的分析，即输入变量所具备的对输出变量的解释能力不会因分箱处理而减弱，这里的解释能力可理解为分类预测能力。

Chi Merge 分箱法的基本步骤如下。

(1)将输入变量按变量值升序排序。

(2)定义若干个初始区间，使输入变量的每个取值均单独落在一个区间内。或者为提高效率，以分位数(如 10 分位数)为初始组限，将输入变量的取值分成若干组。

(3)计算输入变量与输出变量的交叉分组频数表。

(4)计算两两相邻组的卡方统计量观测值，根据显著性水平和自由度得到卡方临界值。如果卡方统计量观测值小于卡方临界值，说明输入变量在该相邻区间上的划分对输出变量的取值没有显著影响，可以合并。首先合并卡方统计量观测值最小的区间。

(5)重复第(2)步至第(4)步，直到任何两个相邻组都无法合并，即卡方统计量观测值都不小于卡方临界值为止。

这种做法无疑有效减少了决策树的分支，得到的决策树相对精简，但基于某个分组变量分支的节点在树中会出现多次，其逻辑会比较混乱。

若某个样本在最佳分组变量上取缺失值，则无法确定该样本应被分配到哪个组中。C5.0模型的处理策略是，将该样本同时分配到各组中，但它不再是完整的"1个"样本，也就是说，如果将各组中其他样本的权值都视为1，则该样本的权值小于1，权值取决于各组样本所占的比例。

决策树生长时将重复上述过程，该过程是一种"贪心"搜索过程。

5.2.2　C5.0决策树的剪枝过程

完整的决策树因过于"依赖"训练集会出现过拟合的问题，使得它在测试集上不能有令人满意的表现，因此必须进行剪枝。C5.0算法采用后剪枝方法从叶节点向上逐层进行剪枝，这个过程的关键是误差估计及剪枝标准的设置。

1. 误差估计

通常，应在测试集上估计误差并进行剪枝，但C5.0算法并没有这样做，它利用统计学置信区间的估计方法，直接在训练集上估计误差。其基本思路是，针对每个节点，以其中的众数类别作为预测类别。设第i个节点中包含N_i个样本，有E_i个预测错误的样本。于是，可利用观测到的误差$f_i = E_i / N_i$，在近似正态分布假设的基础上，对该节点的真实误差e_i进行估计。由于估计是在训练集上进行的，因此应给出一个置信度$1-\alpha$，C5.0算法的默认置信度为75%（$\alpha=0.25$）。于是，有

$$p\left(\frac{f_i - e_i}{f_i(1-f_i)/N_i} < |Z_{\frac{\alpha}{2}}|\right) = 1-\alpha \tag{5.1}$$

其中，$Z_{\frac{\alpha}{2}}$为临界值。可得第i个节点真实误差的估计上限，即悲观估计为

$$e_i = f_i + Z_{\frac{\alpha}{2}}\sqrt{\frac{f_i(1-f_i)}{N_i}} \tag{5.2}$$

当α为0.25时，$Z_{\frac{\alpha}{2}}=1.15$。

2. 剪枝标准的设置

当得到估计误差后，C5.0算法将按照"减小-误差"（Reduce-Error）法判断是否剪枝。首先，计算待剪子树中叶节点的加权误差；然后，将其与父节点的误差进行比较，如果大于父节点的误差，则剪掉，否则不剪掉。表示为

$$\sum_{i=1}^{k} P_i * e_i > 0 \ (i=1,2,\cdots,k) \tag{5.3}$$

其中，k为待剪子树中叶节点的个数，P_i为第i个叶节点所含样本量占子树所含样本量的比例，e_i为第i个叶节点的估计误差。

如图5-5所示，方框表示叶节点，括号中第一个数字表示本节点所包含的样本量N，第二个数为预测错误的样本量E。

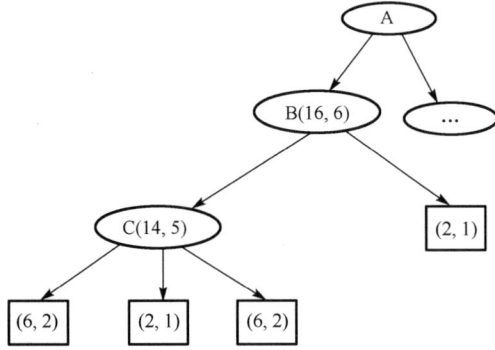

图 5-5　剪枝示例

现在考虑是否可以剪掉最下层的 3 个叶节点。

首先，估计 3 个叶节点的误差，根据式(5.2)，误差分别为 0.55、0.91、0.55；然后，进行加权求和：

$$0.55 \times \frac{6}{14} + 0.91 \times \frac{2}{14} + 0.55 \times \frac{6}{14} = 0.60$$

由于这 3 个节点的父节点 C 的估计误差为 0.50，且 0.60 > 0.50，因此可以剪掉这 3 个叶节点。

同理，考虑是否可以剪掉节点 C 和其兄弟节点。计算估计误差：

$$0.50 \times \frac{14}{16} + 0.91 \times \frac{2}{16} = 0.55$$

由于父节点 B 的估计误差为 0.51，因此可以剪掉节点 C。当然，实际应用时可以根据情况调整置信度。

5.2.3　C5.0 决策树的推理规则集

C5.0 算法不仅能够生成决策树，还能够生成推理规则。

决策树与推理规则有极为紧密的联系。决策树的文字形式是推理规则，推理规则表达了输入变量取值及不同输入变量之间的逻辑与(并且)、逻辑或(或者)关系与输出变量取值的内在联系，一般表示形式为"若<条件>，则<结论>"，非常直观易懂。

直接从决策树得到推理规则是很容易的，每个叶节点都可以产生一条推理规则，其中，<条件>是从根节点到叶节点路径上所有节点的条件组合，<结论>是叶节点上输出变量的类别。同时，由此产生的多条推理规则之间是相互独立的，其排列的顺序不会对新数据的分类预测结果产生影响。

但是，直接来自决策树的推理规则，数量往往非常庞大，因为每个叶节点都对应着一条推理规则，推理规则之间可能存在重复和冗余的部分，这就使原本直观、易懂的推理规则变得杂乱无章。其主要原因是，决策树对逻辑关系的表述不是最简洁的；或者说，决策树不易通过简洁的形式表示逻辑关系。

为说明这个问题，以图 5-6 所示的决策树为例。虽然它反映的是一种极端情况，但有很强的说服力。

对图 5-6 中的决策树，从根节点开始分别沿着各分支走到叶节点，可得到 7 条推理规则。事实上，这些推理规则希望表达的意思与以下 3 条规则相同：

IF a AND b THEN Yes

IF c AND d THEN Yes

OTHERWISE No

可见，这个推理规则与直接从决策树上得到的推理规则相比要简单得多，但其执行是有顺序的，否则可能得到不正确的结论。

由于决策树对逻辑关系的表述较烦琐，因此，推理规则通常并不直接来自决策树，而有自己的生成算法。

生成推理规则的一般算法是 PRISM(Patient Rule Induction Space Method)，该算法是一种"覆盖"算法，生成的规则在训练集上100%正确。该算法的基本思路是，首先确定输出变量中的一个类别，称其为期望类别，然后完成以下操作。

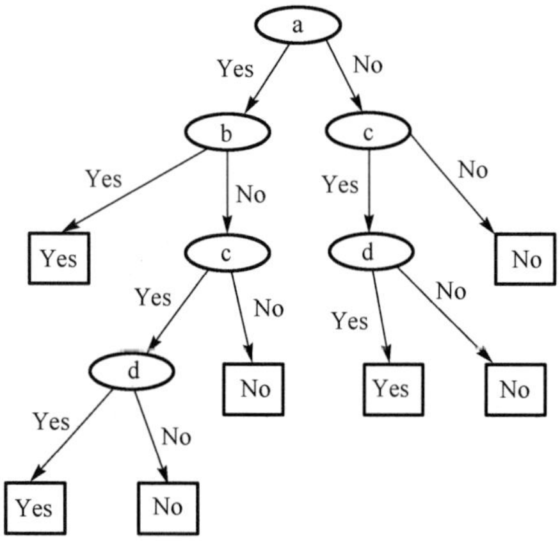

图 5-6　决策树示例

(1)在当前样本范围内(开始时为全部样本)，寻找一条能最大限度"覆盖"属于该类别样本的推理规则。所谓最大限度，是指尽可能多地"覆盖"属于期望类别的样本，同时尽量不"覆盖"属于其他类别的样本。如果推理规则共覆盖 M 个样本，其中有 N 个样本属于期望类别，则确定规则的标准是使正确覆盖率(N/M)最大。当两条推理规则的正确覆盖率相等时，应选择正确覆盖数大的规则。当然，一条推理规则通常是不充分的，因为它很可能"覆盖"了属于其他类别的 $M-N$ 个样本，所以需要在此基础上继续确定附加逻辑与条件。

(2)在 M 个样本的范围内，按照正确覆盖率最大原则确定附加条件，得到一个再小一些的样本范围。在此基础上不断附加"逻辑与"条件，不断缩小样本范围，直到推理规则不再"覆盖"属于其他类别的样本，此时，形成了一条有效的推理规则。

(3)从当前样本集合中剔除已经被正确"覆盖"的样本，并检查剩余样本中是否有属于期望类别的样本。如果有，则重新回到第(1)步，否则结束算法。

5.2.4　C5.0 决策树的应用

案例背景 1

年关将至，A 市 B 派出所对 100 位民警进行了警务绩效考核。

基础数据

警务绩效考核.xls

学习目标

业务目标

(1)学习并运用 C5.0 模型。

(2)研究哪些因素将显著影响民警的警务绩效考核结果。

能力目标

(1)学会使用追加节点。

(2)理解模型结果的文字形式和决策树图形形式。

学习步骤

1. 导入数据

运行 SPSS Modeler，在"源"选项卡中选择 Excel 节点，并将其添加到数据流中，导入"警务绩效考核.xls"文件，如图 5-7 所示。再导入一个"警务绩效考核.xls"文件，通过"记录选项"选项卡中的追加节点连接两个数据集。

图 5-7　导入数据

2. 添加节点

(1) 在"字段选项"选项卡中选择类型节点，并将其连接到数据流的恰当位置上，进行参数设置，将"是否通过考核"变量设置为目标变量，将其他变量均设置为输入变量，如图 5-8 所示。

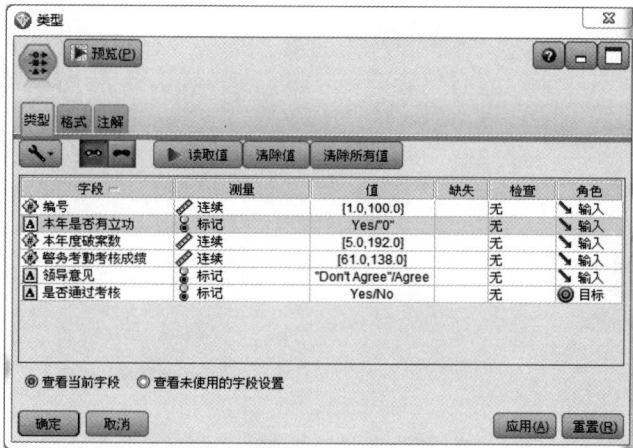

图 5-8　参数设置

(2) 在"字段选项"选项卡中选择重新分类节点，并将其连接到数据流的恰当位置上，进行参数设置，修改变量类型并修改异常值，如图 5-9 所示，此时的数据流如图 5-10 所示。

图 5-9　参数设置

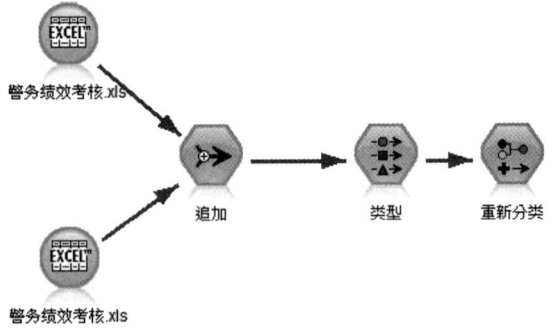

图 5-10　数据流

(3)在"字段选项"选项卡中选择分区节点，并将其连接到数据流的恰当位置上，进行参数设置，将处理好的数据进行分区，定义训练集与测试集的大小(总和不能超过 100%)，如图 5-11 所示。

3．建立模型

在"建模"选项卡中选择 C5.0 节点，并将其连接到数据流的恰当位置上，进行参数设置，如图 5-12 所示。

图 5-11　参数设置

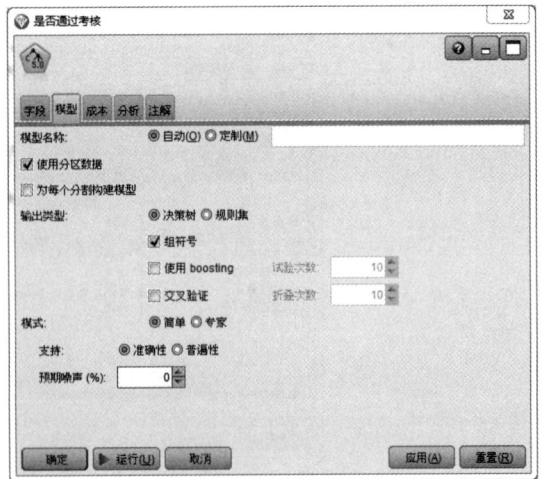

图 5-12　参数设置

图 5-12 中的部分参数说明如下。

使用分区数据：勾选"使用分区数据"复选框，表示利用分区变量将样本集分割后，只在训练集上建立模型。由于 C5.0 算法的误差计算不是基于测试集的，因此此处样本集分割的目的是对模型在不同样本集上的效果进行对比，评价模型的稳定性。

输出类型：指定分析的输出内容。选中"决策树"单选按钮表示输出决策树和由决策树直接得到的推理规则；若选中"规则集"单选按钮，则表示输出推理规则集，这个推理规则集不是由决策树直接得到的，而是采用"覆盖"算法得到的。

组符号：勾选"组符号"复选框，表示利用 Chi Merge 分箱法检查当前分组变量的各类别能否合并，如果可以，应先合并。利用这种方式得到的决策树比较精简。否则，对有 k 个类别的分类型分组变量，将生成 k 叉树，对数值型分组变量，将生成二叉树。

模式：指定决策树的剪枝策略。选中"简单"单选按钮，表示 SPSS Modeler 自动调整参数进行剪枝，通常同时选中"支持"选项下的"准确性"单选按钮，表示以预测精度或误差作为剪枝依据，此时默认的置信度为 0.75；若选中"专家"单选按钮，则表示用户自行调整参数进行剪枝，事实上，置信度并没有明确的标准值，值越大，树越精简，但预测精度会不理想，所以需要反复尝试。

4．模型结果

单击"运行"按钮，SPSS Modeler 以文字形式展示 C5.0 模型的分析结果，如图 5-13 所示，文字形式的结果给出了从决策树上直接获得的推理规则。单击界面中的"%"按钮，可得到每个节点包含的样本量及置信度。本例共有 100 个样本参与分析，训练样本有 69 个，约占 70%，其余样本作为测试样本。

分析结果如下。

① 若领导同意（领导意见=1，36 个样本），且警务考勤考核成绩小于等于 98 分（14 个样本），则不通过考核（0 类别），置信度为 0.786。

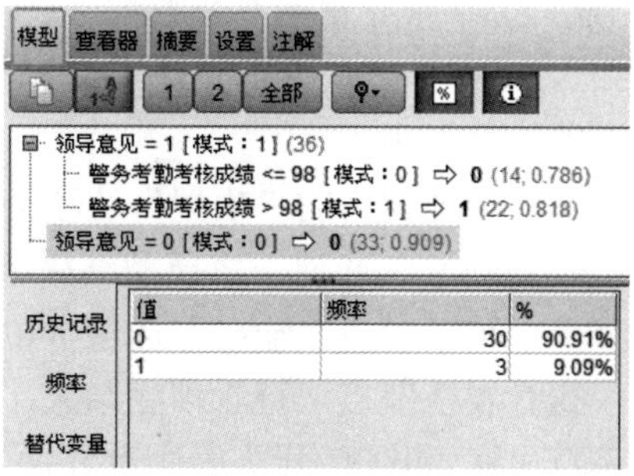

图 5-13 文字形式

② 若领导同意（36 个样本），且警务考勤考核成绩大于 98 分（22 个样本），则通过考核（1 类别），置信度为 0.818。

③ 若领导不同意（领导意见=0，33 个样本），则不通过考核，置信度为 0.909。

选择某条推理规则，可查看其具体的层次关系（历史记录）、样本分布（频率）、代理变量（替代变量）。例如，选择"领导意见=0"这条推理规则，可见 0 类别下有 30 个样本，约占总样本的 90.9%。由于以众数作为预测标准，因此该规则的结论是 0，且置信度为 0.9091。

选择"查看器"选项卡，SPSS Modeler 以决策树图形形式展示 C5.0 模型的分析结果，如图 5-14 所示。工具栏中的按钮提供了展示决策树的几种不同形式，可以自行操作。本例所得的决策树，根节点（节点 0）包含 69 个样本，不通过考核和通过考核的样本量分别为 45 和 24，相应的百分比分别约为 65.2%和 34.8%。决策树的第一个最佳分组变量是"领导意见"，并以此形成二叉树。"领导不同意"节点（节点 4）中有 33 个样本（约占总样本的 47.8%），其中不通过考核的样本有 30 个，约占 90.9%。该节点是叶节点，预测结果为"不通过考核"（众数类别）。"领导同意"节点（节点 1）下的最佳分组变量为"警务考勤考核成绩"，根据 MDLP 的熵分组结果，得出小于等于 98 分的为一组（节点 2），共 14 个样本（约占总样本的 20.3%），其中不通过考核的样本有 11 个，约占 78.6%，该节点是叶节点，预测结果为"不通过考核"（众数类别)；大于 98 分(节点 3)的有 22 个样本(约占总样本的 31.9%)，其中通过考核的样本量为 18，约占 81.8%，该节点是叶节点，预测结果为"通过考核"(众数类别)。

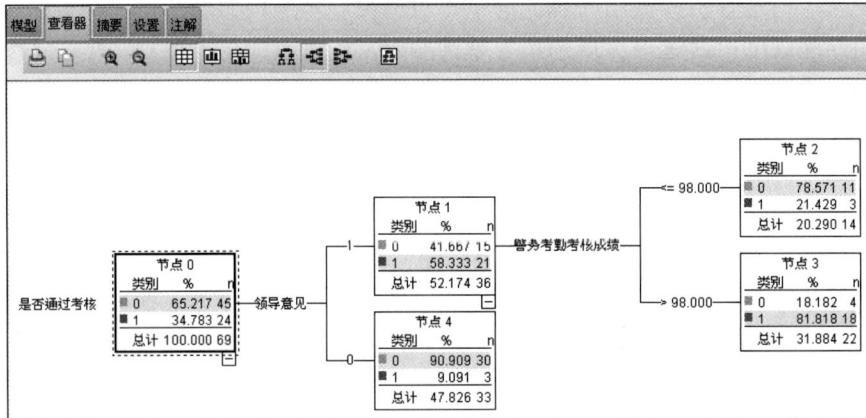

图 5-14 决策树图形形式

总之，"领导意见"是影响"是否通过考核"的最关键因素，其次是"警务考勤考核绩效成绩"。"本年度是否有立功""本年度破案数"没有进入决策树，说明它们对"是否通过考核"的影响很小。

在流管理窗格的"模型"选项卡中，在 C5.0 模型结果处单击鼠标右键，选择快捷菜单中的"添加到流"选项，将模型结果节点(黄色、钻石形)添加到数据流的恰当位置上。然后选择节点工具箱窗格"输出"选项卡中的表格节点，将其连接到模型结果节点上，如图 5-15 所示，执行表格节点，查看预测结果，如图 5-16 所示。预测结果中包括训练集和测试集，其中以字符串 $C 和 $CC 开头的变量分别为各样本的分类预测值和预测置信度。分类预测值是从决策树上得到的，符合相应的推理规则，预测置信度是相应推理规则的置信度经拉普拉斯估计器(Laplace Estimator)调整后的结果，本例的调整结果为 $(30+1)/(33+2)=0.886$。

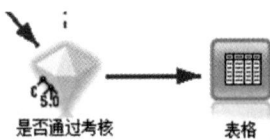

图 5-15 添加表格节点

图 5-16 预测结果

本例最终的数据流如图 5-17 所示。

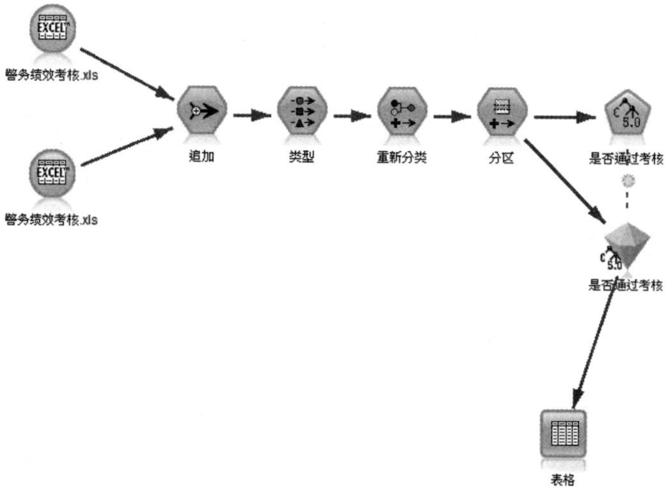

图 5-17　数据流

案例背景 2

A 市 B 公安局有 34 位在职民警，根据上级单位下发文件的要求，现要晋升部分人员。请运用所学知识，预测在职民警小王的晋升结果。

学习目标

业务目标

（1）学习并运用 C5.0 模型。

（2）对小王的晋升结果进行预测。

能力目标

（1）能够将自身数据引入结果。

（2）理解模型结果。

基础数据

是否晋升. xlsx

学习步骤

1. 导入数据

运行 SPSS Modeler，在"源"选项卡中选择 Excel 节点，并将其添加到数据流中，导入"是否晋升. xlsx"文件，如图 5-18 所示。

2. 添加节点

（1）在"字段选项"选项卡中选择类型节点，并将其连接到数据流的恰当位置上，进行参数设置，将"晋升结果"变量设置为目标变量，将其他变量均设置为输入变量，如图 5-19 所示。

（2）在"字段选项"选项卡中选择分区节点，并将其连接到数据流的恰当位置上，进行参数设置，将处理好的数据进行分区，定义训练集与测试集的大小（总和不能超过 100%），如图 5-20 所示。

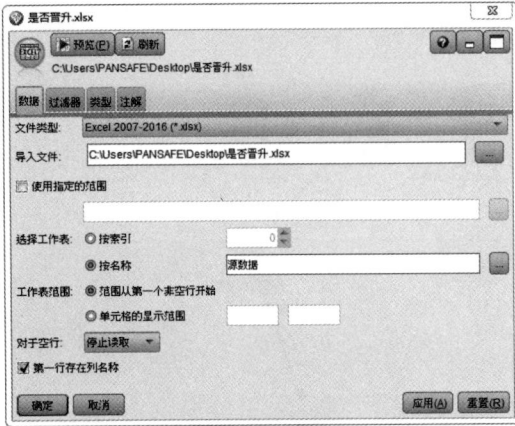

图 5-18　导入数据

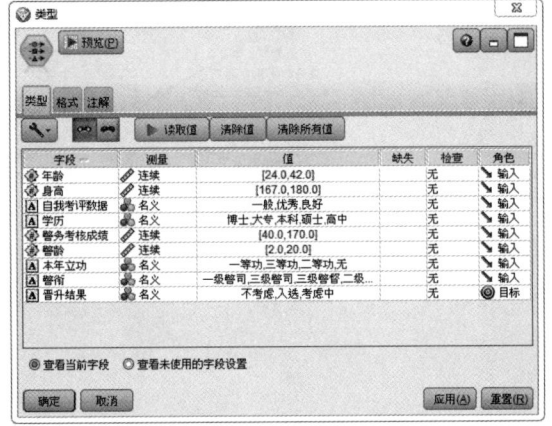

图 5-19　参数设置

3．建立模型

在"建模"选项卡中选择 C5.0 节点，并将其连接到数据流的恰当位置上，进行参数设置，如图 5-21 所示。

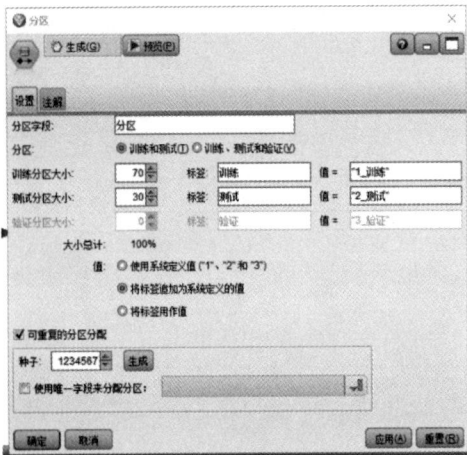

图 5-20　参数设置

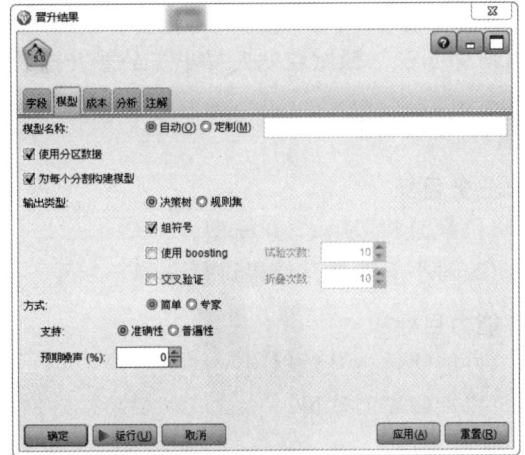

图 5-21　参数设置

4．模型结果

单击"运行"按钮，SPSS Modeler 以文字形式展示 C5.0 模型的分析结果，如图 5-22 所示。

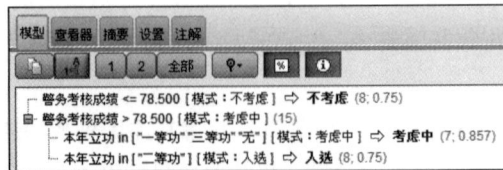

图 5-22　文字形式

再次导入"是否晋升.xlsx"文件，如图 5-23 所示，将其连接到 C5.0 模型结果节点上。然后选择"输出"选项卡中的表格节点，也将其连接到模型结果节点上，执行表格节点，查看预测结果，如图 5-24 所示。其中以字符串$C 和$CC 开头的变量为各样本的分类预测值和预测置信度。本例最终的数据流如图 5-25 所示。

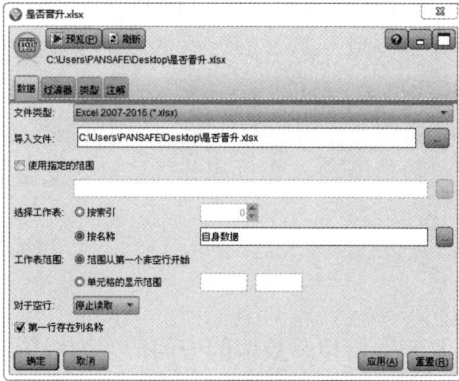

图 5-23 导入数据

晋升结果	$C-晋升结果	$CC-晋升结果
$null$	考虑中	0.700

图 5-24　预测结果

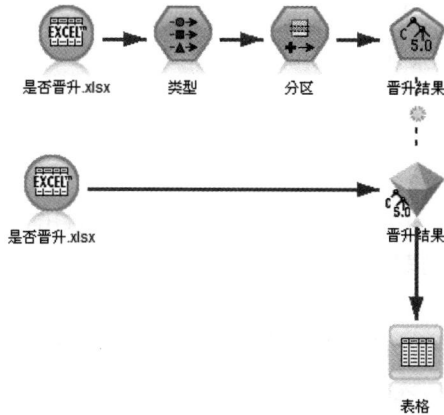

图 5-25　数据流

5.3　SPSS Modeler 中的 C&RT 算法及应用

分类回归树(C&RT)包括分类树和回归树。输出变量是分类型变量的决策树为分类树，用于分类；输出变量是数值型变量的决策树为回归树，用于数值的预测。

C&RT 算法同样包括决策树的生长和剪枝两个过程，其与 C5.0 算法的主要差别体现在以下方面。

(1)C&RT 算法中的输入变量和输出变量可以是分类型变量也可以是数值型变量，而 C5.0 算法中的输出变量只能是分类型变量。

(2)C&RT 算法只能建立二叉树，而 C5.0 算法可以建立多叉树。

(3)C&RT 算法以 Gini 系数和方差为基础选择最佳分组变量和最佳分割点，而 C5.0 算法则以信息熵为基础计算信息增益率。

(4)对在分组变量上取缺失值的样本，C&RT 算法采用代理(Surrogate)变量的处理方式，而 C5.0 算法采用加权处理方式。

(5)C&RT 算法依据测试集进行剪枝,而 C5.0 算法只依据训练集通过近似正态分布进行剪枝。

5.3.1　C&RT 的生长过程

C&RT 的生长过程本质上是对训练样本进行反复分组的过程，同样涉及两个问题。第一，如何从众多的输入变量中选择一个最佳的分组变量；第二，如何从分组变量的众多取值中找到一个最佳分割点。

在 C&RT 的生长过程中，针对每个输入变量都会进行相应的计算，以确定最佳分组变量，但分类树和回归树的计算策略有所不同，且针对数值型输入变量和分类型输入变量的计算策略也存在差异。

1. 分类树

1) 数值型输入变量

首先，将数据按升序排序；然后，从小到大依次以相邻数值的中间值作为组限，将样本分成两组，并计算所得组中样本输出变量取值的差异(也称异质)。

理想的分组应该尽量使两组样本输出变量取值差异的总和最小，即"纯度"最大，也就是使两组样本输出变量取值的差异下降最快，即"纯度"增加最快。

C&RT 算法采用 Gini 系数来衡量差异，其数学定义为

$$G(t) = 1 - \sum_{j=1}^{k} p^2(j \mid t) \tag{5.4}$$

其中，t 为节点，k 为输出变量的类别数，p 为节点 t 中样本输出变量取 j 的"归一化"概率。可见，当节点样本的输出变量均取同一类别的值时，输出变量取值的差异最小，Gini 系数为 0，而当节点样本的输出变量取各类别的概率相等时，输出变量取值的差异最大，Gini 系数也最大，为 $1-1/k$。C&RT 算法采用 Gini 系数的减少量来衡量差异的下降程度，其数学定义为

$$\Delta G(t) = G(t) - \frac{N_1}{N} G(t_1) - \frac{N_r}{N} G(t_r) \tag{5.5}$$

其中，$G(t)$ 和 N 分别为分组前输出变量的 Gini 系数和样本量，$G(t_r)$、N_r 和 $G(t_1)$、N_1 分别为分组后右子树的 Gini 系数和样本量及左子树的 Gini 系数和样本量。

按照这种计算方法反复计算，便可得到使 $\Delta G(t)$ 最大的组限，也就是当前的最佳分割点。

2) 分类型输入变量

由于 C&RT 算法只能建立二叉树，对分类型输入变量，首先需将多个类别合并成两个类别，形成"超类"；然后，计算两个"超类"下样本输出变量取值的差异。

理想的"超类"应该尽量使两组样本输出变量取值差异的总和最小，即"纯度"最大，也就是使两组样本输出变量取值差异下降最快，即"纯度"增加最快。

在 SPSS Modeler 中，除了使用 Gini 系数的减少量作为衡量标准，还可以选择另外两种策略进行衡量，分别是 Twoing(二分法)和 Ordered(有序法)。

在 Twoing 中，节点样本的输出变量差异仍采用 Gini 系数衡量，不同的是，不再以使 Gini 系数下降最快为原则，而要找到使合并形成的左右子树(两个超类)分布差异足够大的合并点 s，即

$$\Phi(s,t) = p_1 p_r \left[\sum_j \mid p(j \mid t_1) - p(j \mid t_r) \mid \right]^2 \tag{5.6}$$

其中，t_1 和 t_r 分别表示左右子树，p_1 和 p_r 分别为左右子树所含样本占父节点样本的比例，$p(j|t_1)$ 和 $p(j|t_r)$ 分别为左右子树输出变量为第 j 类的概率。超类的合并点 s 应使 $\Phi(s,t)$ 最大，体现类间差异大、类内差异小的分类原则。

Ordered 适用于定序型（Order Set 型）输入变量，它限定只有两个连续的类别才可合并成超类，因此可选择的超类合并点会大大缩减。

2．回归树

回归树确定当前最佳分组变量的策略与分类树相同，不同的是衡量输出变量差异的指标。由于回归树的输出变量为数值型变量，因此方差是最理想的衡量指标，其数学定义为

$$R(t) = \frac{1}{N-1} \sum_{i=1}^{N} (y_i(t) - \bar{y}(t))^2 \tag{5.7}$$

其中，t 为节点，N 为节点所含的样本量，$y_i(t)$ 为节点 t 中第 i 个样本的输出变量，$\bar{y}(t)$ 为节点 t 全部样本输出变量的平均值。于是，差异下降的衡量指标为方差的减少量，其数学定义为

$$\Delta R(t) = R(t) - \frac{N_1}{N} R(t_1) - \frac{N_r}{N} R(t_r) \tag{5.8}$$

其中，$R(t)$ 和 N 分别为分组前输出变量的方差和样本量，$R(t_r)$、N_r 和 $R(t_1)$、N_1 分别为分组后右子树的方差和样本量及左子树的方差和样本量。使 $\Delta R(t)$ 达到最大的输入变量应为当前的最佳分组变量。

5.3.2　C&RT 的剪枝过程

C&RT 采用预剪枝和后剪枝结合的方式进行剪枝。

1．C&RT 的预剪枝策略

预剪枝的目标是使决策树充分生长，可以事先指定一些控制参数。

（1）决策树的最大深度：如果决策树的深度已经达到指定深度，则停止生长。

（2）决策树中父节点和子树包含的最小样本量：对父节点，如果包含的样本量低于最小样本量，则不再分组；对子树，如果分组后生成的子树包含的样本量低于最小样本量，则不再分组。

（3）决策树节点中输出变量的最小差异减少量：如果分组后，节点样本输出变量的差异减少量小于一个指定值，则不再分组。

2．C&RT 的后剪枝策略

C&RT 采用的后剪枝策略称为最小代价复杂度剪枝法（Minimal Cost Complexity Pruning，MCCP）。MCCP 的基本思路是，复杂的决策树虽然在训练集上有很好的分类预测精度，但在测试集和未来的新样本上不会仍然有令人满意的分类预测精度；理解和应用一棵复杂的决策树一定是一个复杂的过程。因此，决策树剪枝的目标是得到一棵"恰当"的树，它应具有一定的分类预测精度，同时具有恰当的复杂度。

通常，分类预测的高精度往往是以决策树的高复杂度为代价的，而简单易用的决策树又无法得到一个令人满意的分类预测精度。因此，决策树剪枝时，在复杂度和精度之间进行平衡是必要的，既要保证剪枝后的决策树，其误差不明显高于原复杂决策树，还要尽量使剪枝后的决策树不具有很高的复杂度。

一般可借助叶节点的个数来衡量决策树的复杂度，通常叶节点的个数与决策树的复杂度

成正比。于是，如果将决策树的误差视为代价，以叶节点的个数作为复杂度的度量，则决策树 T 的代价复杂度 $R_\alpha(T)$ 可表示为

$$R_\alpha(T) = R(T) + \alpha\tilde{T} \tag{5.9}$$

其中，$R(T)$ 表示 T 在测试集上的分类预测误差，$\tilde{T}$ 表示 T 的叶节点个数，α 为复杂度系数，表示每增加一个叶节点所带来的复杂度增量。

当 $\alpha=0$ 时，不考虑叶节点个数对 $R_\alpha(T)$ 的影响，基于最小代价复杂度原则，C&RT 算法倾向于选择叶节点最多的决策树，因为它对训练样本的分类预测误差是最小的；当 α 逐渐增大时，复杂度对 $R_\alpha(T)$ 的影响也随之增加；当 α 足够大时，决策树的分类预测误差对 $R_\alpha(T)$ 的影响可以忽略，此时算法倾向于选择只有一个叶节点的决策树，因为它的复杂度是最低的。因此应选择合适的 α，权衡分类预测误差和复杂性，使 $R_\alpha(T)$ 最小。

当判断能否剪掉一个内部节点 t 下的子树 T_t 时，应考虑内部节点 t 的 $R_\alpha(\{t\})$ 和其子树 T_t 的 $R_\alpha(T_t)$。

(1) 首先，对内部节点 t 的代价复杂度 $R_\alpha(\{t\})$ 进行计算：

$$R_\alpha(\{t\}) = R(\{t\}) + \alpha \tag{5.10}$$

其中，$\{t\}$ 表示内部节点 t 所代表的决策树，$R(\{t\})$ 为内部节点 t 上的分类预测误差，α 仍为复杂度系数。可见，内部节点 t 的代价复杂度可看成减掉其所有子树后的代价复杂度。

(2) 进一步，内部节点 t 的子树的代价复杂度 $R_\alpha(T_t)$ 表示为

$$R_\alpha(T_t) = R(T_t) + \alpha\tilde{T_t} \tag{5.11}$$

如果 $\{t\}$ 的代价复杂度大于 T_t 的代价复杂度，即 $R_\alpha(\{t\}) > R_\alpha(T_t)$，可得 $\alpha < \dfrac{R(T) - R(T_t)}{\tilde{T_t} - 1}$，应该保留子树 T_t。当 $\alpha = \dfrac{R(T) - R(T_t)}{\tilde{T_t} - 1}$ 时，$\{t\}$ 的代价复杂度等于子树 T_t，但由于 $\{t\}$ 的节点数小于子树 T_t，因此 $\{t\}$ 更可取，可以剪掉子树 T_t；当 $\alpha > \dfrac{R(T) - R(T_t)}{\tilde{T_t} - 1}$ 时，$\{t\}$ 的代价复杂度小于子树 T_t，$\{t\}$ 更可取，可以剪掉子树 T_t。

基于这样的思路，$\dfrac{R(T) - R(T_t)}{\tilde{T_t} - 1}$ 越小(且小于某个特定的 α)，$\{t\}$ 的代价复杂度比子树 T_t 的代价复杂度小得越多，剪掉子树 T_t 就越有把握。因此，关键的问题是如何确定 α。首先，令 $\alpha=0$，此时通常 $R_\alpha(\{t\}) > R_\alpha(T_t)$；然后，逐渐增大 α，此时 $R_\alpha(\{t\})$ 和 $R_\alpha(T_t)$ 会同时增大，但由于子树 T_t 的叶节点多，$R_\alpha(T_t)$ 增大的幅度会大于 $R_\alpha(\{t\})$；最后，继续增大 α 至 α'，有 $R_{\alpha'}(\{t\}) \leqslant R_{\alpha'}(T_t)$，说明子树 T_t 的代价复杂度开始大于 $\{t\}$，此时的 α' 即为所得，应剪掉子树 T_t。

C&RT 的后剪枝过程如下。

(1) 产生子树序列，表示为 $T_1, T_2, T_3, \cdots, T_k$。其中，$T_1$ 为充分生长的最大子树，后面各子树包含的节点数依次减少，T_k 只包含根节点；

C&RT 产生子树序列的过程是：首先，对最大子树 T_1，令 $\alpha=0$；然后，计算其代价复杂度，并逐步增大 α，直到有一棵子树可以被剪掉为止，得到子树 T_2；重复上述步骤，直到决策树只剩下一个根节点为止；最后得到子树序列 $T_1, T_2, T_3, \cdots, T_k$ 及它们的代价复杂度。

(2) 根据一定标准在 k 棵子树中确定一个代价复杂度最小的子树作为最终的剪枝结果。C&RT 选择最终子树 T_{opt} 的标准是

$$R_\alpha(T_{\text{opt}}) \leqslant \min_k R_\alpha(T_k) + m\text{SE}(R(T_k)) \tag{5.12}$$

其中，m 为放大因子，$\text{SE}(R(T_k))$ 为子树 T_k 在测试集上分类预测误差的标准，定义为

$$\text{SE}(R(T_k)) = \sqrt{\frac{R(T_k)(1 - R(T_k))}{N'}} \tag{5.13}$$

其中，N' 是测试集的样本量。

5.3.3　C&RT 的应用

案例背景

以分析犯罪程度为例，讨论 C&RT 算法的具体操作。

基础数据

决策树练习.xlsx

学习目标

业务目标

(1) 学习并运用 C&RT 模型。

(2) 研究哪些因素将显著影响将显著影响嫌疑人的犯罪程度。

能力目标

(1) 理解模型结果。

(2) 理解预测变量重要性结果。

学习步骤

运行 SPSS Modeler，在"源"选项卡中选择 Excel 节点，并将其添加到数据流中，导入"决策树练习.xlsx"文件，如图 5-26 所示。在"字段选项"选项卡中选择类型节点，并将其连接到数据流的恰当位置上，进行参数设置，将"犯罪程度"变量设置为目标变量，将其他变量均设置为输入变量。由于样本量稀少，故在此不使用分区节点。

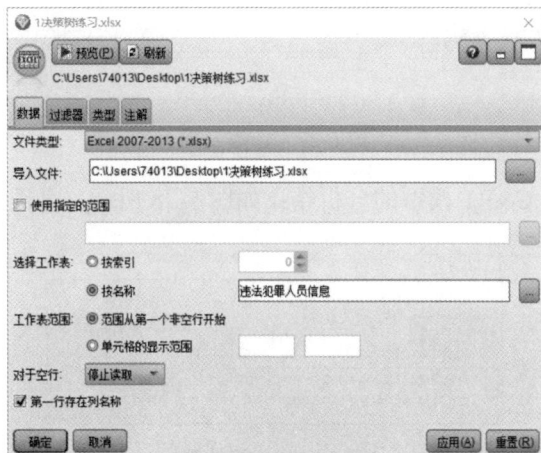

图 5-26　导入数据

在"建模"选项卡中选择 C&RT 节点，并将其连接到数据流的恰当位置上，进行参数设置，如图 5-27 所示。

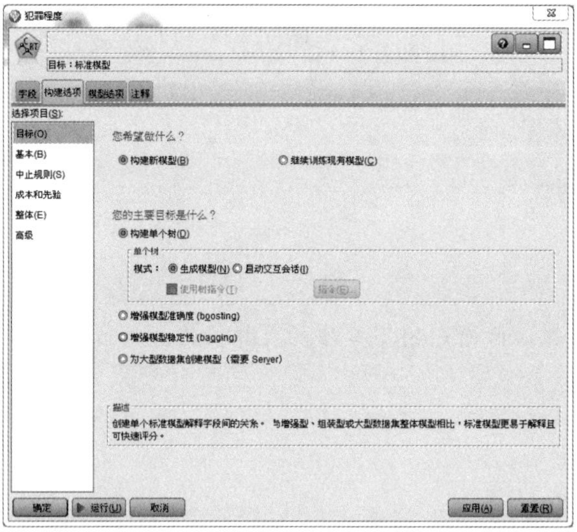

(a)

(b)

图 5-27　参数设置

单击"运行"按钮，C&RT 模型的分析结果如图 5-28 所示。对预测变量重要性进行分析，结果如图 5-29 所示。

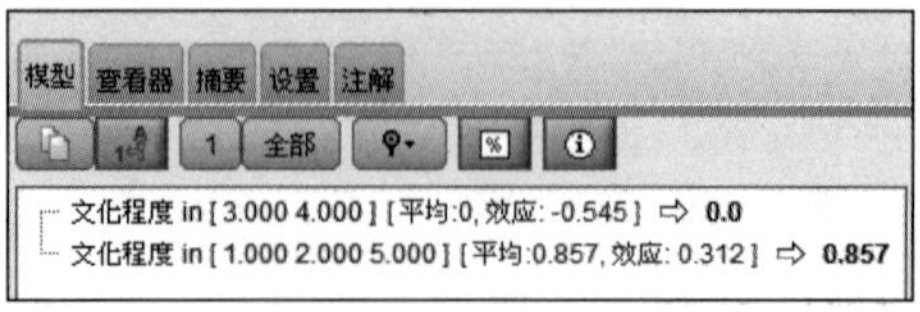

图 5-28　分析结果

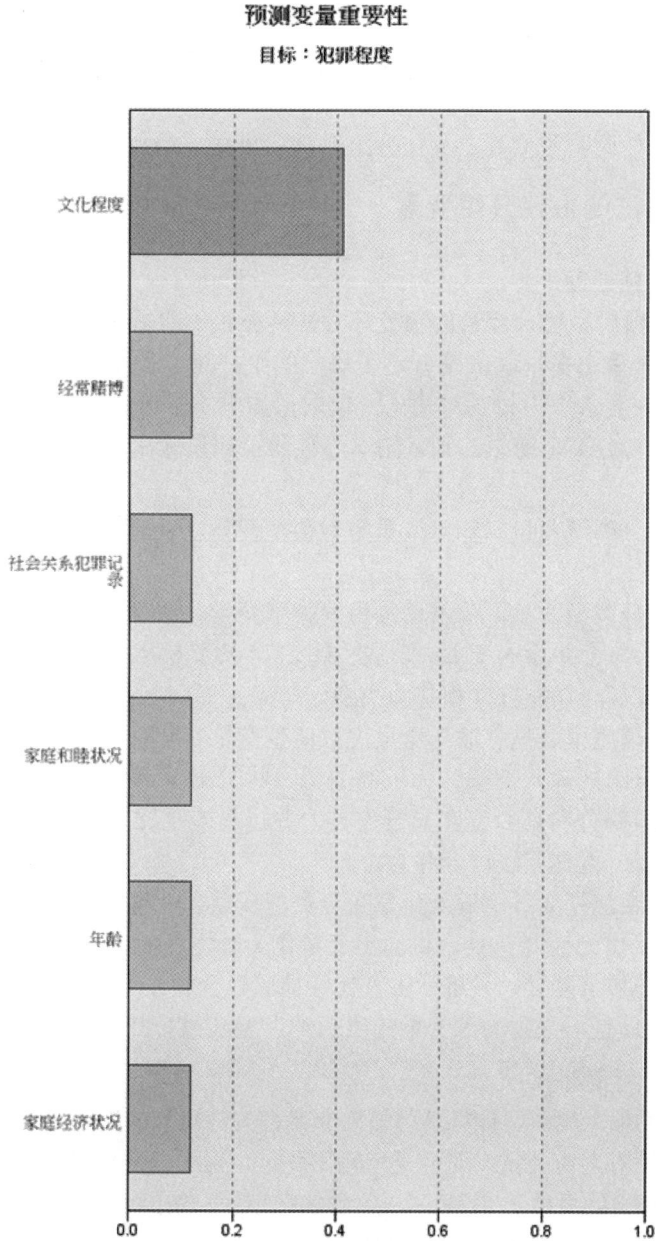

图 5-29　预测变量重要性

可以看到，在嫌疑人犯罪程度的影响因素中，文化程度排到了首位。另外，经常赌博、社会关系犯罪记录等也是影响犯罪程度的重要因素，但它们并没有进入决策树，而是作为代理变量存在的，它们的作用同样不可忽视。

5.4　SPSS Modeler 中的 CHAID 算法及应用

CHAID 算法提供了一种在多个输入变量中自动搜索能产生输出变量最大差异的方案。CHAID 算法需要一个单一的目标变量和一个或多个输入变量。

CHAID 算法的主要特点如下。

(1)输入变量和输出变量可以是分类型变量，也可以是数值型变量。

(2)可生成多叉树。

(3)从统计显著性检验角度确定最佳分组变量和最佳分割点。

5.4.1　CHAID 算法的最佳分组变量

1. 输入变量的预处理

CHAID 算法对数值型输入变量的预处理方法是分箱，即首先按分位点分箱，然后根据统计检验结果，合并对输出变量取值没有显著影响的组；对分类型输入变量的预处理方法是统计检验，在其多个分类水平中找到对输出变量取值影响不显著的类别并合并它们，形成"超类"。如果输出变量为分类型变量，则采用卡方检验；如果输出变量为数值型变量，则采用方差分析中的 F 检验。

(1)输出变量为分类型变量，输入变量为数值型变量。针对这类问题所采用的方法是 Chi Merge 分箱法。

(2)输出变量为分类型变量，输入变量为分类型变量。针对这类问题，可直接采用卡方检验的方法，反复检验与合并输入变量，形成"超类"，直到输入变量的"超类"无法再合并为止。对定序型输入变量，只能合并相邻的类别。

(3)输出变量为数值型变量，输入变量为数值型变量。针对这类问题，可采用方差分析的方法。将经过初始分组的输入变量作为控制变量，将输出变量作为观测变量，检验输入变量初始分组下输出变量的分布是否存在显著差异，并进行多重比较检验，合并分布差异不显著的相邻组。如此反复，直到无法再合并为止。

(4)输出变量为数值型变量，输入变量为分类型变量。针对这类问题，仍可采用方差分析的方法。将输入变量作为控制变量，将输出变量作为观测变量，检验输入变量各类别下输出变量的分布是否存在显著差异，并进行多重比较检验，合并分布不存在显著差异的相邻类别，形成"超类"。如此反复，直到输入变量的"超类"无法再合并为止。

2. 确定最佳分组变量

对经过预处理的输入变量，计算其与输出变量相关性检验的统计量的概率-P 值。同理，对数值型输出变量，采用 F 统计量，对分类型输出变量，采用卡方检验统计量或似然比卡方检验统计量。显然，计算出的概率-P 值越小，表示输入变量与输出变量的联系越紧密，应作为当前最佳分组变量。当计算出的概率-P 值相同时，应选择检验统计量观测值最大的输入变量。

可见，CHAID 算法与 C5.0 算法和 C&RT 算法的区别在于，其最佳分组变量确定的依据是输入变量与输出变量之间相关程度。其将当前与输出变量相关性最强的输入变量作为最佳分组变量，而不将使输出变量取值的差异下降最大的输入变量作为最佳分组变量。

CHAID 算法不再重新确定最佳分割点，而自动将分组变量的各个类别作为分支，形成多叉树，这种处理方式同 C5.0 算法。

5.4.2　CHAID 算法的剪枝过程

CHAID 采用预剪枝策略，通过参数控制决策树充分生长。其控制参数与 C&RT 预剪枝过程的控制参数基本一致。

5.4.3 Exhaustive CHAID 算法

CHAID 算法对当前最佳分组变量选择的依据是相关性检验的统计量的概率-P 值。但应注意到,无论是采用似然比卡方检验还是采用 F 检验,概率-P 值都与其检验统计量的自由度密切相关。多个输入变量经预处理后形成的分组数目不可能都相同,体现在统计检验上就是自由度不同,这将直接影响概率-P 值的大小。所以,在无法确保输入变量的分组数目完全相同的条件下,该方法存在不足。

Exhaustive CHAID 算法是 CHAID 的改进算法,改进主要集中在如何避免自由度的影响上。Exhaustive CHAID 算法选择最佳分组变量时采用了"将分组进行到底"的策略。也就是说,仍然保留输入变量预处理的结果,并将各分组作为决策树的各分支。但在计算检验统计量的概率-P 值时,将继续合并输入变量的分组,直到最终形成两个组或两个"超类"为止,进而确保所有输入变量的检验统计量的自由度都相同。最后,再比较概率-P 值,取概率-P 值最小的输入变量为当前的最佳分组变量。

可见,Exhaustive CHAID 算法在分组的合并上比 CHAID 算法更"彻底",有利于更准确地选择最佳分组变量。但 Exhaustive CHAID 算法的执行效率比较低。

5.4.4 CHAID 算法的应用

这里,仍以"决策树练习.xlsx"文件为例,介绍 CHAID 的算法具体操作。

同 5.3.3 节,在完成简单数据处理基础上,选择"建模"选项卡中的 CHAID 节点,并将其连接到数据流的恰当位置上,进行参数设置,如图 5-30 所示。

图 5-30 参数设置

由于 CHAID 算法不作为本书的重点算法进行介绍,这里不给出其模型分析结果,感兴趣的读者可查阅相关资料自行实现和分析该模型。

5.5　SPSS Modeler 中的 QUEST 算法及应用

QUEST 是快速无偏有效统计树(Quick Unbiased Efficient Statistical Tree)的英文缩写，QUEST 算法是一种比较新的二叉树生成算法。作为一种决策树算法，QUEST 的特点如下。

(1)输入变量可以是分类型变量，也可以是数值型变量，输出变量为分类型变量。

(2)仅用于生成二叉树。

(3)最佳分组变量和最佳分割点的确定方式借鉴了许多统计学的经典方法。

5.5.1　QUEST 算法的最佳分割点

1. 确定最佳分组变量

QUEST 算法确定最佳分组变量的基本思路与 CHAID 算法非常相似，不同点在于，QUEST 算法不对输入变量进行预处理，其基本步骤如下。

(1)直接采用卡方检验或 F 检验的方法，分别检验各输入变量与输出变量的相关性。若输入变量为分类型变量，则采用卡方检验方法；若输入变量为数值型变量，则采用 F 检验方法。

(2)选择检验统计量的概率-P 值最小，且小于显著性水平 α 的输入变量，作为当前的最佳分组变量。

(3)如果最小的检验统计量的概率-P 值不小于显著性水平 α，那么：

① 若采用卡方检验方法，说明所有输入变量与输出变量的相关性都不显著，则决策树的节点无法继续产生分支。

② 若采用 F 检验方法，则在显著性水平 α 及输出变量的不同水平下，输入变量的分布不存在显著差异。此时，应再利用 Levene'F 检验方法，对输出变量不同水平下输入变量分布的方差进行齐性检验，并选择方差齐性最不显著的变量作为当前的最佳分组变量。因为，此时该变量所提供的利于输出变量分析的"信息"是最多的；若检验结果是各分组下所有输入变量分布的方差齐性均很显著，则决策树的节点无法继续产生分支。

2. 输出变量的预处理

在确定最佳分割点之前，QUEST 算法要将输出变量合并成两个"超类"，QUEST 算法更多地运用了多元统计分析方法，解决问题的视角非常独特，其主要步骤如下。

(1)分别计算输出变量 k 个水平下，p 个输入变量的均值，得到 k 个包含 p 个元素的均值向量。

(2)如果 k 个均值向量均相等，则将权值最大(即样本量最多)的组作为一组，其余各组合并为另一组，形成两个"超类"。

(3)如果 k 个均值向量不相等，可将 k 个均值向量看成 p 维空间上的 k 个点。然后，采用 K-Means 聚类方法，将均值点聚成两个类。其中，两个类的初始类中心分别是两个极端点。按照距离类中心最近的原则，将各个均值点分配到两个类中。最终，输出变量分别取相应的类标记值，形成两个"超类"。

通过这样的方式，输出变量由多分类型变量转换成了二分类型变量，其目的是方便后续最佳分割点的确定。

3. 确定最佳分割点

由于 QUEST 算法仅用于生成二叉树，因此在确定最佳分割点时，需将数值型分组变量分成两个组，将分类型分组变量合并成两个"超类"。对不同类型的分组变量应采用不同的处理策略。

（1）对数值型分组变量，首先计算输出变量两个类别（或超类）下分组变量的均值（记为 $\bar{x}_1$、$\bar{x}_2$）和方差（记为 s_1^2、s_2^2），将最佳分割点记为 d，若 $s_1^2 \leqslant s_2^2$，则 d 为

$$d = \begin{cases} \bar{x}_1(1+\varepsilon), & \bar{x}_1 < \bar{x}_2 \\ \bar{x}_1(1-\varepsilon), & \bar{x}_1 \geqslant \bar{x}_2 \end{cases}$$

其中，$\varepsilon = 10^{-12}$，即以小方差组调整后的均值，作为最佳分割点。

（2）对分类型分组变量，采用与数值型分组变量相同的方法确定最佳分割点。但首先需将分类型变量转换为数值型变量，具体的转换方法如下。

① 将当前最佳分组变量的 m 个类别转换成哑变量，哑变量通常取值为 0 或 1。设分组变量有 m 个类别，于是通过 $m-1$ 个哑变量即可描述各样本该变量的分组取值。

例如，表 6-1 中有 4 个样本，分组变量分别有 A、B、C、D 4 个类别。于是用 3 个哑变量就可以表示它们。哑变量 1 的含义为"取 A 类吗"，若是，则为 1，否则为 0。哑变量 2 和哑变量 3 的含义分别为"取 B 类吗""取 C 类吗"。对第 4 个样本，3 个哑变量均为 0，表示取 D 类。

表 6-1　分组变量和它的哑变量

样本号	分组变量的类型	哑变量 1	哑变量 2	哑变量 3
1	A	1	0	0
2	B	0	1	0
3	C	0	0	1
4	D	0	0	0

② 利用 Fisher 判别方法，建立关于输出变量的若干判别函数，并取第一个典型判别函数；计算各样本的第一判别函数值作为 ζ 值。这种通过将数据映射到新坐标轴上，减少分组变量原有类别个数的做法，能够有效综合出对输出变量取值最具影响的类别（ζ 值）。

5.5.2　QUEST 算法的应用

这里，仍以"决策树练习.xlsx"文件为例，介绍 QUEST 算法的具体操作。

同 5.3.3 节，在完成简单数据处理基础上，选择"建模"选项卡中的 QUEST 节点，并将其连接到数据流的恰当位置上，进行参数设置，如图 5-31 所示。

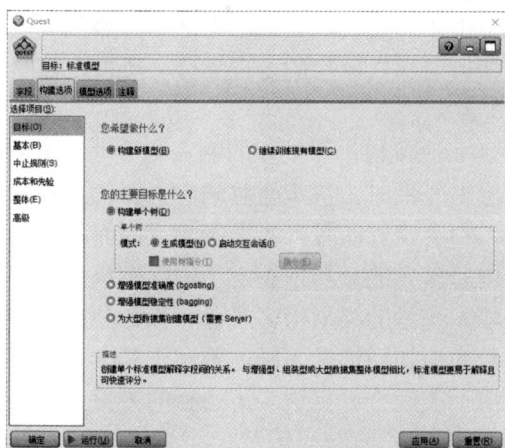

（a）

（b）

图 5-31　参数设置

本例的数据流如图 5-32 所示，本例的模型分析结果如图 5-33 所示。可以看到，QUEST 算法在选择分组变量上与其他算法差异不大，只是在最佳分割点的确定上更为精细。对 QUEST 算法，SPSS Modeler 允许采用交互会话的方式进行建模。

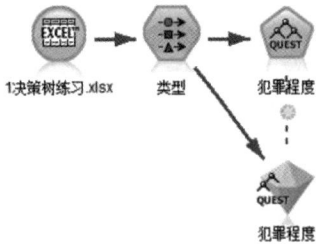

图 5-32　数据流

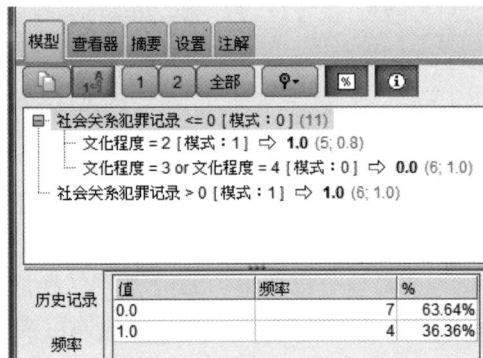

图 5-33　模型分析结果

5.6　决策树算法的评估和注意事项

本章讨论了 4 种决策树算法，每种算法都其特点。C5.0 算法和 C&RT 算法从使输出变量取值差异快速下降的角度选择最佳分组变量，而 CHAID 算法和 QUEST 算法更多地从输入变量与输出变量的相关性角度选择最佳分组变量。每种算法各有千秋，不存在哪种算法好于其他算法的问题，因为它们考虑问题的角度不同。

在现实应用中，算法对比是经常要做的工作。通常的策略是，选择一些通用指标，对不同算法采用统一的评价标准进行评价。通过比较不同算法的评价标准的值，确定最终的算法。一般通用的评价指标包括分类预测误差、收益率、提升度等。

需要说明的是，决策树算法在应用过程中还应注意以下问题。

(1) 决策树算法是面向单变量的。决策树算法在选择最佳分组变量时，每个时刻都只会针对单个变量进行，不能同时根据多个输入变量的取值情况进行判断，这会在一定程度上限制决策树的应用。例如，在银行借贷风险的评估模型中，利用决策树算法无法同时兼顾贷款额和按揭情况等多个变量，因此无法直接给出一个高风险和低风险的合理划分。所以，需事先处理多个变量并派生出一个符合业务需求的综合变量。

(2) 决策树算法在处理不同类型数据时的优缺点。决策树算法处理的输入变量可以是数值型变量，也可以是分类型变量。当输入变量是数值型变量时，决策树算法的主要优点是，当数据采用不同的计量单位或数据中存在异常值时，不会给算法带来显著影响，因而不会给数据的准备工作带来额外负担；缺点是忽略了数据中所蕴含的分布信息。当输入变量是分类型变量时，决策树算法优点是效率较高，缺点是当输入变量的类型很多且分布极为分散时，决策树会过于“茂盛”，节点上的样本量随着树层数的增加而快速下降，不利于其合理生长。而改进的方法是将样本量较少的类进行合并，但由于类间合并有很多可选择的方案，其可行性会受到实际应用的限制。

(3) 决策树算法应用的拓展。决策树算法是数据挖掘中应用非常广泛的技术之一，一般用于对新数据对象的分类预测。在实际分析中，决策树算法还可以应用于其他方面，如寻找最佳变量等。由于决策树的生成过程是一个不断选择最佳分组变量的过程，因此，决策树中高层节点上的输入变量比低层节点上的更有价值。决策树也可以看成一种衡量输入变量对输出变量贡献大小的工具，但应充分注意样本量变化带来的影响。

实验　运用 4 种决策树算法预测数据

一、实验目的

利用 SPSS Modeler，根据需求创建数据流，使用 4 种决策树算法（C5.0、C&RT、CHAID、QUEST）进行预测。

二、实验要求

（1）对原始数据进行预处理、将处理好的数据导入 SPSS Modeler 中。

（2）在 SPSS Modeler 中根据需求创建数据流，利用 C5.0、C&RT、CHAID、QUESTO 模型进行预测。

（3）查看预测结果，比较 4 种决策树算法。

（4）按指定格式书写实验报告。

三、重点与难点

（1）重点：学会建立 SPSS Modeler 中的 C5.0、C&RT、CHAID、QUEST 模型，并对模型进行分析和评价。

（2）难点：学会找出将原始数据导入模型后，模型不能执行的原因。

四、仪器设备及用具

硬件：计算机 1 台

软件：SPSS Modeler

五、实验步骤

导入"决策树练习.xlsx"文件，由于原始数据中的"本人有无犯罪记录"变量的值中出现空格，建模无效，如图 5-34 所示，因此在执行模型前，先在 Excel 中将原始文件中的空格删除，如图 5-35 所示。

图 5-34　建模无效

由于表格数据中"年龄"变量的值包括"<20""20-30""30-40"">40"4 种，会影响后续操作，因此在 Excel 中用 VLOOKUP 函数将其分别改为弱冠、而立、不惑、知天命，如图 5-36 所示。

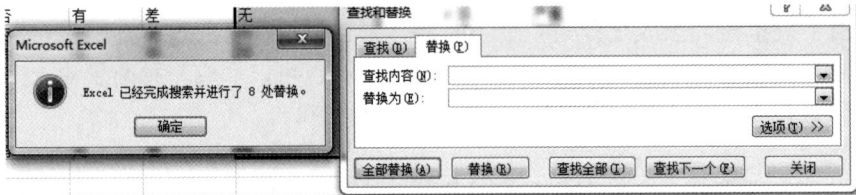

图 5-35　将原始文件中的空格删除

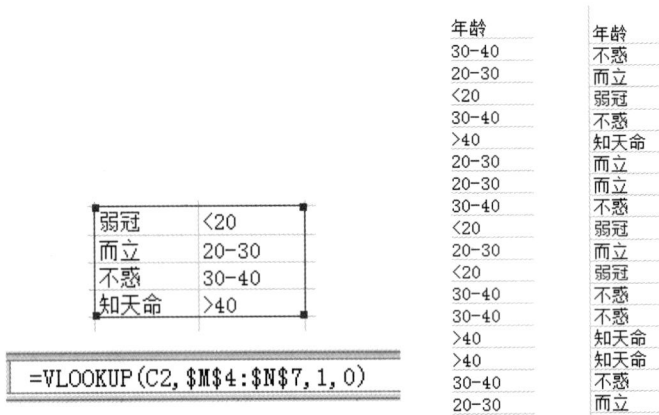

图 5-36　修改"年龄"变量的值

由于表格数据中"有无特长(爆破、驾驶、屠宰等)"变量的值包括无、有、否 3 种,而其中的"无"和"否"代表的意思相同,因此在 SPSS Modeler 中通过重新分类节点将该变量的值"否"改为"无",如图 5-37 所示。

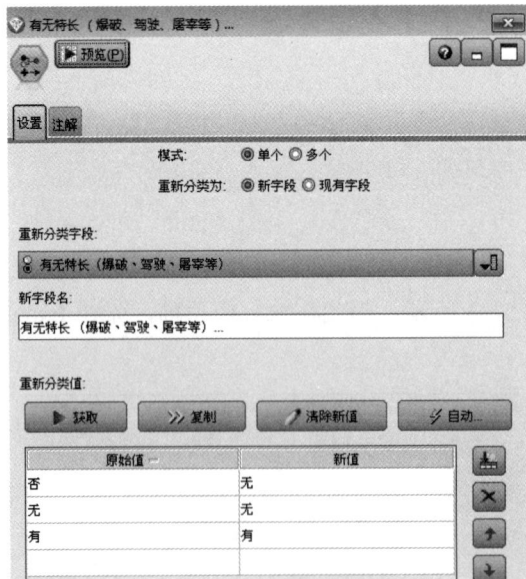

图 5-37　重新分类节点

添加类型节点,对变量的角色进行设置,将"犯罪程序"作为目标变量,将其与变量作为输入变量,如图 5-38 所示。

字段 ▲	测量	值	缺失	检查	角色
Ａ 有无固定职业	⬟ 标记	有/无	无		↘ 输入
Ａ 家庭经济状况	⬟ 名义	中,好,差	无		↘ 输入
Ａ 年龄	⬟ 名义	不惑,弱冠	无		↘ 输入
Ａ 文化程度	⬟ 名义	中专,初中	无		↘ 输入
Ａ 有无特长（爆...	⬟ 标记	有/否	无		↘ 输入
Ａ 社会关系犯罪...	⬟ 标记	有/否	无		↘ 输入
Ａ 家庭和睦状况	⬟ 名义	中,好,差	无		↘ 输入
Ａ 本人有无犯罪	⬟ 标记	有/无	无		↘ 输入
⬦ 违法记录次数	⬓ 连续	[0.0,6.0]	无		↘ 输入
Ａ 经常赌博	⬟ 标记	是/否	无		↘ 输入
Ａ 犯罪程度	⬟ 标记	较轻/严重	无		◎ 目标

图 5-38　对变量的类型进行设置

添加数据审核节点，判断数据质量，判断有无极值和离群值，如图 5-39 所示。可以看出，数据质量很好，故不用对其进行处理。

字段 ▲	测量	离群值	极值
Ａ 有无固定职业	⬟ 标记	—	—
Ａ 家庭经济状况	⬟ 名义	—	—
Ａ 年龄	⬟ 名义	—	—
Ａ 文化程度	⬟ 名义	—	—
Ａ 有无特长（爆...	⬟ 标记	—	—
Ａ 社会关系犯罪...	⬟ 标记	—	—
Ａ 家庭和睦状况	⬟ 名义	—	—
Ａ 本人有无犯罪...	⬟ 标记	—	—
⬦ 违法记录次数	⬓ 连续	0	0
Ａ 经常赌博	⬟ 标记		
Ａ 犯罪程度	⬟ 标记		

图 5-39　判断数据质量

利用“输出”选项卡中的统计节点，可分析各变量与目标变量之间的相关关系。由于只有连续变量才能应用统计节点，而数据中只有“违法记录次数”一个连续变量，故若使用统计节点分析各变量与目标变量的相关关系，则只会显示其与“违法记录次数”的相关关系，因此这里选择使用“建模”选项卡中的特征选择节点来分析各变量与目标变量之间的相关关系，如图 5-40 所示。

由于数据中既有数值型变量，又有分类型变量，因此根据各变量的类型分别进行重要性分析。对数值型变量使用 Pearson 分析法，对分类型变量使用似然比分析法，再将这两种方法得出的结论合并在一起进行解释。

根据图 5-40 可以看出，社会关系犯罪记录、文化程度对目标变量来说较重要。有无特长(爆破、驾驶、屠宰等)、家庭经济状况、经常赌博对目标变量的重要性为中等重要(边际)。

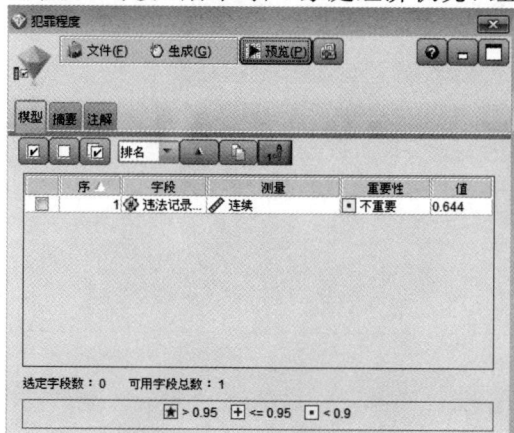

(a)

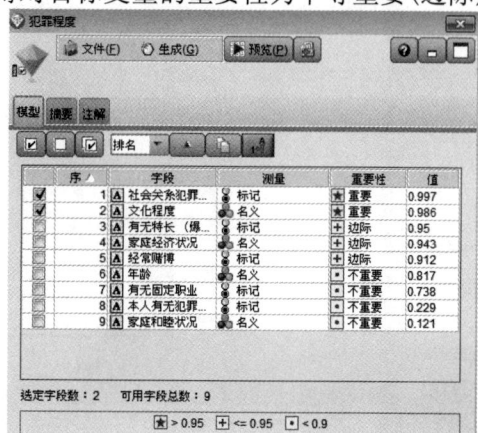

(b)

图 5-40　分析各变量与目标变量之间的相关关系

建立 4 种决策树模型。由于数据量较少,为了保证模型的适应性,这里没有对其进行分区处理。对较小的数据文件,应该谨慎使用分区,因为在训练样本很少时,分区可能导致没有足够的样本使决策树充分生长,从而导致生成较差的决策树模型。

① 使用"建模"选项卡中的 QUEST 节点建立模型,进行参数设置,此时会出现一个问题——停止规则会禁止所有树的生长,因此在"构建选项"选项卡中的目标项目中选中"增强模型准确度"单选按钮,使用 boosting 算法创建一个整体,并由其生成模型序列,以更准确地进行预测,如图 5-41 所示。

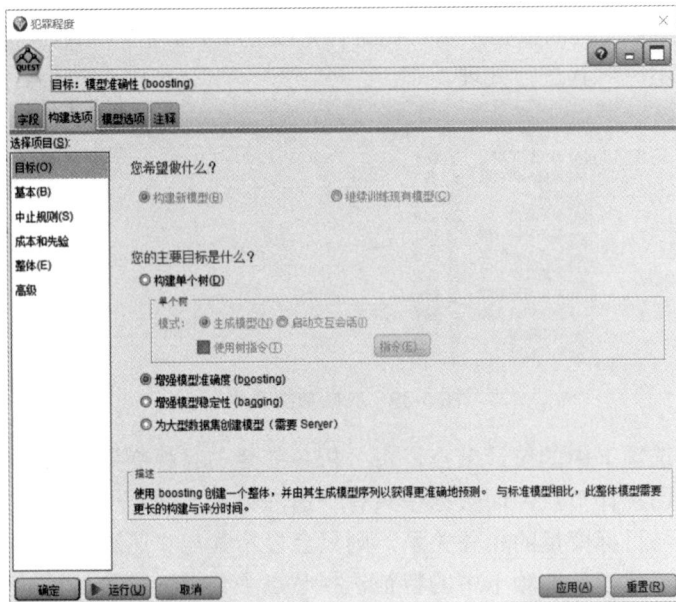

图 5-41　QUEST 节点参数设置

模型分析结果如图 5-42 所示。

图 5-42　模型分析结果

得出的预测变量的重要性如下。

社会关系犯罪记录：0.25；文化程度：0.19；有无特长(爆破、驾驶、屠宰等)：0.16；家庭经济状况：0.14；经常赌博：0.13；年龄：0.07；违法记录次数：0.06；家庭和睦状况：0.01。

可见，社会关系犯罪记录的重要性最强，家庭和睦状况的重要性最弱。

② 使用"建模"选项卡中的 CHAID 节点建立模型，模型分析结果如图 5-43、图 5-44 所示。

③ 使用"建模"选项卡中的 C5.0 节点建立模型，模型分析结果如图 5-45 所示。

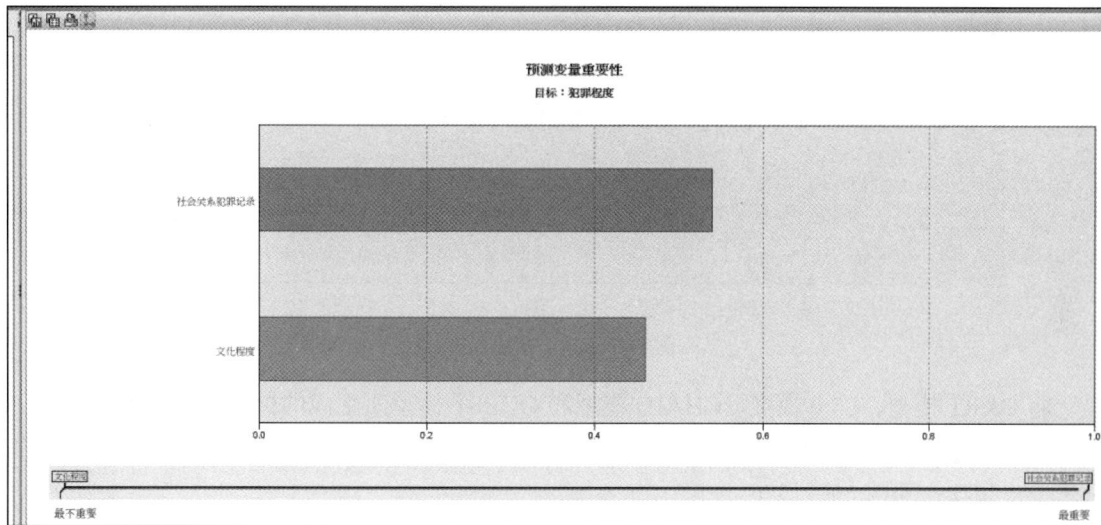

图 5-43　模型分析结果

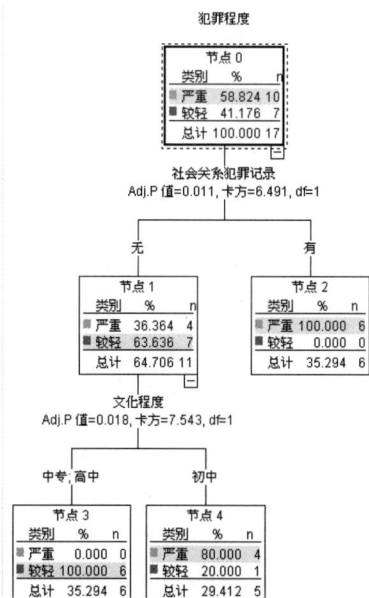

图 5-44　模型分析结果

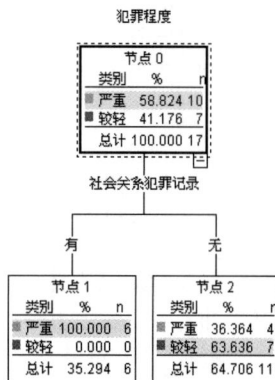

图 5-45　模型分析结果

若有社会关系犯罪记录(6 个样本，其中值为严重的有 6 个样本，值为较轻的有 0 个样本)，则可以得出"犯罪程度"为严重的结论；若无社会关系犯罪记录(11 个样本，其中值为严重的有 4 个样本，值为较轻的有 7 个样本)，则可以得出"犯罪程度"为较轻的结论。

③ 使用"建模"选项卡中的 C&RT 节点建立模型，模型分析结果如图 5-46、图 5-47 所示。

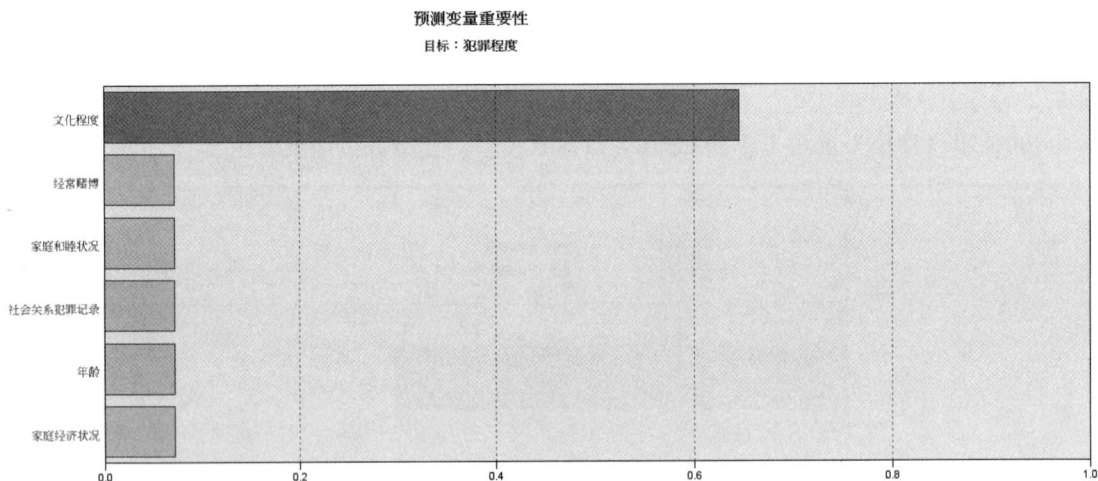

图 5-46　模型分析结果

将 C&RT 模型、C5.0 模型、CHAID 模型和 QUEST 模型所生成的模型结果节点连接在一起，然后选择"图形"选项卡中的评估节点、"输出"选项卡中的分析节点和表格节点与模型结果节点相连，如图 5-48 所示。

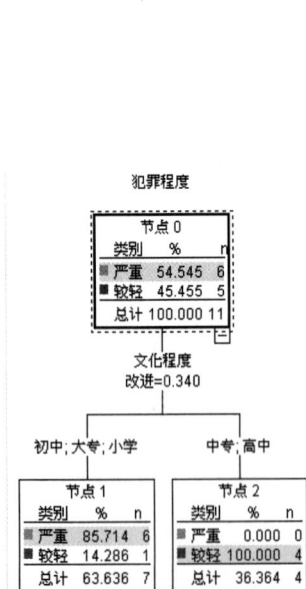

图 5-47　模型分析结果

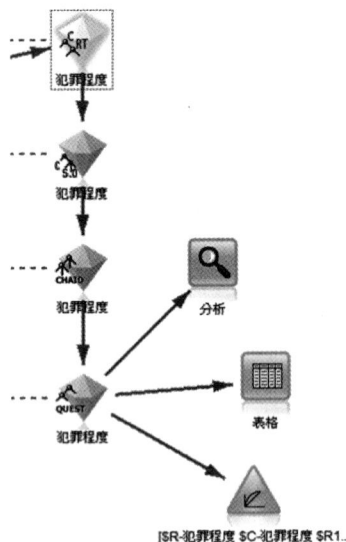

图 5-48　将模型结果节点连接在一起进行分析

评估节点的输出结果如下。

如图 5-49 所示，$R-犯罪程度、$C-犯罪程度、$R1-犯罪程度、$R2-犯罪程度分别代表 C&RT 模型、C5.0 模型、CHAID 模型、QUEST 模型。由图 5-49 可以看出，QUEST 模型的预测效果最好，然后是 CHAID 模型、C&RT 模型、C5.0 模型。

将 QUEST 模型与 CHAID 模型相比，可以看出，CHAID 模型在准确度为 85.714%时斜率变小了，到达 100%的速度比 QUEST 模型慢，故 QUEST 模型比 CHAID 模型好。

将 CHAID 模型与 C&RT 模型相比，可以看出，CHAID 模型比 C&RT 模型更快到达 100%，故 CHAID 模型较好。

将 C&RT 模型与 C5.0 模型相比，可以看出，C&RT 模型比 C5.0 模型更快到达 100%，故 C&RT 模型更好。

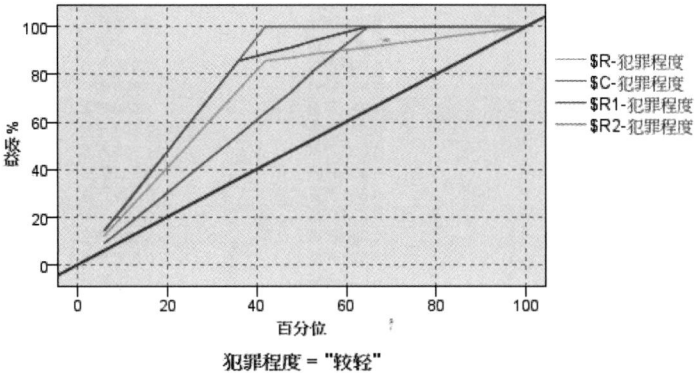

图 5-49　评估节点的输出结果[①]

分析节点的输出结果如下。

如图 5-50 所示，可以看出，C&RT 模型、C5.0 模型、CHAID 模型和 QUEST 模型的预测准确度都较高，其中，QUEST 模型的准确度高达 100%，CHAID 模型的准确度为 94.12%、C&RT 模型的准确度为 88.24%，C5.0 模型的准确度为 76.47%。4 个模型的一致性为 64.71%。

图 5-50　分析节点的输出结果

表格节点的输出结果如下。

如图 5-51 所示，$RC-犯罪程度、$CC-犯罪程度、$RC1-犯罪程度、$RC2-犯罪程度分别

---

① 软件截图中的收益即准确度。

代表 C&RT 模型、C5.0 模型、CHAID 模型、QUEST 模型对犯罪程度的预测结果的置信度，可以看出，QUEST 模型对犯罪程度的预测结果和预测结果的置信度最高，预测结果最准确。其次为 CHAID 模型、C&RT 模型、C5.0 模型。而这 4 个模型的预测结果的置信度相差不大，综上所述，也可以得出，QUEST 模型的预测效果较好。

$R-犯罪程度	$RC-犯罪程度	$C-犯罪程度	$CC-犯罪程度	$R1-犯罪程度	$RC1-犯罪程度	$R2-犯罪程度	$RC2-犯罪程度
严重	0.857	严重	1.000	严重	1.000	严重	0.987
较轻	1.000	较轻	0.636	较轻	1.000	较轻	0.958
较轻	1.000	较轻	0.636	较轻	1.000	较轻	0.960
严重	0.857	较轻	0.636	严重	0.800	严重	0.988
严重	0.857	严重	1.000	严重	1.000	严重	0.990
较轻	1.000	严重	1.000	严重	1.000	严重	0.988
较轻	1.000	较轻	0.636	较轻	1.000	较轻	0.965
严重	0.857	较轻	1.000	严重	1.000	严重	0.990
严重	0.857	较轻	0.636	严重	0.800	严重	0.986
较轻	1.000	较轻	1.000	较轻	1.000	较轻	0.990
较轻	1.000	较轻	0.636	较轻	1.000	较轻	0.966
严重	0.857	较轻	0.636	严重	0.800	严重	0.988
严重	0.857	较轻	0.636	严重	0.800	较轻	0.956
严重	0.857	较轻	1.000	严重	1.000	严重	0.987
严重	0.857	较轻	0.636	严重	0.800	较轻	0.983
较轻	1.000	较轻	0.636	较轻	1.000	较轻	0.960
较轻	1.000	较轻	0.636	较轻	1.000	较轻	0.952

图 5-51　表格节点的输出结果

综合所述，QUEST 模型的预测效果最好，预测变量重要性从高到低分别为：社会关系犯罪记录、文化程度、有无特长(爆破、驾驶、屠宰等)、家庭经济状况、经常赌博、年龄、违法记录次数、家庭和睦状况。

本实验建立的完整数据流如图 5-52 所示。

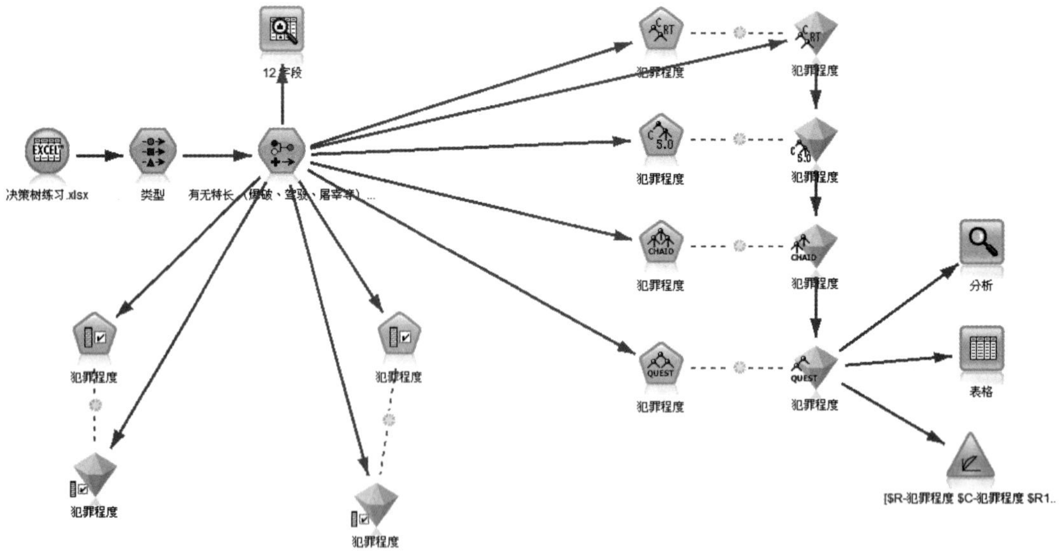

图 5-52　数据流

第 6 章

分类预测：人工神经网络

人工神经网络（Artificial Neural Network，ANN）是一种抽象的、模拟人脑系统的计算模型。20 世纪 80 年代以来，ANN 已经成为人工智能领域的研究热点。随着人工智能的迅猛发展，人们希望通过计算机程序实现对人脑系统的模拟，形成类似于生物神经元的处理单元，并希望通过这些处理单元的有机连接解决现实世界中的模式识别、计算优化等复杂问题。ANN 从信息处理的角度对人脑神经元进行抽象，建立某种简单模型，按不同的连接方式组成不同的网络。

大数据时代的到来为公安工作带来了深刻的影响，只有应用大数据，依靠大数据，让数据支持实战，让数据服务管理，才能推动公安工作迈上新的台阶。目前，公安信息化成了公安工作中的重要内容。而在信息化管理过程中，公安机关积累了大量的公安基础数据，当前对这些数据的使用仅停留在简单的查询、更新和统计等操作上，如何通过这些海量的数据实现分类预测，成了研究重点。目前，ANN 已大量应用于数据的分类、预测和聚类等方面。ANN 由此被引入公安信息化工作中，对公安信息化工作具有重要意义。本章将着重介绍 ANN 的相关背景、模型结构、核心算法，从模型结构和核心算法这两个方面着重介绍其应用，实现预测嫌疑人是否再次犯罪等二分类问题，帮助公安机关对有重点再次犯罪嫌疑的嫌疑人进行管控。

6.1　人工神经网络概述

6.1.1　人工神经网络的概念和种类

与人脑系统类似，ANN 由大量相互连接的节点（或称神经元）构成，每个节点代表一种特定的输出函数，称为激活函数（Activation Function），每两个节点间的连接都有一个权值，网络的输出则依权值和激活函数的不同而不同。ANN 种类繁多，可以从拓扑结构、连接方式、学习方式等角度对其进行分类。

1. 从拓扑结构角度

根据层数，ANN 可分为两层神经网络、三层神经网络和多层神经网络。图 6-1 和图 6-2 所示的就是典型的两层神经网络和三层神经网络。

ANN 的最底层称为输入层，最顶层称为输出层，中间层称为隐藏层。ANN 的层数和每层节点的数量，决定了其复杂程度。

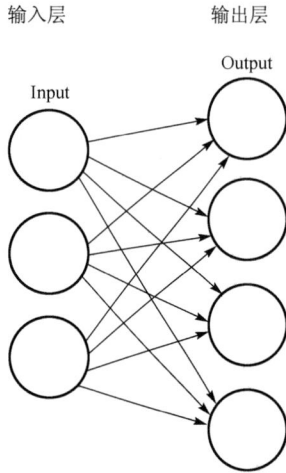

图 6-1　两层神经网络　　　　　图 6-2　三层神经网络

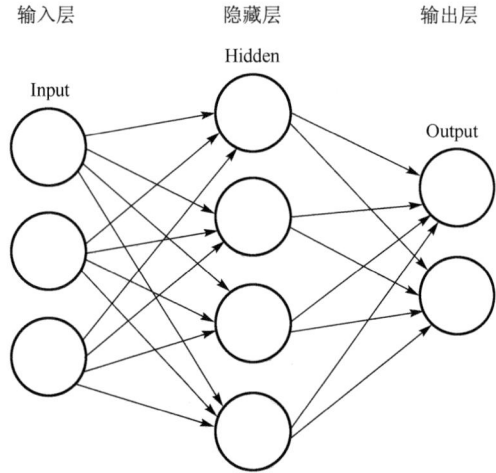

ANN 中的节点通常按层次分布于输入层、隐藏层和输出层中，因而又分别称为输入节点、隐藏层节点和输出节点。

(1) 输入节点负责接收和处理训练集中的输入变量，输入节点的个数取决于输入变量的个数。

(2) 隐藏层节点负责实现非线性样本的线性变换，隐藏层的层数和节点个数可自行指定。

(3) 输出节点给出关于输出变量的分类预测结果，输出节点个数依具体问题而定。例如，在 ANN 的分类预测应用中，SPSS Modeler 规定，如果输出变量为二分类型变量(如取值为 A、B 的 Flag 型变量)，则输出节点的个数可取为 1，输出节点的输出为 1 表示 A 类，为 0 表示 B 类。如果输出变量为多分类型变量(如取值为 A、B、C 的 Set 型变量)，则输出节点的个数可取为 3，每个节点输出 1 或 0。3 个输出节点的结果排列成二进制数，例如，100 表示 A，010 表示 B，001 表示 C 等。如果输出变量为数值型变量，只需设置一个输出节点即可。

2. 从连接方式角度

连接包括层间连接和层内连接，连接强度用权值表示。根据层间连接方式，ANN 可分为前馈式神经网络、反馈式神经网络两种。

(1) 前馈式神经网络：连接是单向的，上层节点的输出是下层节点的输入。B-P (Back-Propagation) 反向传播网络和 Kohonen 网络都属于前馈式神经网络。目前数据挖掘软件中的神经网络大多为前馈式神经网络。

(2) 反馈式神经网络：除单向连接外，输出节点的输出又可作为输入节点的输入。典型的反馈式神经网络为 Hopfield 网络，其分为离散型 Hopfield 网络 DHNN (Discrete Hopfield Neural Network) 和连续型 Hopfield 网络 CHNN (Continuous Hopfield Neural Network)。

3. 从学习方式角度

从学习方式角度看，ANN 可分为感知器和认知机两种。

(1) 感知器：采用有监督学习的方法，即训练样本的输出变量值已知，它直接指导模型的训练。B-P 反向传播网络和 Hopfield 网络都属于感知器。

(2) 认知机：采用无监督学习的方法，即训练样本没有输入变量和输出变量的角色划分，各节点通过竞争学习形成聚类，如 Kohonen 网络等。

6.1.2　人工神经网络中的节点

节点是人工神经网络的重要元素。输入节点只负责数据输入，且没有上层节点与之相连，因而比较特殊。除此之外的其他节点，都具有共同的特征，即接收上层节点的输出作为输入，对输入进行计算后给出本节点的输出。

ANN 实际上是对自然界某种算法或者函数的逼近，也可能是对一种逻辑策略的表达。相对传统的线性逻辑回归算法，ANN 具有良好的容错性，泛化能力好，适用于拟合复杂的非线性关系，应用领域较广。

ANN 中完整的节点由加法器和激活函数两部分组成。

1．加法器

第 j 个节点的加法器的输出 U_j 定义为

$$U_j = \sum_{i=1}^{n} W_{ij} X_i + \theta_j \tag{6.1}$$

其中，n 表示上层节点的个数，X_i 为上层第 i 个节点的输出。由于上层每个节点的输出都作为本节点的输入，因此有 n 个输入。W_{ij} 为上层第 i 个节点与本层第 j 个节点连接的权值。从定义可知，加法器的作用是对自身输入进行加权求和，其输出是自身输入的线性组合，θ_j 可看成线性组合中的常数项，其中的关键是权值 W_{ij} 的确定。

2．激活函数

第 j 个节点的激活函数定义为

$$Y_j = f(U_j) \tag{6.2}$$

其中，Y_j 是激活函数的值，也是节点的输出。f 的参数是加法器的输出 U_j，$f(U_j)$ 的常用形式如下。

[0,1]型阶跃函数：

$$f(U_j) = \begin{cases} 1 & (U_j > 0) \\ 0 & (U_j \leqslant 0) \end{cases} \tag{6.3}$$

[−1,1]型阶跃函数：

$$f(U_j) = \begin{cases} 1 & (U_j > 0) \\ -1 & (U_j \leqslant 0) \end{cases} \tag{6.4}$$

（0,1）型 Sigmoid 函数：

$$f(U_j) = \frac{1}{1 + e^{-U_j}} \tag{6.5}$$

（−1,1）型 Sigmoid 函数：

$$f(U_j) = \frac{1 - e^{-U_j}}{1 + e^{-U_j}} \tag{6.6}$$

以上激活函数的图像如图 6-3～图 6-6 所示。

[0,1]型阶跃函数：

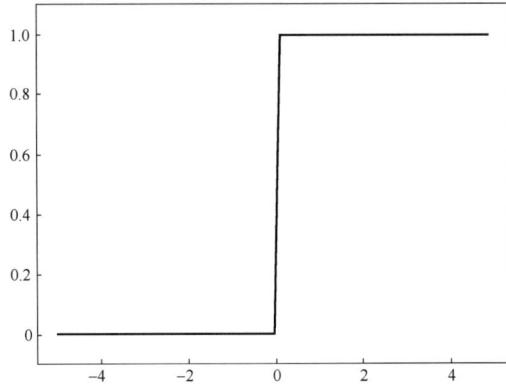

图 6-3 [0,1]型阶跃函数的图像

[−1,1]型阶跃函数：

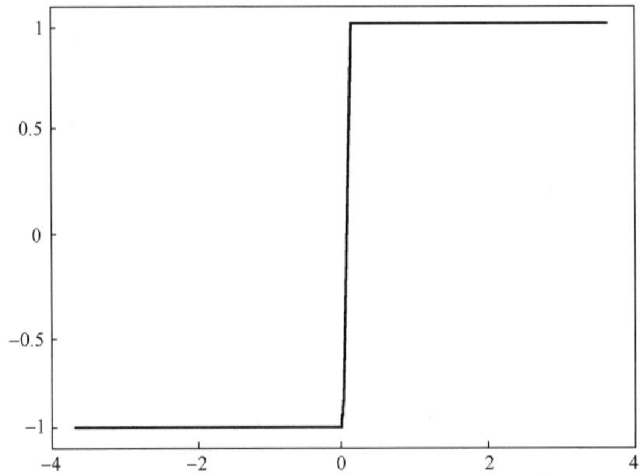

图 6-4 [−1,1]型阶跃函数的图像

(0,1)型 Sigmoid 函数：

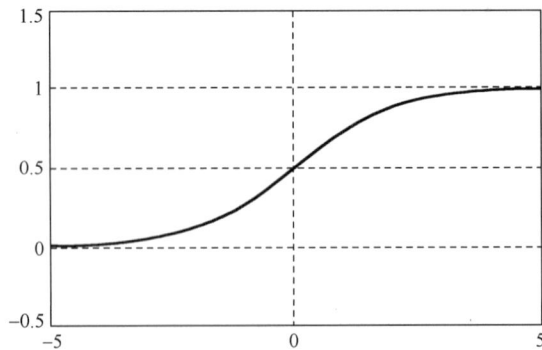

图 6-5 (0,1)型 Sigmoid 函数的图像

(−1,1)型 Sigmoid 函数：

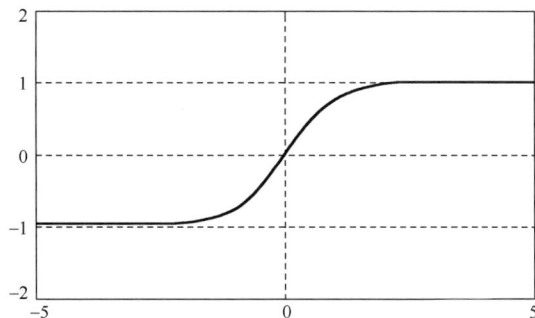

图 6-6　(−1,1)型 Sigmoid 函数的图像

可见，激活函数的作用是将加法器的输出映射到一定的范围内。

ANN 在节点上的计算很简单，但随着节点个数和层数的增多，计算量将剧增。因此，ANN 的处理难度取决于网络结构的复杂程度。

3．节点的作用

在加法器和激活函数的共同作用下，节点将起到一个超平面的作用。

从几何意义上讲，如果将训练集中的每个样本看成 n 维空间(n 个输入变量)上的点，那么一个节点就是一个超平面。一个超平面将 n 维空间划分成两个部分。理想情况下，处于超平面上部的所有样本为一类，处于超平面下部的所有样本为另一类，可实现二分类。多个节点就是多个超平面，它们相互平行或相交，将 n 维空间划分成若干区域。理想情况下，处于不同区域的样本均属于不同的类别，可实现多分类。

为此，涉及以下两个问题。

(1)如何定位一个超平面。由前面讨论的可知，超平面是由加法器和激活函数确定的。其中，权值非常关键，它能够描述超平面并区分不同的超平面。由于超平面的最终目标是正确划分样本，为此，应找到该目标下的最恰当的权值。通常，由随机的权值所确定的超平面无法实现既定目标，所以 ANN 需要不断向训练样本学习，进而不断调整权值，使超平面不断向正确的方向移动，以最终定位到期望的位置上。

节点中激活函数的作用是数值映射，它决定了超平面两侧的类别值，或者说决定了取某个类别值的概率。总之，ANN 的训练过程是一个寻找最佳超平面的过程，也是一个不断调整权值的过程。

(2)如果 n 维空间中的样本线性不可分，也就是说，没有任何一个超平面能够将不同类别的样本划分开，应该怎样做。现在流行的解决线性不可分的方法就是使用核(kernel)函数，其本质思想就是把原始的样本通过核函数映射到高维空间中，让样本在高维空间中是线性可分的，然后再使用常见的线性分类器进行分类。

6.1.3　建立人工神经网络的一般步骤

建立 ANN 的一般步骤是：数据准备—确定网络结构—确定权值。

1．数据准备

ANN 中输入变量的取值范围通常在 0～1 之间，输入变量的不同数量级别将直接影响权值的确定、加法器的输出及最终的分类预测结果。因此，对数值型变量的标准化处理是数据准备阶段的主要任务之一。

在 SPSS Modeler 中，数据标准化处理采用极差法，即

$$x_i' = \frac{x_i - x_{\min}}{x_{\max} - x_{\min}} \tag{6.7}$$

其中，$x_{\max}$ 和 $x_{\min}$ 分别为输入变量的最大值和最小值。

此外，ANN 只能处理数值型输入变量。对分类型输入变量，SPSS Modeler 的处理方法是，对具有 k 个类别的分类型(Set 型和 Ordered Set 型)变量，将其转换成 k 个取值为 0 或 1 的数值型变量后再处理，k 个数值型变量的组合将代表原来的分类。

这样的处理方法会使 ANN 的输入节点增多，模型训练效率下降。对此，SPSS Modeler 采用二进制编码(Binary Set Encoding)策略减少输入节点的个数，具体做法如下。

(1)首先，将各类别按照二进制进行编码。例如，某分类型变量有 4 个类别：A、B、C、D，则它们的二进制编码依次为 001、010、011、100，见表 6-1。

表 6-1　将各类别按照二进制进行编码

样 本 号	分类变量	变 量 1	变 量 2	变 量 3
1	A	0	0	1
2	B	0	1	0
3	C	0	1	1
4	D	1	0	0

(2)然后，按照以下公式确定变量的个数：

$$n = \log 2(k+1) \text{[①]} \tag{6.8}$$

例如，有 4、5、6 个类别的分类型变量都只需要 3 个数值型变量表示。对二分类型变量，只需要 1 个取值为 0 或 1 的数值型变量即可。

合理减少输入变量的个数，对 ANN 的训练和分类预测很有意义。

2. 确定网络结构

通常，ANN 的层数和每层的节点数决定了网络的复杂程度。结构简单的 ANN，训练模型时的收敛速度快，但分类预测的准确度较低。结构复杂的 ANN，训练模型时的收敛速度慢，但分类预测的准确度较高。因此，应在网络结构的复杂度(分类预测的精度)和模型训练效率上做出权衡。

理论上，虽然多层神经网络能够获得更准确的分析结果，但实验表明，除非实际问题需要，使用具有两个以上隐藏层的 ANN 会使问题变得更复杂，有时多层神经网络更不易得到最优解。

对隐藏层节点的个数，目前尚没有权威的确定准则。通常，问题越复杂，需要的隐藏层节点就越多。从另一个角度来说，对同一个问题，隐藏层节点越多，学习过程就越容易收敛。但隐藏层节点过多，会增加计算量，而且可能产生模型的过拟合问题。

因此，在很多数据挖掘软件中，在模型建立之前不一定要把网络结构完全确定下来，可以先给出一个粗略的网络结构，然后在模型训练的过程中逐步调整。

3. 确定权值

建立 ANN 的过程就是通过恰当的网络结构，探索输入变量和输出变量间复杂关系的过

---

① 本书中，log 表示以 10 为底的对数。

程, 这是实现对新数据进行分类预测的前提。ANN 能够通过对已有样本的反复分析和学习,
掌握输入变量和输出变量之间的关系, 并将其体现到权值中。因此, 当网络结构确定后, 训
练模型的核心就是确定权值。

确定权值的基本步骤如下。

(1) 初始化权值。一般权值的初始值默认为一个随机数, 该随机数服从均值为 0, 取值范
围为 $-0.5 \sim 0.5$ 之间的正态分布。

(2) 计算各节点加法器的输出和激活函数的值, 得到样本的分类预测值。

(3) 比较样本的分类预测值与实际值, 并计算预测误差, 根据预测误差重新调整各权值,
直到预测误差小于阈值为止。

权值的确定是一个不断迭代的过程。权值的调整和相应的计算过程将反复进行, 直到预
测误差小于一个较小的阈值为止。此时, 一组相对合理的权值便被确定了下来, 超平面也被
确定了下来。

6.2　SPSS Modeler 中的 B-P 反向传播网络

6.2.1　感知器模型

感知器模型是一个相对简单的两层神经网络模型, 仅由输入层和输出层构成, 所有输入
节点和输出节点全部连接在一起。虽然感知器模型处理问题的能力有限, 但其核心思想在 ANN
的众多模型中得到了广泛应用。图 6-7 是一个简单的感知器模型。

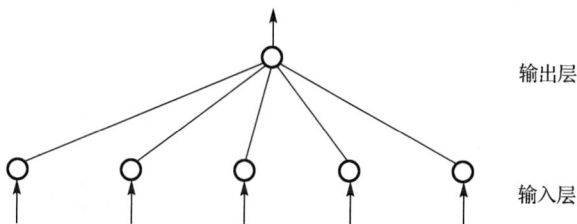

图 6-7　简单的感知器模型

ANN 的训练过程是一个反复向训练样本学习的过程, 学习的目的是通过不断调整权值以
得到较小的预测误差。

由于每个样本都会提供关于输入变量和输出变量关系的信息, 因此 ANN 需依次向每个训
练样本学习。当向所有训练样本学习结束后, 如果模型给出的预测误差仍然较大, 这时需要
再一次向训练样本学习。如果经过第二轮的学习仍然不能得出理想的预测误差, 则需进行第
三轮、第四轮学习, 直到满足终止条件为止。

1. 算法说明

为准确阐述这个过程, 先做以下符号说明。

n: 输入节点的个数, 取决于输入变量的个数。

$X = (X_1, X_2, \cdots, X_n)$: 输入变量。

Y: 输出节点的实际值。

Y': 输出节点的预测值。

θ：偏差。

W_{ij}：输入节点 i 和输出节点 j 之间的权值，这里 j 取 1。

不同时刻的学习对象不同(样本不同)，t 时刻的输入变量记为 $X(t)=(X_1(t),X_2(t),\cdots,X_n(t))$，输出节点的实际值记为 $Y(t)$，输出节点的预测值记为 $Y'(t)$，偏差记为 $\theta(t)$，输入节点 i 和输出节点 j 之间的权值用 $W_{ij}(t)$ 表示。

2. 感知器模型的学习过程

感知器模型的学习过程如下。

(1)开始时(即 0 时刻)，初始化各个权值和输出节点的偏差，初始默认为 $-0.5 \sim 0.5$ 之间的随机数。

(2)输入训练样本。

(3)计算输出节点的预测值，t 时刻：

$$Y'(t) = f\left(\sum_{i=1}^{n} W_{ij}(t)X_i(t) + \theta_j(t)\right) \tag{6.9}$$

其中，f 为激活函数。当输出变量为数值型变量时，采用 Sigmoid 函数，当输出变量为分类型变量时，采用阶跃函数。

(4)计算输出节点的真实值与预测值之间的误差，t 时刻：

$$e_j(t) = Y(t) - Y'(t) \tag{6.10}$$

对二分类型输出变量，若被错判为 0，则 $e_j(t)$ 为 1；若被错判为 1，则 $e_j(t)$ 为 -1。

(5)调整第 i 个输入节点和第 j 个输出节点之间的权值及和第 j 个输出节点的偏差，得

$$W_{ij}(t+1) = \alpha W_{ij}(t) + \eta e_j(t)X_i(t) \tag{6.11}$$

$$\theta_j(t+1) = \alpha\theta_j(t) + \eta e_j(t) \tag{6.12}$$

其中，α 为冲量项，通常为常数，η 为学习率。如果将偏差看成一个输入值总为 1 的特殊输入节点与输出节点之间的权值，那么偏差的调整方法与权值相同。

令

$$\Delta W_{ij}(t) = \eta e_j(t)X_i(t) \tag{6.13}$$

表示权值的调整幅度。这种权值调整遵从 delta 规则，即权值的调整与误差及所连接的输入变量成正比，即 $t+1$ 时刻的权值等于 t 时刻的权值乘以冲量项，再加上一个误差调整项：

$$W_{ij}(t+1) = \alpha W_{ij}(t) + \Delta W_{ij}(t) \tag{6.14}$$

(6)判断是否满足迭代终止条件。若不满足，则重新回到第(2)步，直到满足终止条件为止。终止条件一般为：预测误差小于一个指定的较小值/正确分类的样本数达到一定比例/已迭代次数达到指定的迭代次数/权值基本稳定。

用一个简单例子说明以上计算过程。表 6-2 给出了一组权值计算数据，X_1、X_2、X_3 为输入变量，Y 为数值型输出变量。

表 6-2　感知器模型的学习过程示例

样　　本	X_1	X_2	X_3	Y
1	1	1	0.5	0.7
2	−1	0.7	−0.5	0.2
3	0.3	0.3	−0.3	0.5

设 α 为 1，η 为 0.1，θ 为 0，$Y'(t)=X_1W_1(t)+X_2W_2(t)+X_3W_3(t)$，对图 6-8 中的节点，在 $t=1$ 时刻，权值的调整过程如下。

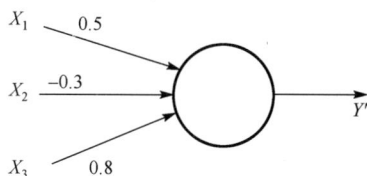

图 6-8　感知器模型的学习过程示例

预测值：

$$Y'(1)=0.5\times1+(-0.3)\times1+0.8\times0.5=0.6$$

预测误差：

$$e(1)=Y(1)-Y'(1)=0.7-0.6=0.1$$

权值的调整幅度：

$$\Delta W_1(1)=0.1\times0.1\times1=0.01，\quad \Delta W_2(1)=0.1\times0.1\times1=0.01，\quad \Delta W_3(1)=0.1\times0.1\times0.5=0.005$$

调整后的权值：

$$W_1(2)=1\times W_1(1)+\Delta W_1(1)=0.5+0.01=0.51$$

$$W_2(2)=1\times W_2(1)+\Delta W_2(1)=-0.3+0.01=-0.29$$

$$W_3(2)=1\times W_3(1)+\Delta W_3(1)=0.8+0.005=0.805$$

同理，可依据第 2、3 个样本进行第 2、3 次迭代，或者再进行一轮学习。

由以上讨论可知，权值的调整是基于预测误差的，其本质过程是超平面的移动。对数值型输出变量，如果预测误差 $e(t)$ 为正，说明超平面在样本的下方，为减少误差，应使超平面向上方移动，因此应加上一个误差调整项 ΔW_{ij}；反之，如果预测误差 $e(t)$ 为负，说明超平面在样本的上方，为减少误差，应使超平面向下方移动，因此应减去一个误差调整项 ΔW_{ij}，也就是加上一个负的误差调整项。同理，对二分类型输出变量，若超平面将样本错误地划分在平面下方(即错判为 0)，则应使超平面向上方移动，逐渐靠近错判的点，因此应加上一个误差调整项 $\eta\cdot(+1)\cdot X_i(t)$；反之，若超平面将样本错误地划分在平面上方(即错判为 1)，则应使超平面向下方移动，逐渐靠近错判的点，因此应加上一个负的误差调整项 $\eta\cdot(-1)\cdot X_i(t)$。

可见，超平面初始位置由网络的初始权值决定，它通常无法实现正确分类。在学习过程中，超平面会不断地向着正确的方向靠近。虽然在这个过程中，正反方向的移动会相互抵消，但只要样本是线性可分的，在若干次迭代后，超平面的移动就会减小，最终使权值稳定，算法收敛。

需要说明的是，超平面的移动会受到 η 和 α 的影响，与样本进入模型的顺序也有关，对此出现了很多改进算法。这里的感知器模型中只有 1 个输出节点，其预测误差的计算只体现在 1 个节点上。如果有多个输出节点，应该将所有输出节点的误差合并起来计算。

6.2.2　B-P 反向传播网络

B-P 反向传播网络是一种较常见、复杂的模型。B-P 反向传播网络的结构为多层感知器(Multi Layer Perception，MLP)结构，不仅包含输入层和输出层，还包含一层或多层隐藏层。B-P 反向传播网络具有很强的非线性映射能力，网络结构简单，工作状态稳定，易于硬件实现，应用较广泛。

1. B-P 反向传播网络的特点

B-P 反向传播网络的特点如下。

(1)包含隐藏层。

(2)激活函数采用 Sigmoid 函数。

(3)反向传播。

这些特点使 B-P 反向传播网络比感知器更复杂。

2. 隐藏层

隐藏层在 B-P 反向传播网络中起着非常重要的作用，能够实现非线性样本的线性化。简单来说，n 维空间中的样本，若能找到一个超平面将其分开，则样本为线性样本，否则为非线性样本。

在实际应用中，非线性样本是普遍存在的。例如，表 6-3 所示的样本就是典型的二维非线性样本，如图 6-9 所示，其中实心点为一类(0 类)，空心点为另一类(1 类)。

表 6-3　二维非线性样本

输入变量 x_1	输入变量 x_2	输出变量
0	0	0
0	1	1
1	0	1
1	1	0

解决非线性样本分类问题的方法是，将样本放到更高维的空间中，使其转换为线性样本(如采用核函数方式)，然后再进行分类。ANN 方法试图首先将原空间中的非线性样本转换到新空间中，成为线性样本，其实现途径是将多个类似感知器的模型按层次结构连接起来，让隐藏层节点完成从非线性样本到线性样本的转换任务。

为阐明这个问题，仍以表 6-3 中的样本为例。网络结构如下：2 个输入节点，分别接收 x_1、x_2；2 个隐藏层节点，分别以 y_1、y_2 表示；1 个输出节点，以 z 表示。

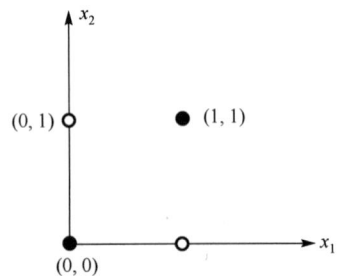

图 6-9　二维非线性样本

首先，确定两个隐藏层节点所代表的超平面(这里是直线)。假设通过若干次迭代，得到两条平行的直线 y_1 和 y_2(分别对应两个隐藏层节点)，如图 6-10(a)所示。

在图 6-10(a)中，直线 y_1、y_2 将 4 个样本划分在 3 个区域内，于是：

点(0,0)落在直线 y_1、y_2 的下方区域，经过隐藏层节点得到输出 $y_1=1$，$y_2=1$；

点(1,0)和点(0,1)落在直线 y_1、y_2 的中间区域，经过隐藏层节点得到输出 $y_1=1$，$y_2=0$；

点(1,1)落在直线 y_1、y_2 的上方区域，经过隐藏层节点得到输出 $y_1=0$，$y_2=0$。

这样，隐藏层节点将 x_1、x_2 空间上的 4 个样本(0,0)、(0,1)、(1,0)、(1,1)转换到了 y_1、y_2 空间中，形成 3 个样本(1,1)、(1,0)、(0,0)。原来 x_1、x_2 空间中的 2 个同类点(1,0)和(0,1)在 y_1、y_2 空间中重合成了一个点，如图 6-10(b)所示。

接下来，输出节点对隐藏层节点的输出做进一步处理，最终可得到直线 z，如图 6-10(c)所示。

在图 6-9(c)中，输出节点代表超平面(这里是直线)，将 3 个线性样本划分在 2 个区域内。于是：

点(1,0)落在直线 z 的下方区域，经过输出节点得到输出 $z=1$；

点(0,0)、(1,1)落在直线 z 的上方区域，经过输出节点得到输出 $z=0$。

这样，输出节点将 y_1、y_2 平面上的 3 个样本(1,0)、(0,0)、(1,1)划分成了 2 类，分别是 $z=1$ 和 $z=0$。

同理，多个隐藏层节点和隐藏层将最终实现更复杂的非线性样本的线性转换。

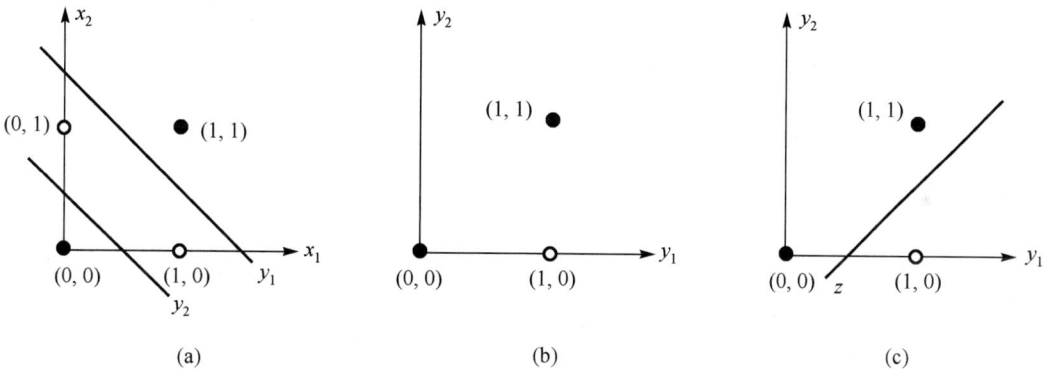

图 6-10　从非线性样本到线性样本的转换

3．Sigmoid 函数

B-P 反向传播网络采用(0,1)型 Sigmoid 函数作为激活函数。由于采用 Sigmoid 函数，输出节点的输出总被约束在 0～1 之间。当输出变量为数值型变量时，输出节点的输出是按式(6.5)计算出的预测值；当输出变量为分类型变量时，输出节点给出的是类别的概率值。

B-P 反向传播网络采用 Sigmoid 函数作为激活函数更重要的意义在于，在模型训练的开始阶段，权值为 0 左右，输出节点的输入变量也为 0 左右，此时 Sigmoid 函数曲线的斜率近似为一个常数，输入和输出之间满足线性关系，模型比较简单；随着训练的进行，权值不断被调整，输出节点的输入变量逐渐远离 0，输入和输出之间的关系变为非线性关系，模型相对复杂，且输入变量的变化对输出节点的影响逐渐减小；在训练的后期，输出节点的输入变量明显远离 0，此时输入的变化将不再引起输出的明显变化，输出基本趋于稳定，即分类预测误差不再随权值的调整而有所改善，分类预测结果稳定，此时可以结束训练。可见，Sigmoid 函数较好地体现了权值修正过程中模型从线性到非线性的渐进过程。

Sigmoid 函数不但具有非线性、单调的特点，还具有无限可微的特点，这使 B-P 反向传播网络可采用梯度下降法调整权值。

4．反向传播

反向传播是 B-P 反向传播网络区别于感知器的最重要的特点。感知器的输入节点和输出节点之间权值调整的依据是预测误差，由于输出变量的实际值是已知的，因此预测误差可被直接计算出来并用于权值调整。但该方法无法应用在 B-P 反向传播网络中。原因在于，就算可利用感知器的方法调整 B-P 反向传播网络隐藏层与输出层之间的权值，但该方法无法应用于输入层和隐藏层之间，因为隐藏层的实际输出是未知的，预测误差无法计算，所以 B-P 反向传播网络需要引入一种新的机制来实现权值调整，这就是反向传播机制。

反向传播的原理很简单，虽然 B-P 反向传播网络无法直接计算隐藏层节点的预测误差，但可利用输出节点的预测误差来估计隐藏层节点的预测误差，即将输出节点的预测误差反方向传播到上层的隐藏层节点中，直至输入节点和隐藏层节点的权值都得到调整为止，以实现预测值越来越逼近实际值的目标。

因此，B-P 反向传播网络的应用包括正向传播和反向传播两个阶段。所谓正向传播，是指样本信息从输入层开始，由上至下逐层被隐藏层节点处理，上层节点的输出作为下层节点的输入，最终被传播到输出节点并得到预测结果，传播期间所有权值保持不变。计算出输出节点的预测误差后，便进入反向传播阶段，即预测误差被逐层反向传回输入节点，传播期间所有权值均得到调整。正向传播和反向传播的过程将不断重复，直到满足终止条件为止。

6.2.3　B-P 反向传播算法

B-P 反向传播算法是一种有监督学习算法，这种算法的实质是最小二乘算法。B-P 反向传播算法的核心是权值的调整，调整规则仍沿用感知器中的 delta 规则，即权值的调整与预测误差及所连接的输入变量成正比，本质是 $t+1$ 时刻的权值是 t 时刻的权值加上一个误差调整项，如式(6.14)所示。不同的是，B-P 反向传播算法采用梯度下降法，即在每个时刻 t，都本着使预测误差减小最快的原则调整权值。

1．算法说明

为阐述算法，首先对相关符号做以下说明。

n：输入节点的个数

k：输出节点的个数。

$X = (X_1, X_2, \cdots, X_n)$：输入变量。

$Y = (Y_1, Y_2, \cdots, Y_n)$：输出节点的实际值。

$Y' = (Y_1', Y_2', \cdots, Y_k')$：输出节点的预测值。

W_{ij}：输入节点 i 和输出节点 j 之间的权值。

不同时刻的学习对象不同(样本不同)，t 时刻的输入变量记为

$$X(t) = (X_1(t), X_2(t), \cdots, X_n(t))$$

输出节点的实际值记为

$$Y(t) = (Y_1(t), Y_2(t), \cdots, Y_k(t))$$

输出节点的预测值记为

$$Y'(t) = (Y_1'(t), Y_2'(t), \cdots, Y_k'(t))$$

输入节点 i 和输出节点 j 之间的权值记为 $W_{ij}(t)$。

2. 预测误差

在 B-P 反向传播网络中，t 时刻输出节点 j 的预测误差将采用误差平方的形式计算，即

$$E_j(t) = \frac{1}{2}(e_j(t))^2 = \frac{1}{2}(Y_j(t) - Y_j'(t))^2 \tag{6.15}$$

将加法器和 Sigmoid 激活函数代入式(6.15)，则 t 时刻输出节点 j 的预测误差为

$$\begin{aligned}
E_j(t) &= \frac{1}{2}(Y_j(t) - Y_j'(t))^2 = \frac{1}{2}(Y_j(t) - f(U_j(t)))^2 \\
&= \frac{1}{2}(Y_j(t) - f(\sum_{i=1}^{m} W_{ij}(t)O_i(t) + \theta_j(t)))^2
\end{aligned} \tag{6.16}$$

其中，$U_j(t)$ 为加法器的输出，$O_i(t)$ 表示上层第 i 个隐藏层节点的输出，上层共有 m 个隐藏层节点。对多层神经网络，O_i 可进一步表示再上层加法器和激活函数输出的嵌套形式，最终表示成 t 时刻样本输入变量的多层函数的嵌套形式。

t 时刻，输出节点总的预测误差定义为

$$E(t) = \frac{1}{2}\sum_{j=1}^{k}(e_j(t))^2 \tag{6.17}$$

可见，输出节点总的预测误差是一个多元非线性函数，预测误差将形成如图 6-11 所示的超平面(图中所示的仅是二元非线性函数的超平面)。

3. 权值调整

权值调整的目标是实现总的预测误差最小，因此，权值调整应沿着误差平面下降最快的方向，即负梯度方向进行。于是应计算 $E(t)$ 的方向导数，进而确定其负梯度方向及梯度的模，负梯度方向即方向导数的负方向，梯度的模即方向导数的最大值。可以证明，若 t 时刻 $E(t)$ 对权值 $W_{ij}(t)$ 的偏导数存在，则 W 轴上的方向导数就是 $E(t)$ 对 $W_{ij}(t)$ 的偏导数。因为 Sigmoid 激活函数处处可微，所以 B-P 反向传播算法的 $\Delta W_{ij}(t)$ 如下。

根据微分链式法则，上层第 i 个节点对第 j 个输出节点的权值调整量 $\Delta W_{ij}(t)$ 为

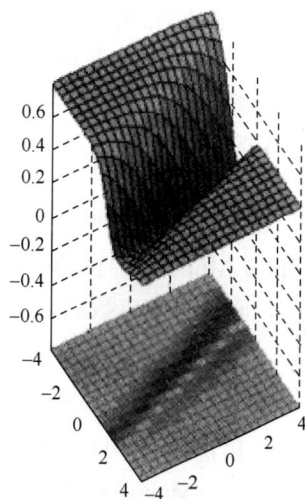

图 6-11　二元非线性函数的超平面

$$\begin{aligned}
\Delta W_{ij}(t) &= -\eta \frac{\partial E(t)}{\partial W_{ij}(t)} = -\eta \frac{\partial E(t)}{\partial e_j(t)} \cdot \frac{\partial e_j(t)}{\partial Y_j'(t)} \cdot \frac{\partial Y_j'(t)}{\partial U_j(t)} \cdot \frac{\partial U_j(t)}{\partial W_{ij}(t)} \\
&= -\eta \cdot e_j(t) \cdot (-1) \cdot f'(U_j(t)) \cdot O_i(t)
\end{aligned} \tag{6.18}$$

其中，η 为学习率，负号表示负梯度方向。由于采用 Sigmoid 激活函数，有

$$f'(U_j(t)) = f(U_j(t)) \cdot (1 - f(U_j(t))) \tag{6.19}$$

所以

$$\Delta W_{ij}(t) = \eta e_j(t) \cdot f(U_j(t))(1 - f(U_j(t))) \cdot O_i(t) \qquad (6.20)$$

令 $\delta_j(t) = e_j(t) \cdot f(U_j(t))(1 - f(U_j(t)))$，称为节点 j 的局部梯度，则有

$$\Delta W_{ij}(t) = \eta \delta_j(t) O_i(t) \qquad (6.21)$$

将隐藏层第 l 层的第 j 个节点的局部梯度的定义为

$$\delta_j^l(t) = f'(U_j(t)) \sum_{i=1}^{q} \delta_i^{l+1}(t) W_{ij}(t) \qquad (6.22)$$

其中，$W_{ij}(t)$ 为 t 时刻隐藏层第 l 层的第 j 个节点与第 l+1 层的第 i 个节点之间的权值；第 l 层的第 j 个节点与第 l+1 层的 q 个节点相连；δ_i^{l+1} 为第 l+1 层的第 i 个节点的局部梯度。于是，第 l 层的第 j 个节点的局部梯度会受到其下层 q 个节点局部梯度的共同影响。

于是，t+1 时刻第 j 个节点的权值被调整为

$$W_{ij}(t+1) = \alpha W_{ij}(t) + \eta \delta_j(t) O_i(t) \qquad (6.23)$$

可见，B-P 反向传播网络的权值的调整策略与感知器类似，只是具体的计算方法不同。

6.2.4　B-P 反向传播网络的建立

1. 网络结构的确定

网络结构对 B-P 反向传播网络至关重要。太简单的网络结构无法得到理想的预测精度，但太复杂的网络结构会导致过拟合等问题。在模型建立初期，给定一个合适的网络结构是很难的，SPSS Modeler 常用的网络结构确定方法有两种，经验值法和动态调整法。

1) 经验值法

① 快速(Quick)训练法

SPSS Modeler 提供的一种经验值法的解决方案为快速训练法。其网络结构中只包含一个隐藏层，隐藏层节点数默认为

$$\max\left(3, \frac{n_i + n_o}{20}\right) \qquad (6.24)$$

其中，n_i 和 n_o 分别表示输入节点的个数和输出节点的个数。

② 多层(Multiple)训练法

SPSS Modeler 还提供了另外一种经验值法的解决方案，称为多层训练法。其网络结构中包含一个或两个隐藏层。

包含一个隐藏层的情况：隐藏层节点的个数主要取决于输入节点的个数。若有 1 个输入节点，则有 3 个隐藏层节点；若有 2 个输入节点，则有 4 个隐藏层节点；若有 3 个输入节点，则有 7 个隐藏层节点；……隐藏层节点至少为 3 个(当输入节点个数为 1 时)，但最多不超过 60 个。

包含两个隐藏层的情况：第一个隐藏层的节点个数的确定方法同上述包含一个隐藏层的情况；第二个隐藏层的节点个数取决于第一个隐藏层的节点个数。若第一个隐藏层有 3 个节

点，则第二个隐藏层有 10 个节点；若第一个隐藏层有 4 个节点，则第二个隐藏层为 17 个节点；如果第一个隐藏层有 7 个节点，则第二个隐藏层为 25 个节点；……第二个隐藏层的节点个数至少为 10（当第一个隐藏层节点个数为 1 时）。

2）动态调整法

动态调整法是指在模型建立初期仅给出一个粗略结构，然后在模型训练的过程中对其进行逐步调整的方法。

① 动态削剪法

首先采用较复杂的网络结构，然后依据预测误差逐步精简结构。也就是说，首先选择具有较多隐藏层节点的网络结构，待进行一轮学习后逐步随机剔除一个隐藏层节点，考察模型的性能是否因剔除节点而下降。如此反复多次，最后得到精简模型。

② 动态增补法

首先采用最简单的网络结构，然后逐步增加隐藏层的节点数，提高预测精度，直到达到期望的预测精度为止。

2．具体实现

1）初始设置

为对比分析，设置两个具有相同网络结构的初始网络，它们都有两个隐藏层，每个隐藏层均包括两个节点。两个网络的名称分别为左网络和右网络。

设置训练参数：持续参数（Persistence）为 5，冲量项 α 为 0.9，初始学习率 η 为 0.05，权值调整的最大变化率不大于 0.02。其中，持续参数的含义是当模型预测精度不能继续得到明显改善时仍持续学习的周期数。

2）训练模型，找到合适的网络结构

首先，向右网络的第二个隐藏层中添加一个节点；然后，同时训练左网络和右网络各一轮，分别计算此刻两个网络输出节点的局部梯度的总和，实际度量的是预测误差。如果左网络的预测误差低于右网络，则继续向左网络的第一个隐藏层中添加一个节点；如果左网络的预测误差高于右网络，则用右网络覆盖左网络，并继续向右网络的第二个隐藏层中添加一个节点。反复执行上述步骤，直至迭代终止，最终采用左网络的网络结构。

3）针对确定的网络结构，重新设置训练参数

设置训练参数：持续参数为 5，冲量项 α 为 0.9，初始学习率 η 为 0.02，权值调整的最大变化率不大于 0.005。显然，参数要求提高了。

SPSS Modeler 将动态调整学习率 η 的值。

3．冲量项 α 和学习率 η

在权值的调整过程中，冲量项 α 和学习率 η 的作用是很明显的。权值不断调整的过程可比喻为超平面不断向正确位置逼近的过程，而每次移动的距离与学习率有关。通常，人们并不希望超平面一次移动过大或过小的距离，也就是说，学习率不能太大或太小。如果太大，权值的改变量就较大，可能导致模型工作不稳定；如果太小，超平面逼近正确目标的进程可能会很慢。那么，怎样设置合理的学习率呢？

SPSS Modeler 的学习率设置策略是，令其在模型训练过程中自动变化，让第 t 次训练的学习率与第 $t-1$ 次训练有关，而非一个固定值。自动变化的计算方法如下。

$$\eta(t) = \eta(t-1) \cdot \exp\left(\frac{\log\left(\dfrac{\eta_{\text{low}}}{\eta_{\text{high}}}\right)}{d}\right) \qquad (6.25)$$

其中，η_{low} 和 η_{high} 分别表示学习率变化范围的最小值和最大值，d 为衰减量。由于最后一项是一个小于 1 的数，因此第 t 次训练的学习率总小于第 $t-1$ 次训练的学习率。于是，在学习过程中，学习率将由一个初始值逐渐减小至 η_{low}，然后将其设为 η_{high}，完成一个周期的变化；如此反复，直到训练完毕。其过程如图 6-12 所示。

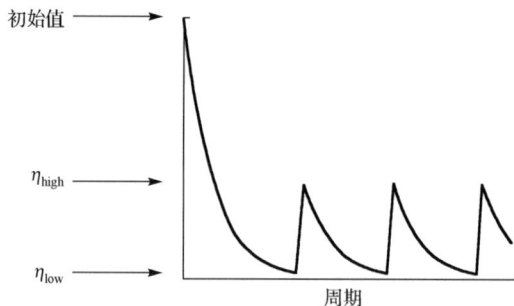

图 6-12　学习率自动变化

冲量项的概念来源于物理学。一般情况下，前面所讨论的超平面会有一些平坦区域。在 B-P 反向传播网络中，引入冲量项的目的是加快超平面处于平坦区域时模型的学习速度。

$$W_{ij}(t+1) = \alpha W_{ij}(t) + \Delta W_{ij}(t) \qquad (6.26)$$

可进一步写为

$$W_{ij}(t+1) = \alpha(\alpha W_{ij}(t-1) + \Delta W_{ij}(t-1)) + \Delta W_{ij}(t) \qquad (6.27)$$

所以，冲量项本质上平滑了学习过程中权值的随机更新，增强了网络的稳定性，冲量项的引入加快了学习速度，使超平面尽快远离平坦区域。通常冲量项的经验值为 0.9。

4. 敏感性分析

敏感性分析是一种研究输入变量的变化对输出变量的影响程度的方法，通常称影响程度的大小为敏感性系数。敏感性系数越大，输入变量的变化对输出变量的影响越大，反之越小。敏感性分析的目的是，得到各输入变量对输出变量的敏感性系数，以及敏感性系数的排序结果。

敏感性分析的优势在于，一方面，由于 ANN 属于直接型数据挖掘算法，其内部计算过程对用户来说是一个"黑匣子"，这样的特点会使用户在应用 ANN 模型时感到信心不足，它能够在一定程度上打开这个"黑匣子"，使用户对 ANN 模型的分析结果有更加直观的认识。另一方面，它能够帮助用户确定对输出变量影响较大的输入变量，剔除对其影响很小的输入变量，从而有效减少输入变量的个数，以提高模型准确度。

敏感性分析的方法有很多，如基于数理统计的分析方法和基于 ANN 的分析方法等。同时，敏感性分析包括针对单个输入变量的局部分析和针对两个或多个输入变量及其交互影响的全局分析。通常，局部敏感性分析由于计算相对简单，因而应用较广泛。ANN 中的局部敏感性分析方法一般包括基于权值的敏感性分析，基于输出变量对输入变量偏导数的敏感性分析，与统计方法相结合的敏感性分析及基于输入变量随机噪声的敏感性分析。这里仅讨论基于权值的敏感性分析。

1）基于权值的 Garson 算法

基于权值的 Garson 算法用权值的乘积计算输入变量对输出变量的影响程度或者相对贡献值。输入变量 X_i 对输出变量 Y_k 的敏感性系数为

$$Q_{ik} = \frac{\sum_{j=1}^{L} \left(\dfrac{|W_{ij}V_{jk}|}{\sum_{r=1}^{N} |W_{rj}|} \right)}{\sum_{i=1}^{N} \sum_{j=1}^{L} \left(\dfrac{|W_{ij}V_{jk}|}{\sum_{r=1}^{N} |W_{rj}|} \right)} \qquad (6.28)$$

其中，W_{ij} 表示第 i 个输入节点与第 j 个隐藏层节点之间的权值，共有 N 个输入节点、L 个隐藏层节点；V_{jk} 表示第 j 个隐藏层节点与第 k 个输出节点之间的权值；$\sum_{r=1}^{N} |W_{rj}|$ 表示所有输入节点与第 j 个隐藏层节点之间的权值的绝对值之和。取绝对值的目的是消除权值总和计算时正负抵消的问题。因此，分子反映的是第 i 个输入变量与第 k 个输出变量的基于权值的相关程度，分母反映的是所有输入变量与第 k 个输出变量的相关程度的总和，两者相除便得到第 i 个输入变量与第 k 个输出变量的相关程度的相对指标，所有相对指标的总和为 1。所以，该指标越接近 1，说明第 i 个输入变量对第 k 个输出变量越重要。于是，可得到输入变量对输出变量的重要程度的排序。

2）基于权值的 Tchaban 算法

基于权值的 Garson 算法没有直接使用输入变量的值，采用的是最终调整后的权值，因而无法确定输出变量对输入变量的哪些值或者区域尤为敏感。基于权值的 Tchaban 算法将输入变量的值引入进来，利用权积（Weight Product）进行敏感性分析。t 时刻，输入变量 X_i 对输出变量 Y_k 的敏感性系数为

$$Q_{ik} = \frac{X_i(t)}{Y_k'(t)} \sum_{j=1}^{L} W_{ij}(t) V_{jk}(t) \qquad (6.29)$$

为了全面衡量输入变量的敏感性，SPSS Modeler 选取 t 时刻的原则如下。

（1）对分类型输入变量，选取能够取遍所有分类值的 t。

（2）对数值型输入变量，分别选取输入变量为 0、0.25、0.5、0.75 和 1 时的 t。

对输入变量的所有取值组合，都可以计算出其敏感性系数，最终以其平均值作为输入变量的敏感性系数。

6.3　SPSS Modeler 中的径向基函数网络

6.3.1　径向基函数网络

径向基函数（Radical Basic Function，RBF）网络是一种前馈式神经网络，起源于数值分析

中多变量插值的径向基函数方法。径向基函数网络具有较快的学习速度和良好的非线性转换能力,在很多领域得到了广泛应用。

与 B-P 反向传播网络相比,径向基函数网络有以下特点。

(1)B-P 反向传播网络可以采用多层的网络结构,而径向基函数网络只能采用三层的网络结构,除输入层和输出层外,只包含一个隐藏层,因此网络结构相对简单。

(2)在 B-P 反向传播网络中,隐藏层节点和输出节点均采用相同的加法器和激活函数,而径向基函数网络则不同,其隐藏层节点采用径向基函数作为激活函数,输出节点采用线性加法器和 Sigmoid 激活函数,因此两者的分类预测原理有所差异。

(3)B-P 反向传播网络的输入层和隐藏层、隐藏层和输出层之间的权值都需要调整,而径向基函数网络的输入层和隐藏层之间的权值固定为 1,无须调整。只有隐藏层和输出层之间的权值需在学习过程调整,因此学习效率更高。

径向基函数网络的上述特点,使得其分类预测的原理较为独特。径向基函数是一个取值仅依赖于到原点的距离(一般使用欧氏距离进行度量)的实值函数,有 $\Phi(x)=\Phi(\|x\|)$;或者是一个取值仅依赖于到任意一点 c 的距离的实值函数,c 称为中心点,有 $\Phi(x,c)=\Phi(\|x-c\|)$。任意一个满足 $\Phi(x)=\Phi(\|x\|)$ 或 $\Phi(x,c)=\Phi(\|x-c\|)$ 特性的函数 Φ 都称为径向基函数。

整体上看,径向基函数网络的作用是学习一个高维空间上的超曲面,对训练样本进行学习的过程,就是对超曲面进行拟合的过程。但由于样本中存在噪声,因而对训练得到的结果还需要进行泛化处理,泛化的任务就是在样本之间进行插值,插值后的超曲面仍然要经过所有样本。在插值过程中,使用的插值函数就是不同类型的径向基函数。

与感知器相比,径向基函数网络采用局部逼近的工作方式。节点的输入变量距径向基函数的中心点越近,节点的激活程度就越高。但两者都能够实现通用逼近,也就是对任意非线性函数的逼近。

6.3.2 径向基函数网络中的隐藏层节点和输出节点

径向基函数网络中的隐藏层节点采用径向基函数中的高斯核函数作为激活函数。数学定义为

$$\ker\left(\|x-x_{\mathrm{c}}\|\right)=\mathrm{e}^{\frac{\|x-x_{\mathrm{c}}\|^2}{2\sigma^2}} \qquad (6.30)$$

其中,x 为输入变量;x_{c} 为核函数的中心;σ 为核函数的宽度,用于控制径向作用范围;$\|x-x_{\mathrm{c}}\|^2$ 为点 x 到中心点 x_{c} 的欧氏距离的平方。径向基函数的关键是对核中心 x_{c} 和宽度 σ 的估计。一旦这两个参数确定了,样本空间与隐藏层节点空间的映射关系也就确定了。

在 SPSS Modeler 中,径向基函数网络中的隐藏层节点采用调整过的高斯核函数作为激活函数,数学定义为

$$\ker\left(\|x-x_{\mathrm{c}}\|\right)=\mathrm{e}^{\frac{\|x-x_{\mathrm{c}}\|^2}{2\sigma^2 h}} \qquad (6.31)$$

其中,h 为径向覆盖长度,h 为 1 时,式(6.31)即标准的高斯核函数。

可见,径向基函数网络中的隐藏层节点采用非线性函数作为激活函数,因而实现了从输入层到隐藏层的非线性映射。同时,样本 x 距核中心 x_{c} 越近,隐藏层节点的输出就越大。

所以，核函数本质上是一个带有某种数学特性的、反映相似特征的函数。

径向基函数网络中的输出节点与 B-P 反向传播网络相同，仍包括加法器和激活函数两部分。不同的是，其输出节点的输入，即隐藏层节点的输出的形式是径向基函数。将第 j 个输出节点的输出表示为

$$Y_j = f\left(\sum_{i=1}^{k} W_{ij} \mathrm{e}^{\frac{\|x-x_c\|^2}{2\sigma^2 h}}\right) \tag{6.32}$$

其中，W_{ij} 为第 i 个隐藏层节点与第 j 个输出节点之间的权值，共有 k 个隐藏层节点，对应有 k 个核中心 x_c 和宽度 σ。激活函数 f 的具体形式是 $(0,1)$ 型 Sigmoid 函数。可见，输出节点的加法器反映了从隐藏层到输出层的线性映射关系，Sigmoid 函数实现了对加法器输出的非线性转换。

6.3.3　径向基函数网络的学习过程

径向基函数网络的学习过程包括两个阶段。第一，核函数参数的确定，即核中心 x_c 和宽度 σ 的确定；第二，隐藏层节点和输出节点之间权值的调整。与一般 ANN 学习过程有所不同的是，其核函数参数的确定与权值的调整并不在同一个学习阶段进行，它们分别通过两个独立的学习阶段来实现。

1. 第一个学习阶段

第一个学习阶段的目标是确定核函数参数。

确定核中心 x_c 有许多方法，如随机选取法、正交最小二乘法等。SPSS Modeler 采用 K-means 聚类算法，其核心步骤如下。

(1) 指定聚类个数 K。在径向基函数网络中，就是要给定隐藏层节点的个数。

(2) 确定 K 个初始类中心，即由 SPSS Modeler 随机指定 K 个样本作为 K 个初始类中心。

(3) 根据距离最小原则进行分类，即分别计算每个样本到 K 个初始类中心的欧氏距离，然后按照距离最短的原则，将所有样本分配到距离自己最近的类中，形成 K 个类。

(4) 重新确定 K 个类中心，即分别计算 K 个类中所有样本的均值，并将类中心调整到 K 个均值点上，完成一次迭代过程。

(5) 判断是否满足终止迭代的条件。SPSS Modeler 规定径向基函数网络学习的终止条件是，目前的迭代次数等于 10 次或新确定的类中心距上个类中心的最大偏移率小于 0.000001。适当的迭代次数或合理的类中心偏移率，能够有效克服初始类中心可能存在的偏差，提高聚类的合理性。满足上述两个条件中的任意一个，则结束聚类，若均不满足，则返回第 (3) 步。

通过 K-means 聚类算法，K 个核中心 x_c 就被估计出来了。值得说明的是，需要反复试验才可确定一个合理的 K 值。

宽度 σ 可采用高斯核函数的标准差，即 $\dfrac{d}{\sqrt{2k}}$，其中 d 为本类中心与最近类中心之间的欧氏距离，K 仍为聚类个数，即隐藏层节点的个数。SPSS Modeler 中：

$$\sigma = \sqrt{\frac{d_1 + d_2}{2}} \tag{6.33}$$

其中，d_1 是本类中心与最近类中心之间的欧氏距离，d_2 是本类中心与次近类中心之间的欧氏距离。

可见，第一个学习阶段结束后，会得到 K 个核中心 x_c 和宽度 σ。

2．第二个学习阶段

第二个学习阶段的目标是根据预测误差不断调整隐藏层节点和输出节点之间的权值，仍沿用 B-P 反向传播网络中的梯度下降法。SPSS Modeler 中的计算公式为

$$\Delta W_{ij}(t) = \eta(Y_j - Y_j')\mathrm{e}^{\frac{\|x-x_c\|^2}{2\sigma_i^2 h}} + \alpha\Delta W_{ij}(t-1) \tag{6.34}$$

由于引入了 $\alpha\Delta W_{ij}(t-1)$，权值调整的平均作用更明显，网络更稳定。

总之，第一个学习阶段得出了 K 个核中心 x_c 和宽度 σ，第二个学习阶段得出了恰当的权值。从应用角度来说，由于 K 个核中心 x_c 是由训练样本输入变量的联合分布决定的，如果输入变量表示客户的特征属性，输出变量表示客户的消费行为，那么第一个学习阶段得出的就是 K 个客户群特征的典型代表；第二个学习阶段可看成基于相似客户特征的消费行为规律的探索过程。在模型的训练过程中，核函数的每个值反映每名客户与 K 个客户群的特征相似程度，并根据相似程度学习到不同客户群的消费规律。最终的权值反映了不同客户群特征对消费行为影响程度的大小，体现了不同客户群特征与消费行为之间的联系。在认为 K 个客户群各有一定的消费行为规律的前提下，在分类预测时，新客户与哪个客户群特征接近，那么他的消费行为就会与哪类客户群更相似。

值得一提的是，ANN 是一个解决多目标预测问题的比较好的策略。多目标预测问题在现实应用中极为普遍，例如，在企业生产能力的评价中要同时测度产量和质量；在商品需求的研究中应同时考虑商品的销售量和销售价格；在环境研究中，应同时关注污染物的排放量和浓度等。ANN 可以同时评价多个输入变量对多个输出变量的影响，比分别建立多个预测模型更有效。

6.4　人工神经网络的应用

案例背景

以预测嫌疑人是否会再次犯罪为例，讨论 SPSS Modeler 中人工神经网络模型的具体操作。通过违法记录、教育水平等因素对嫌疑人是否会再次犯罪进行预测。

基础数据

再次犯罪.sav、再次犯罪.xlsx

学习目标

业务目标

(1) 掌握 SPSS Modeler 中人工神经网络模型的具体操作。

(2) 分析嫌疑人再次犯罪的可能性。

能力目标

(1) 学会规范地导入数据。

(2) 学会调整数据类型，建立人工神经网络模型。

（3）学会使用人工神经网络模型提供的预测功能，对嫌疑人再次犯罪的可能性进行预测，并对预测结果进行分析和评价。

学习步骤

1．多层感知器的预测与应用

（1）导入数据。

在 SPSS Modeler 中，选择"源"选项卡中的变量文件节点，导入"再次犯罪.sav"文件，如图 6-13 所示。

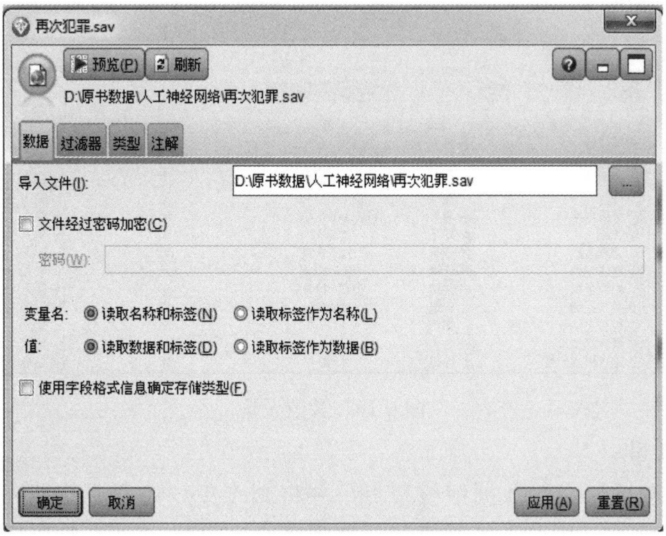

图 6-13　导入数据

（2）过滤无用变量。

选择"过滤器"选项卡，将变量 V14～V20 过滤掉，如图 6-14 所示。

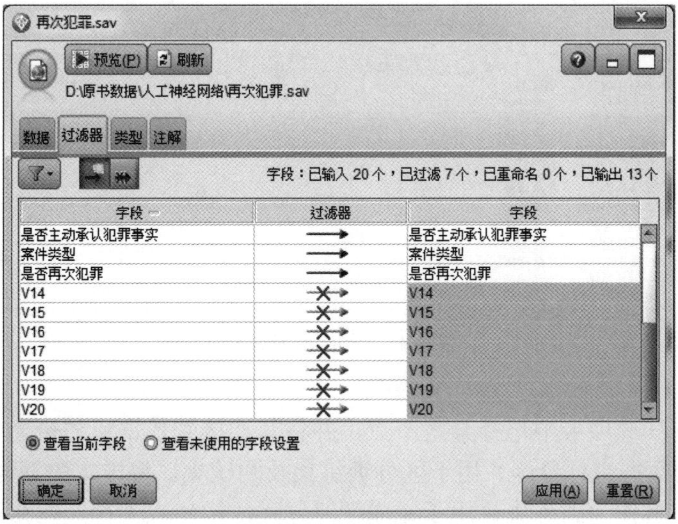

图 6-14　过滤无用变量

(3)修改变量类型。

在“字段选项”选项卡中选择类型节点，将变量文件节点与类型节点连接起来，如图 6-15 所示。进行参数设置，修改类型节点中各变量的类型。单击“类型”选项卡下的“读取值”按钮，确定变量的类型是否符合规则，如图 6-16 所示，然后依次单击“应用”按钮和“确定”按钮。

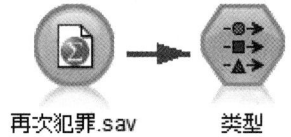

图 6-15　类型节点

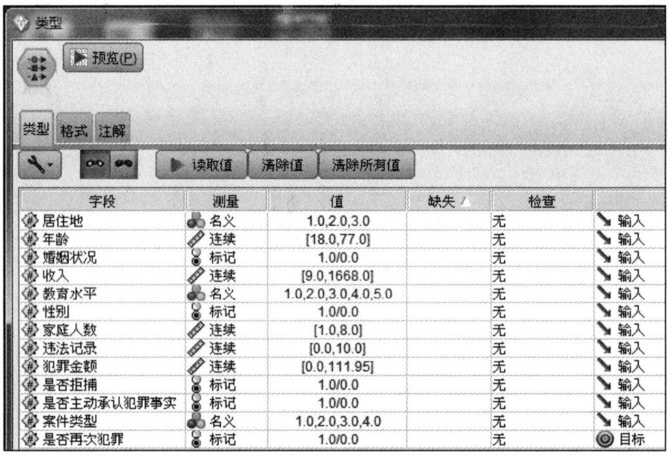

字段	测量	值	缺失	检查	
居住地	名义	1.0,2.0,3.0		无	输入
年龄	连续	[18.0,77.0]		无	输入
婚姻状况	标记	1.0/0.0		无	输入
收入	连续	[9.0,1668.0]		无	输入
教育水平	名义	1.0,2.0,3.0,4.0,5.0		无	输入
性别	标记	1.0/0.0		无	输入
家庭人数	连续	[1.0,8.0]		无	输入
违法记录	连续	[0.0,10.0]		无	输入
犯罪金额	连续	[0.0,111.95]		无	输入
是否拒捕	标记	1.0/0.0		无	输入
是否主动承认犯罪事实	标记	1.0/0.0		无	输入
案件类型	名义	1.0,2.0,3.0,4.0		无	输入
是否再次犯罪	标记	1.0/0.0		无	目标

图 6-16　参数设置

(4)判断数据质量。

选择“输出”选项卡中的数据审核节点，并将其连接到数据流的相应位置上，对数据的离群值和极值进行修正，并生成离群值和极值超节点。这里，首先对有离群值和极值的变量选择恰当的修正方法，如图 6-17 所示。

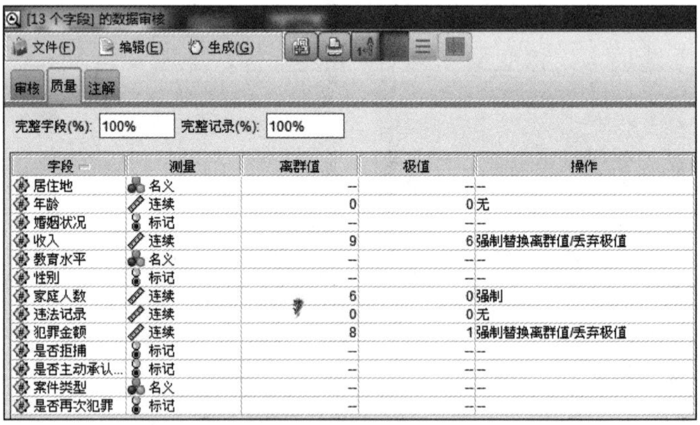

字段	测量	离群值	极值	操作
居住地	名义	--	--	--
年龄	连续	0	0	无
婚姻状况	标记	--	--	--
收入	连续	9	6	强制替换离群值/丢弃极值
教育水平	名义	--	--	--
性别	标记	--	--	--
家庭人数	连续	6	0	强制
违法记录	连续	0	0	无
犯罪金额	连续	8	1	强制替换离群值/丢弃极值
是否拒捕	标记	--	--	--
是否主动承认...	标记	--	--	--
案件类型	名义	--	--	--
是否再次犯罪	标记	--	--	--

图 6-17　判断数据质量

(5)数据分区。

在“字段选项”选项卡中选择分区节点，并将其连接到数据流的恰当位置上，进行参数设置，将处理好的数据进行分区，用于区分训练集及测试集。将样本集划为训练集和测试集，先抽取样本集的 70%作为训练集，用于完成学习过程，构建人工神经网络模型，再将剩余的 30%作为测试集，用于评估所建立模型的性能。选中“训练和测试”单选按钮，设定“训练”和“测试”分区的大小为 70 和 30，如图 6-18 所示。

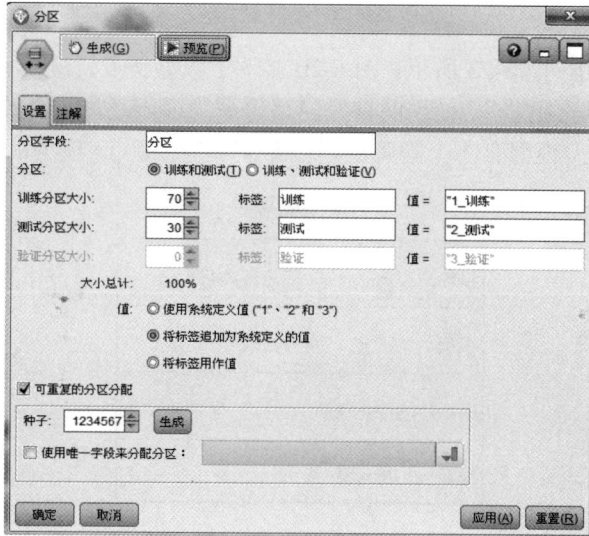

图 6-18　数据分区

(6) 建立模型。

选择"建模"选项卡中的"类神经网络"节点，并将其连接到数据流的恰当位置上，进行参数设置，如图 6-19 所示。在"字段"选项卡中，选中"使用预定义角色"单选按钮，表示采用数据流中类型节点指定的变量建立模型，如果没有类型节点，就选中"使用定制字段分配"单选按钮。在"构建选项"选项卡中可以选择神经网络模型的类型，也可以自己设定节点的个数。设置好后，单击"运行"按钮，生成模型，打开生成的模型就可以看到相关数据了。

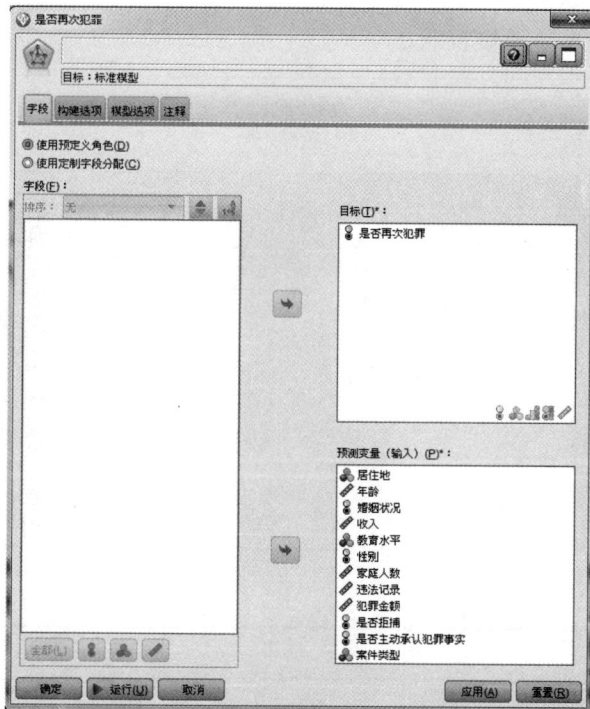

图 6-19　建立模型

(7) 模型结果。

模型结果如图 6-20~图 6-23 所示。图 6-20 显示了模型概要,从模型概要可以看出,模型预测的目标是"是否再次犯罪",使用的神经网络模型为多层感知器,模型所使用的停止规则是无法进一步降低误差,模型有 1 个隐藏层,隐藏层有 7 个节点。模型的预测准确度为 76.0%。

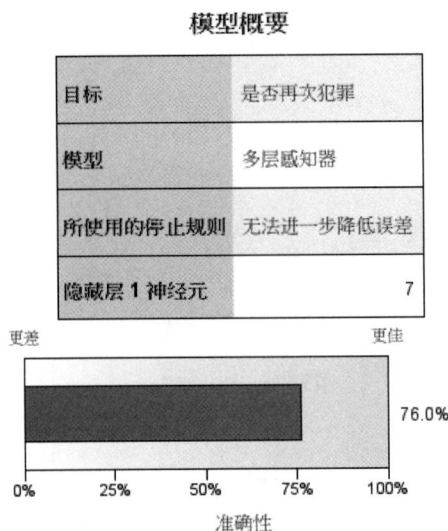

图 6-20 模型概要

图 6-21 显示了预测变量重要性,从预测变量重要性可以看出,本模型认为"年龄"和"是否主动承认犯罪事实"这两个变量较其他变量重要,"教育水平""案件类型""收入"3 个变量其次,其他 5 个变量的重要性较低。

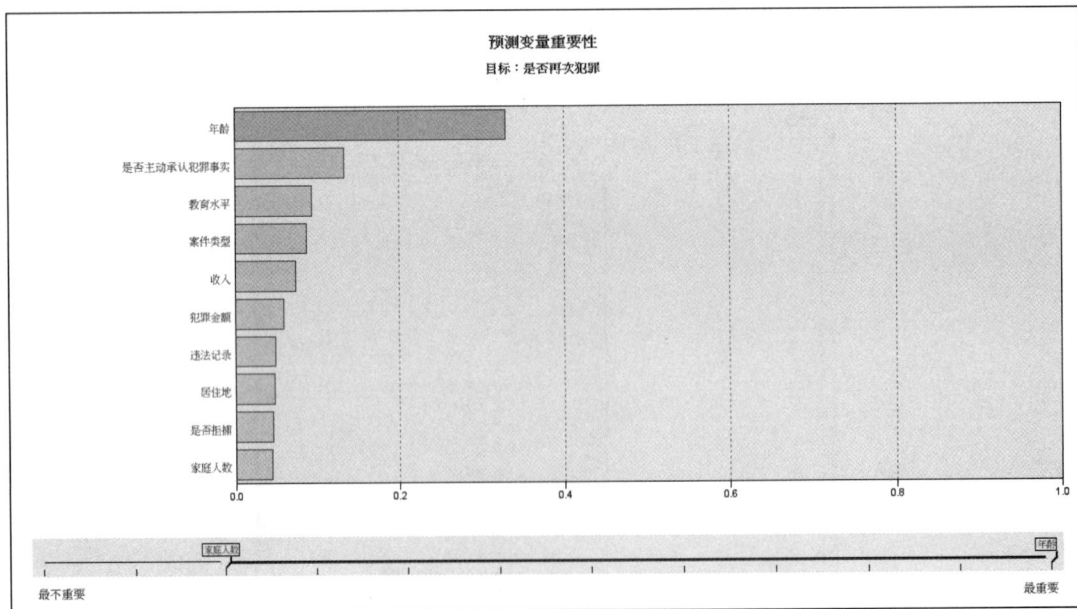

图 6-21 预测变量重要性

图 6-22 显示了是否再次犯罪的分类,可以再次看出,本模型的准确度为 76%。

是否再次犯罪 的分类

总体正确率 = 76.0%

图 6-22　是否再次犯罪的分类

图 6-23 显示了网络结构，可以看出，从左往右的第一层为输入层(输入层有 11 个节点，偏差为常数项)，第二层为隐藏层(隐藏层有 8 个节点，偏差为常数项)、第三层为输出层(输出层有 1 个节点)，即是想要预测的变量。对隐藏层来说，问题越复杂，需要的隐藏层节点就越多。从另一个角度来说，对同一个问题，隐藏层节点越多，学习过程就越容易收敛。但隐藏层节点过多，会增加计算量，可能造成模型的过拟合问题。图中线段的粗细代表权值的大小。线段越粗，权值越大；线段越细，权值越小。

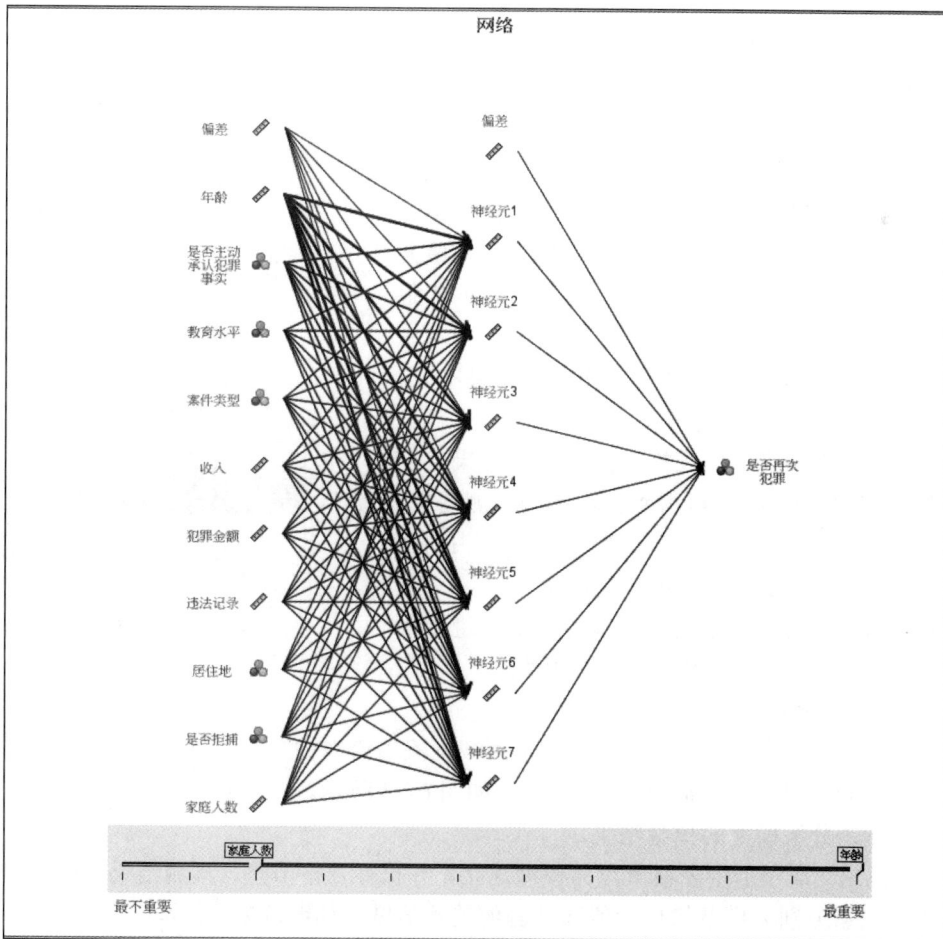

图 6-23　网络结构

(7) 提高模型的准确度。

目前，本模型的准确度只有 76%，不十分理想，主要原因是网络结构过于简单，可通过适当增加网络结构的复杂度来提高准确度。如果希望进一步提高准确度，可以在"构建选项"选项卡中调整隐藏层节点的个数等参数，自行设置网络结构。如图 6-24 所示，可将隐藏层 1 的节点个数调整为 24。

图 6-24　将隐藏层 1 的节点个数调整为 24

调整后的模型概要如图 6-25 所示，该模型的准确度提高到了 77.6%，如果还希望进一步提高模型准确度，可以继续对隐藏层节点个数等参数进行调整。

(8) 分析模型结果。

① 模型结果

本模型的预测准确度为 76%，隐藏层有 1 层(含 8 个节点)，对要预测的目标"是否再次犯罪"影响最大的变量是"年龄"(0.33)，其次是"是否主动承认犯罪事实"(0.13)、"教育水平"(0.09)等。由于采用的算法不同，结论与用决策树模型预测所得的结果不同。

② 预测结果

将"输出"选项卡中的表格节点与模型结果节点连接起来，如图 6-26 所示，可得到各样本的预测结果，如图 6-27 所示。其中，以字符串$N, $NC 开头的变量分别为模型的预测值和预测值的置信度。

生成模型后，可以根据需要调节各参数，进行模型优化，最后可以运用这个模型来进行预测。

图 6-25　调整后的模型概要

(9) 模型的预测应用。

导入"再次犯罪.xlsx"文件，将其连接到数据流的恰当位置上，选择"替换连接"选项，替换掉原数据流中的"再次犯罪.sav"节点，如图 6-28 所示。

(10) 观测、分析模型的预测结果。

选择"输出"选项卡中表格节点与模型连接，并执行表格节点，预测结果中以字符串$N、$NC 开头的变量分别为模型的预测值和预测值的置信度，如图 6-29 所示。

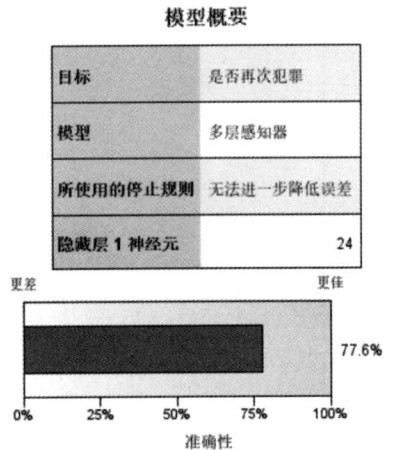

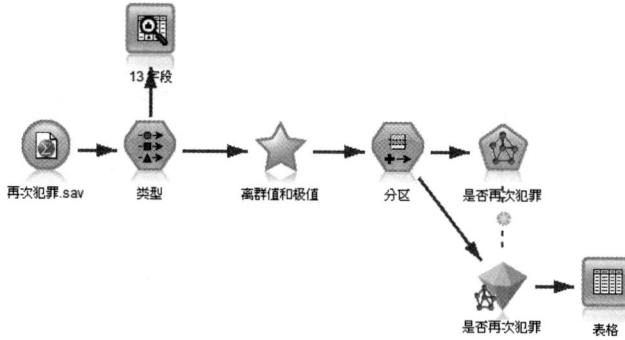

图 6-26 连接表格节点

图 6-27 预测结果

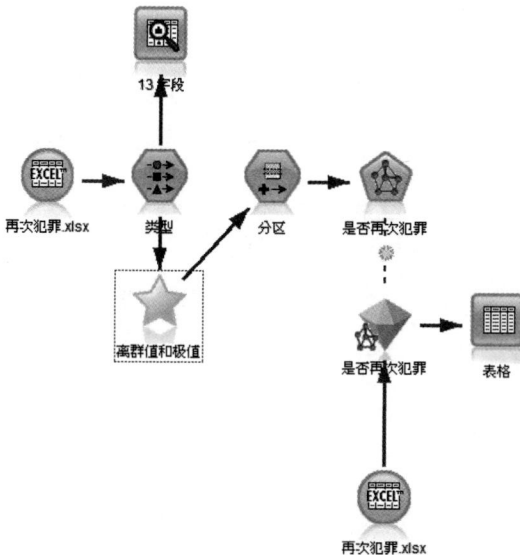

图 6-28 导入"再次犯罪.xlsx"文件

从图 6-29 中可以看出，模型的预测值为 0.000，置信度为 0.666

图 6-29　预测结果

2. 径向基函数网络的预测与应用

(1)导入"再次犯罪.sav"文件,进行过滤无用变量、修改数据类型、判断数据质量、数据分区等基本操作,不再赘述。

(2)建立模型。

选择"建模"选项卡中的"类神经网络"节点,并将其连接到数据流的恰当位置上,进行参数设置。在"字段"选项卡中,选中"使用定制字段分配"单选按钮,自行指定目标变量("是否主动承认犯罪事实"和"年龄")和多个输入变量,这里对嫌疑人"是否主动承认犯罪事实"和"年龄"进行预测,如图 6-30 所示。在"构建选项"选项卡中选择神经网络模型的类型为"径向基函数(RBF)",自行设定节点个数,如图 6-31 所示。设置好后,单击"运行"按钮,生成模型,打开生成的模型,就可以看到相关数据了。

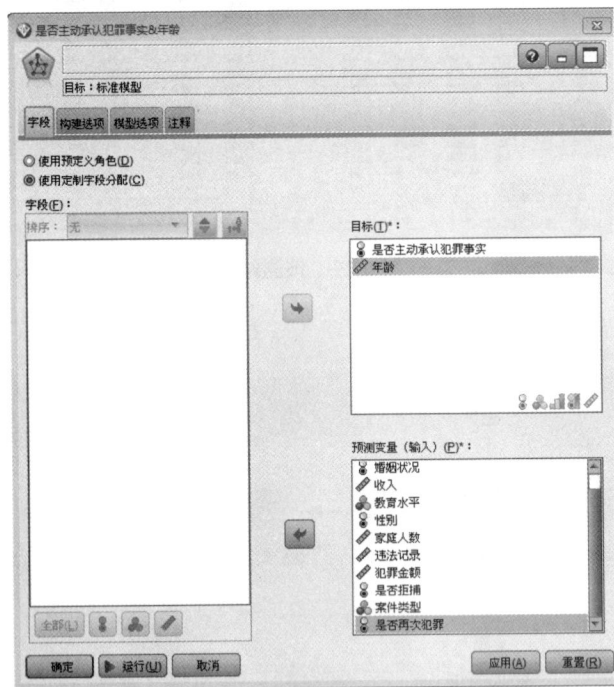

图 6-30　"字段"选项卡

(3)模型结果。

模型结果如图 6-32～图 6-36 所示。图 6-32 显示了模型概要,从模型概要可以看出,模型预测的目标是"年龄"和"是否主动承认犯罪事实",使用的神经网络模型为径向基函数,模型有 1 个隐藏层,隐藏层有 10 个节点。模型的预测准确度为 46.3%,准确度较低(如果希望进一步提高模型准确度,可以在"构建选项"选项卡中调整隐藏层节点个数等参数)。

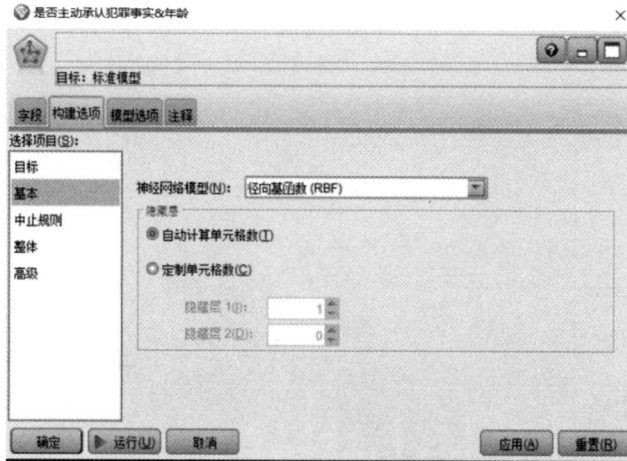

图 6-31 "构建选项"选项卡

图 6-33 显示了预测变量重要性，从预测变量重要性可以看出，本模型认为"收入"和"家庭人数"这两个变量比其他变量重要，"教育水平""犯罪金额""是否再次犯罪""婚姻状况""案件类型"这 5 个变量其次，"违法记录""居住地""是否拘捕"的重要性较低。

图 6-34 显示了预测目标"年龄"的情况，可以看出，年龄大致集中在 30.000～50.000 这个范围内。

图 6-35 显示了是否主动承认犯罪事实的分类，可以看出，本模型对"是否主动承认犯罪事实"的预测准确度为 75.9%。

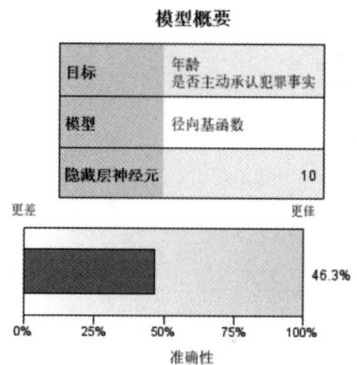

图 6-32 模型概要

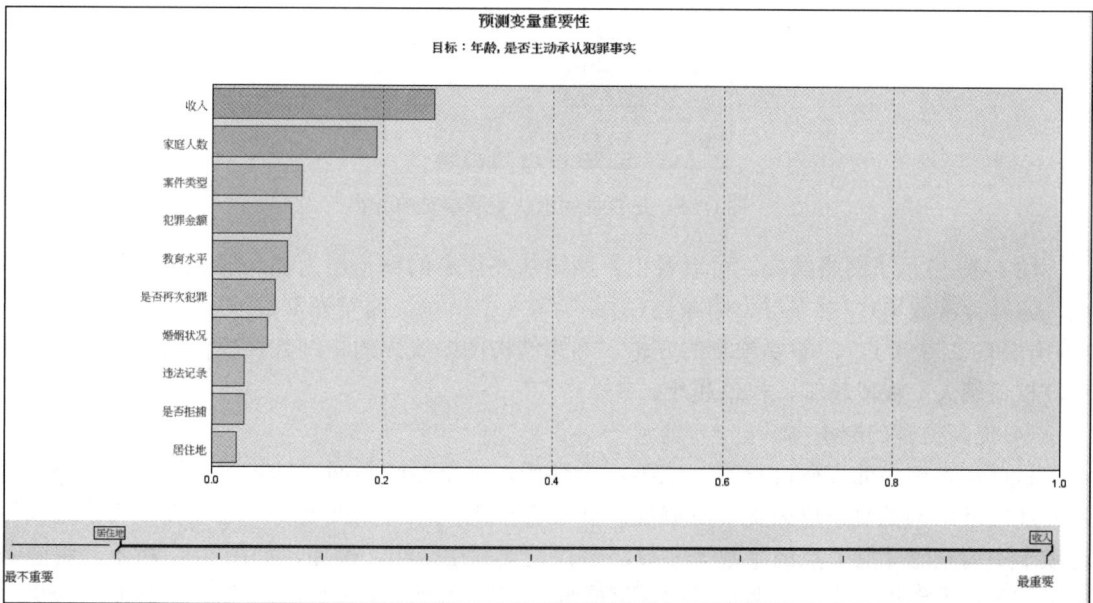

图 6-33 预测变量重要性

由观测预测

目标：年龄

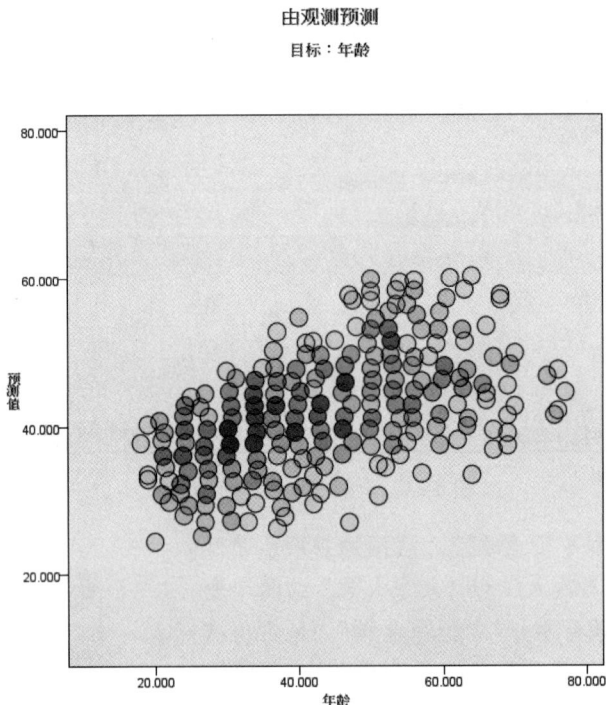

图 6-34　预测目标"年龄"的情况

是否主动承认犯罪事实 的分类

总体正确率 = 75.9%

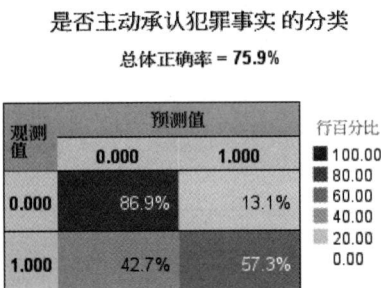

图 6-35　是否主动承认犯罪事实的分类

图 6-36 显示了网络结构，可以看出，网络从左往右的第一层为输入层(输入层有 11 个节点，偏差为常数项)，第二层为隐藏层(隐藏层有 8 个节点，偏差为常数项)，第三层为输出层(输出层有 2 个节点)，即要预测的变量。网络结构图中线段的粗细代表权值的大小。线段越粗，权值越大；线段越细，权值越小。

(4)提高模型的准确度。

目前，本模型的准确度只有 46.3%，不理想，主要原因是网络结构过于简单，可通过适当增加网络结构的复杂度来提高准确度。如果希望进一步提高准确度，可以在"构建选项"选项卡中调整隐藏层节点的个数等参数，自行设置网络结构。例如，如图 6-37 所示，将隐藏层 1 的节点个数调整为 30，调整后的模型概要如图 6-38 所示，模型的准确度提高到了 49.9%，如果还希望进一步提高模型准确度，可以继续对隐藏层节点的个数等参数进行调整。

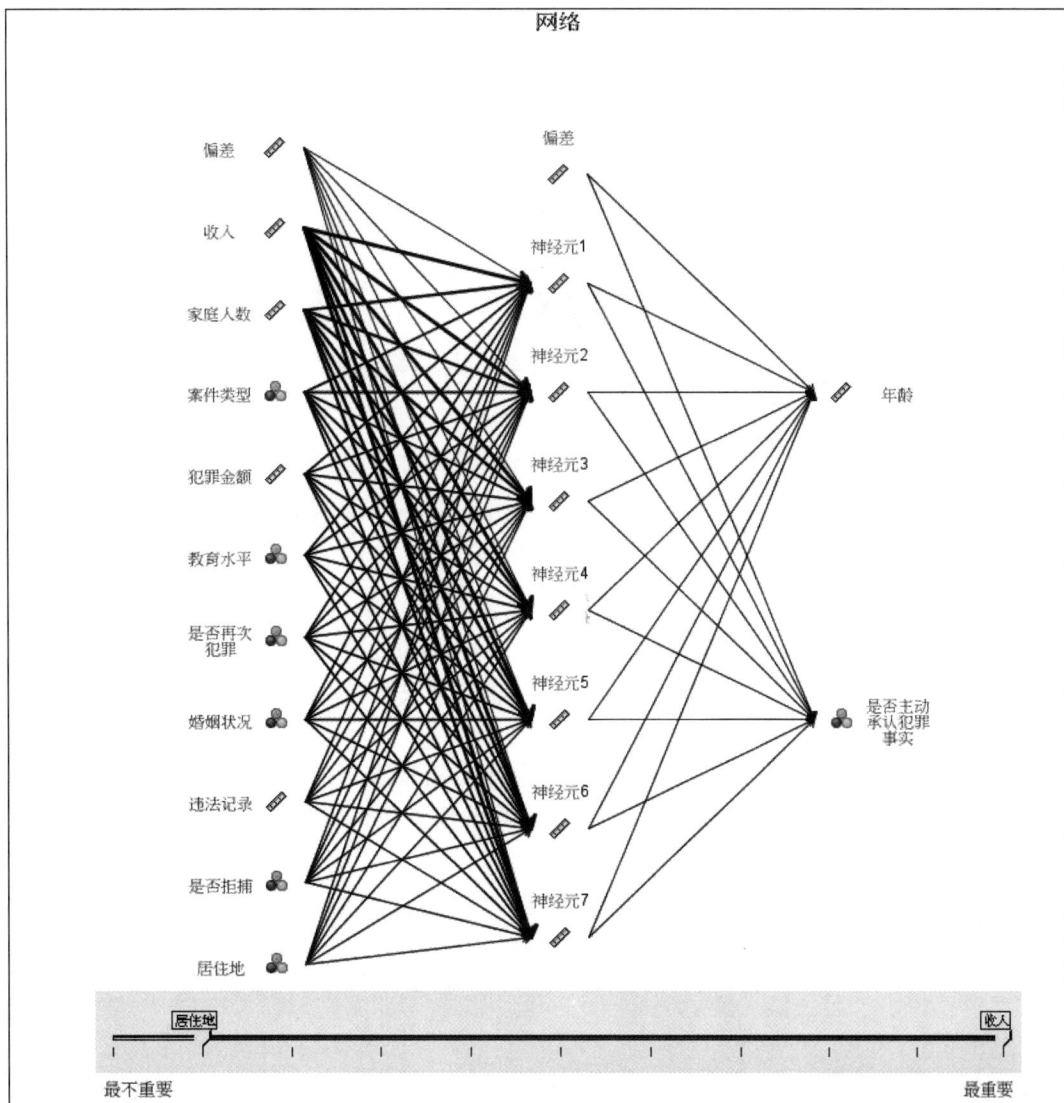

图 6-36　网络结构

图 6-37　将隐藏层 1 的节点个数调整为 30

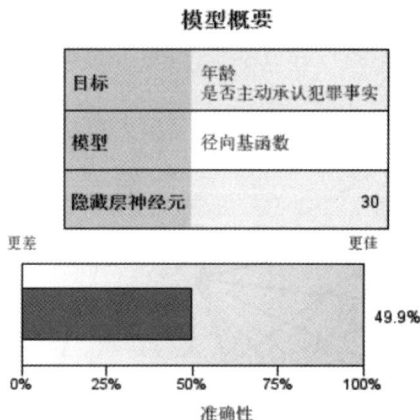

图 6-38　调整后的模型概要

(5)分析模型结果。

① 模型结果

本模型的预测准确度为 46.3%，隐藏层有 1 层(含 8 个节点)。对要预测的目标"年龄"和"是否主动承认犯罪事实"影响最大的变量是"收入"(0.26)，其次是"家庭人数"(0.19)、"案件类型"(0.10)。由于采用的算法不同，该结论与用决策树模型得出的结论不同。

② 预测结果

将"输出"选项卡中的表格节点与模型结果节点连接起来，可得到各样本的预测结果。其中，以字符串 $N、$NC 开头的变量分别为模型的预测值和预测值的置信度，预测结果如图 6-39 所示。

图 6-39　预测结果

(6)模型的预测应用。

运用这个模型来进行预测，导入"再次犯罪.xlsx"文件，将其连接到数据流的恰当位置上，选择"替换连接"选项，替换掉原数据流中的"再次犯罪.sav"节点。

(7) 观测、分析模型的预测结果。

选择“输出”选项卡中表格节点与模型结果节点连接起来，如图 6-40 所示。执行表格节点，预测结果中以字符串$N、$NC 开头的变量分别为模型的预测值和预测值的置信度，如图 6-41 所示。

从图 6-41 可以看出，年龄的预测值为 58.797、是否主动承认犯罪事实的预测值为 0.000，置信度为 0.942。

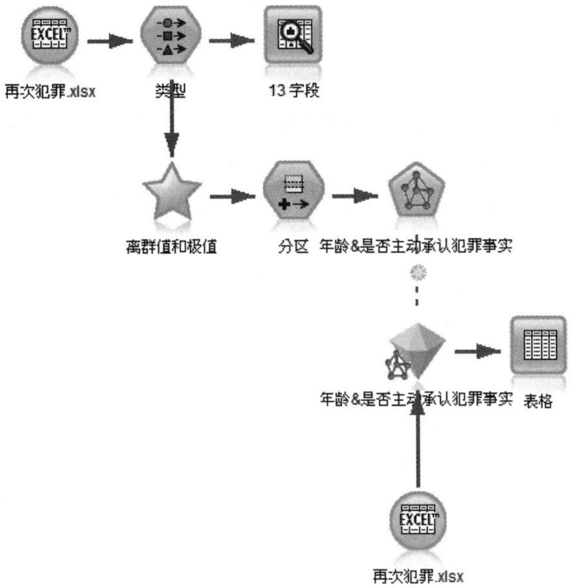

图 6-40　连接表格节点

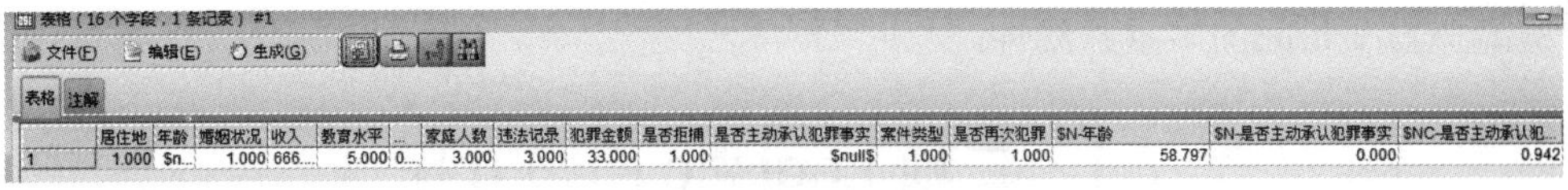

	居住地	年龄	婚姻状况	收入	教育水平	...	家庭人数	违法记录	犯罪金额	是否拒捕	是否主动承认犯罪事实	案件类型	是否再次犯罪	$N-年龄	$N-是否主动承认犯罪事实	$NC-是否主动承认犯...
1	1.000	$n...	1.000	666....	5.000	0....	3.000	3.000	33.000	1.000	$null$	1.000	1.000	58.797	0.000	0.942

图 6-41　预测结果

第7章

分类预测：Logistic 回归分析

输出变量的分类预测问题极为普遍，分析方法也种类繁多，如前文讨论的决策树、人工神经网络等。统计学对该类问题也有严谨的研究思路，通常采用回归分析方法，应当注意的是，统计方法对变量类型和分布等都有比较严格的限制，因此，通常只有在满足条件的情况下才可以应用。

在数据挖掘的实际应用中，时常会遇到目标变量是分类型变量的情况。例如，在对影响篮球比赛胜负的多因素研究中，作为目标变量的"篮球比赛的结果"只有两种可能，要么是胜，要么是负，它是定性的二分类型变量；又如，对影响大学毕业去向的多因素研究中，目标变量"毕业去向"有 6 种，它是定性的多分类型变量。

Logistic 回归分析是用于分类型变量的一种回归分析方法。它分为二项 Logistic 回归分析和多项 Logistic 回归分析两种。当目标变量是二分类型变量时，采用二项 Logistic 回归分析，当目标变量是多分类型变量时，采用多项 Logistic 回归分析。

Logistic 回归分析的条件约束包括：

(1) 各观察对象之间相互独立且 Logit P 与输入变量之间的关系为线性关系；

(2) 大样本；

(3) 避免自变量间的多重共线性。

7.1 二项 Logistic 回归方程

7.1.1 二项 Logistic 回归方程概述

当目标为二分类型变量时，虽然无法直接采用一般的线性回归模型进行建模，但仍可充分借鉴其理论模型和分析思路。

第一，对一元线性回归模型 $y_i = \beta_0 + \beta_1 x_i + \varepsilon_i$，其回归方程 $E(y_i) = \beta_0 + \beta_1 x_i$ 能对输出变量的平均值进行预测。当输出变量为二分类型变量时，如果仍采用线性回归模型建立回归方程，则能对输出变量 $y_i = 1$ 的概率进行预测。

由此给出的启示是，可利用一般线性回归模型对使输出变量取值为 1 的输入变量进行建模，此时回归方程输出变量的取值范围在 0～1 之间。回归方程的一般形式为

$$P_{y=1} = \beta_0 + \beta_1 x \tag{7.1}$$

第二，概率 P 的取值范围在 0～1 之间，而一般线性回归方程输出变量的取值范围为从负无穷到正无穷。由此给出的启示是，如果对概率 P 进行合理的转换，使其取值范围与一般线

性回归模型吻合，则可利用一般线性回归模型进行相关研究。

第三，采用一般线性回归模型建立的回归方程，方程中的概率 P 与输入变量之间的关系是线性的。而在实际应用中，它们之间的关系往往是非线性的。例如，购买小轿车的概率通常不会随年收入（或年龄等）的增长而线性增长。一般表现为，在年收入增长的初期，购买小轿车的概率增长缓慢；当年收入增长到某个水平时，购买小轿车的概率会快速增长；当年收入增长到一定水平时，购买小轿车的概率增长到某个值后，其增长速度会基本保持平稳。

由此给出的启示是，对概率 P 的转换应采用非线性转换。

基于上述分析，二项 Logistic 回归模型的建模步骤如下。

(1) 将 P 转换为 Ω：

$$\Omega = \frac{P}{1-P} \tag{7.2}$$

其中，Ω 称为相对风险或优势（Odds），是事件发生的概率与不发生的概率之比。这种转换是非线性的。同时，Ω 是 P 的单调函数，保证了 Ω 与 P 增长（或下降）的一致性，使模型易于解释。Ω 的取值范围为 $(0, +\infty)$。

(2) 将 Ω 转换成 $\ln(\Omega)$：

$$\ln(\Omega) = \text{Logit } P = \beta_0 + \sum_{i=1}^{k} \beta_i x_i$$
$$\ln(\Omega) = \ln\left(\frac{P}{1-P}\right) \tag{7.3}$$

上述转换过程称为 Logit 变换。经过 Logit 变换后，就可利用一般线性回归模型建立 Logistic 回归模型。其中，$\ln(\Omega)$ 称为 Logit P。显然 Logit P 与输入变量之间的关系是线性关系。那么 P 与输入变量之间是否呈上述分析的非线性关系呢？

建立输出变量与输入变量之间的多元分析模型，即

$$\ln\left(\frac{P}{1-P}\right) = \beta_0 + \sum_{i=1}^{k} \beta_i x_i \tag{7.5}$$

$$\frac{P}{1-P} = \Omega = \exp\left(\beta_0 + \sum_{i=1}^{k} \beta_i x_i\right) \tag{7.6}$$

可得

$$P = (1-P)\exp\left(\beta_0 + \sum_{i=1}^{k} \beta_i x_i\right)$$

$$P = \exp\left(\beta_0 + \sum_{i=1}^{k} \beta_i x_i\right) - P\exp\left(\beta_0 + \sum_{i=1}^{k} \beta_i x_i\right)$$

$$P\left[1 + \exp\left(\beta_0 + \sum_{i=1}^{k} \beta_i x_i\right)\right] = \exp\left(\beta_0 + \sum_{i=1}^{k} \beta_i x_i\right)$$

$$P = \frac{\exp\left(\beta_0 + \sum_{i=1}^{k}\beta_i x_i\right)}{1 + \exp\left(\beta_0 + \sum_{i=1}^{k}\beta_i x_i\right)}$$

$$P = \frac{1}{1 + \exp\left[-\left(\beta_0 + \sum_{i=1}^{k}\beta_i x_i\right)\right]} \tag{7.7}$$

式(7.7)称为二项 Logistic 回归方程,体现了概率 P 和输入变量 x_i 之间的非线性关系。

7.1.2　二项 Logistic 回归方程中系数的含义

从形式上看,二项 Logistic 回归方程与一般的线性回归方程的形式相同,可用类似的方法理解和解释二项 Logistic 回归方程中系数的含义。即当其他输入变量保持不变时,输入变量 x_i 每增大一个单位,将引起 Logit P 平均增大(或减小)B_i 个单位。由于 Logit P 无法被直观观察且测量单位也无法确定,因此通常以 Logistic 分布的标准差(1.8138)作为 Logit P 的测量单位。

重要的是,在模型的实际应用中,人们关心的是输入变量的变化引起的事件发生概率 P 的变化程度。当输入变量增大时,P 也会增大(或减小),但这种增大(或减小)是非线性的,取决于输入变量的取值范围及输入变量之间的共同作用等。因此,在应用中人们通常更关心输入变量给相对风险 Ω 带来的变化。为此应首先说明相对风险 Ω 的意义。

例如,某呼吸内科医生拟研究吸烟对肺癌的影响,并以年龄和性别作为输入变量。通过查阅病历、问卷调查,选择该科室肺癌患者和其他科室的非肺癌患者作为样本集。根据是否吸烟将样本集分为 A 组(吸烟组)和 B 组(不吸烟组),A 组得肺癌的概率 $P(\text{A})$ 是 0.25,B 组得肺癌的概率 $P(\text{B})$ 是 0.10,相对风险比 OR 是 A 组是否得肺癌比例与 B 组是否得肺癌比例之比:

$$\text{OR}_{\text{A.VS.B}} = \frac{P(\text{A})}{1 - P(\text{A})} \Big/ \frac{P(\text{B})}{1 - P(\text{B})} = \frac{1}{3} \Big/ \frac{1}{9} = 3$$

它表示 A 组的相对风险是 B 组的 3 倍,A 组得肺癌的风险高于 B 组。

进一步,建立 Logistic 回归方程。如果输出变量 Y 表示是否得肺癌(1=得,0=未得),只考虑一个输入变量 x_i,表示是否吸烟(1=吸烟,0=不吸烟),则建立的 Logistic 回归方程为

$$\text{Logit } P(Y = 1) = \beta_0 + \beta_i x_i$$

于是,输入变量为吸烟($x_i = 1$)的 Logistic 回归方程为

$$\text{Logit } P(Y = 1) = \text{In}(\Omega(\text{A})) = \beta_0 + \beta_i \times 1 = \beta_0 + \beta_i$$

输入变量为不吸烟($x_i = 0$)的 Logistic 回归方程为

$$\text{Logit } P(Y = 1) = \text{In}(\Omega(\text{B})) = \beta_0 + \beta_i \times 0 = \beta_0$$

于是,A 组与 B 组的相对风险比为

$$OR_{A.VS.B} = \frac{\Omega(A)}{\Omega(B)} = \frac{e^{(\beta_0 + \beta_i)}}{e^{\beta_0}} = e^{\beta_i}$$

可见，两组的相对风险比与 Logistic 回归方程的输入变量的回归系数有关。吸烟患肺癌的相对风险是不吸烟组的 e^{β_i} 倍，反映的是输入变量取不同值所导致的相对风险的变化率。

将该过程略一般化些，当 Logistic 回归方程确定后，有

$$\Omega = \exp\left(\beta_0 + \sum_{i=1}^{k} \beta_i x_i\right) \tag{7.8}$$

其他输出变量保持不变，研究 x_i 变化一个单位对 Ω 的影响。如果将 x_i 变化一个单位后的相对风险设为 Ω^*，则有

$$\Omega^* = \exp\left(\beta_i + \beta_0 + \sum_{i=1}^{k} \beta_i x_i\right) = \Omega e^{\beta_i} \tag{7.9}$$

于是有

$$\frac{\Omega^*}{\Omega} = e^{\beta_i} \tag{7.10}$$

由此可知，当 x_i 增加一个单位时，相对风险是原来的 e^{β_i} 倍，即相对风险比为 e^{β_i}。

相对风险比能够很好地解释输入变量的变化对输出变量产生的影响。反复强调其他输入变量保持不变的原因是，某因素变化所产生的影响必须在对其他因素加以控制的前提下才有意义。

例如，输出变量 Y 表示是否得肺癌（1=得，0=未得），输入变量有 3 个，x_1 表示是否吸烟（1=吸烟，0=不吸烟），x_2 表示年龄，x_3 表示性别（1=男，0=女），则建立的 Logistic 回归方程为

$$\text{Logit } P(Y=1) = \beta_0 + \beta_1 x_1 + \beta_2 x_2 + \beta_3 x_3$$

为研究吸烟对肺癌的影响，只有对同年龄和同性别组比较才有意义。假设 A 组为吸烟组、年龄为 45 岁，性别为男；B 组为不吸烟组、年龄为 45 岁，性别为男，则 A、B 两组的 Logistic 回归方程分别为

$$\text{Logit } P(Y=1) = \ln(\Omega(A)) = \beta_0 + \beta_1 \times 1 + \beta_2 \times 45 + \beta_3 \times 1$$
$$\text{Logit } P(Y=0) = \ln(\Omega(B)) = \beta_0 + \beta_1 \times 0 + \beta_2 \times 45 + \beta_3 \times 1$$

两组的相对风险比为

$$OR_{A.VS.B} = \frac{\Omega(A)}{\Omega(B)} = e^{(1-0)\beta_1 + (45-45)\beta_2 + (1-1)\beta_3} = e^{\beta_1}$$

这里的相对风险比是在控制了年龄和性别的前提下计算的，能够更准确地反映吸烟对肺癌的影响程度。

7.2 二项 Logistic 回归分析的应用

案例背景

从顾客信息数据中，预测顾客的购买意愿。

基础数据

购买判断.sav

数据中包括431个样本，变量有是否购买(0为不购买，1为购买)、年龄、性别(1为男，2为女)和收入水平(1为高收入，2为中收入，3为低收入)。其中，年龄为数值型变量，其他变量为分类型变量。

学习目标

业务目标

建立预测顾客是否购买的模型，分析其影响因素。

能力目标

(1)学会二项 Logistic 回归分析的具体操作。

(2)学会分析二项 Logistic 回归分析的结果。

学习步骤

1. 导入数据

运行 SPSS Modeler，在"源"选项卡中选择 Statistic 文件节点，导入"购买判断.sav"文件，如图 7-1 所示。

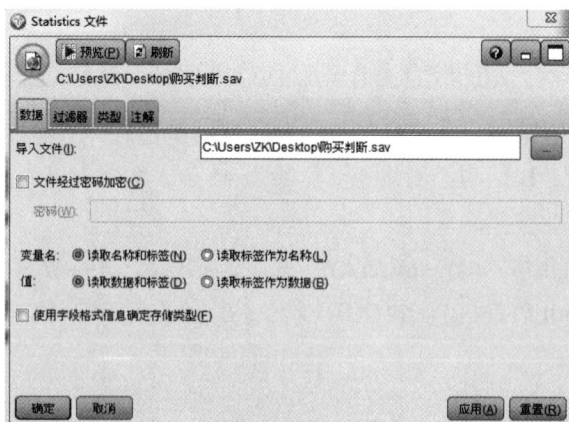

图 7-1　导入数据

2. 添加节点

(1)选择"输出"选项卡中的表格节点读取数据，执行表格节点。

(2)在"字段选项"选项卡中选择类型节点，并将其连接到数据流的恰当位置上，进行参数设置，如图 7-2 所示。

将"购买"的类型更改为标记，因为其只有购买和不购买两种类别。

将"年龄"的类型更改为连续，因为其取值范围为 23～58。

将"性别"的类型更改为标记，因为其只包含男和女两种类别。

将"收入"的类型更改为有序，因为其包含 3 种类别，这 3 种类别是分等级的。

还需要将"购买"的角色更改为目标。

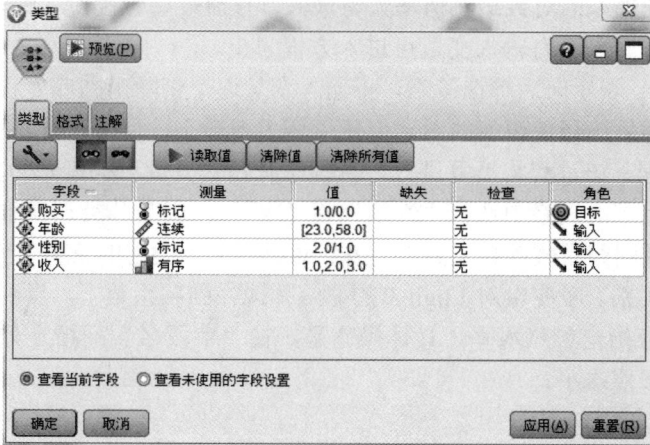

图 7-2 参数设置

3．建立模型

在"建模"选项卡中选择 Logistic 节点，并将其连接到数据流的恰当位置上，进行参数设置，如图 7-3 所示。

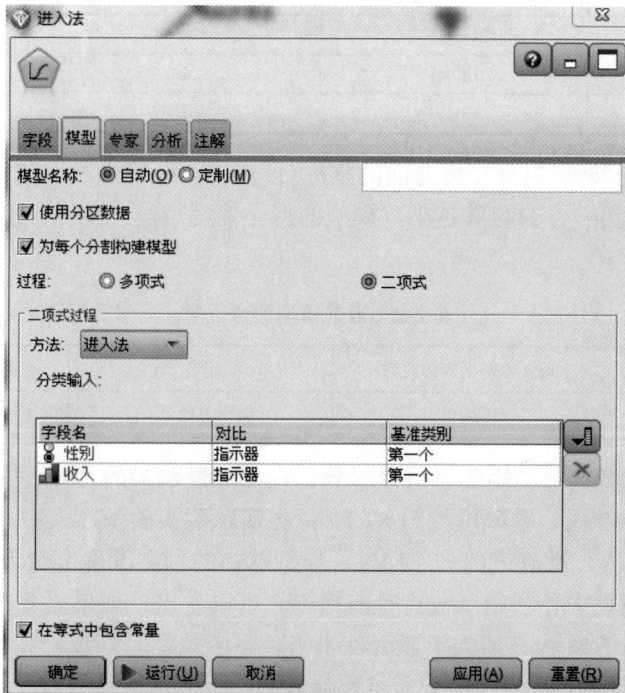

图 7-3 参数设置

在过程处选中"二项式"单选按钮，因为目标变量是二分类型变量。

在"二项式过程"区域，首先选择方法，有3种建立模型的方法可选。

(1)进入法：表示强制进入策略，所有输入变量将强制进入回归方程，无论其与 Logit P 之间是否有显著的线性关系。这里，我们选择"进入法"选项。

(2)向前步进法：表示向前筛选策略，输入变量逐个进入回归方程。开始时方程中只含有常数项，然后选择使模型的对数似然值增大得最大，且通过显著性检验的输入变量进入方程。该过程将反复进行，直到没有输入变量可进入方程为止。

(3)后退步进法：表示向后筛选策略，将输入变量逐个剔除出回归方程。开始时所有输入变量都在方程中，然后选择使模型的对数似然值增大得最小，且统计检验不显著的输入变量，将其剔除出回归方程。该过程将反复进行，直到没有输入变量可被剔除为止。

在"分类输入"下的表格中选择"性别"和"收入"，因为分类型变量各类别值之间非等距，因此分类型变量回归系数的含义有些特殊。对具有 k 个类别的分类型变量，应派生出 $k-1$ 个哑变量对应各个类别。哑变量对 Logit P 的影响体现在回归系数上，反映的是本类别与参照水平的差异，所以应指定参照水平。具体操作是，在"字段名"列指定分类型变量，在"对比"列指定具体的参照水平。

4．模型结果

表 7-1 显示了 Logistic 回归分析中回归方程模型系数的综合检验情况，可以看到，似然比卡方检验的观测值为 18.441，概率-P 值为 0.001。如果显著性水平为 0.05。由于概率-P 值小于显著性水平，应拒绝零假设，认为所有回归系数不同时为 0，采用该模型是合理的。

表 7-1　回归方程模型系数的综合检验

项　目	似然比卡方检验	自由度	概率-P 值
步骤	18.441	4	0.001
模块	18.441	4	0.001
模型	18.441	4	0.001

表 7-2 显示了当前模型拟合优度方面的指标(评估终止于第 4 次迭代，因为参数估计变化小于 0.001)，最大似然平方的对数越小，模型的拟合优度越高。Nagelkerkr 拟合优度接近 0，拟合效果不理想。

表 7-2　当前模型拟合优度

步　骤	最大似然平方的对数	Cox-Snell 拟合优度	Nagelkerke 拟合优度
1	552.208	0.042	0.057

表 7-3 显示了模型的分类矩阵。可以看到，在实际没购买的 269 人中，模型正确识别了 236 人，错误识别了 33 人，准确度约为 87.7%；在实际购买的 162 人中，模型正确识别了 31 人，错误识别了 131 人，准确度约为 19.1%。模型总体的预测准确度约为 61.9%。

表 7-4 显示了模型中各回归系数检验的指标。可以看出，如果显著性水平为 0.05，那么"年龄"的 Wald 检验的概率-P 值大于显著性水平，不应拒绝零假设，如果该回归系数与 0 无显著差异，那么它与 Logit P 的线性关系是不显著的，不应保留在方程中。由于方程中包含了不显著的输入变量，因此模型不可用，应重新建模。

表 7-3　模型的分类矩阵

观测(购买)	预测		
	购买		准确度
	0.0	1.0	
0.0	236	33	87.7%
1.0	131	31	19.1%
总体	367	64	61.9%

表 7-4　模型中各回归系数检验的指标

变量	B	标准误差	Wald	自由度	概率-P 值	exp(B)
年龄	0.025	0.018	1.974	1	0.160	1.026
性别(1)	0.511	0.209	5.954	1	0.015	1.667
收入	—	—	12.305	2	0.002	—
收入(1)	0.101	0.263	0.146	1	0.703	1.106
收入(2)	0.787	0.253	9.676	1	0.002	2.196
复数	−2.112	0.754	7.843	1	0.005	0.121

通过以上分析可知，模型的预测效果不理想，说明仅通过性别和收入来预测是否购买是不全面的，还应考虑其他因素。但是该模型仍可以用于分析是否购买与性别和收入之间的关系。由式(7.3)可知：

$$\text{Logit } P = -1.11 + 0.504\,\text{GENDER}(1)$$

上式反映了不同性别的顾客在购买上的差异。这里，GENDER 表示性别，由于参照水平为 1(男)，因此表示女性较男性使 Logit P 平均增长 0.504 个单位。结合发生比(发生概率和不发生概率的比值)可知，女性的发生比是男性的 1.656 倍，女性更倾向购买该商品。

$$\text{Logit } P = -1.11 + 0.504\,\text{GENDER}(1) + 0.096\,\text{INCOME}(1)$$

上式反映了中等收入和低等收入在购买上的差异。INCOME 表示收入，参照水平为 1(中等)。对性别相同的顾客，中等收入比低等收入使 Logit P 平均增长 0.096 个单位。结合发生比可知，中等收入的发生比是低等收入的 1.101 倍，略高，但差异并不十分明显。

$$\text{Logit } P = -1.11 + 0.504\,\text{GENDER}(1) + 0.761\,\text{INCOME}(2)$$

上式表明，高等收入比低等收入使 Logit P 平均增长 0.761 个单位。INCOME 表示收入，参照水平为 2(高等)。结合发生比可知，对性别相同的顾客，高等收入的发生比是低等收入的 2.139 倍，高出较多。

分析结论是，年龄对是否购买并无显著影响。较男性来说，女性成为理想顾客的可能性大，且高收入阶层较其他收入阶层有更大的购买可能。

如果希望浏览各样本的具体预测结果，可将模型结果节点添加到数据流中，利用表格节点查看。表格中，以字符串$L 开头的变量为预测值，以字符串$LP-0 和$LP-1 开头的变量分别为预测值为 0 和 1 的置信度，即取 0 或 1 的概率值。默认情况下，若以$LP-0 开头的变量大于 0.5，则分类预测值为 0，否则为 1。

7.3 多项 Logistic 回归分析的应用

在多项 Logistic 回归分析中，输出变量是多分类型变量。多项 Logistic 回归模型类似于二项 Logistic 回归模型，其研究目的是分析输出变量各类别与某参照类别的对比情况，即

$$\ln\left(\frac{P_j}{P_J}\right)=\beta_0+\sum_{i=1}^{k}\beta_i x_i \tag{7.11}$$

其中，P_j 为输出变量为第 j 类的概率，P_J 为输出变量为第 $J(j\neq J)$ 类的概率，且第 J 类为参照类。如果输出变量有 k 个类别，则需建立 $k-1$ 个方程。

这里，仅以一个简单示例说明多项 Logistic 回归分析的具体操作。采用不同性别、3 种职业的顾客选购 3 个品牌的数据进行说明，数据为"嫌疑人选购品牌情况判断.sav"。

运行 SPSS Modeler，在"源"选项卡中选择 Statistic 文件节点，导入"嫌疑人选购品牌情况判断.sav"文件。在"建模"选项卡中选择 Logistic 节点，建立模型。在图 7-3 所示的对话框中，在过程处选中"多项式"单选按钮，因为目标变量是多分类型变量。在"多项式过程"区域，在"方法"下拉菜单中选择"进入法"选项，在"目标的基准类别"框中指定输出变量的参照类，这里指定第 3 个品牌为参照类。

由于输出变量有 3 个类别，因此建模结果包括 2 个多项 Logistic 回归方程。第 1 个方程为

$$\ln\left(\frac{P_1}{P_3}\right)=-0.656-1.315x_1(1)-0.231x_1(2)+0.747x_2(1)$$

以第 3 种职业作为职业的参照水平，以女性作为性别的参照水平，研究对象是，选择第 1 品牌的概率与选择第 3 个品牌的概率之比的自然对数。

当性别相同时，第 1 种职业的自然对数比第 3 种职业(参照水平)平均减少 1.315 个单位。第 1 种职业选择第 1 个品牌的倾向不如第 3 种职业，且差异显著。

当职业相同时，男性的自然对数比女性(参照水平)平均多 0.747 个单位。男性较女性更倾向选择第 1 个品牌，且差异显著。

第 2 个方程为

$$\ln\left(\frac{P_2}{P_3}\right)=-0.653-0.656x_1(1)-0.476x_1(2)+0.743x_2(1)$$

仍然以第 3 种职业作为职业的参照水平，以女性作为性别的参照水平，研究对象是，选择第 2 个品牌的概率与选择第 3 个品牌的概率之比的自然对数。

当性别相同时，第 1 种职业的自然对数比第 3 种职业(参照水平)平均减少 0.656 个单位。第 1 种职业选择第 2 个品牌的倾向不如第 3 种职业，但差异不显著。

当职业相同时，男性的自然对数比女性(参照水平)平均多 0.743 个单位。男性较女性更倾向选择第 2 个品牌，且差异显著。

第 8 章

关联分析

万物都是有联系的，这种联系让这个世界变得丰富多彩、生动有趣。关联分析的目的就是寻找事物之间的联系规律和结构特征，发现它们之间的关联关系。

事物之间的关联关系包括简单关联关系和序列关联关系两种。例如，购买面包的顾客大部分会同时购买牛奶；收入水平较高的女性顾客大部分会选择某知名品牌的口红，这些都反映了事物之间的简单关联关系，即简单因果关系。又如，购买洗衣机的顾客一定时间内大部分会购买洗衣机槽清洗剂，Web 浏览页面间大部分都存在链接关系，这些也反映了事物之间的关联关系，但属于序列关联关系，即关联是具有前后顺序的，通常与时间有关。

在数据挖掘中，关联分析的主要技术是关联规则（Association Rule）技术，最经典的案例是"啤酒与尿布"案例，即商家将啤酒和尿布摆在一起出售，能使两者销量增加。原来，美国的妇女们经常会嘱咐她们的丈夫下班以后为孩子买尿布，而丈夫在买完尿布之后又会顺手买回自己爱喝的啤酒，因此啤酒和尿布在一起购买的概率是很高的。

关联规则挖掘（Association Rule Mining）是数据挖掘中的一个主要的研究方向，其依据大量数据中存在的特定关系，通过关联分析，发现数据之间的联系，对数据进行聚类或分类。

分析简单关联关系的规则称为简单关联规则，分析序列关联关系的规则称为序列关联规则。关联规则技术不断丰富和完善，现在已经在电商、零售、物理、生物医学等众多领域有了广泛的应用。例如，在零售领域，关联规则技术可以帮助企业经营者发现顾客的购买偏好，准确定位顾客特征，给顾客提供购买建议；制定合理的交叉销售方案，促进产品销售；分析顾客消费的周期性规律，合理规划库存。

8.1 简单关联规则分析

简单关联规则分析是数据挖掘的主要方法之一，属于无监督学习范畴，一般不直接用于分类预测，而用于揭示事物的内在结构。

简单关联规则分析的算法有很多，大致可分为两类。一类注重提高关联规则的分析效率；另一类则注重使关联规则分析有更广泛的应用，包括如何处理数值型变量，如何将单一概念层次的关联推广到多概念层次等，进而揭示事物的内在结构。

SPSS Modeler 提供了 Apriori、GRI、Carma 等经典的简单关联规则分析算法。其中，Apriori 和 Carma 属于第一类算法，GRI 属于第二类算法。由于 Carma 与 Apriori 属于同类算法，因此这里只重点讨论 Apriori 算法。

8.1.1　简单关联规则的基本概念

1. 事务和项集

简单关联规则的分析对象是事务(Transaction)，可以将事务理解为一种商业行为。例如，超市顾客的购买行为是一个事务；网页用户的页面浏览行为是一个事务。事务通常由事务标识 TID 和项目集合(简称项集) X 组成。

事务标识 TID：唯一确定一个事务。

项集 X：I 为包含 k 个项目的全集，即 $I=\{I_1,I_2,\cdots,I_k\}$。事务 $T\subseteq I$，项集 $X\subseteq I$。如果项集 X 中包含 p 个项目，则称项集 X 为 p-项集。

例如，A 省一年内立案 10000 起，则 I 包含 10000 个项目，即 k=10000。A 省的 B 市在 2 月立案 1500 起，则 B 市立案行为的事务 T，其事务标识 TID 唯一标识 B 市，其项集 X 为 1500-项集，即 p=1500，$T\subseteq I$ 和 $X\subseteq I$ 成立。

事务的存储方式主要包括事务表和事实表两种。例如，图 8-1 给出了 4 个派出所某天接到的刑事案件的报案数据，其中 A、B、C、D、E 表示刑事案件的类型，相应的事务表和事实表如图 8-2 和图 8-3 所示。图 8-1 中，TID 唯一标识派出所，一个派出所对应一个事务。$X(A,C,D)$ 表示 001 号派出所的刑事案件报案情况，X 为项集，括号中的为项集所包含的具体项目。

在事务表中，变量名为项集，变量值为项集中所包含的具体项目。在事实表中，变量名为具体项目，变量值取 1 或 0，1 代表包含，0 代表不包含。

TID	X
001	A
001	C
001	D
002	B
002	C
002	E
003	A
003	B
003	C
003	E
004	B
004	E

TID	X
001	$X(A,C,D)$
002	$X(B,C,E)$
003	$X(A,B,C,E)$
004	$X(B, E)$

图 8-1　4 个派出所某天接到的刑事案件的报案数据

图 8-2　事务表

TID	A	B	C	D	E
001	1	0	1	1	0
002	0	1	1	0	1
003	1	1	1	0	1
004	0	1	0	0	1

图 8-3　事实表

2. 简单关联规则的形式

简单关联规则分析的结果以简单关联规则的形式表示出来。简单关联规则的一般表示形式为

$$X \to Y(\text{规则支持度，规则置信度})$$

其中，X 称为规则的前项，可以是一个项目或项集，也可以是一个包含逻辑与（∩）、逻辑或（∪）、逻辑非（¬）的逻辑表达式。Y 称为规则的后项，一般为一个项目，表示某种结论或事实。

例如，面包→牛奶，前项和后项均为一个项目。这种规则表示形式适用于事务被组织成事实表的情况，该规则的含义是，购买面包则会购买牛奶。

再如，性别（男）∩ 收入（<1000 元）→是否犯罪（是），前项是一个包含逻辑与的逻辑表达式，表示两个项集（性别和收入）之间为逻辑与的关系。性别项集中的具体项目为男，收入项集中的具体项目为小于 1000 元的所有项目；后项是"是否犯罪"项集，具体项目为"是"。这种规则表示形式适用于事务被组织成事务表的情况。该规则的含义是，收入小于 1000 元的男性倾向于犯罪。

8.1.2　简单关联规则的有效性和实用性

1. 简单关联规则的有效性

规则置信度（Confidence）：用于度量简单关联规则的准确度，描述了包含项目 X 的事务中同时也包含项目 Y 的概率，反映在 X 出现的条件下 Y 出现的可能性，即反映给定 X 时，Y 出现的条件概率。其数学定义为

$$C_{X \to Y} = \frac{|T(X \cap Y)|}{|T(X)|} \tag{8.1}$$

其中，$|T(X)|$ 表示包含项目 X 的事务数，$|T(X \cap Y)|$ 表示同时包含项目 X 和项目 Y 的事务数。

规则支持度（Support）：用于度量简单关联规则的普遍性，表示项目 X 和项目 Y 同时出现的概率。其数学定义为

$$S_{X \to Y} = \frac{|T(X \cap Y)|}{|T|} \tag{8.2}$$

规则支持度低说明规则不具有普遍性。

前项支持度的数学定义为

$$S_X = \frac{|T(X)|}{|T|} \tag{8.3}$$

后项支持度的数学定义为

$$S_Y = \frac{|T(Y)|}{|T|} \tag{8.4}$$

规则置信度和规则支持度的关系为

$$C_{X \to Y} = \frac{|T(X \cap Y)|}{|T(X)|} = \frac{S_{X \to Y} \cdot |T|}{|T(X)|} = \frac{S_{X \to Y}}{S_X} \tag{8.5}$$

理想的简单关联规则应具有较高的规则置信度和较高的规则支持度。若规则支持度较高但规则置信度较低，则规则的可信度差。若规则置信度较高但规则支持度较低，则规则的应用机会少。应给定一个最小规则置信度和最小规则支持度的标准，也称为阈值，只有大于最小规则置信度和最小规则支持度的规则才为有效规则，即有效规则须满足

$$(S_{X \to Y} \geq S_{\min}) \bigcap (C_{X \to Y} \geq C_{\min}) \tag{8.6}$$

同时，为使规则具有代表性和较高的可信度，阈值的设置要合理，不能过低或过高。

例如，一个典型的列联表如表 8-1 所示。对关联规则 $X \to Y$，规则置信度为 A/R_1，规则支持度为 A/T，前项支持度为 R_1/T，后项支持度为 C_1/T。

表 8-1　一个典型的列联表

项　目		Y		合　计
		1	0	
X	1	A	B	R_1
	0	C	D	R_2
合　计		C_1	C_2	T

2. 简单关联规则的实用性

简单关联规则揭示的简单关联关系可能是一种随机关联关系。例如，在表 8-2 中，有简单关联规则牛奶→性别(男)(S=40%，C=40%)，如果最小规则置信度和最小规则支持度均为 20%，则此规则为有效规则。如果所有顾客中男性的比例也为 40%，即后项支持度为 40%，那么规则支持度=后项支持度，即购买牛奶顾客中的男性比例与所有顾客的男性比例完全一致。

表 8-2　购买牛奶顾客统计表

项　目	男	女	合　计
买	40	60	100
未买	0	0	0
合　计	40	60	100

简单关联规则揭示的简单关联关系可能是一种反向关联关系。例如，在表 8-3 中，有简单关联规则成绩(优异)→吃(鸡蛋)，由式(8.1)和式(8.2)可知，C=60%，S=30%。如果 70% 的学生早晨吃鸡蛋，即后项支持度为 70%，那么规则支持度<后项支持度，即成绩优异的学生中早晨吃鸡蛋的比例低于吃鸡蛋学生占总体的比例。

表 8-3　成绩是否优异与早晨是否吃鸡蛋的学生统计表

项　目	吃	不　吃	合　计
优异	60	40	100
不优异	66	14	80
合　计	126	54	180

规则置信度和规则支持度只能度量一条简单关联规则的有效性，即仅使用前项支持度作为参考，并不能衡量其是否具有实用性和实际意义，还应参考简单关联规则的其他测量指标。

3. 其他测量指标

规则提升度(Lift)：规则置信度与后项支持度的比，其数学定义为

$$L_{X \to Y} = \frac{C_{X \to Y}}{S_Y} = \frac{|T(X \cap Y)|}{|T(X)|} / \frac{|T(Y)|}{|T|} \tag{8.7}$$

规则提升度反映了项目 X 的出现对项目 Y 出现的影响程度，其值大于 1 才有意义，意味着 X 的出现对 Y 的出现有促进作用。

置信差（Confidence Difference）：与规则提升度类似，是规则置信度与后项支持度的差的绝对值。其数学定义为

$$D = |C_{X \to Y} - S_Y| \tag{8.8}$$

只有置信差高于某个最小值，所得到的简单关联规则才有意义。可以在对规则提升度计算结果仍然不放心的情况下使用置信差。

置信率（Confidence Ratio）：适用于稀有样本的分析。其数学定义为

$$R = 1 - \min\left(\frac{C_{X \to Y}}{S_Y}, \frac{S_Y}{C_{X \to Y}}\right) \tag{8.9}$$

例如，某种病症的发病概率很低，假设为 1%。如果简单关联规则表示某种特征的人得此种病症的概率为 10%，尽管它的置信差不高，仅为 9%，但置信率较高，为 90%。该规则就从依据置信差判定的无效规则变为依据置信率判定的有效规则。只有置信率高于某个最小值，所得到的简单关联规则才有意义。

正态卡方（Normalized Chi-square）：从分析前项与后项的统计相关性的角度评价规则的有效性。其数学定义为

$$N = \frac{(S_X S_Y - S_{X \to Y})^2}{S_X \overline{S}_X S_Y \overline{S}_Y} \tag{8.10}$$

当 X 和 Y 独立时，即 $S_X S_Y = S_{X \to Y}$，N 为 0；当 X 和 Y 完全相关时，N 为 1。因此，N 越接近 1，说明前项和后项的关联性越强。

信息差（Information Difference）：在交互熵（Cross Entropy）的基础上进行计算。交互熵也称相对熵，用于度量两个概率分布之间的差异性。

设 $P = (P_1, P_2, \cdots, P_n)$、$Q = (Q_1, Q_2, \cdots, Q_n)$ 表示离散型随机变量 X 的两个概率分布，$H(P|Q)$ 为 P 对 Q 的交互熵，其数学定义为

$$H(P|Q) = \boxed{\sum_{i=1}^{n} p_i \log p_i} - \boxed{\sum_{i=1}^{n} p_i \log q_i} \tag{8.11}$$

实际分布　　期望分布

在关联规则中，应将式（8.11）的第一项替换为 X 条件下 Y 的概率分布，第二项替换为 X 与 Y 独立时的期望分布。

为说明信息差的含义，仍以面包和牛奶为例，见表 8-4。其中，a 为前项支持度，c 为后项支持度，r 为规则支持度。

计算可得

$$E = \frac{r \log \frac{r}{ac} + (a-r) \log \frac{a-r}{a\overline{c}} + (c-r) \log \frac{c-r}{\overline{a}c} + (1-a-c+r) \log \frac{1-a-c+r}{\overline{a}\overline{c}}}{\log(2)} \tag{8.12}$$

由此可见，信息差越大，前后项的关联性越强。只有信息差高于某个最小值，所得到的简单关联规则才有意义。

表 8-4　面包和牛奶

项　目		Y(牛奶)		概　率
		1	0	
X(面包)	1	ac r	$a\bar{c}$ $a-r$	a
	0	$\bar{a}c$ $c-r$	$\bar{a}\bar{c}$ $1-(a+c-r)$	$\bar{a}$
概　率		c	$\bar{c}$	1

【小练习】

顾客购买商品的事实表如表 8-5 所示，该表包含(＿＿)个事务。项集 I=(＿＿＿＿＿＿＿＿＿)。考虑简单关联规则网球拍→网球，事务 1，2，3，4，6 包含网球拍，事务 1，2，5，6 同时包含网球拍和网球，规则支持度 S=(＿＿＿)，规则置信度 C=(＿＿＿)。若给定最小规则支持度 S_{min}=0.5，最小规则置信度 C_{min}=0.8，则关联规则网球拍→网球(是/不是)有效的，购买网球拍和购买网球之间(是/否)存在关联。

表 8-5　顾客购买商品的事实表

TID	网球拍	网球	运动鞋	羽毛球
1	1	1	1	0
2	1	1	0	0
3	1	0	0	0
4	1	0	1	0
5	0	1	1	1
6	1	1	0	0

8.2　Apriori 算法

Apriori 算法经不断完善，现已成为数据挖掘中简单关联规则分析的核心算法。SPSS Modeler 内置了 Apriori 算法的改进算法，其特点如下。

(1)只处理分类型变量，不处理数值型变量。

(2)要求数据格式为事实表或事务表。

(3)是为提高简单关联规则的产生效率而设计的。

只有满足一定规则置信度和规则支持度的简单关联规则才是有效规则。对样本集的简单搜索可能产生大量的无效规则，执行效率较低，尤其在大样本集的情况下更是如此。为提高有效简单关联规则的产生效率，将 Apriori 算法的执行过程分为两个阶段：寻找频繁项集、依据频繁项集产生简单关联规则。

8.2.1　寻找频繁项集

1．频繁项集

频繁项集(Frequent Itemset)：对包含项目 A 的项集 C，如果其期望的规则支持度大于指定的最小规则支持度，即

$$\frac{|T(A)|}{|T|} \geqslant S_{\min} \tag{8.12}$$

则称 $C(A)$ 为频繁项集。包含 1 个项目的频繁项集称为频繁 1-项集，记为 L_1；包含 k 个项目的频繁项集称为频繁 k-项集，记为 L_k。

确定频繁项集的目的是确保简单关联规则是在具有普遍性的项集上生成的。否则，后续生成的简单关联规则不可能具有较高的规则支持度。

2. 寻找频繁项集的方法

寻找频繁项集的方法一般有两种，一是自底向上法，二是自顶向下法，以图 8-4 为例。

自底向上法：如果 ${D}$ 不是频繁项集，则包含 D 的所有项集也一定不是频繁项集，就不需要再对其进行检验了。即

$$\frac{|T(A \cap D)|}{|T|} < \frac{|T(D)|}{|T|} < S_{\min} \tag{8.13}$$

自顶向下法：如果 ${A,B,C,D}$ 是频繁项集，则它的子集也必然是频繁项集，就不需要再对其进行检验了，即

$$\frac{|T(A \cap B \cap D)|}{|T|} > \frac{|T(A \cap B \cap C \cap D)|}{|T|} \geqslant S_{\min} \tag{8.14}$$

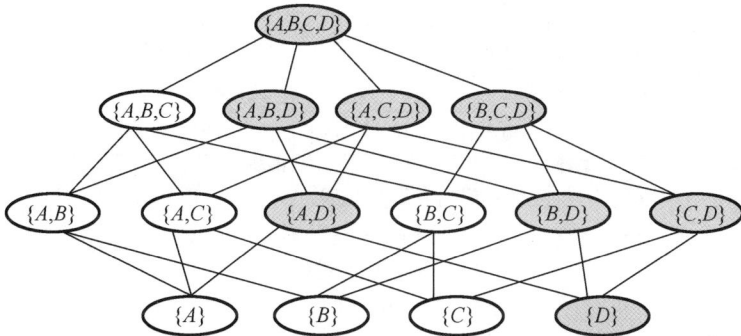

图 8-4 寻找频繁项集的方法

Apriori 算法是通过不断迭代寻找频繁项集的，每次迭代都包括以下两个步骤。

(1)产生候选集 C_k。

(2)基于候选集 C_k，计算规则支持度并确定频繁项集 L_k。

第一次迭代过程：候选集为所有 1-项集 C_1，在 C_1 中寻找频繁 1-项集 L_1。

第二次迭代过程：在 L_1 的基础上进行，通过 L_1*L_1 产生候选集 C_2，在 C_2 中寻找频繁项集 L_2。

……

……

直到无法产生候选集为止。

图 8-5 说明了这个迭代过程。设用户指定的最小规则支持度为 0.5。"计数"列表示相应项目在所有事务中出现的次数，S 为规则支持度。第一次迭代时，${D}$ 的规则支持度小于 0.5，没有成为频繁项集，其他项集组成频繁项集 L_1；第二次迭代时，候选集 C_2 是 L_1 中所有项目的组合。计算各项目的规则支持度，${A,C}$、${B,C}$、${B,E}$、${C,E}$ 组成频繁项集 L_2；第三次

迭代时，{A,B,C}、{A,B,E}、{A,C,E}没有进入候选集 C_3，因为{A,B}、{A,E}不是频繁项集，包含{A,B}、{A,E}的项集也不可能成为频繁项集。由于 L_3 不能继续构成候选集 C_4，迭代结束，最终的频繁项集为 L_3，即{B,C,E}。

第一次迭代	1-项集 C_1
	{A}
	{C}
	{D}
	{B}
	{E}

1-项集 C_1	计数	$S[\%]$
{A}	2	50
{C}	3	75
{D}	1	25
{B}	3	75
{E}	3	75

频繁 1-项集 L_1	计数	$S[\%]$
{A}	2	50
{C}	3	75
{B}	3	75
{E}	3	75

第二次迭代	2-项集 C_2
	{A,B}
	{A,C}
	{A,E}
	{B,C}
	{B,E}
	{C,E}

2-项集 C_2	计数	$S[\%]$
{A,B}	1	25
{A,C}	2	50
{A,E}	1	25
{B,C}	2	50
{B,E}	3	75
{C,E}	2	50

频繁 2-项集 L_2	计数	$S[\%]$
{A,C}	2	50
{B,C}	2	50
{B,E}	3	75
{C,E}	2	50

第三次迭代	3-项集 C_3
	{B,C,E}

3-项集 C_3	计数	$S[\%]$
{B,C,E}	2	50

频繁 3-项集 L_3	计数	$S[\%]$
{B,C,E}	2	50

图 8-5 迭代过程

8.2.2 依据频繁项集产生简单关联规则

从频繁项集中得到所有简单关联规则，并选择那些规则置信度大于给定阈值的规则作为强关联规则。

对每个频繁项集 L，计算 L 的所有非空子集 L' 的规则置信度，即

$$C_{L' \to (L-L')} = \frac{|T(L)|}{|T(L')|} = \frac{S(L)}{S(L')} \tag{8.15}$$

如果 $C_{L' \to (L-L')}$ 大于等于用户定义的最小规则置信度，则可生成关联规则：

$$L' \to (L-L')$$

例如，如果频繁项集 L 包含项目 B,C,E，L 的子集 L' 包含项目 B,C，则 $L-L'$ 包含项目 E，要检验关联规则{B,C}→E 是否成立，计算该规则的规则置信度，即

$$C_{\{B,C\} \to \{E\}} = S(B,C,E) / S(B,C) = 0.50 / 0.50 = 100\%$$

此时无论阈值是多少，该规则都能够通过检验。

总之，由 Apriori 算法得到的简单关联规则是在频繁项集的基础上产生的，因此有效保证了这些规则的规则支持度达到用户指定的水平，具有一定的实用性。再加上规则置信度的限制，使得其产生的简单关联规则具有有效性。

8.3 Apriori 算法的应用

案例背景

从电信诈骗受害者信息中，分析受害者的特征。

基础数据

电信诈骗.txt

数据包括三大部分内容，第一部分是案件信息，变量包括案件 ID、经济损失、案件副类别、案件状态；第二部分是受害者个人信息，变量包括性别、年龄、收入；第三部分是受害者个人特征，变量包括有无生活在发达地区、有无小孩、有无结婚、有无工作、有无被骗经历、有无本科及以上学历、有无参与刷单、有无存款、有无网购经历、有无理财行为、有无赌博经历。以上变量均为二分类型变量，取值为 T 表示有，取值为 F 表示无，数据组织形式为事实表。

学习目标

业务目标

（1）分析受害者的特征。

（2）计算受害者特征中每条规则的规则支持度、规则置信度、规则提升度等测量指标。

能力目标

（1）学会使用 SPSS Modeler 建立 Apriori 模型。

（2）学会分析 Apriori 模型得出的各项测量指标。

（3）学会利用网状图展示关联规则。

学习步骤

运行 SPSS Modeler，选择"源"选项卡中变量文件节点，导入"电信诈骗.txt"文件。因该文件使用制表符作为分隔符，因此导入数据后，需要勾选"字段定界符"区域中的"制表符"复选框，如图 8-6 所示。

选择"过滤器"选项卡，将 field19、field20、field21、field22 变量过滤掉，如图 8-7 所示。选择"类型"选项卡，单击"读取值"按钮，确定变量的类型是否符合规则，单击"应用"按钮，然后单击"确定"按钮，如图 8-8 所示。

选择"建模"选项卡中的 Apriori 节点，并将其连接到数据流的恰当位置上。选中 Apriori 节点，单击鼠标右键，选择快捷菜单中的"编辑"选项，进行参数设置，如图 8-9 所示。

图 8-9 中的相关参数说明如下。

使用定制字段分配：本例没有添加类型节点指定变量角色，所以选中"使用定制字段分配"单选按钮，表示自行指定建模变量。

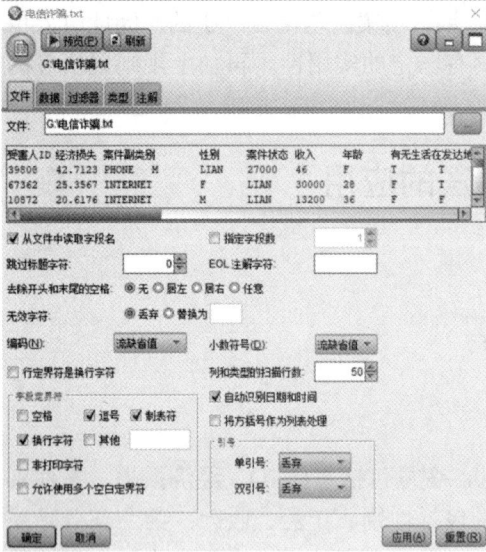

图 8-6　"文件"选项卡

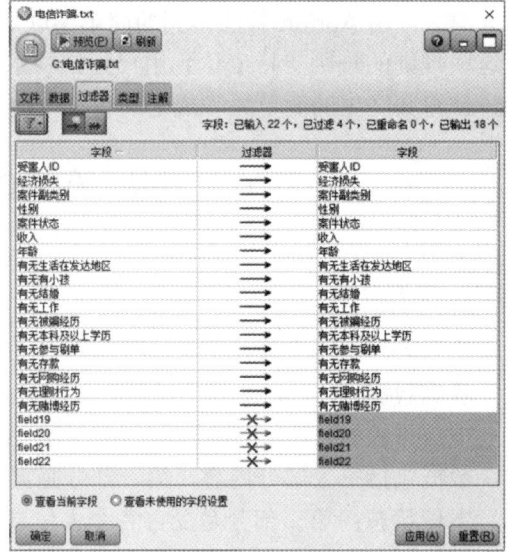

图 8-7　"过滤器"选项卡

图 8-8　"类型"选项卡

后项、前项：分别在"后项"框和"前项"框中选择简单关联规则的后项和前项。这里要分析受害者的特征，因此所有受害者的个人特征均被添加至"后项"框和"前项"框中。

使用事务处理格式：如果数据是按照事务表形式组织的，则应勾选"使用事务处理格式"复选框，本例中的数据是按事实表形式组织的，因此不勾选该复选框。

选择"模型"选项卡，如图 8-10 所示，相关参数设置如下。

模型名称：选中"自动"单选按钮。

使用分区数据：勾选"使用分区数据"复选框。

最低条件支持度：在"最低条件支持度"框中指定前项的最小规则支持度，默认为 10%。

最小规则置信度(%)：在"最小规则置信度(%)"框中指定最小规则置信度，默认为 80%。

最大前项数：为防止关联规则过于复杂，在"最大前项数"框中指定前项包含的最大项目数，默认为 5。

仅包含标志变量的 true 值：勾选"仅包含标志变量的 true 值"复选框，表示只显示项目出现时的规则，而不显示项目不出现时的规则。

优化：选中"速度"单选按钮。

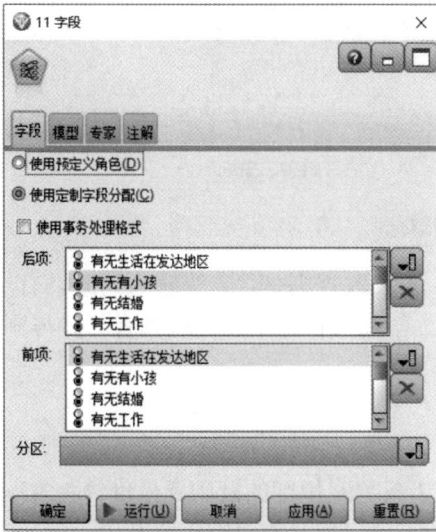

图 8-9　"字段"选项卡

图 8-10　"模型"选项卡

选择"专家"选项卡，如图 8-11 所示，相关参数设置如下。

模式：选中"专家"单选按钮，表示由用户自行设置参数。若选中"简单"单选按钮，则表示采用 SPSS Modeler 默认的参数建立模型。

评估测量：在"评估测量"下拉菜单中选择评价关联规则的指标，这里选择"规则置信度"选项。

允许没有前项的规则：若勾选"允许没有前项的规则"复选框，则表示允许关联规则没有前项，意味着只输出频繁项集，不符合本例的需求，因此这里不勾选该复选框。

本例的模型分析结果如图 8-12 所示。

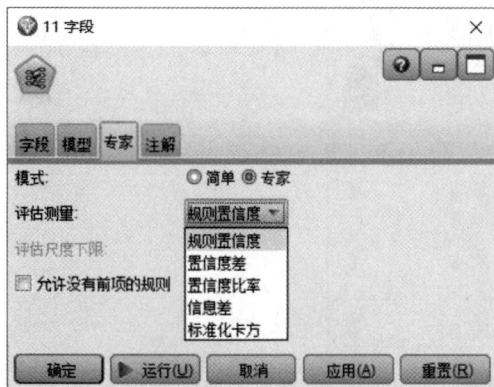

图 8-11　"专家"选项卡

图 8-12　分析结果

在图 8-12 中，在"排序依据"下拉菜单中可选择将规则按指定指标值的升序或降序排列，本例选择"置信度百分比"选项；单击工具栏中的显示/隐藏按钮，指定显示哪些指标，本例显示全部指标，分析结果如图 8-13 所示。

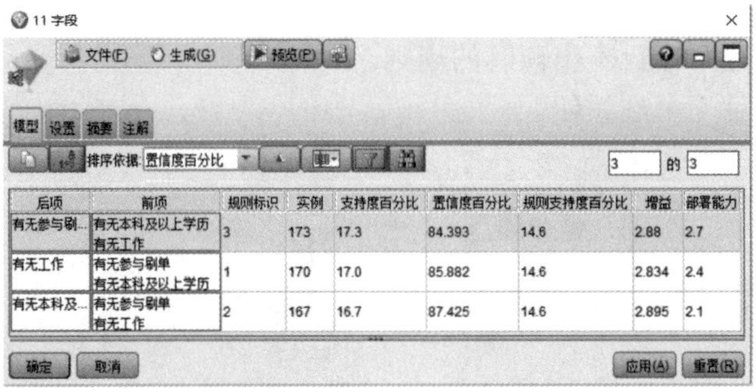

图 8-13　显示全部指标

"实例"列表示包含前项的样本个数。例如，第 3 条关联规则是，若受害者同时具有"参与刷单"和"有工作"特征，则会具有"有本科及以上学历"特征。而同时具有"参与刷单"和"有工作"特征的样本有 167 个。

"支持度百分比"列表示前项支持度。

"置信度百分比"列表示规则置信度。

"规则支持度百分比"列表示规则支持度。例如，第 3 条关联规则的规则置信度约为 87.4%，表示具有"参与刷单"和"有工作"特征的样本有 87.4%的可能具有"有本科及以上学历"特征，该规则的规则支持度为 14.6%。

"增益"列表示规则提升度，第 3 条关联规则的规则提升度最大，其实际指导意义相对最高。

"部署能力"列反映样本中满足前项但不满足后项的情况。该指标的值等于"支持度百分比"列的值减去"规则支持度百分比"列的值。

如果产生的关联规则较多，或只想关注某特定情况下的规则，可启用过滤器，指定只显示满足条件的规则，"编辑过滤器"对话框如图 8-14 所示。

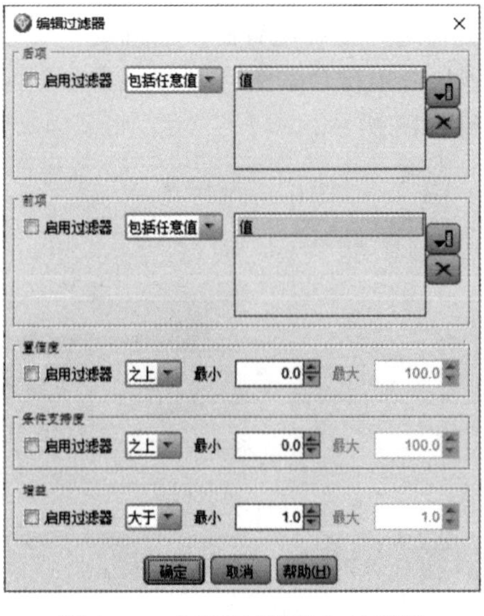

图 8-14　"编辑过滤器"对话框

　　在图 8-14 中，在"后项"区域的"值"框中指定变量(受害者特征)，表示只显示被选中变量(受害者其他信息)的关联规则；勾选"启用过滤器"复选框后，筛选条件生效，否则不生效；"前项"区域中各选项的含义与"后项"区域类似。

　　在"置信度"区域可设置只显示规则置信度在指定区间的关联规则；"条件支持度"区域和"增益"区域的功能与"置信度"区域相似。

　　选择"图形"选项卡中的网络节点，并将其连接到数据流的恰当位置上，如图 8-15 所示。

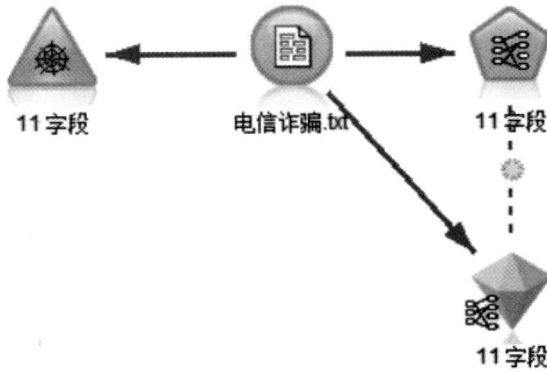

图 8-15　添加网络节点

　　生成的网状图如图 8-16 所示，移动图下方的滑块到频数较高的区域后，网状图如图 8-17 所示。可见，关联规则和网状图展示的结论一致。

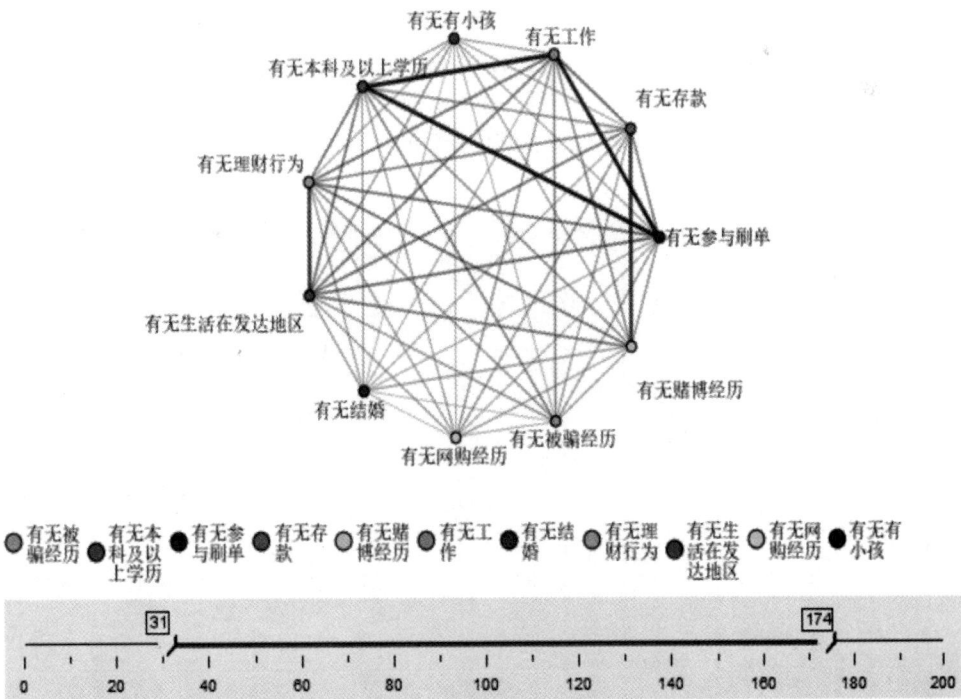

图 8-16　网状图

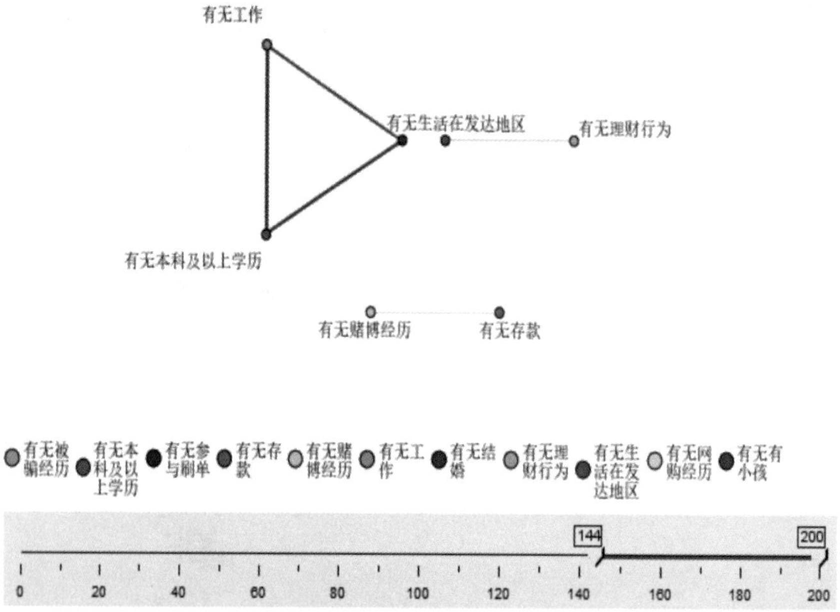

图 8-17　网状图(频数较高)

选择“输出”选项卡中的表格节点，并将其连接到数据流的恰当位置上，如图 8-18 所示。通过表格节点可浏览本例的具体结果。SPSS Modeler 将给出每个样本应用关联规则的预测结果、置信度和规则编号，变量名分别以字符串$A、$AC、$A-Rule 开头。在默认情况下将给出置信度最高的前 3 条规则的预测结果。当然，如果样本不符合任何关联规则，也就是没有一条关联规则中的特征出现在顾客的购买清单中，则预测结果为系统缺失值$null$，如图 8-19 所示。

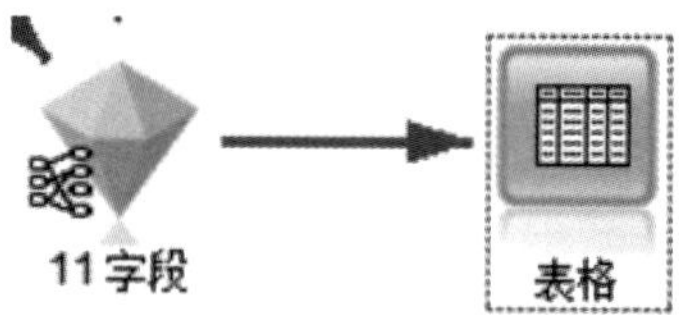

图 8-18　添加表格节点

	受...	经济...	案件...	性别	案件...	收入	年龄	有无...	有无...	有...	有无...	有无...	有无...	有无...	有无...	有无...	有无...	有...	$A-11字段-1	$AC-11字段-1	$A-Rule_ID-1	$A-11字段-2	$AC-11字段-2	$A-Rule_ID-2	$A-11字段-3	$AC-11字段-3	$A-Rule_ID-3
1	39...	42.712	PHO...	M	LIAN	270...	46	F	T	T	F	F	F	F	F	F	F	T	$null$	$null$	$null$	$null$	$null$	$null$	$null$	$null$	$null$
2	67...	25.357	INTE...	F	LIAN	300...	28	F	T	F	F	F	F	F	F	F	F	T	$null$	$null$	$null$	$null$	$null$	$null$	$null$	$null$	$null$
3	10...	20.618	INTE...	M	LIAN	132...	36	F	F	F	T	F	T	T	F	F	T	F	$null$	$null$	$null$	$null$	$null$	$null$	$null$	$null$	$null$
4	26...	23.688	MES...	F	LIAN	122...	26	F	F	T	F	F	F	F	T	F	F	F	$null$	$null$	$null$	$null$	$null$	$null$	$null$	$null$	$null$
5	91...	18.813	MES...	M	POAN	110...	24	F	F	F	F	F	F	F	F	F	F	F	$null$	$null$	$null$	$null$	$null$	$null$	$null$	$null$	$null$
6	26...	46.487	MES...	F	LIAN	150...	35	F	T	F	F	F	F	F	T	F	T	F	$null$	$null$	$null$	$null$	$null$	$null$	$null$	$null$	$null$
7	62...	14.047	INTE...	F	POAN	208...	30	T	F	F	F	F	F	F	F	T	F	F	$null$	$null$	$null$	$null$	$null$	$null$	$null$	$null$	$null$
8	38...	22.203	INTE...	M	POAN	244...	22	F	F	F	F	F	F	T	F	F	F	F	$null$	$null$	$null$	$null$	$null$	$null$	$null$	$null$	$null$
9	28...	22.975	PHO...	F	LIAN	295...	46	T	F	F	F	F	T	F	F	F	F	F	$null$	$null$	$null$	$null$	$null$	$null$	$null$	$null$	$null$
10	41...	14.569	INTE...	M	LIAN	296...	22	T	F	F	F	F	F	F	F	F	T	F	$null$	$null$	$null$	$null$	$null$	$null$	$null$	$null$	$null$
11	59...	10.328	INTE...	F	LIAN	271...	18	T	T	T	T	F	F	F	T	F	T	F	$null$	$null$	$null$	$null$	$null$	$null$	$null$	$null$	$null$
12	60...	13.780	INTE...	F	POAN	200...	48	T	F	F	F	F	F	F	F	F	T	F	$null$	$null$	$null$	$null$	$null$	$null$	$null$	$null$	$null$
13	70...	36.509	MES...	M	POAN	273...	43	F	F	T	F	T	T	F	F	F	T	F	$null$	$null$	$null$	$null$	$null$	$null$	$null$	$null$	$null$
14	80...	10.201	PHO...	F	POAN	280...	43	F	F	F	F	F	F	F	F	T	T	F	$null$	$null$	$null$	$null$	$null$	$null$	$null$	$null$	$null$
15	61...	10.374	INTE...	F	LIAN	274...	24	T	F	T	F	F	F	F	F	T	T	F	$null$	$null$	$null$	$null$	$null$	$null$	$null$	$null$	$null$
16	36...	34.822	PHO...	F	POAN	184...	19	F	F	F	F	F	T	T	F	T	F	F	有无工作	0.859	1	$null$	$null$	$null$	$null$	$null$	$null$
17	76...	42.248	MES...	M	POAN	231...	31	T	F	F	T	F	F	F	F	F	T	F	$null$	$null$	$null$	$null$	$null$	$null$	$null$	$null$	$null$
18	85...	18.169	INTE...	F	POAN	270...	29	F	F	F	F	F	F	F	F	F	T	F	$null$	$null$	$null$	$null$	$null$	$null$	$null$	$null$	$null$
19	11...	10.753	INTE...	F	POAN	231...	26	F	F	F	F	F	F	T	F	F	T	F	$null$	$null$	$null$	$null$	$null$	$null$	$null$	$null$	$null$
20	97...	32.318	MES...	F	POAN	258...	38	T	F	F	T	F	F	F	T	F	T	T	$null$	$null$	$null$	$null$	$null$	$null$	$null$	$null$	$null$
21	20...	31.720	INTE...	M	POAN	251...	38	F	F	F	F	F	T	F	F	F	T	F	$null$	$null$	$null$	$null$	$null$	$null$	$null$	$null$	$null$
22	33...	36.833	INTE...	F	POAN	247...	43	F	F	F	F	F	F	F	T	F	F	T	$null$	$null$	$null$	$null$	$null$	$null$	$null$	$null$	$null$
23	69...	31.179	PHO...	F	POAN	213...	41	F	F	F	F	F	F	F	F	F	T	F	$null$	$null$	$null$	$null$	$null$	$null$	$null$	$null$	$null$
24	14...	21.681	INTE...	M	POAN	124...	48	T	T	T	T	T	T	T	T	F	F	F	$null$	$null$	$null$	$null$	$null$	$null$	$null$	$null$	$null$
25	83...	29.854	INTE...	M	POAN	181...	31	F	F	F	F	F	F	T	F	F	F	T	$null$	$null$	$null$	$null$	$null$	$null$	$null$	$null$	$null$
26	17...	15.270	MES...	F	POAN	229...	23	T	F	T	F	F	T	T	F	F	F	F	有无工作	0.859	1	$null$	$null$	$null$	$null$	$null$	$null$
27	37...	32.232	PHO...	F	LIAN	270...	32	F	T	F	F	F	F	F	T	F	F	T	$null$	$null$	$null$	$null$	$null$	$null$	$null$	$null$	$null$
28	11...	42.567	MES...	M	POAN	268...	34	F	F	F	F	F	F	F	F	F	F	F	$null$	$null$	$null$	$null$	$null$	$null$	$null$	$null$	$null$
29	47...	44.591	INTE...	F	POAN	247...	32	F	T	F	F	F	F	F	T	F	T	T	$null$	$null$	$null$	$null$	$null$	$null$	$null$	$null$	$null$
30	58...	49.137	PHO...	M	LIAN	213...	50	F	F	F	F	T	F	F	F	F	F	F	$null$	$null$	$null$	$null$	$null$	$null$	$null$	$null$	$null$
31	35...	40.340	INTE...	M	LIAN	274...	38	F	F	F	F	F	T	T	T	F	T	F	有无工作	0.859	1	$null$	$null$	$null$	$null$	$null$	$null$
32	64...	38.999	INTE...	F	POAN	129...	46	F	F	F	F	F	T	F	T	F	F	F	$null$	$null$	$null$	$null$	$null$	$null$	$null$	$null$	$null$
33	10...	13.762	MES...	F	POAN	267...	48	F	F	F	T	T	F	T	T	F	F	F	有无本科及...	0.874	2	$null$	$null$	$null$	$null$	$null$	$null$
34	56...	30.310	INTE...	F	LIAN	278...	42	T	F	F	F	F	F	F	F	F	F	F	$null$	$null$	$null$	$null$	$null$	$null$	$null$	$null$	$null$
35	94...	10.372	MES...	M	POAN	241...	44	F	T	F	F	F	F	F	F	T	F	F	$null$	$null$	$null$	$null$	$null$	$null$	$null$	$null$	$null$
36	63...	29.175	PHO...	M	POAN	196...	28	F	F	F	F	F	F	F	F	F	F	F	$null$	$null$	$null$	$null$	$null$	$null$	$null$	$null$	$null$
37	44...	46.898	MES...	M	POAN	284...	41	T	F	F	F	F	F	F	F	F	F	F	$null$	$null$	$null$	$null$	$null$	$null$	$null$	$null$	$null$
38	69...	13.784	MES...	F	LIAN	166...	41	F	T	F	F	F	F	F	F	F	F	F	$null$	$null$	$null$	$null$	$null$	$null$	$null$	$null$	$null$
39	97...	33.062	PHO...	F	POAN	102...	19	F	F	F	F	F	F	F	F	F	T	T	$null$	$null$	$null$	$null$	$null$	$null$	$null$	$null$	$null$
40	53...	38.511	PHO...	F	POAN	248...	23	F	F	F	F	F	F	F	T	F	F	T	$null$	$null$	$null$	$null$	$null$	$null$	$null$	$null$	$null$
41	10...	37.484	MES...	M	LIAN	211...	30	F	T	F	F	F	F	T	F	F	F	F	$null$	$null$	$null$	$null$	$null$	$null$	$null$	$null$	$null$
42	65...	26.773	INTE...	M	POAN	199...	43	F	F	F	F	F	F	F	F	T	F	F	$null$	$null$	$null$	$null$	$null$	$null$	$null$	$null$	$null$

图 8-19　预测结果

可利用简单关联规则分析考察哪类受害者符合哪条关联规律。如果某位受害者符合某条关联规则，则可预测其有一定的可能性（置信度）会符合某种特征。如果其不符合任何关联规则，则无法预测。

打开模型结果节点的"设置"选项卡，如图 8-20 所示，相关参数说明如下。

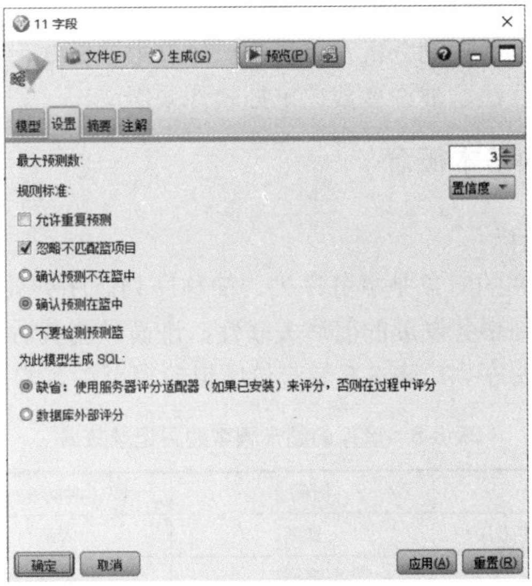

图 8-20 "设置"选项卡

最大预测数：在"最大预测数"框中输入数值，默认为 3，表示应用规则置信度最高的前 3 条规则，还可在"规则标准"下拉菜单中选择其他指标。

允许重复预测：若勾选"允许重复预测"复选框，则表示允许对同一后项结果应用多条关联规则。例如，如果规则"有无结婚、有无被骗经历→有无存款""有无被骗经历、有无小孩→有无存款"都为有效规则，那么勾选该复选框后，允许分别应用这两条规则。本例不勾选该复选框。

忽略不匹配篮项目：若勾选"忽略不匹配篮项目"复选框，则表示样本应用规则时，在不能按顺序完全匹配前项的所有项目时，允许采用非精确匹配，忽略后面的一些无法匹配的项目。当关联规则较少时，这不失为一个好策略。本例勾选该复选框。

确认预测不在篮中：若选中"确认预测不在篮中"单选按钮，则表示样本应用关联规则时，给出的后项结果不应出现在前项中。例如，如果受害者已经有理财行为了，也就是他的篮中已有理财行为，那么无论关联规则多么有效，也不可能建议受害者再次进行理财行为。本例不选中该单选按钮。

确认预测在篮中：若选中"确认预测在篮中"单选按钮，则表示样本应用关联规则时，给出的后项结果应在前项中出现过。该选项在应用时往往不是为了给出应具有什么特征，而是为了发现特征之间的内在联系。本例选中该单选按钮。

不要检测预测篮：若选中"不要检测预测篮"单选按钮，则表示应用关联规则时，给出后项结果时不考虑其是否在前项中出现过。例如，即使受害者有过网购经历，也仍然可以建议他继续在网上购物。因为从正规渠道进行网上购物且做好个人信息的保密工作，就能极大减少在网上购物时被骗的概率。本例不选中该单选按钮。

8.4 序列关联规则分析

简单关联规则分析反映的是事物之间的简单关联关系，本节将讨论序列关联规则分析，即关联具有前后顺序，通常与时间有关。

在数据挖掘中，序列关联规则分析发展至今已经有很多算法，其中 Sequence 算法已成为序列关联规则分析的经典算法，被许多数据挖掘软件采用。

8.4.1 序列关联规则的基本概念

1. 序列和序列测量指标

序列关联规则分析研究的对象是事务序列，简称序列。序列关联规则分析研究的目的是从收集到的众多序列中找到事务发展的前后关联性，进而预测其后续的发展可能。

用一个简单的例子说明序列。表 8-6 是一份虚拟的超市顾客购买记录数据。

表 8-6　虚拟的超市顾客购买记录数据

会员卡号	时间 1	时间 2	时间 3	时间 4
001	(香肠，花生米)	(饮料)	(啤酒)	
002	(饮料)	(啤酒)	(香肠)	
003	(面包)	(饮料)	(香肠，啤酒)	
004	(花生米)	(饮料)	(啤酒)	(香肠)
005	(啤酒)	(香肠，花生米)	(面包)	
006	(花生米)	(面包)		

表中记录了 6 名顾客在不同时间的购买数据。会员卡号唯一标识每名顾客，即唯一标识每个序列。时间 1 至时间 4 代表一定的前后顺序，时间 1 在前，时间 4 在后。同一列中的商品并不意味着都是在同一时间点被购买的，不同顾客购买商品的具体时间或日期可以不同，这里的时间仅仅表示一种购买的前后顺序。

例如，001 号顾客，第一次购买了香肠和花生米，然后购买了饮料，最后购买了啤酒。他的 3 次购买行为形成了一个序列。

序列是由项集和顺序标志组成的，项集用 C 表示，顺序标志用"＞"表示。

例如，001 号顾客的购买序列可以表示为

$$C(香肠，花生米)＞C(饮料)＞C(啤酒)$$

004 号顾客的购买序列可以表示为

$$C(花生米)＞C(饮料)＞C(啤酒)＞C(香肠)$$

序列可被拆分为若干个子序列。子序列还可继续被拆分成项集，项集可看成最小的子序列。例如，001 号顾客的购买序列可被拆分为 C(香肠，花生米)＞C(饮料)、C(饮料)＞C(啤酒)、C(香肠，花生米)＞C(啤酒) 3 个子序列。

表 8-6 这样的数据组织形式仅仅是为了方便浏览。SPSS Modeler 要求数据应按事务表的形式组织，但应添加一列来表示事务发生的前后顺序或时间点。

序列长度和序列大小是准确描述一个序列的重要测量指标。序列长度是序列所包含的项集个数。序列大小是序列所包含的项目个数。

例如，001 号顾客的购买序列中包含 3 个项集，序列长度为 3。同时，该序列包括 4 个具体项目，因此序列大小为 4；004 号顾客的购买序列的序列长度为 4，序列大小也为 4。

规则支持度是反映序列规则普遍性的测量指标，定义为包含某子序列的序列数占总序列数的比例。例如，C(饮料) $>C$(啤酒) 的规则支持度为 4/6=0.67。

2. 序列关联规则和测量指标

序列关联规则分析的最终目的是生成序列关联规则。序列关联规则能够反映事物发展的前后关联关系，可用于预测事物后续的发展可能。

序列关联规则的一般形式为

$$X \Rightarrow Y \text{（规则支持度，规则置信度）}$$

其中，X 称为序列关联规则的前项，是一个序列或项集，Y 称为序列关联规则的后项，一般为一个项集，表示某种结论或事实。

例如，C(香肠，花生米) $>C$(饮料) $\Rightarrow C$(啤酒) 就是一条序列关联规则，表示如果在同时购买了香肠和花生米后又购买了饮料，那么可能会购买啤酒。

序列关联规则的规则支持度定义为包含某序列关联规则的事务数占总事务的比例。

例如，C(香肠，花生米) $>C$(饮料) $\Rightarrow C$(啤酒) 的规则支持度为 $1/6 \approx 0.17$；C(饮料) $\Rightarrow C$(啤酒) 的规则支持度为 $4/6 \approx 0.67$。

序列关联规则的规则置信度定义为同时包含前项和后项的事务数与仅包含前项的事务数的比，也是规则支持度与前项支持度的比。

例如，C(香肠，花生米) $>C$(饮料) $\Rightarrow C$(啤酒) 的规则置信度为 1。C(香肠) $\Rightarrow C$(饮料) 的规则置信度为 0.2，C(饮料) $\Rightarrow C$(香肠) 的规则置信度为 0.75。可见，购买饮料后购买香肠的可能性高于购买香肠后购买饮料的可能性。

只有大于用户指定的最小规则支持度和最小规则置信度的序列关联规则才是有效规则。

8.4.2 序列关联规则的时间约束

由于序列关联规则涉及时间问题，因此有必要限定实施的行为或发生的事物属于同一时间点的时间范围。仍以表 8-6 为例，应指明什么时间范围内的购买行为属于一次购买。例如，如果一名顾客购买了饮料，回到停车场准备回家时想起还应买些面包和香肠，于是又返回超市购买了面包和香肠。现在的问题是，该购买行为是属于一次购买行为还是属于两次购买行为。这将直接关系到序列的表示，即应该表示为 C(饮料) $>C$(面包，香肠) 还是 C(饮料，面包，香肠)，这也将直接影响后续一系列的分析和计算。

因此，给出序列的时间约束是很必要的。序列关联规则分析中的时间约束主要包括以下两类。

(1)持续时间，也称时间窗口，或交易有效时间。上例中，如果指定购买持续时间为 30 分钟，则该顾客在第一次购买发生以后的 30 分钟内的所有购买行为，无论是从停车场返回超市后的再次购买，还是从家返回超市后的再次购买，均视为同一次购买。超过 30 分钟之后的购买则视为下一次购买。持续时间可以很短，如几秒、几分钟或几小时等；也可以很长，如几个月、几个季度或几年等。

(2)时间间隔，是指序列中相邻子序列之间的时间间隔，应给定一个间隔区间 $[a,b]$，其

中 $a<b$，表示相邻行为发生的时间间隔不小于 a，且不大于 b。时间间隔小于 a 或大于 b 的行为，一定不属于一次行为。

上例中，如果指定间隔时间为 [10,30]（单位：分钟），那么，如果将返回超市后的购买视为第二次购买，则它与第一次购买的时间间隔不应小于 10 分钟且不大于 30 分钟。同时给出时间间隔的最小值和最大值是必要的，因为如果某次购买与第一次购买之间的时间间隔远远大于 10 分钟，当然不能视为第二次购买，但它究竟属于第几次购买，若没有时间间隔的最大值限制就无法确定了。

8.5 Sequence 算法

与 Apriori 算法类似，Sequence 算法的执行过程包括两个阶段：产生频繁序列集；依据频繁序列集生成序列关联规则。

8.5.1 产生频繁序列集

频繁序列集是包含所有频繁序列的集合。频繁序列是指规则支持度大于等于用户指定的最小规则支持度的序列。

为提高算法的执行效率，Sequence 算法设计的基本出发点是，只有最小频繁子序列才可能构成频繁子序列，应首先寻找最小频繁子序列。只有频繁子序列才可能构成频繁序列，应继续寻找频繁子序列。

与 Apriori 算法类似的是，Sequence 算法也设置了候选集，在候选集的基础上确定最小频繁子序列、频繁子序列和频繁序列；与 Apriori 算法不同的是，Sequence 算法采用一种动态处理策略，即边读入边计算，批量筛选。它不必等到读入所有数据后才开始计算，减少了内存开销，尤其适合处理大样本集和动态样本集。

以表 8-6 所示的数据为例，说明 Sequence 算法。

表 8-7 反映了在读入事务数据的过程中，候选集中各序列规则支持度的变化情况。设用户指定的最小规则支持度为 40%。

读入 001 号顾客的序列，由于候选集为空，所以将序列拆分成最小子序列，插入候选集中，计算各子序列的规则支持度，结果均为 1 且均大于最小规则支持度。虽然该序列还包括其他子序列，如 C(饮料)＞C(啤酒)，但由于在该步之前(第 0 步)，饮料和啤酒尚不是频繁子序列，因此，由饮料和啤酒构成的子序列不可能成为频繁子序列，所以不能被插入候选集。

表 8-7　候选集中各序列规则支持度的变化情况

编号	序列	事务 1	事务 2	事务 3	事务 4	事务 5	事务 6
1	C(香肠)	1	1	1	1	1	0.83
2	C(花生米)	1	0.5	0.33	0.5	0.6	0.67
3	C(饮料)	1	1	1	1	0.8	0.67
4	C(啤酒)	1	1	1	1	1	0.83
5	C(饮料)＞C(啤酒)		1	1	1	0.8	0.67
6	C(啤酒)＞C(香肠)		0.5	0.33	0.5	0.6	0.5
7	C(饮料)＞C(香肠)		0.5	0.67	0.75	0.6	0.5
8	C(面包)			0.33	0.25	0.4	0.5

续表

编号	序列	事务 1	事务 2	事务 3	事务 4	事务 5	事务 6
9	C(香肠，啤酒)			0.33	0.25	0.2	0.17
10	C(花生米)$>C$(饮料)				0.5	0.4	0.33
11	C(花生米)$>C$(啤酒)				0.5	0.4	0.33
12	C(花生米)$>C$(香肠)				0.25	0.2	0.17
13	C(饮料)$>C$(啤酒)$>C$(香肠)				0.5	0.4	0.33
14	C(香肠，花生米)					0.4	0.33
15	C(啤酒)$>C$(花生米)					0.2	0.17
16	C(啤酒)$>C$(面包)					0.2	0.17
17	C(香肠)$>C$(面包)					0.2	0.17

读入 002 号顾客的序列，由于该序列所包含的最小子序列均存在于候选集中，无须再插入。该序列还包括子序列 C(饮料)$>C$(啤酒)、C(啤酒)$>C$(香肠)、C(饮料)$>C$(香肠)。由于在该步之前(第 1 步)C(香肠)、C(饮料)和 C(啤酒)已为最小频繁子序列，它们组成的子序列可能成为频繁子序列，应被插入候选集，计算它们的规则支持度，结果均大于最小规则支持度。

读入 003 号顾客的序列，由于该序列包含的最小子序列 C(面包)及 C(香肠，啤酒)不在候选集中，应将它们插入。该序列还包括子序列 C(饮料)$>C$(香肠，啤酒)、C(饮料)$>C$(香肠)、C(饮料)$>C$(啤酒)，以及和面包相关联的子序列。但由于该步之前(第 2 步)C(面包)和 C(香肠，啤酒)尚不是频繁子序列，因此与 C(面包)和 C(香肠，啤酒)相关联的子序列不可能成为频繁子序列，不能被插入候选集。C(饮料)$>C$(香肠)和 C(饮料)$>C$(啤酒)无须再插入。计算它们的规则支持度，得到的规则支持度均大于最小规则支持度。

按照这个方法进行后续处理。

在计算过程中，规则支持度小于用户指定的最小规则支持度的子序列(不包括最小子序列)应被剔除出候选集。但出于计算效率的考虑，Sequence 算法并没有在每一步都做剔除处理，而是待处理完若干事务数据后再成批剔除。

最后得到的候选集为表 8-7 的最后一列，剔除其中规则支持度小于指定值后的序列后，即频繁序列集。

需要强调的是，从产生频繁序列集的过程可以看出，频繁序列在时间上不一定是连续的，中间允许有间隔。

例如，序列 C(花生米)$>C$(饮料)在时间上是连续的，但序列 C(花生米)$>C$(啤酒)、C(花生米)$>C$(香肠)在时间上则是不连续的。因此，由此预测出的事物的未来结果，不一定就发生在下一个时间点上，也可能会发生在后续的某个时间点上。

8.5.2　依据频繁序列集生成序列关联规则

在表 8-7 最后一列所示的频繁序列集中，序列长度不尽相同，且序列的前后顺序取决于事务数据的前后顺序，因而序列之间的内在关系没有得到有效体现。

例如，C(饮料)$>C$(啤酒)序列和 C(饮料)序列本是序列与子序列的关系，但该表格无法体现出这种关系。因此，在此基础上生成关联序列规则会很烦琐，尤其是在频繁序列集非常庞大时。

于是，Sequence 算法将频繁序列组织成邻接格(Adjacency lattice)的形式。所谓邻接，是

指如果对序列 A 增加一个最小子序列后就能够得到序列 B，则称序列 A 和序列 B 是邻接的。邻接格能够有效反映频繁序列的内在关系，使序列关联规则的生成更加准确和快捷。

如果指定最小规则支持度为 40%，则图 8-21 就是上例的频繁序列邻接格的图形化表示。在邻接格的基础上计算规则置信度，如果指定的最小规则置信度为 0.3，则生成的序列关联规则为

$$C(饮料) \Rightarrow C(啤酒) \ (S=66.7\%, \ C=100\%)$$
$$C(饮料) \Rightarrow C(香肠) \ (S=50\%, \ C=75\%)$$
$$C(啤酒) \Rightarrow C(香肠) \ (S=50\%, \ C=60\%)$$

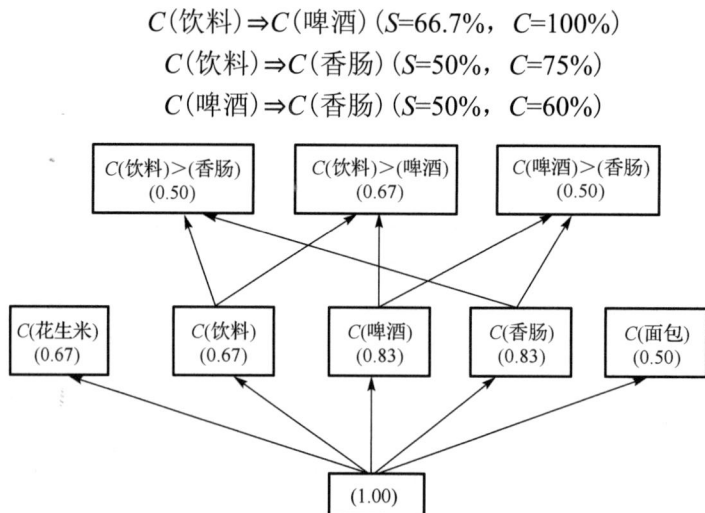

图 8-21　频繁序列邻接格的图形化表示

8.6　Sequence 算法的应用

案例背景

从用户浏览网页的历史记录数据中，研究用户浏览网页的行为规律。

基础数据

WebData.xlsx

数据包括三大部分，其中，CustomerGuid 为用户编号，用 IP 地址标识更合理；URLCategory 为浏览网页的类型；SequenceID 为浏览的前后顺序。

学习目标

业务目标

研究用户浏览网页的行为规律。

能力目标

(1) 学会使用 SPSS Modeler 建立 Sequence 模型。

(2) 学会分析 Sequence 模型得出的各项测量指标。

学习步骤

运行 SPSS Modeler，选择"源"选项卡中的 Excel 节点，导入"WebData.xlsx"文件。在

"选择工作表"处选中"按名称"单选按钮，在后面的框中填入 ClickPath，如图 8-22 所示。

选择"类型"选项卡，单击"读取值"按钮，确定变量的类型是否符合规则，如图 8-23 所示，然后依次单击"应用"按钮和"确定"按钮。

选择"建模"选项卡中的序列节点，并将其连接到数据流的恰当位置上。选中序列节点，单击鼠标右键，选择快捷菜单中的"编辑"选项，进行参数设置。如图 8-24 所示。相关参数设置如下。

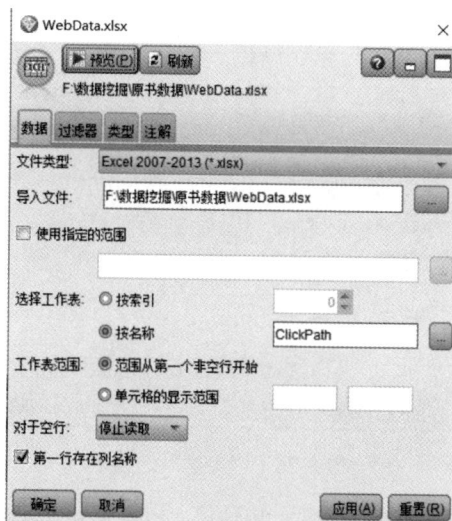

图 8-22 "数据"选项卡

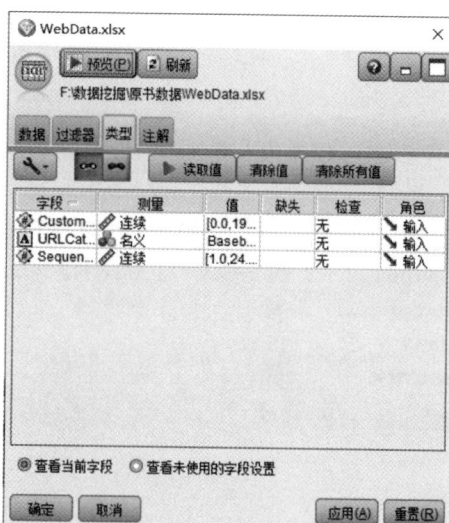

图 8-23 "类型"选项卡

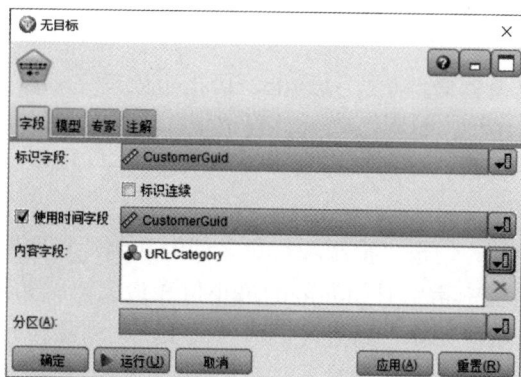

图 8-24 "字段"选项卡

标识字段：在"标识字段"下拉菜单中指定唯一标识序列的变量，这里选择 CustomerGuid。

标识连续：如果样本已按照"标识字段"中指定的变量排序了，则勾选"标识连续"复选框。本例中没有排序，因此不勾选该复选框。

使用时间字段：勾选"使用时间字段"复选框，表示在后面的下拉菜单中指定某个表示时间点或时间前后顺序的变量，这里为 CustomerGuid。若不勾选，则用样本编号作为顺序标志。

内容字段："内容字段"框用于指定存放事务的变量，这里为 URLCategory。

选择"模型"选项卡，如图 8-25 所示，相关参数设置如下。

模型名称：选中"自动"单选按钮。

使用分区数据：勾选"使用分区数据"复选框。

最小规则支持度(%)：在"最小规则支持度(%)"框中指定序列关联规则的最小规则支持度。

最小规则置信度(%)：在"最小规则置信度(%)"框中指定序列关联规则的最小规则置信度。

最大序列大小：在"最大序列大小"框中指定序列大小允许的最大值。

要添加到流的预测：在"要添加到流的预测"框中指定利用序列规则置信度最高的前几条序列关联规则对样本进行预测，默认为3。

选择"专家"选项卡，如图8-26所示，相关参数设置如下。

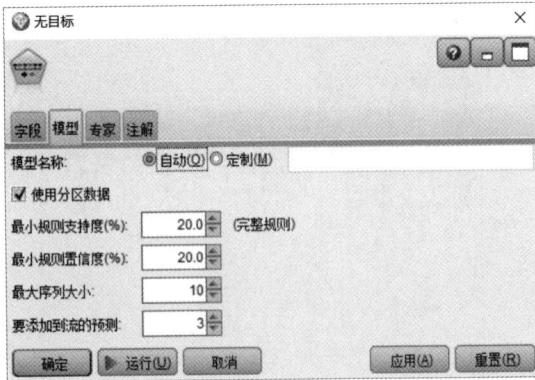

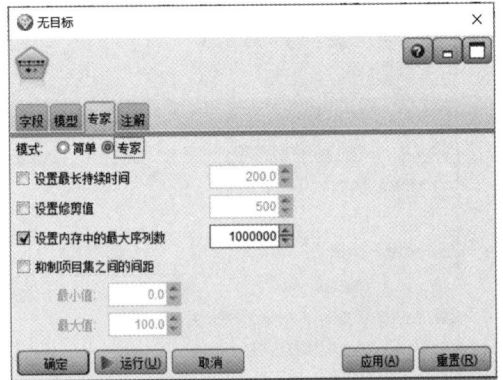

图8-25　"模型"选项卡　　　　　　　图8-26　"专家"选项卡

模式：选中"专家"单选按钮，表示由用户自行设置参数。若选中"简单"单选按钮，则表示采用 SPSS Modeler 默认的参数建立模型。

设置最长持续时间：勾选"设置最长持续时间"复选框，可指定最大持续时间。这里不勾选该复选框。

设置修剪值：勾选"设置修剪值"复选框，可指定处理完多少个序列后剔除频繁序列候选集中小于最小支持度的序列。这里不勾选该复选框。

设置内存中的最大序列数：勾选"设置内存中的最大序列数"复选框，并在后面的框中将其值设置为1000000。

抑制项目集之间的间距：勾选"抑制项目集之间的间距"复选框，可表示指定时间间隔，应分别在最小值和最大值框中指定时间间隔的最小值和最大值。如果表示时间点的变量为日期或时间戳变量，则间隔以秒计算；如果为数值型变量，则间隔为同样计量单位的指定数字。这里不勾选该复选框。

本例的模型分析结果如图8-27所示。

前项	后项	实例	支持度百分比	置信度百分比	规则支持度百分比
Flight	Hotel	210	12.75	82.353	10.5
News North America	News North America	235	20.85	56.355	11.75
News North America	Weather	230	20.85	55.156	11.5

图8-27　模型分析结果

由图 8-27 可知，C(Flight)⇒C(Hotel)（S=10.5%，C=82.353%），表示浏览航班网页的用户中 82.353%的人将浏览关于宾馆住宿的网页，规则支持度为 10.5%。

C(News North America)⇒C(News North America)（S=11.75%，C=56.355%），表示浏览北美新闻网页的用户中 56.355%的人还将浏览北美新闻网页的其他内容，规则支持度为 11.75%。

C(News North America)⇒C(Weather)（S=11.5%，C=55.156%），表示浏览北美新闻网页的用户中 55.156%的人还将浏览天气类的网页，规则支持度为 11.5%。

上述序列关联规则是基于对用户个体浏览行为的分析，得到的是大部分用户的网页浏览规律。换句话说，得到的是一种具有一定可信度的用户浏览模式。其实，这种行为模式的分析还可以针对用户的年龄、受教育程度、地理位置等进行，即在图 8-24 中，指定"标识字段"为年龄、受教育程度、地理位置等，将产生不同的序列。例如，有 8 种受教育程度，则将产生 8 个序列，在时间上取相同值的浏览视为一次浏览。这样，就可以得到不同年龄、不同受教育程度、不同地理位置的用户的一般浏览模式。此外，将序列关联规则应用到具体样本中，可分析各年龄、受教育程度、地理位置用户的具体浏览模式。

选择"输出"选项卡中的表格节点，并将其连接到数据流的恰当位置上，执行表格节点，预测结果如图 8-28 所示。在表格中，将看到各样本的预测结果，默认给出规则置信度最高的 3 条规则(CustomerGuid-1，CustomerGuid-2，CustomerGuid-3)的预测结果和置信度，分别用以字符串$S 和$SC 开头的变量表示。预测结果并不与特定的时间有关，只意味着在未来的某个时间点上将发生。

	CustomerGuid	URLCategory	SequenceID	$S-CustomerGuid-1	$SC-CustomerGuid-1	$S-CustomerGuid-2	$SC-CustomerGuid-2	$S-CustomerGuid-3	$SC-CustomerGuid-3
1	0.000	Insurance	1.000	$null$	$null$	$null$	$null$	$null$	$null$
2	0.000	Loan	2.000	$null$	$null$	$null$	$null$	$null$	$null$
3	0.000	Kits	3.000	$null$	$null$	$null$	$null$	$null$	$null$
4	1.000	News North America	1.000	News North America	0.564	Weather	0.552	$null$	$null$
5	1.000	Football	2.000	News North America	0.564	Weather	0.552	$null$	$null$
6	1.000	Football	3.000	News North America	0.564	Weather	0.552	$null$	$null$
7	1.000	Baseball	4.000	News North America	0.564	Weather	0.552	$null$	$null$
8	1.000	Basketball	5.000	News North America	0.564	Weather	0.552	$null$	$null$
9	2.000	Weather	1.000	$null$	$null$	$null$	$null$	$null$	$null$
10	2.000	Weather	2.000	$null$	$null$	$null$	$null$	$null$	$null$
11	2.000	Weather	3.000	$null$	$null$	$null$	$null$	$null$	$null$
12	2.000	Weather	4.000	$null$	$null$	$null$	$null$	$null$	$null$
13	2.000	Weather	5.000	$null$	$null$	$null$	$null$	$null$	$null$
14	2.000	Weather	6.000	$null$	$null$	$null$	$null$	$null$	$null$
15	3.000	Shopping Computer	1.000	$null$	$null$	$null$	$null$	$null$	$null$
16	3.000	News Europe	2.000	$null$	$null$	$null$	$null$	$null$	$null$
17	3.000	News Asia	3.000	$null$	$null$	$null$	$null$	$null$	$null$
18	4.000	News North America	1.000	News North America	0.564	Weather	0.552	$null$	$null$
19	4.000	Weather	2.000	News North America	0.564	Weather	0.552	$null$	$null$
20	5.000	Flight	1.000	Hotel	0.824	$null$	$null$	$null$	$null$
21	5.000	Flight	2.000	Hotel	0.824	$null$	$null$	$null$	$null$
22	5.000	Hotel	3.000	Hotel	0.824	$null$	$null$	$null$	$null$
23	6.000	News North America	1.000	News North America	0.564	Weather	0.552	$null$	$null$
24	6.000	Weather	2.000	News North America	0.564	Weather	0.552	$null$	$null$
25	7.000	Music	1.000	$null$	$null$	$null$	$null$	$null$	$null$
26	7.000	Music	2.000	$null$	$null$	$null$	$null$	$null$	$null$
27	7.000	Shopping Music	3.000	$null$	$null$	$null$	$null$	$null$	$null$
28	7.000	Movie	4.000	$null$	$null$	$null$	$null$	$null$	$null$
29	8.000	News North America	1.000	News North America	0.564	Weather	0.552	$null$	$null$
30	8.000	News North America	2.000	News North America	0.564	Weather	0.552	$null$	$null$
31	8.000	News North America	3.000	News North America	0.564	Weather	0.552	$null$	$null$
32	8.000	News North America	4.000	News North America	0.564	Weather	0.552	$null$	$null$
33	8.000	News North America	5.000	News North America	0.564	Weather	0.552	$null$	$null$
34	8.000	News North America	6.000	News North America	0.564	Weather	0.552	$null$	$null$
35	8.000	News North America	7.000	News North America	0.564	Weather	0.552	$null$	$null$
36	8.000	News North America	8.000	News North America	0.564	Weather	0.552	$null$	$null$
37	8.000	Weather	9.000	News North America	0.564	Weather	0.552	$null$	$null$
38	9.000	News North America	1.000	News North America	0.564	Weather	0.552	$null$	$null$
39	9.000	News North America	2.000	News North America	0.564	Weather	0.552	$null$	$null$
40	9.000	Weather	3.000	News North America	0.564	Weather	0.552	$null$	$null$
41	10.000	Music	1.000	$null$	$null$	$null$	$null$	$null$	$null$
42	10.000	Shopping Music	2.000	$null$	$null$	$null$	$null$	$null$	$null$

图 8-28　预测结果

第 9 章

聚类分析

9.1 聚类分析概述

聚类分析是研究"物以类聚"问题的分析方法。例如，在收集到大型商场的顾客的自然特征、消费行为等方面的数据后，进行顾客群细分时，可从顾客自然特征和消费行为的分组入手，根据顾客的年龄、职业、收入、消费金额、消费频率、购物偏好等进行单变量分组，或者针对多个变量进行多变量的交叉分组。但这种顾客群划分方法带有明显的主观色彩。具体表现下以下两方面。

(1) 需要明确指定分组变量。这无疑要求分析人员具备丰富的行业经验，否则形成的顾客分组可能是不恰当的。同时，这种分组通常只能侧重反映顾客的某个特征或少数几个特征，很难反映其多方面的综合特征，但是基于多方面综合特征的顾客分组往往比基于单个特征的顾客分组更有意义。

(2) 需要明确指定分组标准。合理的分组标准是成功分组的关键，但合理分组标准的提出仍需要基于丰富的行业经验和反复尝试。

通常，人们希望在分组时兼顾多方面因素，且无须人工指定分组标准；希望相似的顾客能够被分在同一组内，且实现全方位、自动化分组。聚类分析就是解决这类问题的有效方法。它能够将一批样本数据，在没有先验知识的前提下，根据数据的诸多特征，按照其在性质上的亲疏程度对其进行自动分组，且使组内个体的特征具有较大相似性，组间个体的特征相似性较小。这里，"没有先验知识"是指没有事先指定分组标准，"亲疏程度"是指样本在变量取值上的总体相似程度或差异程度。

聚类算法在探索数据内在结构方面具有全面性和客观性等特点，在数据挖掘领域得到了广泛应用。可从多个角度对聚类算法进行分类。

1. 从聚类结果角度

聚类算法可分为覆盖聚类和非覆盖聚类，即如果每个样本都至少属于一个类，则称为覆盖聚类，否则称为非覆盖聚类。

聚类算法还可分为层次聚类和非层次聚类，即如果存在两个类，其中一个类是另一个类的子集，则称为层次聚类，否则称为非层次聚类。

聚类算法又可分为确定聚类(或硬聚类)和模糊聚类，即如果任意两个类的交集为空，一个样本最多只属于一个类，则称为确定聚类，否则称为模糊聚类。

2. 从聚类变量类型角度

从聚类变量类型角度，聚类算法可分为数值型聚类、分类型聚类和混合型聚类，它们所处理的聚类变量分别是数值型变量、分类型变量及既包括数值型变量又包括分类型变量的混合型变量。

3. 从聚类的原理角度

聚类算法可分为划分聚类、层次聚类、基于密度的聚类及网格聚类等。

目前，流行的数据挖掘软件中除了包含经典的 K-Means 聚类算法，还包含由两步聚类算法及由人工神经网络衍生出来的 Kohonen 网络聚类算法，这些算法都属于无监督学习算法。

9.2　K-Means 聚类算法及应用

K-Means 聚类算法也称快速聚类算法，属于覆盖型、数值型、划分聚类算法。它产生的聚类结果，每个样本都唯一属于一个类，聚类变量为数值型变量，并采用划分原理进行聚类。K-Means 聚类算法主要涉及两个重要问题：第一，如何衡量样本的"亲疏程度"；第二，如何进行聚类。

9.2.1　K-Means 聚类算法对"亲疏程度"的衡量

对"亲疏程度"的衡量一般有两个角度：第一，数据间的相似程度；第二，数据间的差异程度。衡量相似程度一般可采用简单相关系数或等级相关系数等，衡量差异程度则一般采用某种距离。K-Means 聚类算法采用第二种衡量角度，即衡量差异程度。

为有效计算数据之间的差异程度，K-Means 聚类算法将所收集到具有 p 个变量的样本数据，看成 p 维空间上点，并以此定义某种距离。通常，点与点之间的距离越小，意味着它们越"亲密"，差异程度越小，越有可能聚成一类；相反，点与点之间的距离越大，意味着它们越"疏远"，差异程度越大，越有可能分属不同的类。

由于 K-Means 聚类算法所处理的聚类变量均为数值型变量，因此，它将点与点之间的距离定义为欧氏距离，定义样本 x 和 y 之间的欧氏距离是这两个点的 p 个变量值之差的平方和的平方根，其数学定义为

$$\text{EUCLID}(x, y) = \sqrt{\sum_{i=1}^{p}(x_i - y_i)^2} \tag{9.1}$$

其中，x_i 是样本 x 的第 i 个变量的值，y_i 是样本 y 的第 i 个变量的值。

除此之外，常用的距离还包括平方欧氏距离、切比雪夫距离、Block 距离、明考斯基距离等。

9.2.2　K-Means 聚类过程

在上述距离的定义下，K-Means 聚类算法采用"划分"方式实现聚类。所谓划分，是指首先将样本空间随意划分为若干个区域(类)，然后依据上述定义的距离，将所有样本分配到与之最"亲密"的区域中，形成初始的聚类结果。良好的聚类应使类内部的样本结构相似，类间的样本结构差异显著，而由于初始聚类结果是在空间随意划分的基础上产生的，因而无法确保所给出的聚类满足上述要求，因此，上述过程要反复进行。

在这样的设计思路下，K-Means 聚类算法的具体过程如下。

第一步，指定聚类数目 K。在 K-Means 聚类算法中，应首先给出要聚成多少类。聚类数目的确定并不简单，既要考虑最终的聚类效果，也要考虑研究问题的实际需要。聚类数目太大或太小都将失去聚类的意义。

第二步，确定 K 个初始类中心。类中心是各类特征的典型代表。指定聚类数目 K 后，还应指定 K 个类的初始类中心。初始类中心的合理性，将直接影响聚类收敛的速度。常用的初始类中心的指定方法如下。

(1)经验选择法，根据以往经验大致了解样本应聚成几类及如何聚类，只需要选择每个类中具有代表性的点为初始类中心即可。

(2)随机选择法，随机指定若干样本作为初始类中心。

(3)最小最大法，先选择所有样本中相距最远的两个点作为初始类中心，然后选择第 3 个样本，在其余所有点中，它与已确定的类中心的距离是最大的。然后按照同样的原则选择其他类中心。

第三步，根据距离最小原则进行聚类。依次计算每个样本到 K 个类中心的欧氏距离，并依据距离最小原则，将所有样本分配到与之距离最小的类中，形成 K 个类。

第四步，重新确定 K 个类中心。本次类中心的确定原则是，依次计算各类中所有样本的各变量的均值，并以均值点作为新的 K 个类中心。

第五步，判断是否已经满足终止聚类的条件，若不满足，则返回第三步，不断重复上述过程，直到满足终止聚类的条件为止。

终止聚类的条件通常有两个：一是迭代次数，二是类中心的偏移量。当目前的迭代次数等于指定的迭代次数时，聚类将终止；当新确定的类中心距上次类中心的最大偏移量小于指定值时，聚类也将终止。通过适当增加迭代次数或合理调整类中心偏移量的判定标准，能够有效减小指定初始类中心时造成的偏差。

可见，K-Means 聚类过程是一个反复迭代过程。在聚类过程中，样本所属的类会不断变化，直到稳定。

图 9-1 直观地反映了 K-Means 聚类过程。

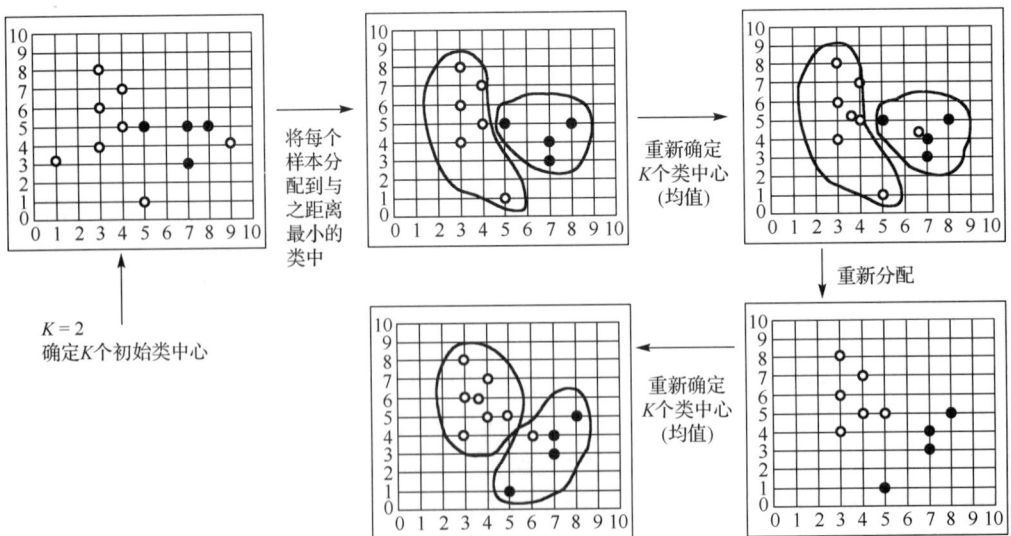

图 9-1　K-Means 聚类过程

距离是 K-Means 聚类算法的基础，它将直接影响最终的聚类结果。因此，通常在聚类分析之前应剔除影响距离计算的因素。聚类变量值不应有数量级上的差异，因为数量级的差异将对距离计算产生较大影响。

为解决该问题，在聚类分析之前通常应首先消除变量的数量级差异，一般可通过标准化处理实现。SPSS Modeler 在进行聚类分析时自动将变量值转换到 0 至 1 之间。

由于 K-Means 聚类算法的距离计算是基于数值的，为符合计算要求，SPSS Modeler 对分类型变量也进行了预处理。

对二分类型(Flag 型)变量，用取值为 0 或 1 的一个数值型变量替代。对具有 k 个类别的多分类型(Set 型)变量，采用 k 个取值为 0 或 1 的数值型变量(哑变量)共同来表示。例如，变量 X 有 A、B、C 三个类别，则用 X_1、X_2、X_3 三个变量共同表示。若 X 取 A，则 X_1、X_2、X_3 分别为 1、0、0；若 X 取 B，则 X_1、X_2、X_3 分别为 0、1、0；若 X 取 C，则 X_1、X_2、X_3 分别为 0、0、1。于是，原来具有 k 个类别的一个聚类变量派生出取 0 或 1 的 k 个变量。但是，由此引发的一个问题是，分类型变量在欧氏距离计算中的"贡献"将大于其他数值型变量。

例如，计算样本 X 与样本 Y 之间的欧氏距离时，如果样本 X 在一个三分类型变量上取 A，样本 Y 取 B，则该分类型变量在欧氏距离中的"贡献"为 $(1-0)^2+(0-1)^2+(0-0)^2=2$，大于 1。而数值型变量由于取值在 0~1 之间，贡献不可能大于 1。这就意味着分类型变量的权值要高于数值型变量，这显然是有问题的。

为此，SPSS Modeler 的解决策略是，将 1 调整为 $\sqrt{5} \approx 0.70711$，以保证分类型变量在欧氏距离中的"贡献"不大于 1。

需要注意的是，聚类变量间不应有较强的线性相关关系。由聚类分析的距离定义可以看出，每个变量都在距离计算中做出了"贡献"，如果聚类变量之间存在较强的线性关系，能够相互替代，那么计算距离时，这些"同类"变量将重复"贡献"，意味着它们在距离计算中拥有了较高的权值，会很大程度影响最终的聚类结果。

9.2.3 K-Means 聚类算法的应用

案例背景

以我国 31 个省(自治区、直辖市)2008 年警务分配的数据为例，讨论 K-Means 聚类算法的具体操作。

基础数据

聚类.sav

数据中的变量包括：地区、人口总数(万人)、男性人口总数(万人)、女性人口总数(万人)，反映各地的人口水平；出警结果按时反馈占比、警务满意度反馈非常满意达到并高于 90% 的天数，反映各地区人民健康水平；警员大专以上文化程度人口比例(%)，反映警员受教育水平；每一百人配备的警察数、区域路段警力投放和警情数比例，反映各地区警力配置水平；严重刑事案件涉案金额(万元)，反映各地区刑事犯罪情况；人均 GDP、人均道路面积(平方米)，反映各地区的经济发展情况。

学习目标

业务目标

根据所给变量，研究我国 31 个省(自治区、直辖市)2008 **年**的警务分配水平，分析哪些省(自治区、直辖市)处在相同的水平上。

能力目标

(1)学会使用 SPSS Modeler 建立 K-Means 模型。

(2)学会分析 K-Means 模型得出的聚类结果。

学习步骤

运行 SPSS Modeler,选择"源"选项卡中的 Statistics 文件节点,导入"K-Means.sav"文件。

选择"字段选项"选项卡中的类型节点,并将其连接到 Statistics 文件节点的后面,指定"地区"的角色为"无",其他变量的角色为"输入",如图 9-2 所示。

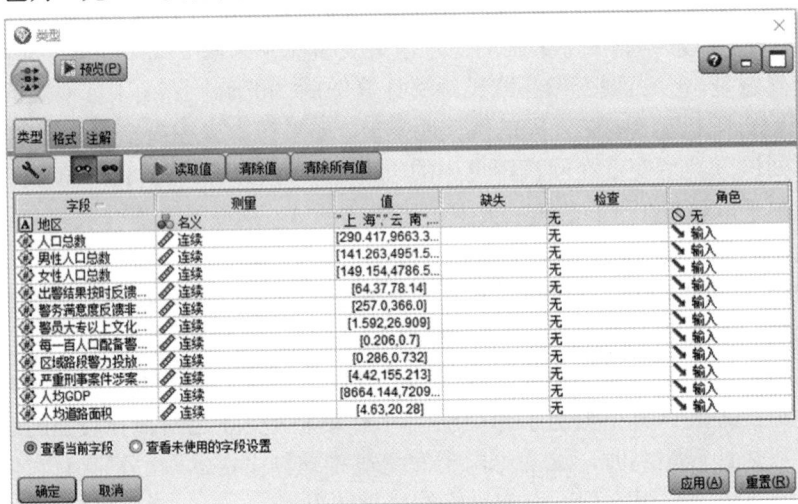

图 9-2　类型节点参数设置

选择"建模"选项卡中的 K-Means 节点,并将其连接到类型节点的后面。选中 K-Means 节点,单击鼠标右键,选择快捷菜单中的"编辑"选项,进行参数设置,选择"模型"选项卡,如图 9-3(a)所示。

图 9-3(a)中的相关参数设置如下。

模型名称:选中"自动"单选按钮。

使用分区数据:勾选"使用分区数据"复选框。

聚类数:在"聚类数"框中指定聚类数目,默认为 5,这里指定为 3。

生成距离字段:若勾选"生成距离字段"复选框,则表示输出各样本与所属类中心点的距离。本例不勾选该复选框。

聚类标签:选中"字符串"单选按钮,表示聚类结果以字符形式给出,且以"标签前缀"框中给定的字符开头,后面加表示类的数字,如聚类-1、聚类-2 等。若选中"数字"单选按钮,则表示聚类结果以数字形式给出。

选择"专家"选项卡,如图 9-3(b)所示,相关参数设置如下。

模式:选中"专家"单选按钮,表示由用户自行设置参数。若选中"简单"单选按钮,则表示采用 SPSS Modeler 默认的参数建立模型。

停止:选中"定制"单选按钮,表示可修改迭代终止的条件。其中,在"最大迭代数"框中指定最大迭代次数,当迭代次数等于该值时,停止聚类;或在"更改容忍度"框中指定一个值,当类中心偏移量小于该值时,停止聚类。满足以上两个条件中的一个即可停止聚类。

集合编码值：对多分类型变量重新编码后，在"集合编码值"框中调整其权值。默认应与数值型变量的权值相同，即将哑变量的取值 1 调整为 5 的平方根，约为 0.70711。用户可以调整该值，但不合理的值会使聚类结果产生偏差。

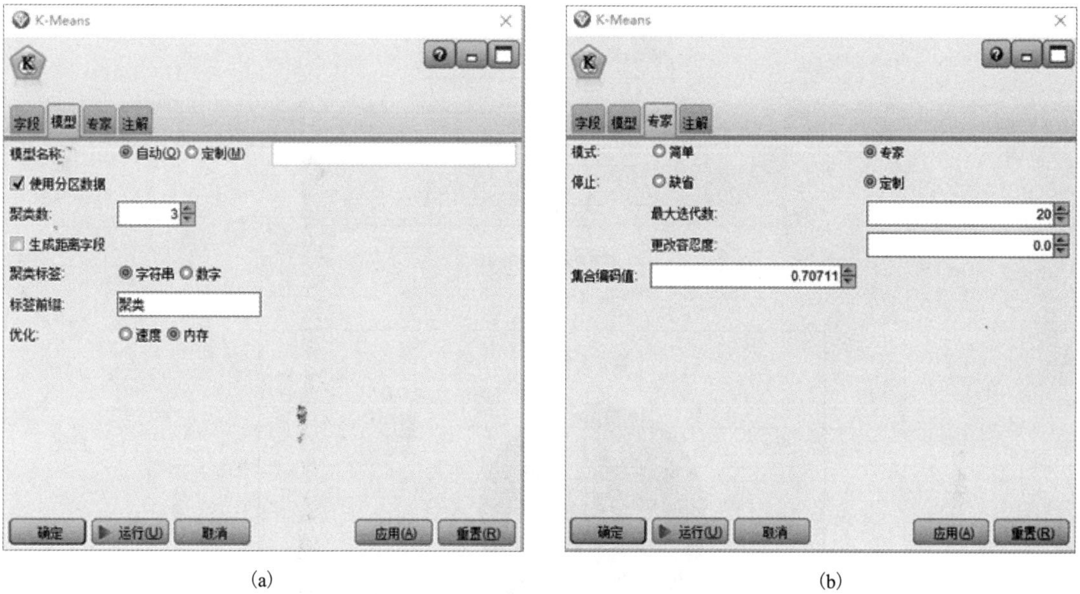

(a)   (b)

图 9-3　K-Means 节点参数设置

单击"运行"按钮，得到 K-Means 模型的分析结果，在"模型"选项卡下，可以进行聚类结果的相关设置，如图 9-4 和图 9-5 所示。

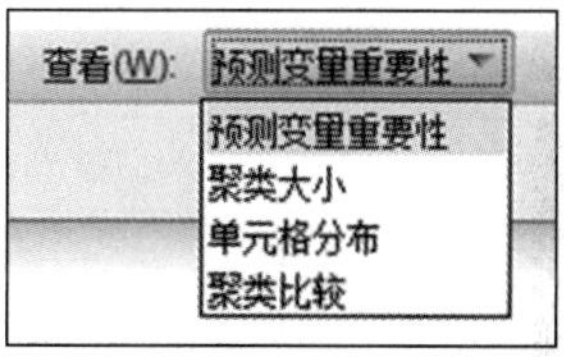

图 9-4　"查看"下拉菜单　　　　　　图 9-5　聚类的命令按钮

在图 9-4 中，在"查看"下拉菜单中，选择"预测变量重要性"选项可查看各变量对聚类的重要性；选择"聚类大小"选项可查看各类别的大小；选择"单元格分布"选项可查看聚类表格的具体分布图；选择"聚类比较"选项可查看单个聚类中的细节比较。

在图 9-5 中，聚类的命令按钮从左到右分别如下。

第 1 组：表格行和列切换。

第 2 组：按总体重要性对输入排序、按聚类重要性对输入排序、按名称对输入排序、按数据顺序对输入排序。

第 3 组：按大小对聚类排序、按名称对聚类排序、按标签对聚类排序。

第 4 组：单元格显示聚类中心、单元格显示绝对分布、单元格显示相对分布、单元格显示基本信息。

本例的聚类结果如图 9-6 所示。

(a)

(b)

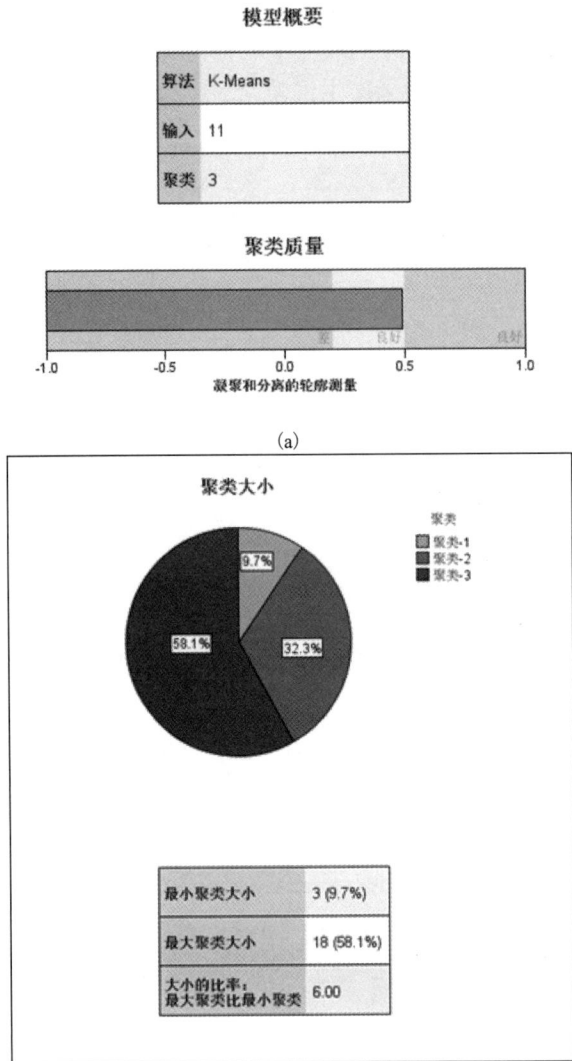

图 9-6　聚类结果

　　根据模型概要可知，该模型共有 11 个输入变量，聚类数目为 3，通过聚类质量可以看出，凝聚和分离的轮廓测量约为 0.49，接近 0.5，整体聚类质量良好。

　　根据聚类大小可知，K-Means 模型的实验结果为 3 类，聚类-1 的数据占总体的 9.7%，聚类-2 的数据占总体的 32.3%，聚类-3 的数据占总体的 58.1%。大小的比率，即最大聚类比最小聚类的值为 6.00。

　　如果想查看更具体的聚类结果，可以选择"输出"选项卡中的表格节点，并将其连接到数据流的恰当位置上，执行表格节点，输出结果如图 9-7 所示。

　　可以看出，在 K-Means 模型中，包括 31 个地区。聚类-1 包括 3 个地区，聚类-2 包括 10 个地区，聚类-3 包括 18 个地区。其中，以字符串$KM 开头的变量是各样本的聚类解，即所属的类号，以字符串$KMD 开头的变量是各样本与本类中心的距离。

　　如果想更直观地查看聚类详情，还可以连接"输出"选项卡中的网络节点，生成的网状图如图 9-8 所示。

图 9-7　表格节点输出结果①

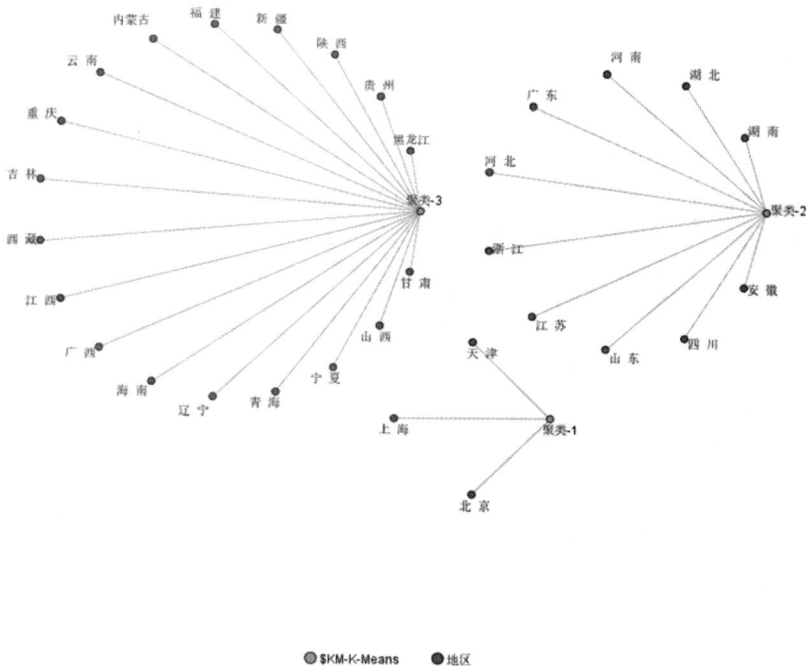

	地区	人口总数	男性人…	女性人…	出警	警务满…	每一…	警员	区域	严重	人均GDP	人均…	$KM-K…
1	北京	1670.011	848.929	821.195	76.100	274.000	0.699	26.909	0.732	46.298	62802.151	6.210	聚类-1
2	天津	1140.248	562.120	578.241	74.910	322.000	0.473	14.841	0.379	143.0…	55728.051	14.390	聚类-1
3	河北	7100.451	3619.278	3481.285	72.540	301.000	0.300	4.474	0.332	29.429	22799.411	14.490	聚类-2
4	山西	3470.011	1759.977	1709.921	71.650	303.000	0.371	6.797	0.342	155.2…	19996.275	9.540	聚类-3
5	内蒙	2459.526	1260.992	1198.534	69.870	340.000	0.333	7.054	0.333	90.809	31558.107	12.760	聚类-3
6	辽宁	4395.490	2207.779	2187.711	73.340	322.000	0.431	10.588	0.345	46.734	30625.866	9.950	聚类-3
7	吉林	2791.883	1412.289	1379.594	73.100	342.000	0.366	7.240	0.380	34.332	23009.777	10.390	聚类-3
8	黑龙	3910.710	1977.452	1933.371	72.370	308.000	0.354	5.708	0.344	24.855	21249.337	9.280	聚类-3
9	上海	1900.113	950.958	949.267	78.140	328.000	0.700	21.995	0.537	55.019	72091.249	4.630	聚类-1
10	江苏	7797.971	3800.338	3997.632	73.910	322.000	0.320	6.681	0.381	51.727	38872.434	20.280	聚类-2
11	浙江	5174.746	2633.371	2541.488	74.700	301.000	0.343	9.037	0.410	28.908	41522.654	15.200	聚类-2
12	安徽	6256.821	3209.583	3047.238	71.850	257.000	0.237	3.717	0.374	18.801	14183.194	14.150	聚类-2
13	福建	3662.232	1842.390	1819.842	72.550	354.000	0.255	5.461	0.393	43.219	29553.314	12.050	聚类-3
14	江西	4467.080	2283.315	2183.766	68.950	344.000	0.229	5.827	0.309	11.515	14506.653	11.060	聚类-3
15	山东	9579.481	4792.897	4786.584	73.920	295.000	0.341	5.142	0.334	89.640	32436.057	19.600	聚类-2
16	河南	9572.266	4839.797	4732.582	71.540	325.000	0.255	4.361	0.286	26.101	19230.326	9.900	聚类-2
17	湖北	5828.298	2955.468	2872.830	71.080	294.000	0.274	7.670	0.405	28.271	19440.291	13.030	聚类-2
18	湖南	6499.211	3360.992	3138.106	70.660	329.000	0.270	6.104	0.378	22.556	17166.146	12.010	聚类-2
19	广东	9663.360	4951.522	4711.838	73.270	345.000	0.303	6.612	0.429	42.254	36940.010	11.650	聚类-2
20	广西	4876.212	2545.434	2330.778	71.290	352.000	0.230	3.024	0.374	31.095	14707.277	11.830	聚类-3
21	海南	864.149	452.311	411.838	72.920	366.000	0.253	5.310	0.402	4.420	16886.328	12.050	聚类-3

图 9-8　网状图

1. 纵向分析

在 K-Means 模型结果的"模型"选项卡下，在左边的"查看"下拉菜单中选择"聚类大小"选项，在右边的"查看"下拉菜单中选择"预测变量的重要性"选项，如图 9-9 所示。可

① 软件截图中，各地区的名称为简称。

以看出，聚类依据的预测变量的重要性从高到低依次为警员大专以上文化程度人口比例、人均 GDP、女性人口总数、人口总数、男性人口总数、每一百人配备警察数、出警结果按时反馈占比、区域路段警力投放和警情数比例、人均道路面积、严重刑事案件涉案金额。

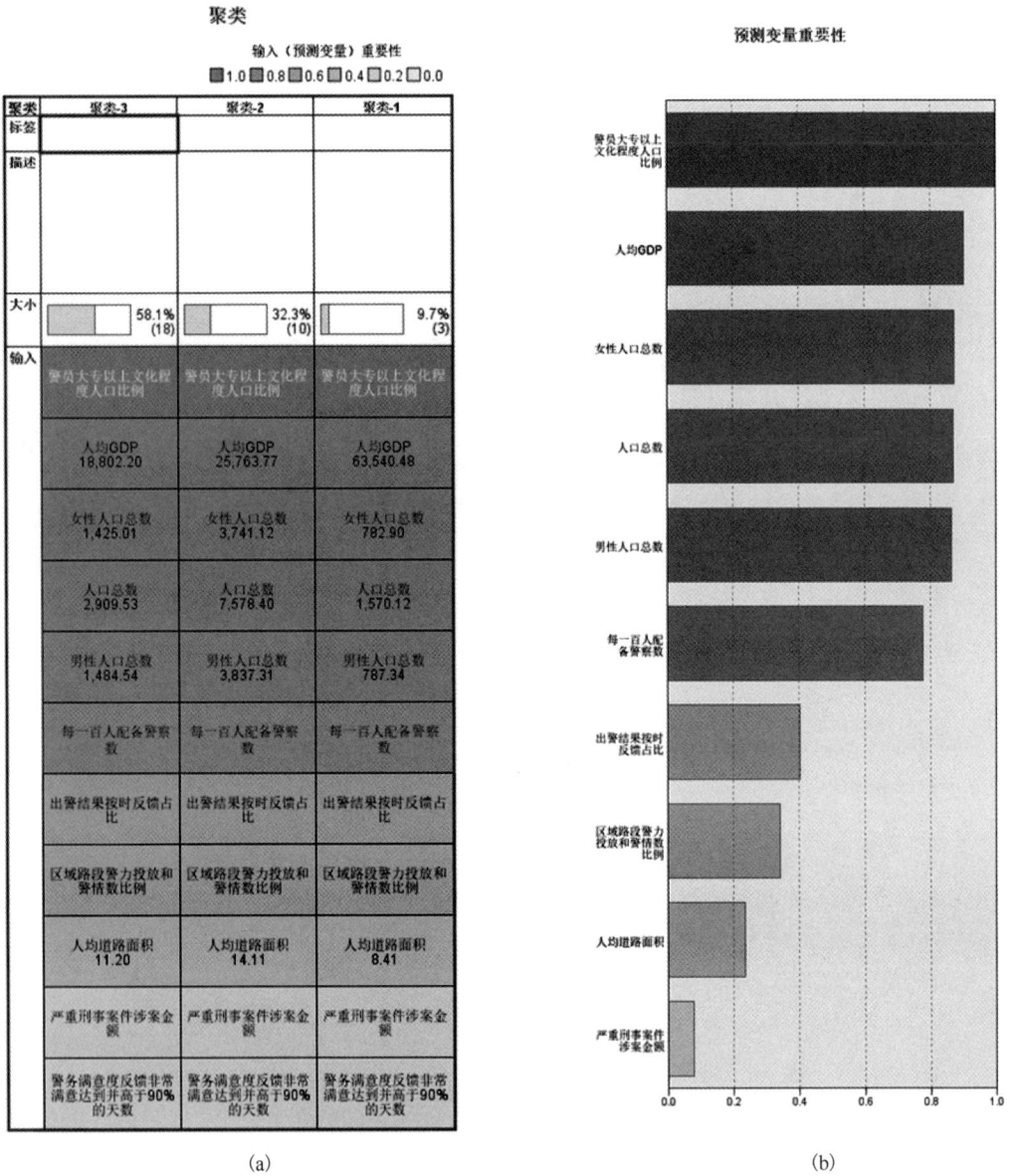

(a)　　　　　　　　　　(b)

图 9-9　模型分析结果

图 9-10 给出了各类别中预测变量的重要性，如在聚类-3 中，预测变量重要性从高到低分别是人均 GDP、女性人口总数、人口总数、男性人口总数、警员大专以上文化程度人口比例、出警结果按时反馈占比、人均道路面积、每一百人配备警察数、区域路段警力投放和警情数比例、警务满意度反馈非常满意达到并高于 90% 的天数、严重刑事案件涉案金额。

双击图 9-10 中的列标题"聚类-3"可得图 9-11，可以得出聚类-3 中各变量的水平与整体水平之间的关系。可以看出，严重刑事案件涉案金额水平与整体水平相似；警员大专以上文化程度人口比例、人均 GDP、女性人口总数、人口总数、男性人口总数、区域路段警力投放和警情数比例、人均道路面积这 7 个变量稍低于整体水平；每一百人配备警察数稍高于整体水平；出警结果按时反馈占比低于整体水平；警务满意度反馈非常满意达到并高于 90%的天数高于整体水平。

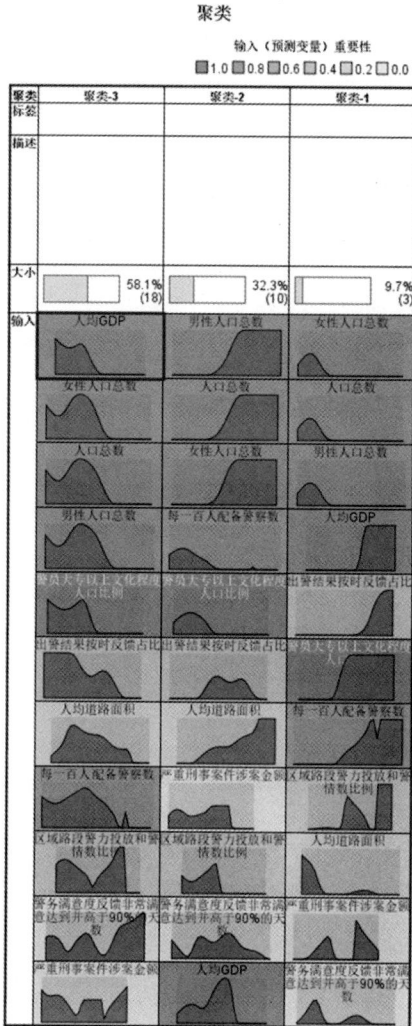

图 9-10　模型分析结果

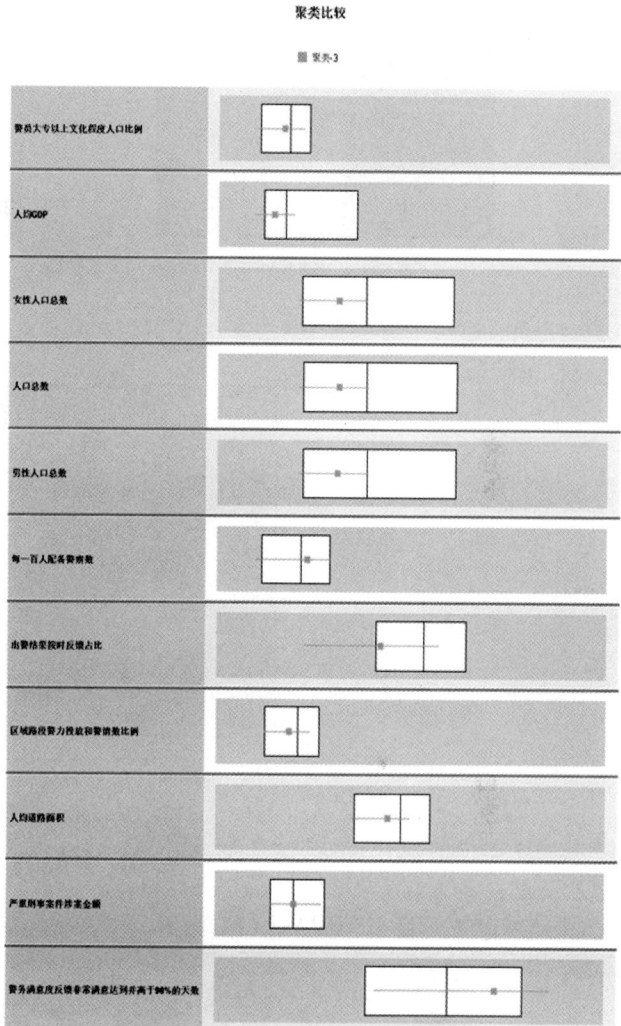

图 9-11　模型分析结果

2. 横向分析

通过横向对比图 9-10 中的内容，可观察到一些变量的横向特征，如图 9-12 所示。放大该变量的分布图，可得图 9-13。以警员大专以上文化程度人口比例变量为例，可以看出，聚类-3集中在 5%以下和 10%左右，聚类-2 集中在 5%～10%之间，聚类-1 集中在 15%以上。因此，警员大专以上文化程度人口比例越高，聚类等级越高。

图 9-12　变量的横向特征

(a)

(b)

(c)

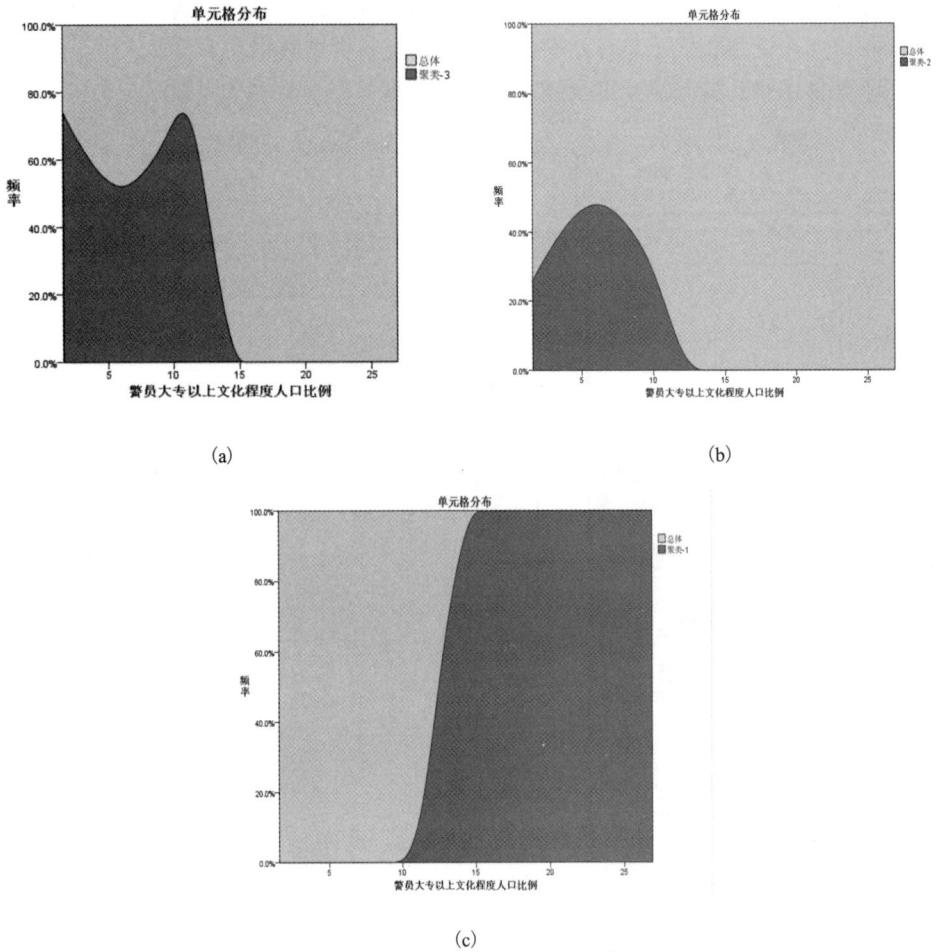

图 9-13　放大各变量的分布图

本例最终的数据流如图 9-14 所示。

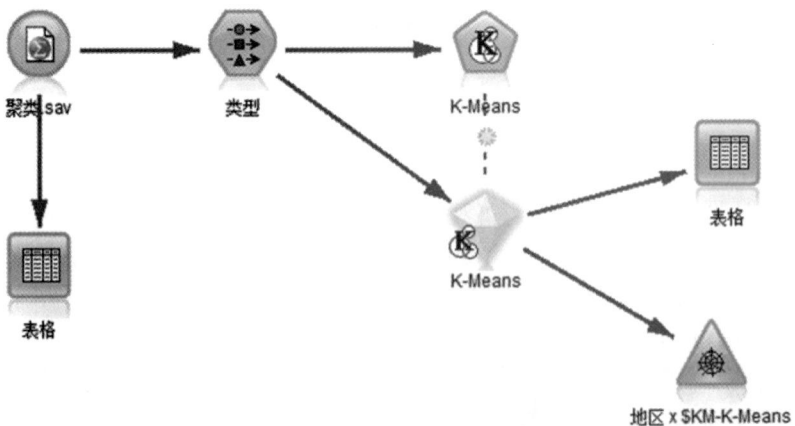

图 9-14　数据流

K-Means 聚类算法是执行效率最快的聚类算法之一，但应注意以下几点。

（1）K-Means 聚类算法本身无法处理分类型变量，虽然 SPSS Modeler 对此进行了适当处理，但仍会在一定程度上影响算法的应用。

（2）K-Means 聚类算法需要指定聚类数目，这意味着分析人员必须对所研究的问题和数据有比较全面的把握，其难度是比较大的。

（3）由于类中心采用均值进行确定，因此易受数据中极值的影响。也就是说，K-Means 的聚类结果易受到离群值和噪声数据的影响，且算法本身并没有有效的诊断手段。

9.3　两步聚类算法及应用

SPSS Modeler 中的两步聚类（Two Step Clustering）算法是 BIRCH（Balanced Iterative Reducing and Clustering using Hierarchies）算法的一种改进算法，该算法尤其适用于大型样本集的聚类研究，有效克服了 K-Means 聚类算法存在的缺陷，其主要特点如下。

（1）既可以处理数值型变量，也可以处理分类型变量。

（2）能够根据一定准则确定聚类数目。

（3）能够诊断样本中的离群值和噪声数据。

顾名思义，两步聚类算法需经过两个步骤实现聚类。

第一步，预聚类。采用"惯序"方式将样本粗略地划分成若干子类。开始阶段视所有数据为一个大类。读入一个样本数据后，根据"亲疏程度"决定该样本是应派生出一个新类，还是应合并到已有的某个子类中。这个过程将反复进行，最终形成 L 个类。可见，预聚类过程是聚类数目不断增加的过程。

第二步，聚类。在预聚类的基础上，根据"亲疏程度"决定哪些子类可以合并，最终形成 L' 个类。可见，聚类过程是聚类数目不断减少的过程。随着聚类的进行，类内部的差异将不断增大。

两步聚类算法涉及两个重要问题，第一，如何衡量样本的"亲疏程度"；第二，以怎样的方式实施预聚类和聚类。

9.3.1　两步聚类算法对"亲疏程度"的衡量

与 K-Means 聚类算法类似的是，两步聚类算法也采用距离衡量样本的"亲疏程度"，并依据距离确定类的划分；不同的是，如果聚类变量均为数值型变量，两步聚类算法仍采用欧氏距离进行计算；否则，其同时考虑数值型变量和分类型变量，采用对数似然（Log-likelihood）距离进行计算。

两步聚类算法的对数似然距离源于概率聚类的表示方式，通过对数似然函数的形式描述全部样本的聚类分布特征。设有 K 个聚类变量 x_1, x_2, $\cdots$, x_K，其中包括 K_A 个数值型变量和 K_B 个分类型变量，且数值型变量服从正态分布，分类型变量服从联合正态分布。如果聚成 J 类，则对数似然函数定义为

$$l = \sum_{j=1}^{J}\sum_{i \in I_j} \log p(x_i \mid \theta_j) = \sum_{j=1}^{J} l_j \tag{9.2}$$

其中，p 为似然函数，I_j 是第 j 类的样本集合，θ_j 是第 j 类的参数。针对全部样本，其对数似然值是各类对数似然值之和。同理，针对一个由 M 个子类组成的类，其对数似然值等于 M 个子类的对数似然值之和。

于是，对已存在的第 j 类和第 s 类，两者合并后的类记为 $<j,s>$，则它们的距离定义为两类合并之前的对数似然值 $\hat{l}$ 与合并后对数似然值 $\hat{l}_{new}$ 的差，即对数似然距离，定义为

$$d(j,s)=\hat{l}-\hat{l}_{new}=\hat{l}_j+\hat{l}_s-\hat{l}_{<j,s>}=\varepsilon_j+\varepsilon_s-\varepsilon_{<j,s>} \tag{9.3}$$

其中，ε 为对数似然函数的具体形式，定义为

$$\varepsilon_v=-N_v\left(\sum_{k=1}^{K_A}\frac{1}{2}\log(\hat{\sigma}_k^2+\hat{\sigma}_{vk}^2)+\sum_{k=1}^{K_B}\hat{E}_{vk}\right)$$
$$\hat{E}_{vk}=-\sum_{l=1}^{L_k}\frac{N_{vkl}}{N_v}\log\left(\frac{N_{vkl}}{N_v}\right) \tag{9.4}$$

其中，$\hat{\sigma}_k^2$ 和 $\hat{\sigma}_{vk}^2$ 分别为第 k 个数值型变量的总方差和在第 v 类中的方差。N_v 和 N_{vkl} 分别为第 v 类的样本量，以及在第 v 类中第 k 个分类型变量取第 l 类的样本量。第 k 个分类型变量有 L_k 个类别。$\hat{E}_{vk}$ 为第 v 类中第 k 个分类型变量的信息熵。式(9.4)引入 $\hat{\sigma}_k^2$ 的目的是解决第 v 类方差可能为 0，对数无法计算的问题。

可见，这里的对数似然函数反映了类内部变量取值的总体差异，且数值型变量用方差衡量，分类型变量用信息熵衡量。

显然，当第 j 类和第 s 类合并后，$\varepsilon_{<j,s>}$ 小于 $\varepsilon_j+\varepsilon_s$，因此 $d(j,s)$ 大于 0。$d(j,s)$ 越小，说明第 j 类和第 s 类的合并越不会引起类内部差异的增大，当 $d(j,s)$ 小于阈值 τ 时，第 j 类和第 s 类可以合并；$d(j,s)$ 越大，说明第 j 类和第 s 类的合并越会引起类内部差异的增大，第 j 类和第 s 类越不应合并。

9.3.2 两步聚类过程

1. 预聚类

两步聚类算法的预聚类过程与 BIRCH 算法相似。

BIRCH 算法的一个重要特点是有效解决了大样本集的聚类问题。由于计算机的内存有限，无法存储超过内存容量的大样本集。因此，尽管有些聚类算法在理论上无懈可击，但无法通过计算机实现。为此，BIRCH 算法提出了一种巧妙的数据存储方案，即 CF 树(Clustering Feature Tree)。

首先，CF 树是一种描述树结构的存储方式，它通过指针反映树中节点的上下层关系。树中的叶节点为子类，具有同一父节点的若干子类可合并为一个大类，形成树的中间节点。若干大类可继续合并成更大的类，形成更高层的中间节点，直到根节点(表示所有数据)。

其次，CF 树是一种数据的压缩存储方式。树中的每个节点只存储聚类过程计算距离必需的汇总统计量，即充分统计量。

在两步聚类算法中，树的节点 j，即第 j 类的汇总统计量为 $CF_j=\{N_j,S_{Aj},S_{Aj}^2,N_{Bj}\}$，$N_j,S_{Aj},S_{Aj}^2,N_{Bj}$ 依次表示节点 j 包括的样本量、数值型变量的总和、数值型变量的平方和、分类型变量各类别的样本量。对 $<j,s>$ 类，$CF_{<j,s>}=\{N_j+N_s,S_{Aj}+S_{As},S_{Aj}^2+S_{As}^2,N_{Bj}+N_{Bs}\}$。由这些统计量可以很容易地计算出类的对数似然距离。可见，节点并不存储原始数据本身，因而大大减少了存储的数据量，使得实现大样本集的聚类成为可能。

在这种数据结构下，预聚类采用"惯序"的方式，即采用将数据逐条读入的方式进行，具体过程如下。

(1) 视所有数据为一个大类，其汇总统计量存储在根节点中。

(2) 读入一个数据，从 CF 树的根节点开始，利用节点的汇总统计量，计算该数据与中间节点(子类)的对数似然距离，并沿着对数似然距离最小的中间节点依次向下选择路径，直到叶节点。

(3) 计算该数据与子树中所有叶节点的对数似然距离，找到距离最小的叶节点。

(4) 如果最小的对数似然距离小于一定的阈值 τ，则该数据被相应的叶节点"吸收"；否则，该数据将"开辟"一个新的叶节点，重新计算叶节点和相应所有父节点的汇总统计量。

(5) 判断新插入样本的叶节点是否已包含了足够多的样本，如果是，则"分裂"该节点，成为两个叶节点，该叶节点变成中间节点。分裂时以相距最远的两点为中心，根据距离最小原则进行分类，重新计算叶节点的汇总统计量。

(6) 随着 CF 树的生长，聚类数目不断增加，也就是说，CF 树会越来越"茂盛"。当 CF 树生长到允许的最"茂盛"程度时，即叶节点个数达到允许的最大聚类数目时，如果数据尚未得到全部处理，则应适当增加阈值 τ，重新建树。

(7) 重复上述过程，直到所有数据均被分配到某个叶节点为止。

在预聚类过程中，如何找到数据中的离群值，即找到那些合并到任何一个类中都不恰当的样本呢？应先找到包含样本量较少的"小"叶节点，如果其中的样本量仅占"最大"叶节点的很小比例，则视这些叶节点中的样本为离群值。

2. 聚类

聚类在预聚类的基础上进行，分析对象是预聚类所形成的"稠密区域"。所谓稠密区域，是指除离群值以外的叶节点，这些节点所对应的若干子类将作为聚类的输入，且采用层次聚类方法进行聚类。注意，那些包含离群值的"非稠密区域"不参与聚类。

所谓层次聚类，是指聚类过程所形成的某个中间类一定会是另一个类的子类；也就是说，聚类过程是逐步将较多的小类合并为较少的大类，再将较少的大类合并成更少的更大类，最终将更大类合成一个最大类的过程，是一个类不断"凝聚"的过程。

对 N 个子类，层次聚类需进行 $N-1$ 次迭代。每次迭代需要分别计算两两子类之间的对数似然距离，并依据距离最小原则，将距离最小的两个子类合并，直至得到一个大类。

这里涉及两个主要问题：第一，内存容量问题；第二，怎样选取合适的聚类数目。

对第一个问题，在迭代过程中，距离矩阵如果很庞大，则一定会超出内存的容量，计算机将不得不利用硬盘空间作为虚拟内存，从而导致算法执行效率大大降低。在普通的层次聚类算法中，算法的输入是所有的样本数据。在算法执行的中前期，距离矩阵是关于样本和样本或者样本和子类的，这必然使距离矩阵非常庞大，造成算法在大样本集上的执行速度极慢。两步聚类算法有效地解决了这个问题。由于算法的输入是第一步预聚类的结果，其子类数目相对较少，距离矩阵不会过大，算法执行效率也就不会过低。这也是两步聚类算法需要两个步骤的重要原因。

对第二个问题，由于层次聚类算法本身并不给出一个合理的聚类数目，因此聚类数目通常需要人工参与决定，而两步聚类算法很好地实现了聚类数目的自动确定。

聚类数目的自动确定分为两个阶段，第一阶段仅给出一个"粗略"估计，第二阶段给出一个恰当的最终聚类数目，且两个阶段的具体判定标准也不同。

第一阶段以贝叶斯信息准则(Bayesian Information Criterion，BIC)作为判定标准。设聚类数目为 J，则有

$$\text{BIC}(J) = -2\sum_{j=1}^{J}\varepsilon_j + m_J \log(N) \tag{9.5}$$

其中：

$$m_J = J\left(2K_A + \sum_{k=1}^{K_B}(L_k - 1)\right) \tag{9.6}$$

L_k 为聚类划分的对数似然值，N 为子类数。贝叶斯信息准则第一项反映的是 J 类对数似然距离的总和，是类内差异的总度量。第二项是一个模型复杂度的惩罚项，当样本确定后，J 越大，该项也就越大。

合适的聚类数目应是 BIC 取最小时的聚类数目。如果聚类只追求内部结构差异小，则聚类数目必然较大，最极端的情况就是一个样本为一个类，这当然是不可取的；相反，如果聚类只追求聚类数目少，则类内部结构的差异必然较大，最极端的情况就是所有样本为一个类，这当然也是不可取的。因此，聚类数目应合理，且类内部结构差异应在一个可接受的范围内。聚类数目的确定过程就是找到使 BIC 最小的 J 的过程。

如果将所有类合并成一个大类，此时 BIC 的第一项最大，第二项最小。当聚类数目增大时，第一项开始减小，第二项开始增大，通常增大的幅度小于减小的幅度，因此 BIC 总体上是减小的；当聚类数目增加到 J 时，第二项增大的幅度开始大于第一项减小的幅度，BIC 总体上开始增大，此刻的 J 即为所求。

SPSS Modeler 利用 BIC 的变化量 dBIC 和变化率 $R_1(J)$ 确定聚类数目，即
$$\text{dBIC}(J) = \text{BIC}(J) - \text{BIC}(J+1)$$

$$R_1(J) = \frac{\text{dBIC}(J)}{\text{dBIC}(1)} \tag{9.7}$$

如果 dBIC(1) 小于 0，则聚类数目应为 1，后续算法不再执行；反之，可找到 $R_1(J)$ 取最小值(SPSS Modeler 规定 $R_1(J)$ 应小于 0.04)，即 BIC 减小的幅度最小时的 J，即聚类数目的"粗略"估计值。

第二阶段是对第一阶段找到的"粗略"估计值 J 的修正。采用的计算方法是

$$R_2(J) = \frac{d_{\min}(C_J)}{d_{\min}(C_{J+1})} \tag{9.8}$$

其中，$d_{\min}(C_J)$ 表示聚类数目为 J 时，两两类别间对数似然距离的最小值。$R_2(J)$ 是类合并过程中，类间差异最小值变化的相对指标，值越大，表明从 $J+1$ 类到 J 类的合并越不恰当。依次计算 $R_2(J)$、$R_2(J-1)$、$R_2(J-2)$ 的值，找到其中的最大值和次大值。SPSS Modeler 规定，如果最大值是次大值的 1.15 倍以上，则最大值所对应的 J 为最终聚类数目；否则，最终聚类数目为最大值对应的聚类数目和次大值对应的聚类数目中的较大值。

9.3.3 两步聚类算法的应用

案例背景

以嫌疑人通话数据为例，讨论两步聚类算法的具体操作。

基础数据

Telephone.sav

学习目标

业务目标

对嫌疑人进行细分。

能力目标

(1)学会使用 SPSS Modeler 建立两步聚类模型。

(2)学会分析两步聚类模型得出的聚类结果。

学习步骤

运行 SPSS Modeler，选择"源"选项卡中的 Statistics 文件节点，导入"Telephone.sav"文件，在第 2 章的基础上，利用"建模"选项卡中的特征选择节点选择"流失"为"否"的样本，并指定除"流失"以外的其他变量为输入变量，参与聚类。

选择"建模"选项卡中的两步节点，并将其连接到数据流的恰当位置上，在两步节点处单击鼠标右键，选择快捷菜单中的"编辑"选项，进行参数设置，如图 9-15 所示。

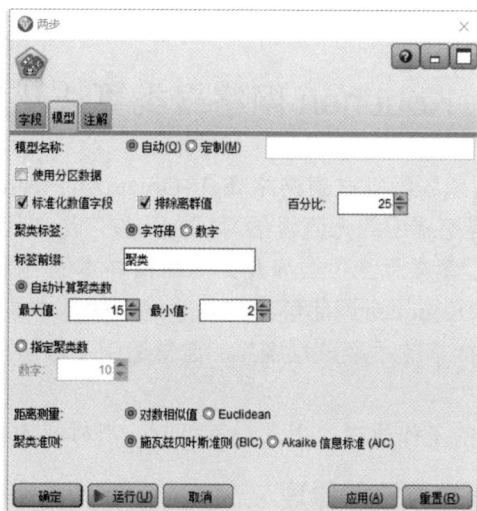

图 9-15 参数设置

相关参数设置如下。

模型名称：选中"自动"单选按钮。

使用分区数据：不勾选"使用分区数据"复选框。

标准化数值字段：勾选"标准化数值字段"复选框，表示对所有数值型变量进行标准化处理，使其均值为 0，标准差为 1。

排除离群值：勾选"排除离群值"复选框，表示找到样本中的离群值。

聚类标签：选中"字符串"单选按钮，聚类结果以字符串形式给出，且以"标签前缀"框中给定的字符开头，后面加表示类的数字，如聚类-1 、聚类-2 等。若选中"数字"单选按钮，则表示聚类结果以数字形式给出，离群值所在的类以–1 标识。

自动计算聚类数：选中"自动计算聚类数"单选按钮，表示自动确定聚类数目，且在"最大值"和"最小值"框中给出聚类数目允许的最大值和最小值。

指定聚类数：如果对聚类数目已有大致把握，可选中"指定聚类数"单选按钮，并在"数字"框中自行指定聚类数目。本例不选中该单选按钮。

本例参与聚类的样本有 667 个，算法自动确定的最佳聚类数目为 2，第 1 类包含 169 个样本，第 2 类包含 498 个样本。

第 1 类嫌疑人选择的套餐类型与第 2 类显著不同，第 1 类嫌疑人选择"全套服务"套餐类型的比例较高。利用"输出"选项卡中的矩阵节点和网络节点可以分析套餐类型和聚类结果的关系。

第 2 类嫌疑人都没有选择"全套服务"套餐类型；第 2 类嫌疑人未采用电子支付的比例高于采用的，而第 1 类嫌疑人采用电子支付的比例高于未采用的。

在教育水平和收入方面，两类嫌疑人也存在显著差异，在性别、通话频数、年龄、居住地等方面，两类嫌疑人没有显著差异。

如果要查看每名客户所属的类别，可将模型结果节点添加到数据流中，并利用"输出"选项卡中的表格节点进行浏览，表格中，以字符串$开头的变量为具体的聚类结果。

本例没有发现离群值。同时，SPSS Modeler 不允许用户设置判断离群值的相应参数(默认值为 25%)，也不允许用户自行调整预聚类中最小距离的阈值 τ。

9.4　Kohonen 网络聚类算法及应用

Kohonen 网络是一种自组织特征映射网络(Self-Organizing feature Map，SOM)，属于人工神经网络的范畴，属于数据挖掘中的无监督学习算法，被广泛应用于聚类分析问题中。

根据前面的介绍可知，聚类算法主要涉及如何衡量样本的"亲疏程度"，以及以怎样的方式实施聚类这两个问题。Kohonen 网络解决这两个问题的基本策略如下。

(1)采用欧氏距离衡量样本的"亲疏程度"，通常适用于数值型变量，但也能够处理重新编码后的分类型变量。

(2)模拟人脑神经细胞的工作原理，引入竞争机制，巧妙实现聚类过程。

9.4.1　Kohonen 网络聚类算法的原理

1. 人脑神经细胞的工作原理

大量生物研究表明，人脑神经细胞具有以下特点。

(1)人脑神经细胞的组织是很有序的，通常以二维形式排列。

(2)空间中处于不同区域的神经细胞控制着人体不同部位的运动。换句话说，处于不同区域的神经细胞对来自不同部位的刺激信号有不同的敏感性。有些神经细胞，因敏感性强而有较强的反应(运动)，有些神经细胞则因敏感性较弱而几乎没有反应(运动)，各神经细胞有条不紊地指挥着人体各个部位的运动。

(3)空间中处于邻近区域的神经细胞之间存在侧向交互性。当一个神经细胞兴奋后，将自动影响(表现出激发或抑制)其邻近的其他神经细胞，使它们产生同等程度的兴奋。这种侧向交互作用的直接结果是神经细胞之间开始"竞争"。开始时，各神经细胞对某个刺激信号呈现出不同程度的兴奋状态，由于侧交互作用，每个神经细胞都分别影响其邻近细胞的兴奋程度，最终处在某个特定区域内的兴奋程度最强的神经细胞将"战胜"其邻近的其他细胞，表现出不同区域神经细胞对不同刺激信号的不同敏感性。

2. Kohonen 网络的拓扑结构

Kohonen 网络采用两层、前馈式、全连接的拓扑结构，如图 9-16 所示。

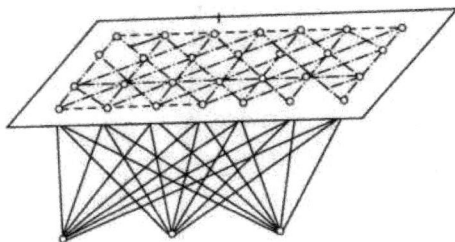

图 9-16 Kohonen 网络的拓扑结构

Kohonen 网络的拓扑结构有以下特点。

(1) 包含两层，即一个输入层和一个输出层，输出层也称竞争层，不包含隐藏层。

(2) 输入层中的每个输入节点都与输出节点完全相连。

(3) 输出节点呈二维结构分布，且节点之间具有侧向连接。于是，对某个输出节点来说，其在一定范围内会有一定数量的"邻接节点"。

3. Kohonen 网络的聚类原理

Kohonen 网络的这种拓扑结构很好地模拟了人脑神经细胞的特点和工作原理。输入层模拟不同的刺激信号，输出层中的每个节点模拟人脑神经细胞。

由于神经细胞兴奋的原因是接收到了信号的刺激，因此，当输入节点接收到样本的"刺激"后，将通过连接将其"传递"给输出节点。输出节点将对不同的聚类变量表现出不同的敏感性，并通过侧向连接影响其邻接节点，最终"获胜"的输出节点将给出最大的输出值。

进一步，输出层空间中哪些区域的输出节点对哪种特征的聚类变量表现出一贯的敏感性，是样本后天训练的结果。也就是说，哪些输出节点对特定的聚类变量总会"获胜"，是反复向样本学习的结果。学习结束后，输出节点所反映的结构特征就是对不同样本的不同特征的概括。

回到聚类问题，Kohonen 网络的聚类过程就是不断向样本学习，抓住数据的内在结构特征，并且最终反映出这种结构特征的过程。输入节点的个数取决于聚类变量的个数，输出节点的个数就是聚类数目。学习的目标是使某个特定的输出节点对具有某种相同结构特征的聚类变量给出一致的输出结果，学习的过程是一种不断调整以不断逼近一致性输出的过程。学习结束后，每个输出节点将对应一组结构特征相似的样本，即对应样本空间中的一个区域，构成一组聚类。

输出变量是二维的，而聚类变量是多维的，以上的这种映射关系能够很好地将多维空间中数据结构特征映射到二维空间上。因此，研究输出空间的数据分布可以有效发现输入空间的数据分布，这也是聚类分析所希望得到的结果。

9.4.2 Kohonen 网络聚类过程

Kohonen 网络的聚类原理并不复杂，它要求事先给出一个恰当的聚类数目，即输出节点的个数，然后通过不断迭代完成最终的聚类。Kohonen 网络聚类的具体过程如下。

第一步，数据预处理。由于 Kohonen 网络是基于欧氏距离来衡量"亲疏程度"的，因此应对数据进行预处理。对数值型变量，应消除数量级上的差异，即对所有数值型变量进行标准化，转换为 0～1 之间的值；对分类型变量，预处理的方法同 K-Means 聚类算法。最终得到 p 个取值范围在 0～1 之间的聚类变量 $x_i(i=1,2,\cdots,p)$。于是，可将 N 个样本数据看成 p 维空间中的 N 个点。

第二步，确定聚类的初始类中心。与 K-Means 聚类算法类似，如果事先指定的聚类数目为 K，则应给出 K 个初始类中心。通常，第 j 类的初始类中心位置由 p 个 0～1 范围内的随机数 $W_{ij}(i=1,2,\cdots,p)$ 确定。这里，K 个初始类中心对应 K 个输出节点，每个输出节点对应一个具有 p 个元素的行向量 W（以下用行向量表示输出节点）。

第三步，t 时刻，随机读入一个样本数据 $x_i(t)$，分别计算它与 K 个初始类中心的欧氏距离，并找出与其距离最小的类中心。此刻，输出节点 $W_c(t)$ 是"获胜"节点，是对样本最"敏感"的节点。

第四步，调整"获胜"节点 $W_c(t)$ 和其邻接节点所代表的各个类中心的位置。这里，涉及两个问题：第一，调整算法；第二，什么样的节点是"获胜"节点的邻接节点。

调整算法类似人工神经网络中权值的调整。事实上，t 时刻 p 个输入节点和第 j 个输出节点之间的 p 个权值就组成了 $W_j(t)=(W_{1j}(t),W_{2j}(t),\cdots,W_{pj}(t))$，即 t 时刻 p 个输入节点与输出节点之间的权值决定了 t 时刻第 j 个输出节点对应的类中心的位置。与人工神经网络不同的是，由于聚类是无监督学习算法，也就是没有输出变量，因此不能像一般人工神经网络算法那样以误差为依据来调整权值。Kohonen 网络以样本与类中心的距离为依据进行权值调整。

对"获胜"节点 $W_c(t)$ 的权值调整公式为

$$W_c(t+1) = W_c(t) + \eta(t)[X(t) - W_c(t)] \tag{9.9}$$

其中，$\eta(t)$ 为 t 时刻的学习率。

由于输出节点之间存在侧向连接，还应调整"获胜"节点 $W_c(t)$ 周围邻接节点的权值。通常需要指定一个邻接半径。以 $W_c(t)$ 为中心，与 $W_c(t)$ 的距离在指定范围内的输出节点都视为其邻接节点。对邻接节点 $W_j(t)$ 的权值调整公式为

$$W_j(t+1) = W_j(t) + \eta(t)h_j[X(t) - W_j(t)] \tag{9.10}$$

其中，$h_j(t)$ 为核函数，反映 t 时刻邻接节点 $W_j(t)$ 与"获胜"节点 $W_c(t)$ 之间的距离。常用的核函数是高斯核函数。SPSS Modeler 中采用的距离为切比雪夫距离，即

$$h_j(t) = \max(|W_{ij}(t) - W_{ic}(t)|) \tag{9.11}$$

也就是以单个维度距离的最大值作为距离的衡量标准。

权值的调整过程可以形象地比喻为将输出节点向样本方向不断拉近的过程，如图 9-17 所示。如果图 9-17 中的外围节点表示输出节点的起始位置，则经过权值调整，它们将不同程度地被拉向某个方向，调整到内部节点所在的位置上。

第五步，判断是否满足迭代终止条件。如果不满足，则返回第三步。该过程不断反复，直到满足迭代终止条件为止。迭代终止条件通常是权值基本稳定或者达到指定迭代次数。

综上所述，当某个样本被输入 Kohonen 网络时，与样本距离最小的一个输出节点"获胜"，该节点即对相应信号刺激最敏感的节点。调整获胜节点及其邻接节点的权值，使"获

胜"节点更接近相应样本。当有类似结构的样本再次被输入 Kohonen 网络时，该获胜节点可能再次获胜。通过调整权值会使该节点再次接近相应样本。当不同结构的样本被输入 Kohonen 网络后，将有其他输出节点"获胜"并进行权值调整。这样的样本输入和权值调整过程需要反复多次。当所有样本都已经输入 Kohonen 网络，但还不满足迭代终止条件时，可进行下一轮(周期)或更多轮的学习。

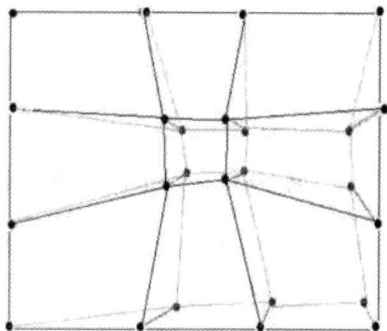

图 9-17　Kohonen 网络的权值调整

通过向大量样本学习，不断调整权值，最终使特定输出节点仅对特定类的样本具有高敏感性。于是，若干输出节点分别对应若干样本群，且每个样本群内部聚类变量的结构特征相似，不同样本群间聚类变量的结构特征差异明显，进而得到聚类结果。输出层形成一个能够反映各类样本结构特征关联的映射，有效将数据在高维空间中的特征映射到低维空间，这个过程称为自组织过程。

需要说明的是，类中心的调整将受邻域半径和学习率的影响，并最终影响聚类结果。为得到相对稳定的聚类结果，SPSS Modeler 的策略如下。

(1) 分两个阶段进行学习，即执行两次上述聚类过程。第一个阶段为粗略学习阶段，指定一个相对较大的邻域半径和初始学习率，以大致概括数据的结构特征；第二阶段为调整学习阶段，指定一个相对较小的邻域半径和初始学习率，对类中心做细小调整，以保证输出层所体现的结构特征更贴近样本的真实情况。

(2) 每次迭代过程均调整学习率。合理的学习率能够有效平滑类中心的调整过程，SPSS Modeler 在每次迭代时都将采用线性或非线性的单调递减函数自动调整学习率。

线性调整方法为

$$\eta(t+1) = \eta(t) - \frac{\eta(0) - \eta_{\text{low}}}{c} \tag{9.12}$$

其中，$\eta(0)$ 和 η_{low} 分别为当前阶段的初始学习率和最小学习率，c 为学习轮(周期)数。

非线性调整方法为

$$\eta(t+1) = \eta(t) \cdot \left(\frac{\log \frac{\eta_{\text{low}}}{\eta(0)}}{c} \right) \tag{9.13}$$

9.4.3　Kohonen 网络聚类算法的应用

案例背景

手写邮政编码自动识别是实现信件的自动分拣的有效手段，能提高分拣效率，有效避免分拣错误。由于相同手写数字的点阵灰度值在整体结构上相似，因此，可考虑采用聚类算法将描述相同数字的样本聚在一起，将描述不同数字的样本分开。以手写邮政编码的扫描数据为例，讨论 Kohonen 网络聚类算法的具体操作。

基础数据

ZipCode.txt

数据说明:该数据中共有 7291 个样本,每个样本对应 0～9 之间的一个手写数字,邮政编码是由这些手写数字组成的。对每个手写数字,用 16×16 的点阵灰度值来描述,

学习目标

业务目标

抽取手写数字为 0、1、2 的样本进行聚类。

能力目标

(1)学会使用 SPSS Modeler 建立 Kohonen 网络模型。

(2)学会分析 Kohonen 网络模型得出的聚类结果。

学习步骤

运行 SPSS Modeler,选择"源"选项卡中的变量文件节点,导入"ZipCode.txt"文件,各变量以 field+序号命名;然后,利用"字段选项"选项卡中的类型节点,指定变量 field1(数字本身)的类型为多分类型(Set 型),并指定该变量不参与聚类;接着,利用"建模"选项卡中的特征选择节点选取数字为 0(1194 个样本)、1(1005 个样本)、2(731 个样本)的样本;最后,选择"建模"选项卡中的 Kohonen 节点,并将其连接到数据流的恰当位置上,在 Kohonen 节点处单击鼠标右键,选择快捷菜单中的"编辑"选项,进行参数设置,如图 9-18 所示。

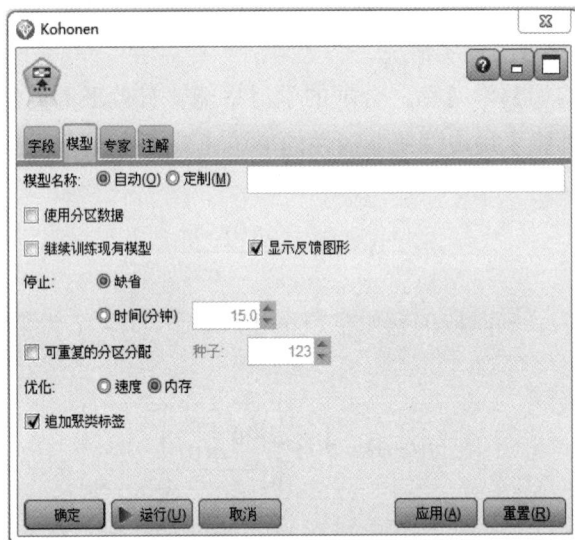

图 9-18 "模型"选项卡

图 9-18 中的相关参数设置如下。

模型名称:选中"自动"单选按钮。

使用分区数据:不勾选"使用分区数据"复选框。

继续训练现有模型:通常情况下,每次运行节点都会得到一个完整的聚类模型,若勾选该复选框,则表示继续运行上次没有运行完成的模型。本例不勾选该复选框。

显示反馈图形:勾选"显示反馈图形"复选框,表示在模型运行过程中,将以矩形网格的形式,通过颜色的深浅展示目前输出节点获胜的次数。颜色越深,表示相应输出节点获胜

的机会越多，颜色越浅，表示相应输出节点对样本结构越不敏感。

停止：选中"缺省"单选按钮，表示以默认参数（这里指学习周期）作为迭代结束的标准。若选中"时间（分钟）"单选按钮，则用户可以在后面的框中给出模型运行的最长时间（分钟），如果达到该时间，则结束建模。

可重复的分区分配：各类的初始类中心是随机数，若不勾选"可重复的分区分配"复选框，则初始随机数将不会重复出现，使得每次模型的计算结果不尽相同。若希望获得一致的计算结果，则应勾选该复选框，并指定一个随机数种子。此时，只要种子一样，计算结果就一样。本例不勾选该复选框。

选择"专家"选项卡，如图 9-19 所示，相关参数设置如下。

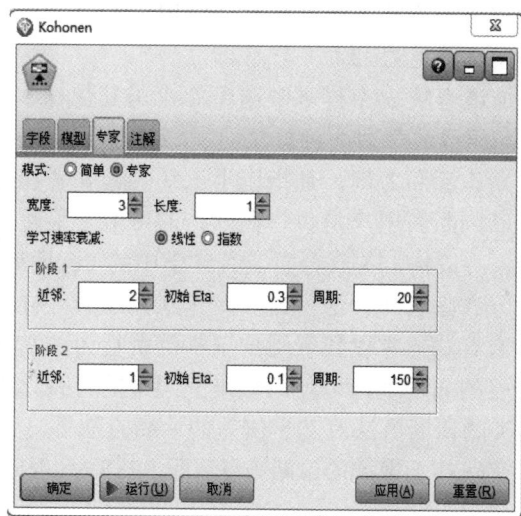

图 9-19　"专家"选项卡

模式：选中"专家"单选按钮，表示由用户自行设置参数。若选中"简单"单选按钮，则表示采用 SPSS Modeler 默认的参数建立模型。

宽度、长度：分别在"宽度"和"长度"框中指定输出层的宽度和长度，即列数和行数，行数乘以列数就是输出节点的个数，也就是聚类数目。输出节点将以行列坐标定位。本例希望将数据聚成 3 类，因此将宽度设为 3，长度设为 1。

学习速率衰减：选中"线性"单选按钮，表示在迭代过程中采用线性方法调整学习率。若选中"指数"单选按钮，则表示采用非线性方法调整学习率。

阶段 1、阶段 2：分别在"阶段 1"和"阶段 2"区域中设置粗略学习阶段和调整学习阶段的相关参数。在"近邻"框中指定邻域半径；在"初始 Eta"框中指定初始学习率；在"周期"框中指定学习轮（周期）数。

本例聚类结果中的 X 和 Y 分别表示输出节点的列号和行号。第 0 行第 0 列（对应的类是 0）输出节点包含 1211 个样本；第 1 列第 0 行（对应的类是 1）输出节点包含 477 个样本；第 2 列第 0 行（对应的类是 2）输出节点包含 1242 个样本。

进一步，将聚类结果节点添加到数据流中，利用"输出"选项卡中的表格节点查看各样本的具体聚类情况。表格中，以字符串$KX 开头的变量为输出节点的列号，以字符串$KY 开头的变量为输出节点的行号，以字符串$KX 和$KY 开头的变量的组合结果表明样本从属的类，意味着相应输出节点最终在该样本上"获胜"。

为评价聚类效果,可利用"输出"选项卡中的分布节点绘制变量 field1 的条形图,同时将以字符串$KX 开头的变量作为覆盖变量。

9.5　基于聚类分析的离群值探索及应用

由于离群值会对聚类分析产生重要影响,因此,探索并剔除样本中可能存在的离群值,是建立反映事物本来面貌和真实规律的模型的前提和保障;从应用角度来看,离群值的甄别在许多领域具有深刻的现实意义,因为离群值很可能是信用卡欺诈、电信欺诈等行为的具体数据表现。利用有效的数据挖掘方法及时、准确地发现离群值,将为有效甄别欺诈行为提供强有力的帮助,其意义是显而易见的。

离群值的检测过程可描述为从 n 个样本中选出 k 个与其他样本显著不同或不一致的样本的过程,包括有监督学习和无监督学习两种算法。

有监督学习算法,以欺诈诊断为例,是指使用已知的诈骗者和合法用户的数据建模,并通过模型计算怀疑得分,以判断新用户是否存在欺诈的可能。显然,这类方法属于分类预测方法,包括人工神经网络、决策树、关联分析及统计学中的 Logistic 回归分析等。

如果已有数据不能区分诈骗者和合法用户,即无法知道哪些样本是离群值,则应利用无监督学习算法。无监督学习算法通常以代表用户正常消费行为的基本分布为基础进行建模,通过诊断,发现样本中可能的离群值,可使用低维空间中的可视化方法、一维样本的统计探测方法、多维空间基于聚类的诊断方法及基于偏差的诊断方法等。

本节将重点讨论多维空间基于聚类的诊断方法,即 SPSS Modeler 中的异常诊断(Anomaly Detect)方法。

9.5.1　多维空间基于聚类的诊断方法

多维空间基于聚类的诊断方法从综合分析的角度,通过聚类、计算样本与样本之间的距离,以距离远近为测量指标,实现离群值的诊断及离群值的成因分析。

以图 9-20 为例,显然,我们有理由怀疑图中被圈出的样本为离群值。因为从聚类的角度来看,A、B、C 应分别属于距离它们最近的类。但与类内的其他成员相比,这 3 个样本又分别远离各自的类,所以很可能是离群值。

离群值分析包括 3 个阶段。第一阶段,聚类,即根据"亲疏程度"将样本聚成若干类;第二阶段,计算,即在第一阶段的基础上,依据距离计算所有样本的异常性测量指标;第三阶段,诊断,即在第二阶段的基础上,确定最终的离群值,并分析导致样本异常的原因,也就是分析离群值在哪个变量方向上呈现出了异常。

1.第一阶段:聚类

首先进行数据预处理,主要包括以下步骤。

(1)剔除含有极值的样本。

(2)剔除变量值为常量的变量,这些变量通常没有意义。

(3)缺失值插补。对数值型变量,用均值插补缺失值;对分类型变量,将缺失值作为一个有效类别。

（4）生成新变量，记录各样本包含缺失值的变量比例。

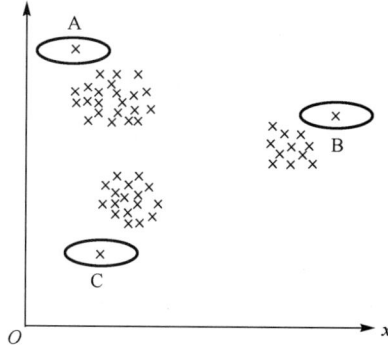

图 9-20　离群值示例

然后进行数据聚类，主要包括以下步骤。

（1）将数据预处理后的所有变量视为聚类变量，利用两步聚类算法进行聚类，找到各类的类中心。

（2）对所有样本，分别计算 K_A 个数值型变量的均值 $\tilde{E}_k$ 和方差 $\hat{\sigma}_k^2$；

（3）对所有类，分别计算类 v 的样本量 N_v、K_A 个数值型变量的均值 $\tilde{E}_{vk}$ 和方差 $\hat{\sigma}_{vk}^2$；

2．第二阶段：计算

第二阶段的任务是在第一阶段的基础上计算所有样本的异常性测量指标。如果第一阶段的聚类是基于训练集的，且第三阶段的诊断是针对测试集的，那么应首先对测试集进行预处理，处理方法同第一阶段。

对样本 S，要判断其是否为离群值，应计算下列测量指标。

（1）找到样本 S 所属的类 v。计算样本 S 与类 v 的对数似然距离，称为组差异指标 GDI（Group Deviation Index）。具体计算公式为

$$\mathrm{GDI}_S = d(v,S) = \varepsilon_v + \varepsilon_S - \varepsilon_{<v,S>} = \varepsilon_v - \varepsilon_{<v,S>}$$

$$\varepsilon_v = -N_\varepsilon \left(\sum_{k=1}^{K_A} \frac{1}{2} \log(\hat{\sigma}_k^2 + \hat{\sigma}_{vk}^2) + \sum_{k=1}^{K_A} \tilde{E}_{vk} \right)$$

$$\tilde{E}_{vk} = \left(\sum_{l=1}^{L_k} \frac{N_{vkl}}{N_v} \log \frac{N_{vkl}}{N_v} \right) \tag{9.14}$$

需要说明的是，这里的 S 是一个样本，其内部差异为 0，因此 ε_S 为 0。于是，GDI_S 反映的是样本 S 加入类 v 后所引起的内部差异的增大量。

（2）对样本 S，计算聚类变量 k 的变量差异指标 VDI（Variable Deviation Index）。

对数值型聚类变量 k，VDI 定义为

$$\mathrm{VDI}_k = \frac{1}{2} \log(\hat{\sigma}_k^2 + \hat{\sigma}_{vk}^2) \tag{9.15}$$

对分类型聚类变量 k，VDI 定义为信息熵，即

$$\mathrm{VDI}_k = -\left(\sum_{l=1}^{L_k} \frac{N_{vkl}}{N_v} \log \frac{N_{vkl}}{N_v} \right) \tag{9.16}$$

VDI_k 是样本 S 进入类 v 后与进入类 v 前，GDI 中各加数部分的差，反映了样本 S 加入类 v 后所引起的内部差异的增大量中各聚类变量的"贡献"。

(3)计算异常指标 AI(Anomaly Index)。对样本 S，其 AI 定义为

$$AI_S = \frac{GDI_S}{\frac{1}{N_v}\sum_{i=1}^{N_v}GDI_i} \tag{9.17}$$

AI_S 比 GDI_S 更直观，是样本 S 所引起的类内差异与类 v 内其他样本所引起类内差异的均值的比。该值越大，样本 S 是离群值的可能性就越大。

(4)计算变量贡献指标 VCM(Variable Contribution Measure)。对样本 S，聚类变量 k 的 VCM 定义为

$$VCM_S = \frac{VDI_k}{GDI_S} \tag{9.18}$$

VCM 是一个相对指标，比 VDI 更直观，反映各聚类变量对差异"贡献"的比例。该值越大，相应变量导致样本 S 离群的可能性就越大。

3. 第三阶段：诊断

得到了所有样本的 GDI、VDI、AI 和 VCM 后，本阶段将依据这些指标的排序结果，确定离群值，并分析导致异常的原因。

(1)将样本按照 AI 降序排列，排在前面的样本可能为离群值。同时定义 m 位置的 AI 值是离群值的衡量标准。大于该值的为离群值，小于该值的为非离群值。

(2)对离群值，按照 VDI 降序排列，排在前面的变量是导致该点异常的主要原因。

9.5.2　多维空间基于聚类的诊断方法的应用

案例背景

以嫌疑人通话数据为例，讨论多维空间基于聚类的诊断方法的具体操作。

基础数据

Telephone.sav

学习目标

业务目标

找到保留客户中可能的异常客户。

能力目标

(1)学会使用 SPSS Modeler 对离群值进行诊断。

(2)学会分析离群值诊断的结果。

学习步骤

运行 SPSS Modeler，选择"源"选项卡中的 Statistics 文件节点，导入"Telephone.sav"文件，在第 2 章的基础上，利用"建模"选项卡中的特征选择节点选择"流失"为"否"的样本，并指定除"流失"以外的其他变量为输入变量，参与聚类；选择"建模"选项卡中的

异常节点，并将其连接到数据流的恰当位置上，在异常节点处单击鼠标右键，选择快捷菜单中的"编辑"选项，进行参数设置，如图 9-21 所示。

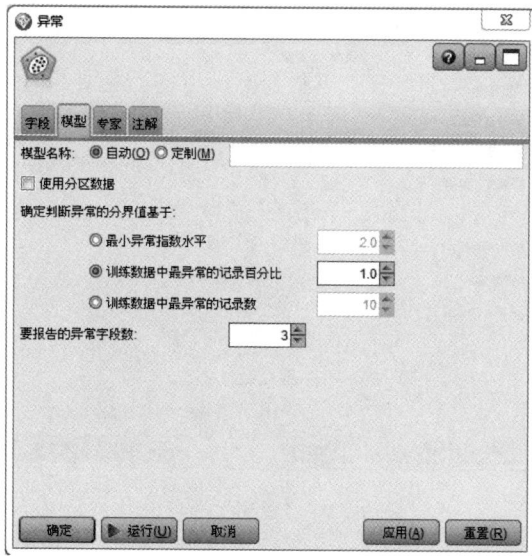

图 9-21　"模型"选项卡

图 9-21 中的相关参数设置如下。

模型名称：选中"自动"单选按钮。

使用分区数据：不勾选"使用分区数据"复选框。

确定判断异常的分界值基于：选中"训练数据中最异常的记录百分比"单选按钮，在后面的框中指定离群值个数占训练样本总数的百分比。若选中"最小异常指数水平"单选按钮，则表示在后面的框中指定 AI 的最小值，大于该值的样本可能是离群值。若选中"训练数据中最异常的记录数"单选按钮，则表示在后面的框中指定离群值的个数。

要报告的异常字段数：在"要报告的异常字段数"框中指定变量个数，默认报告 3 个变量，它们是导致异常的重要变量。

选择"专家"选项卡，如图 9-22 所示，相关参数设置如下。

模式：选中"专家"单选按钮，表示由用户自行设置参数。若选中"简单"单选按钮，则表示采用 SPSS Modeler 默认的参数建立模型。

调整系数：在"调整系数"框中指定一个大于 0 的数，用于调整数值型变量和分类型变量在分析中的权值。该值越大，数值型变量的权值越大。

自动计算对等组数：选中"自动计算对等组数"单选按钮，表示自动判断的聚类数目，聚类数目的最小值和最大值分别在"最小值"和"最大值"框中指定。

指定对等组数：如果对聚类数目有一定把握，可选中"指定对等组数"单选按钮，并在"数字"框中给出聚类数目。本例不选中该单选按钮。

噪声水平：在"噪声水平"框中指定允许的噪声水平，这是两步聚类算法中异常类的判断标准。如果一个叶节点包含的样本量与最大叶节点包含样本量的比值很小，则可认为该叶节点代表的类为异常类，其判断标准是 0.5-噪声。噪声取值在 0～0.5 之间，越接近 0，意味着聚类过程越可能找到异常类；越接近 0.5，意味着算法越可能视异常类为正常类。

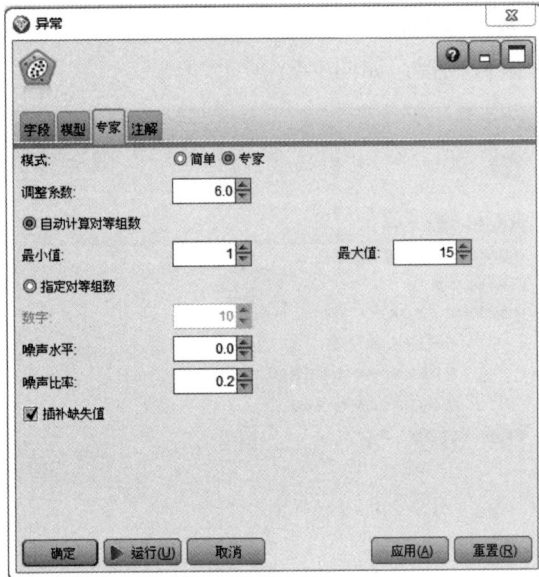

图 9-22　"专家"选项卡

噪声比率：在"噪声比率"框中指定一个大于 0 的数，用于调整噪声分析中的比重。

插补缺失值：勾选"插补缺失值"复选框，表示对缺失值进行插补；若不勾选该复选框，则表示在数据预处理时将剔除所有包含缺失值的样本。

本例的计算结果如图 9-23 所示。

图 9-23（a）表明，所有样本聚成了 3 类，第 1 类包含 298 个样本，发现 3 个离群值；第 2 类包含 361 个样本，发现 3 个离群值(图中未显示，展开对等组后可显示)；第 3 类包含 341 个样本，发现 4 个离群值(图中未显示，展开对等组后可显示)。

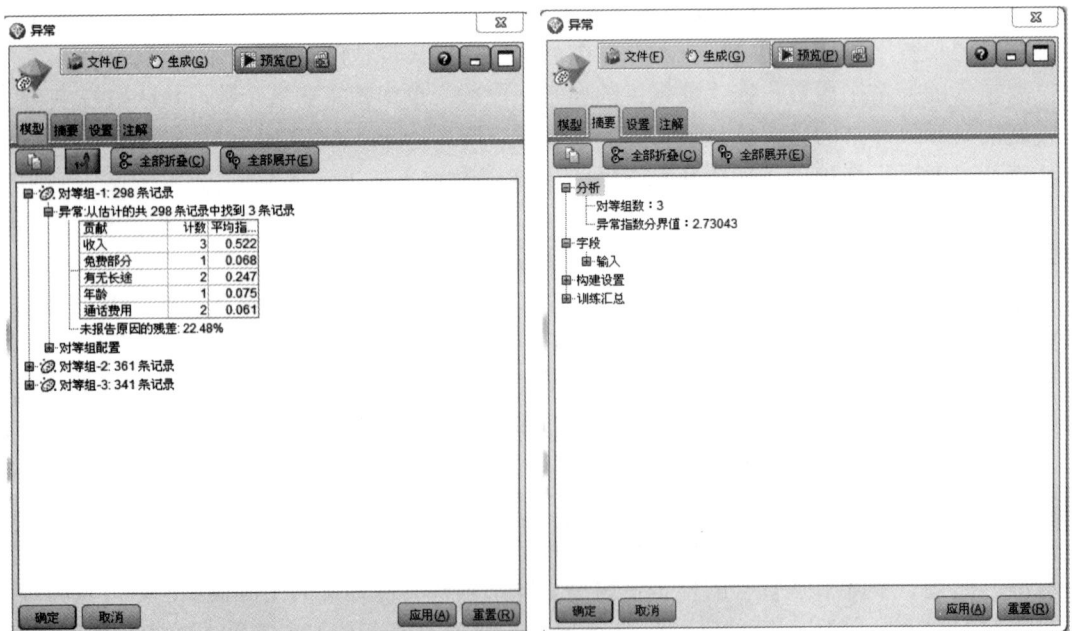

(a)　　　　　　　　　　　　(b)

图 9-23　计算结果

进一步，分析导致异常的原因。以第 1 类为例，总体来讲，异常主要是由收入、免费部分、有无长途、年龄和通话费用这 5 个变量引起的。3 个离群值是由收入引起的，它们在收入变量上取值异常，且收入的平均 VDI 为 0.522。

图 9-25 (b) 给出了判断异常的 AI 标准，异常指数分界值约为 2.73。如果样本的 AI 大于 2.73，则该样本是离群值，否则不是。

为查看各样本的具体诊断结果，可将模型结果节点添加到数据流中，在该节点处单击鼠标右键，选择快捷菜单中的"编辑"选项，进行参数设置，如图 9-24 所示。

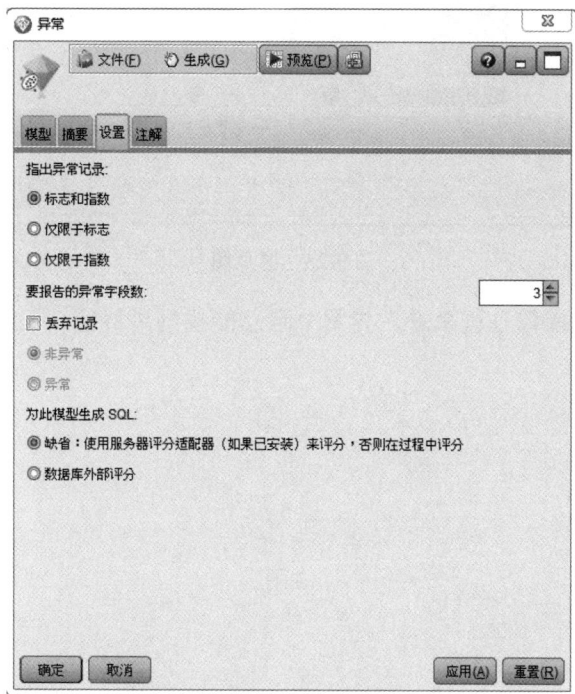

图 9-24 "设置"选项卡

指出异常记录：选中"标志和指数"单选按钮，表示输出样本的诊断结果及 AI 值。若选中"仅限于标志"单选按钮或"仅限于指数"单选按钮，则分别表示只输出样本的诊断结果或仅输出样本的 AI 值。

要报告的异常字段数：在"要报告的异常字段数"框中指定变量个数，默认输出前 3 个导致样本异常的变量。

丢弃记录：勾选"丢弃记录"复选框，表示剔除相应样本。此时选中"非异常"单选按钮，表示剔除非离群值；选中"异常"单选按钮，表示剔除离群值。本例不勾选该复选框。

利用"输出"选项卡中的表格节点可浏览具体结果，其中，$O-Anomaly 变量用于存放诊断结果，取值为 T，表示是离群值，取值为 F，表示不是离群值；$O-Anomalyindex 变量给出了每个样本的 AI 值；$O-Peergroup 变量记录各样本所属的类，没有发现异常类；$O-Field 和 $O-Fieldimpact 变量分别给出了样本在所列变量中 VDI 值排在前 3 位的变量名和 VDI 值。

若希望直观地观察离群值，可选择"图形"选项卡中的散点图节点，绘制散点图，图 9-25 是"收入"和"通话费用"的散点图，图中的红色点为离群值。

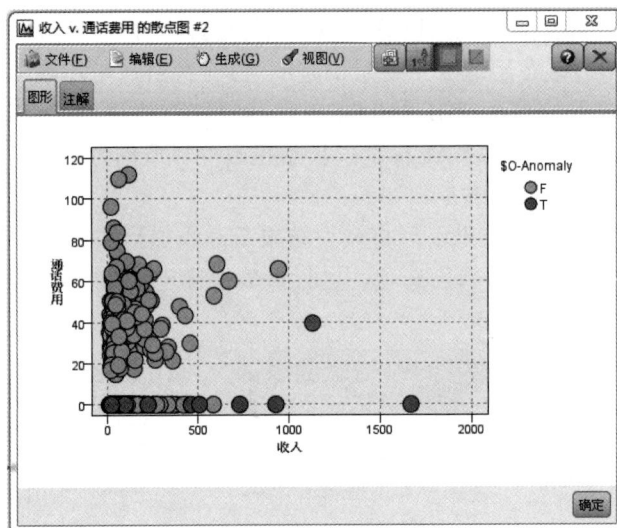

图 9-25　散点图

　　需要注意的是，从操作过程来看，异常节点总能找到离群值，但这些值是否确实为离群值，还需要进一步分析。

数据可视化模块

第 10 章

数据可视化

10.1 数据可视化入门

10.1.1 i2 Analyst's Notebook 8 软件

i2 Analyst's Notebook 8(以下简称 i2 软件)是一款强大的软件,可以让用户收集不同类型的原始数据并呈现出可视化信息,还可以让用户利用多种分析工具开展数据分析工作。通常情况下,i2 软件支持以下几种类型的数据分析。

1. 关联分析

关联分析又称关联挖掘,就是在交易数据、关系数据或其他信息载体中,查找存在于项目集合或对象集合之间的频繁模式、关联、相关性或因果结构。关联分析结果示例如图 10-1 所示。

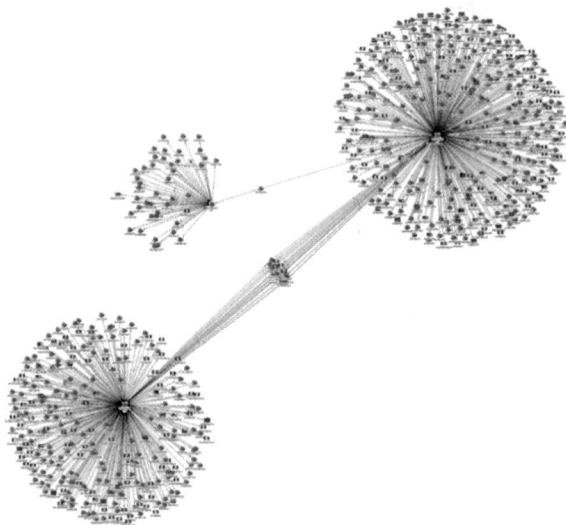

图 10-1 关联分析结果示例

2. 时间序列分析

时间序列是指某种现象的某一个统计指标在不同时间上的值,按时间先后顺序排列而形成的序列。时间序列分析是一种定量分析方法,也称简单外延分析,在统计学中作为一种常用的预测手段被广泛应用,时间序列分析结果示例如图 10-2 所示。

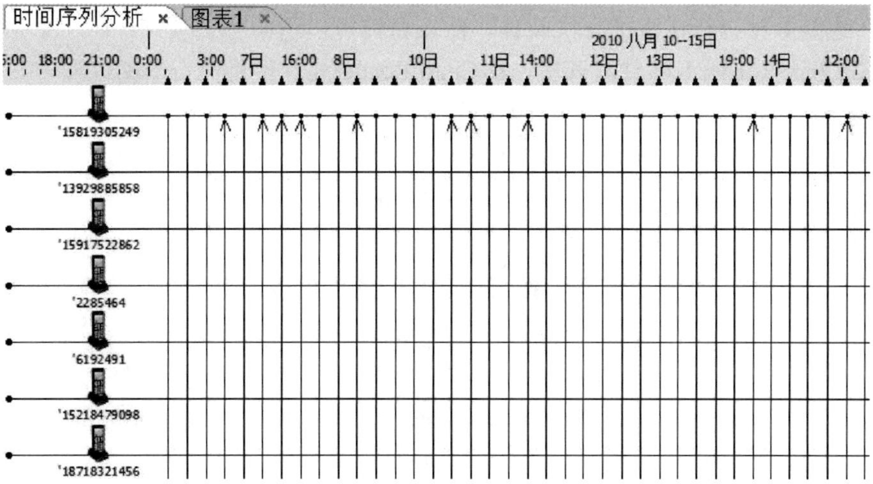

图 10-2　时间序列分析结果示例

3．活动轨迹分析

活动轨迹分析是指对行为人一定时间内在某区域活动的范围进行分析的一种方法。活动轨迹分析对研判嫌疑人位置、扩充嫌疑人下线嫌疑人等提供了重要的支撑，活动轨迹分析结果示例如图 10-3 所示。

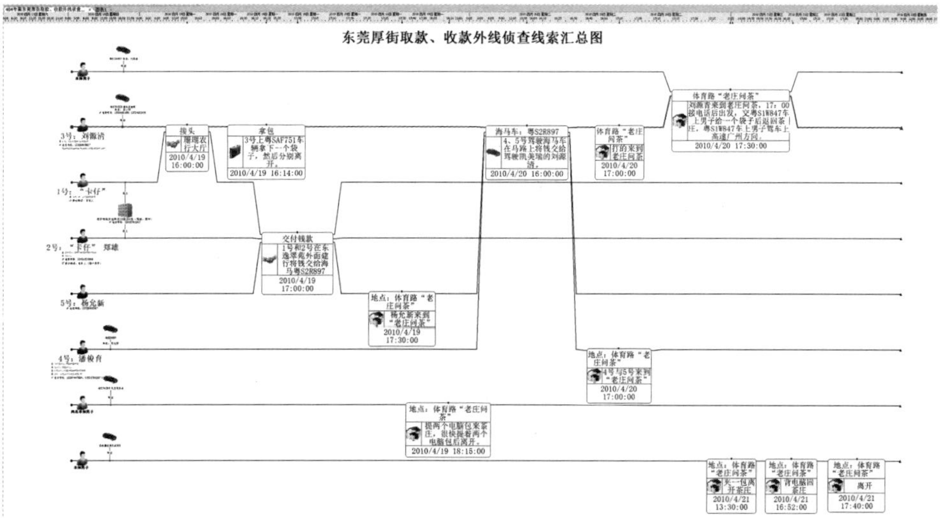

图 10-3　活动轨迹分析结果示例

4．综合分析

若在同一个分析场景、同一个工作图表中同时涉及关联分析、时间序列分析和活动轨迹分析，则这样的分析方法称为综合分析。

10.1.2　基本概念

1．图表

图表是由 i2 软件生成的、符合全球数据可视化分析标准的文件，以 ".anb" 作为文件扩展名。图表的主要作用是存放整个数据可视化过程中涉及的信息，既是用户进行数据分析的工作对象，也是数据分析成果的标准载体。图表目前可以用两种工具打开，一个是 i2 软件，另一个是 i2 Chart Reader 8 软件。其中，i2 Chart Reader 8 软件是免费的阅读器软件。

2．调色板

调色板的作用是分类，类似于公安业务范围中的"五要素"分类。但相对五要素的分类标准，调色板分类更加详细。i2 软件默认提供了 19 种调色板，如图 10-4 所示。熟悉这 19 种类别的名称和相关的内容，对后续学习有很大的帮助。

用户可通过图 10-4 中的"新建"按钮创建自己的调色板，例如网络监督业务部门可以创建自己的常用的"网监"调色板，然后向其中添加常用的实体类型、链接类型、属性类别和属性项目，最后单击"确定"按钮，如图 10-5 所示。

用户调色板

名称	实体类型	链接类型	属性类别	属性项目
场所	是	是	是	是
犯罪	是	是	是	是
国旗	是	否	否	否
活动	是	是	是	否
交易物	是	是	是	是
金融	是	是	是	是
军事	是	否	是	否
军事 - APP6	是	否	是	是
人物	是	是	是	是
通讯	是	是	是	是
通用	是	是	是	是
网络犯罪	是	是	是	否
文件	是	否	是	否
武器	是	否	是	是
形状	是	否	是	是
颜色	是	否	是	是
医学	是	否	是	是
运输工具	是	是	是	是
组织	是	否	是	否

确定　取消　帮助

新建　建立副本　删除

图 10-4　调色板[①]

用户调色板

名称	实体类型	链接类型	属性类别	属性项目
犯罪	是	是	是	是
国旗	是	否	否	否
活动	是	是	是	否
交易物	是	是	是	是
金融	是	是	是	是
军事	是	否	是	否
军事 - APP6	是	否	是	是
人物	是	是	是	是
通讯	是	是	是	是
通用	是	是	是	是
网络犯罪	是	是	是	否
文件	是	否	是	否
武器	是	否	是	是
形状	是	否	是	是
颜色	是	否	是	是
医学	是	否	是	是
运输工具	是	是	是	是
组织	是	否	是	否
网监	否	否	否	否

确定　取消　帮助

新建　建立副本　删除

图 10-5　创建"网监"调色板

3．实体类型

实体类型就是分析目标的抽象类型。例如，我们经常提到的嫌疑人的某个特定的电话号

---

① 软件截图中，"通讯"的正确写法应为"通信"。

码 139XXXX4546，它的实体类型就是手机；而这部手机的机主王波，即某个特定的人员，他的实体类型就是嫌疑人。在这种情况下，我们称 139XXXX4546 和王波是具体的两个实体，手机和嫌疑人分别是它们的实体类型。图 10-6 就表述了这样的两个分析目标。

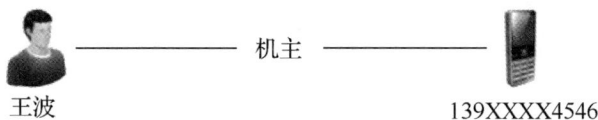

图 10-6　实体类型

在图 10-6 中，王波、139XXXX4546 和机主在 i2 软件中统称为标签。选中"王波"实体，单击鼠标右键，在弹出的快捷菜单中选择"编辑项目属性"选项，可以查看或者编辑王波的相关信息，如图 10-7 所示。

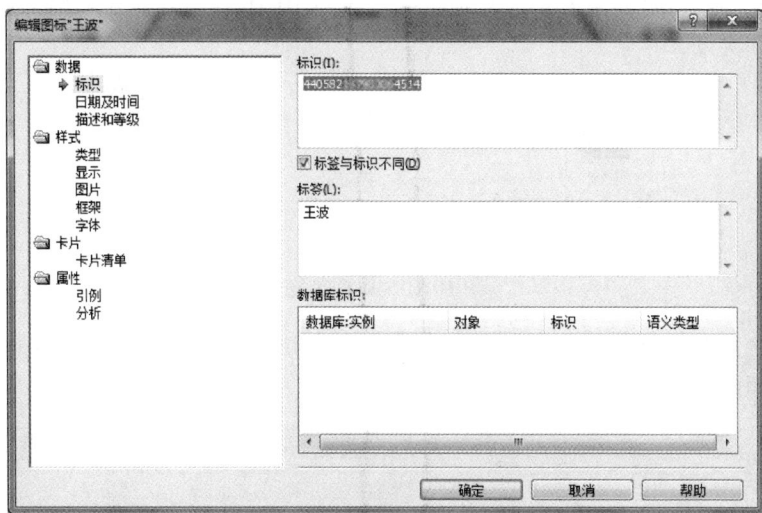

图 10-7　查看或者编辑王波的相关信息

王波的一个信息项 440582 ▨▨▨▨▨514 在 i2 软件中称为实体的标识（唯一），不同于标签，标识并不展现出来，但起到在图表范围内唯一区别一个分析目标的作用。

在一个图表中，标识的值不能重复。分析人员一般用身份证号、车牌号、手机号、银行账号等数据作为标识。

在图表中，为了适应不同分析场景的需要，一个实体可以有几种不同的表现方式。

4. 链接类型

链接类型也是 i2 软件中的概念，和我们生活中经常提及的关联、关系、连接的意思相似。例如王波和李梅是夫妻关系，那么"夫妻关系"就是链接类型，他们两个人之间特定的、明确的关系就是一条链接。链接在图表中绘制成一条线，如图 10-8 所示。

图 10-8　链接类型

链接还可以设置方向，如图 10-9 所示，图 10-9 展示了两部手机之间的主被叫情况，方向上的数字则表示两部手机之间通话的次数。

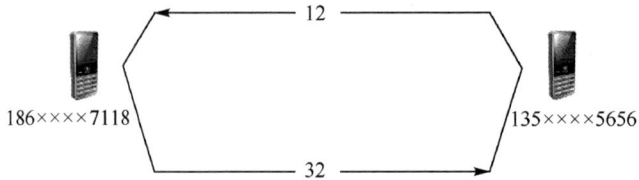

图 10-9　链接方向和次数

5．属性类别

属性类别也是 i2 软件中的重要概念，也就是我们经常说的字段或者变量，如人的生日、血型、户籍地址等，一般都作为属性类别出现。如图 10-10 所示，血型、出生日期、昵称、电话号码都是属性类别。

图 10-10　属性类别

用户可以选中某实体，单击鼠标右键，在弹出的快捷菜单中选择"项目属性"选项来编辑属性类别，如图 10-11 所示。

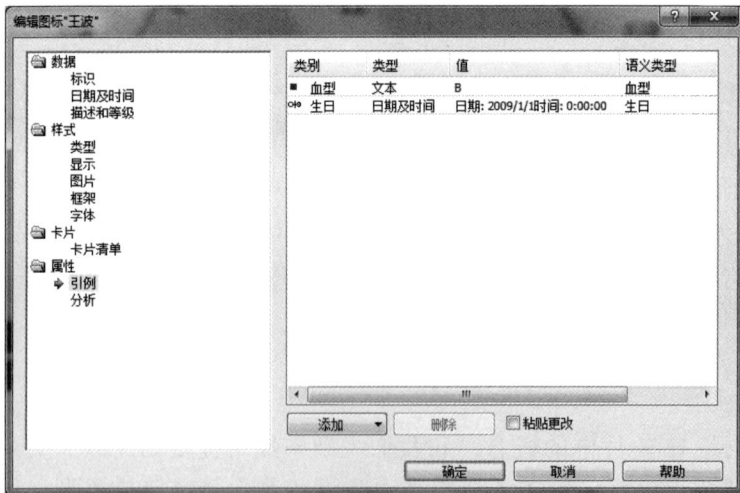

图 10-11　编辑属性类别

6．表现方式

在图表中，为了适应不同的分析场景，同一个实体可以采用 7 种不同的表现方式，分别是图标(如图 10-12 所示)、主题行、事件框架、方框、圆形、椭圆形和图片。其中，用得最多的是前 3 种：图标、主题行和事件框架。

　　图标一般用在关联分析中，主题行一般用在时间序列分析和活动轨迹分析中，事件框架主要刻画事件发生的时空要素和内容，也可以用在活动轨迹分析中。

　　方框、圆形、椭圆形和图片使用得相对较少，但有时也需要插入图片到图表中。

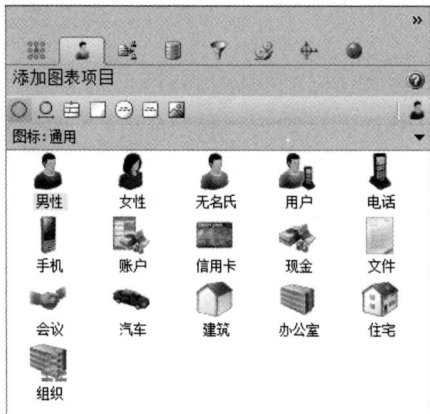

图 10-12　图标

10.1.3　数据接口

　　为了充分发挥综合研判分析的功能，在同一个图表中，内容和对象可以来自不同的数据源。可以通过以下几种方式创建或导入实体类型和链接类型(重点掌握前 3 种)。

　　(1)手工绘制。

　　(2)通过建立导入规范导入。

　　(3)通过 iBase 查询创建。

　　(4)通过 iBridge 导入。

10.2　基 本 功 能

10.2.1　基本操作

1．选择定位

　　选择定位按钮如图 10-13 所示。

　　选择时，必须切换到鼠标选择状态(选中第一个按钮，第二个按钮是用来拖动当前图表内容的)。

图 10-13　选择定位按钮

2．放大缩小

　　放大缩小按钮如图 10-14 所示。

　　第 3 个按钮表示缩放区域。用法：按住鼠标左键不放，在图表需要放大的区域中圈定范围，即可实现区域放大。

　　第 4 个按钮表示实际大小，也是经常使用的按钮。可以将图表中的内容按照实际大小展示出来。

图 10-14　放大缩小按钮

3．隐藏显示

隐藏显示按钮如图10-15所示。

对象的隐藏显示可分成3种状态：显示、隐藏和灰色。

显示：正常的图表元素展示时的状态，只有显示出来的图表和
对象才能被用户观察到。

图10-15　隐藏显示按钮

隐藏：隐藏的图表元素不参与实际的布局和分析。

灰色：灰色的图表元素可参与实际的布局和分析。

对图10-15中的按钮，从左到右说明如下。

隐藏选取项目：隐藏当前图表中被选中的对象。

隐藏未选取项目：隐藏当前图表中没有被选中的对象，与上一个按钮刚好相反。

全部显示：将图表中所有的隐藏的灰色对象都显示出来。

显示及隐藏：用于更高级的控制，如图10-16所示。

显示隐藏项目：在隐藏和灰色两种状态之间进行切换。

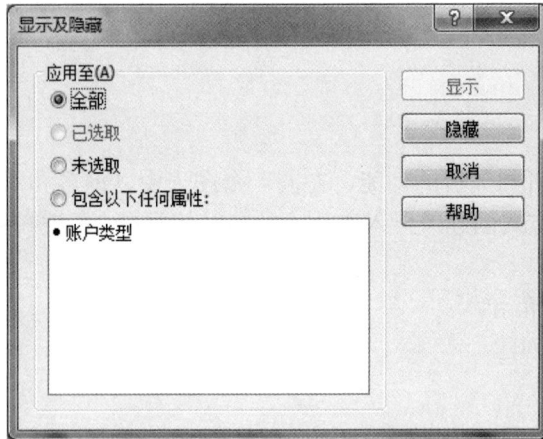

图10-16　显示及隐藏

4．复制粘贴

复制图表中当前被选中的对象时，可以采用两种方式。

(1)在被选中的对象上，单击鼠标右键，在弹出的快捷菜单中选择"复制"或者"复制选取范围"选项。

(2)按住Ctrl键，在图表的空白位置，单击鼠标右键，在弹出的快捷菜单中选择"复制"或者"复制选取范围"选项。如果没有按下Ctrl键，单击鼠标右键后，分析所选择的对象时就会失去焦点，需要重新进行选择。

5．布局排列

布局排列按钮如图10-17所示。

图10-17　布局排列按钮

i2软件支持12种不同的布局，其中关系型布局有8种，时间序列型布局有4种，分别应

用在不同种类的分析场景中。单击图 10-17 中的第一个按钮，可针对 12 种不同的布局的进行参数配置。

6．合并实体

i2 软件支持将多个实体合并成一个对象，被合并的实体原有的关系会被合并到保留的实体中，如图 10-18 所示。

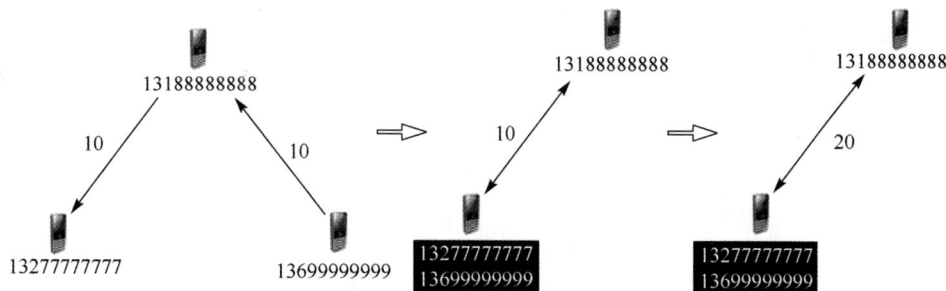

图 10-18　合并实体

选中要合并的实体，选择"工具"—"合并实体"选项。在图表空白位置处单击鼠标右键，在弹出的快捷菜单中选择"图表属性"选项，进行相关设置，勾选"加总链接标签数值"复选框，如图 10-19 所示。

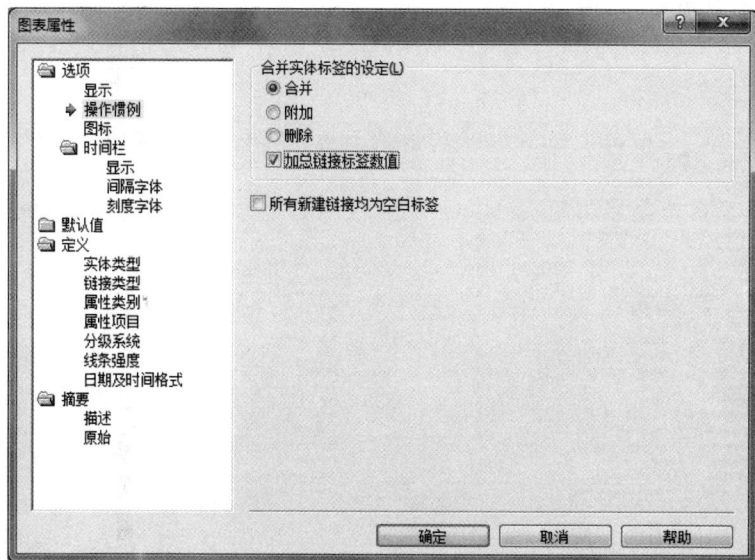

图 10-19　图表属性

10.2.2　搜索查找

i2 软件支持以下几种搜索查找方式。

1．使用搜索条件查找图表项目

使用搜索条件查找图表项目的方式主要应用在图表实体多、内容乱的情况下，可以利用搜索条件直接定位到要查找的图表项目，如图 10-20 所示。

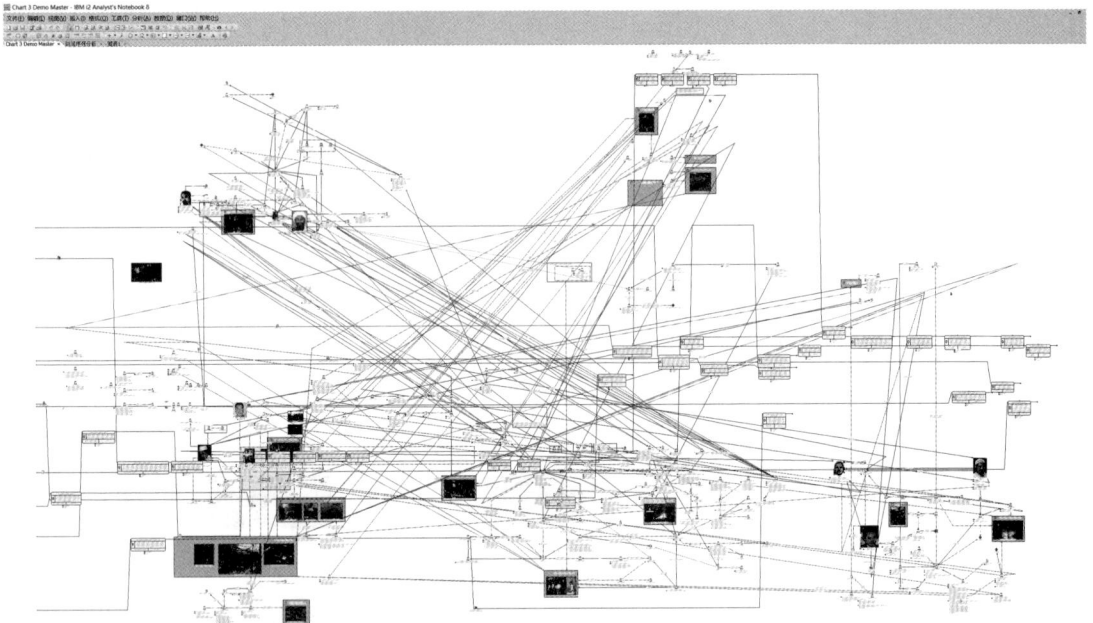

图 10-20　使用搜索条件查找图表项目

2．使用列表分析查找图表项目

选择"分析"—"列出项目"选项，或按快捷键 F11，可使用列表分析查找图表项目，如图 10-21 所示。

图 10-21　使用列表分析查找图表项目

3．使用可视化搜索查找图表项目

选择"分析"—"可视化搜索"选项，或按快捷键 F5，可使用可视化搜索查找图表项目，如图 10-22 所示。

4．查找路径

选择"分析"—"查找路径"选项，可查找路径，如图 10-23 所示。

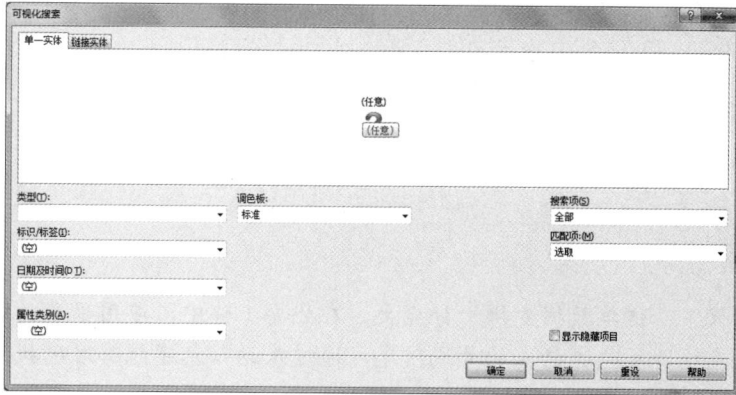

图 10-22　用可视化搜索查找图表项目

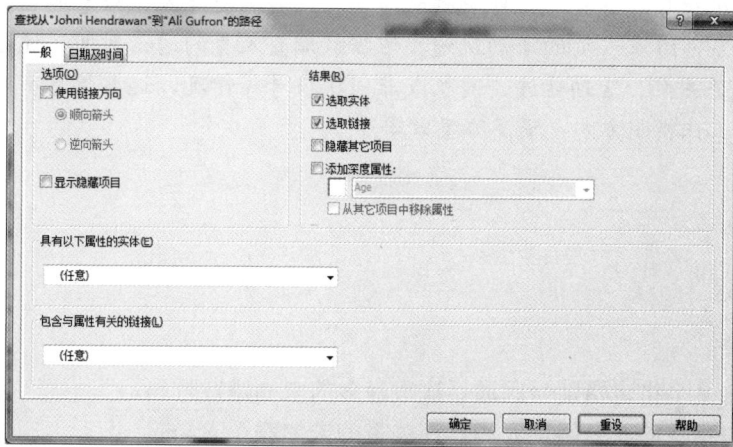

图 10-23　查找路径

5．查找链接的图表项目

选择"分析"—"查找链接"选项，可查找链接的图表项目，如图 10-24 所示。

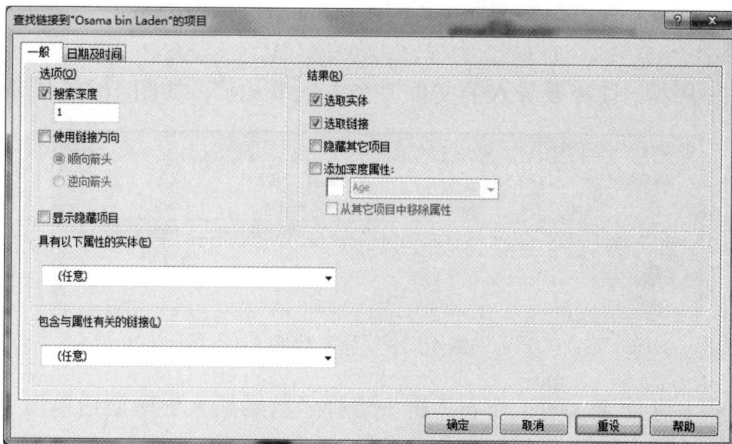

图 10-24　查找链接的图表项目

10.3　功　能　演　练

10.3.1　话单关系分析

案例背景

在大数据时代下，话单数据变得十分庞大，在公安工作中，应用很多的数据也是话单数据，话单数据能直观地反映通话人的号码信息，通过基站信息还能够准确找到关系人的位置信息。

话单关系分析过程如下。

对话单数据进行数据清洗，梳理出频繁通话人、共同通话人，对基站信息进行标记，并绘制出人员的关系网络及人员的活动轨迹，依据被调查人员的通话时间、通话次数、通话地点等分析出其社会关系、活动轨迹、同机或非同机换号等情况，这些信息有助于公安工作，能为后续的侦查工作指明方向，提高办案效率。

基础数据

个人话单.xls

学习目标

业务目标

(1)分析出与某个指定嫌疑号码通话次数最多的未知嫌疑号码。

(2)分析出与指定的5名嫌疑人均存在关系的未知联系人。

能力目标

(1)学习手动建立两个数据导入规范，分别导入5名犯罪嫌疑人的话单。

(2)学习将选择的对象进行集合编组，以及撤销集合编组等相关操作。

(3)学习利用过滤器的筛选功能进行实体的选择定位。

学习步骤

创建新的空白图表。选择要导入的文件"个人话单.xls"，如图10-25所示。

图10-25　导入数据

在"选择要从中进行导入的工作表"框中选择"詹姆斯·史密斯话单"，导入詹姆斯·史密斯的话单，如图10-26所示。

如果数据行包含分析数据的文字标题，则勾选"从数据行提取字段名称"复选框，并在后面的框中输入其数据行序号，这里输入1，如图10-27所示。

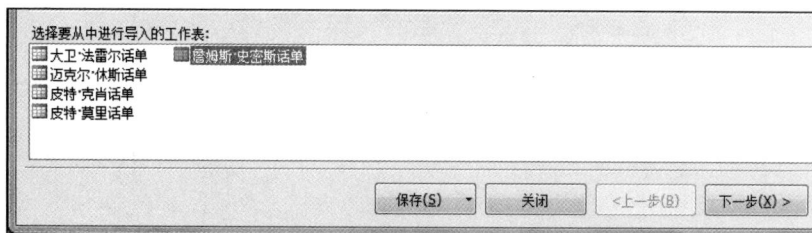

图 10-26　导入詹姆斯·史密斯的话单

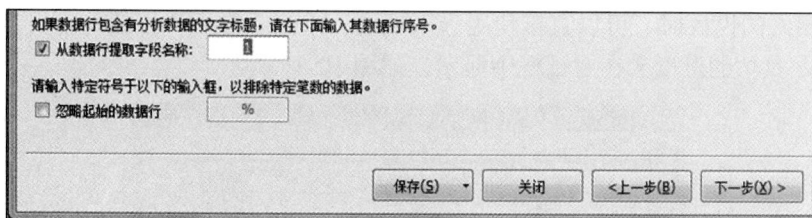

图 10-27　勾选"从数据行提取字段名称"复选框

选择模板。这里既可以选择已有的模板，也可以自定义模板。由于我们分析的"话单数据"属于电话通信网络范畴，已经有了预设的模板，所以无须自己创建新模板，选择"电话通信网络"模板即可，如图 10-28 所示。

选择模板之后，进行指定实体操作。在模板中，本来没有确定主号码和对方号码，因此我们要指定好双方的号码。对两个实体的属性进行修改，将一个实体的标识设置为"主号码"（标签如同标识），另一个实体的标识设置为"对方号码"（标签如同标识），如图 10-29 所示。

图 10-28　选择"电话通信网络"模板

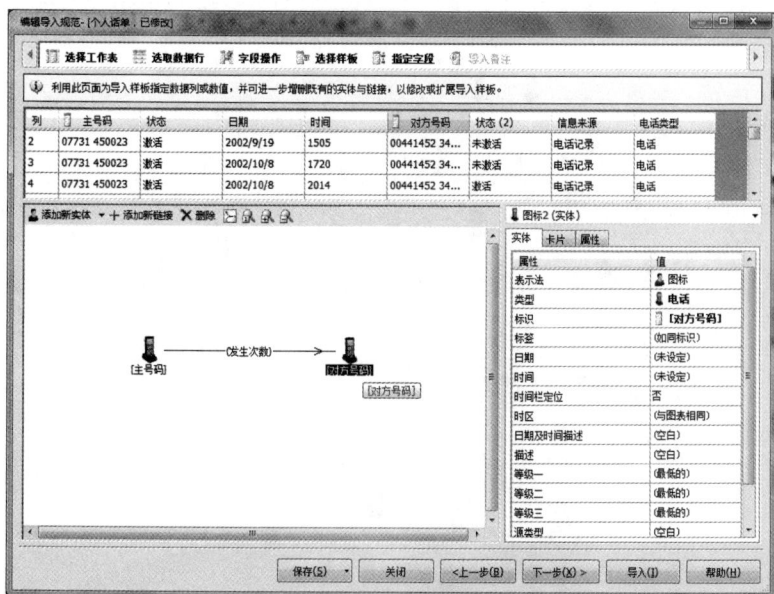

图 10-29　指定实体

接下来，编辑两个实体之间链接的方向，将方向设置为空，如图 10-30 所示。

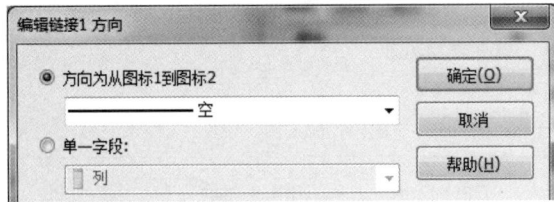

图 10-30　编辑两个实体之间链接的方向

最后保存设置好的模板，将其设置为导入规范，命名为"个人话单-史密斯"，这样今后再需要使用相同的模板时，可以直接使用导入规范。单击"导入"按钮，便可以将数据导入到 i2 软件中，具体的进度会在对话框中显示，如图 10-31 所示。

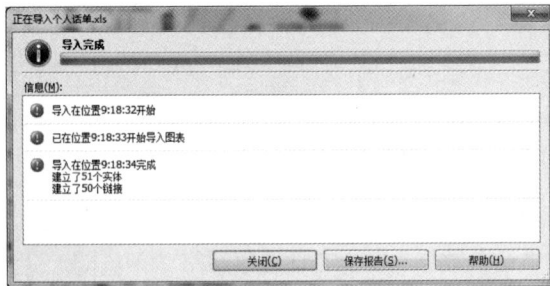

图 10-31　导入数据的进度

导入数据后的界面如图 10-32 所示，此时可以看到，在中心的是之前设置的主号码，与主号码相链接的是多个对方号码，链接线中标明的是两个号码之间联系的次数。

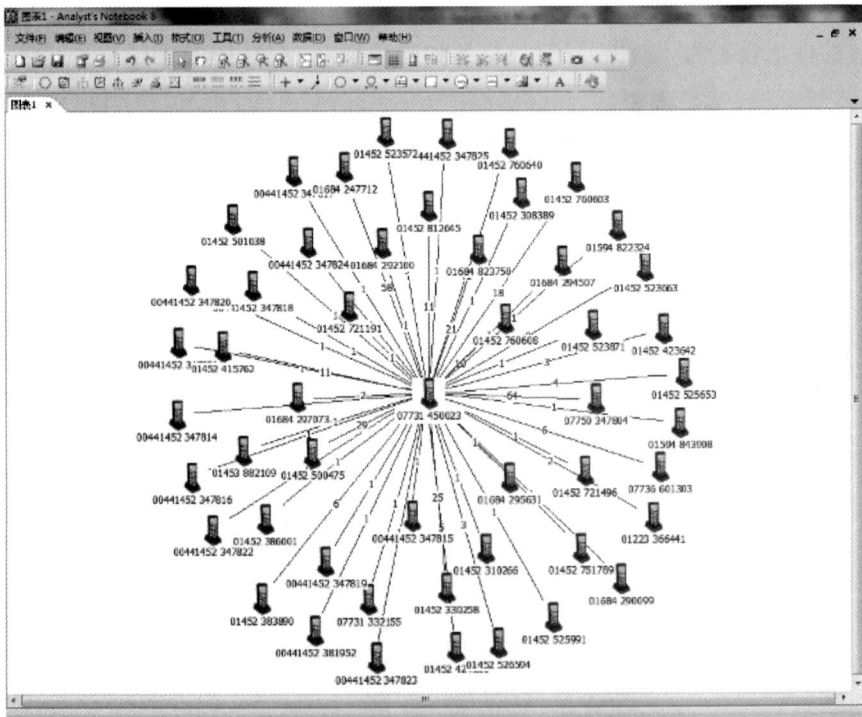

图 10-32　导入数据后的界面

导入迈克尔·休斯的话单。只导入一个人的话单时，分析是很简单的，但是要找到多个联系人之间的共同联系人，还需要导入其他几个人的话单。使用之前保存的"个人话单-史密斯"导入规范（如图 10-33 所示），导入"迈克尔·休斯话单"。

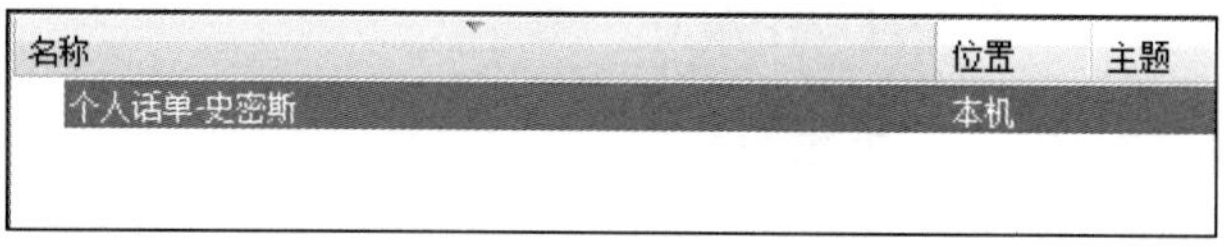

图 10-33　使用之前保存的"个人话单-史密斯"导入规范

同理，导入"皮特·克肖话单"和"皮特·莫里话单"，导入结果如图 10-34 所示。

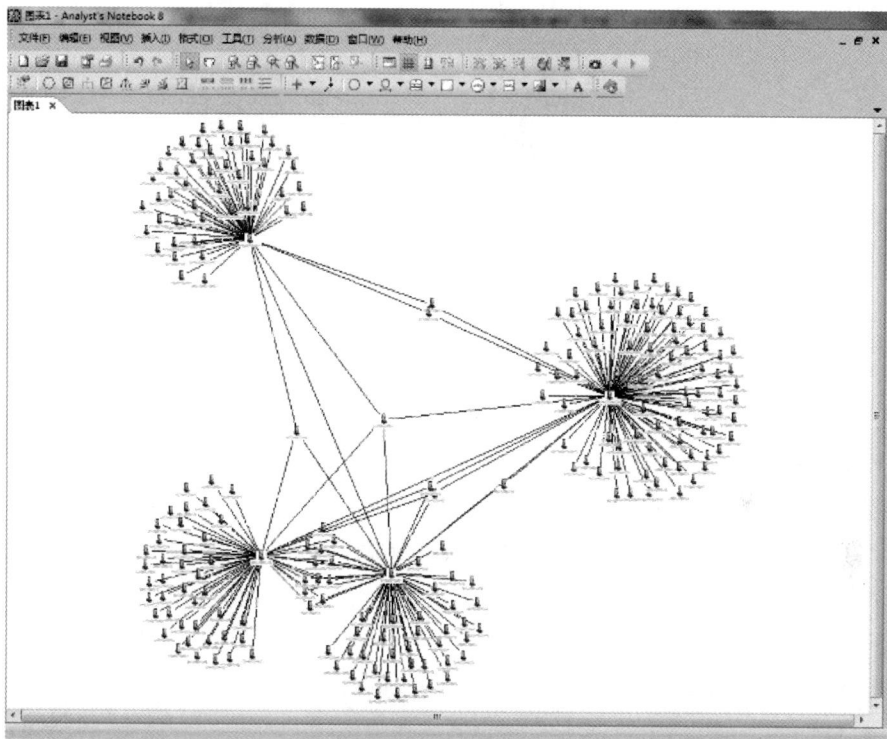

图 10-34　导入结果

需要注意的是，大卫·法雷克的话单类型与其他 4 个人不同，所以要为他新建一个导入规范。在他的话单数据中，数据行不包含分析数据的文字标题，所以不勾选"从数据行提取字段名称"复选框，如图 10-35 所示。

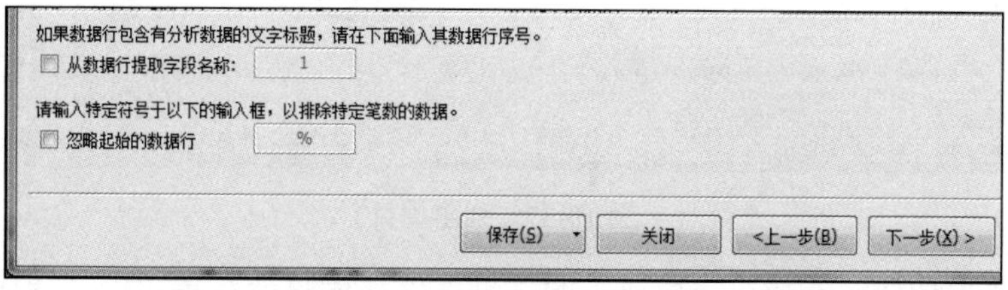

图 10-35　不勾选"从数据行提取字段名称"复选框

最终的导入结果如图 10-36 所示。

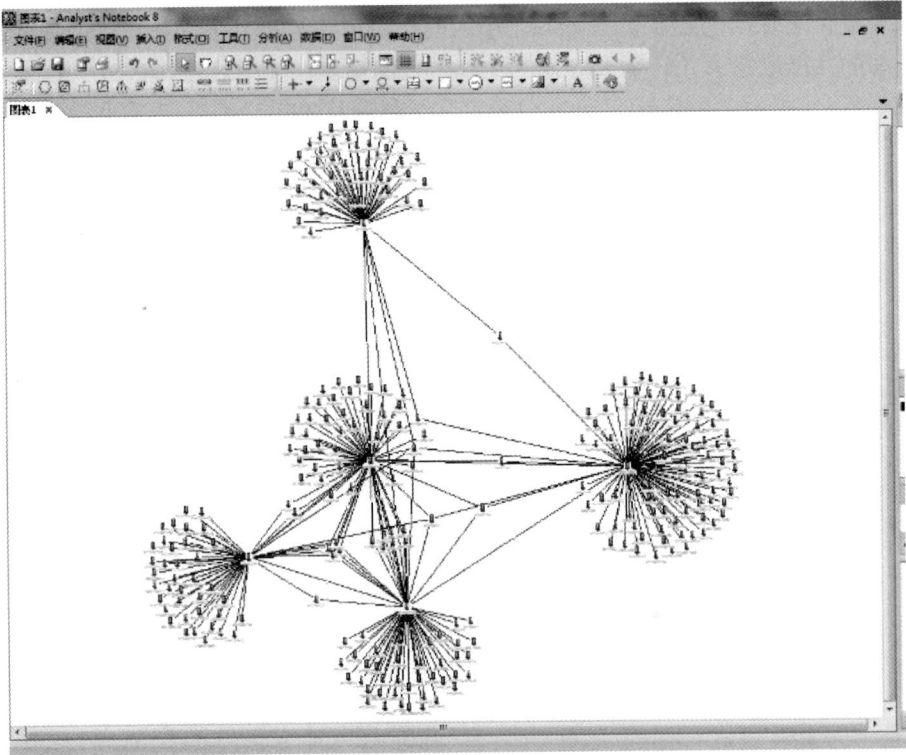

图 10-36　最终的导入结果

分析数据。首先分析这 5 个人的话单中的电话号码数量，选择"分析"—"列出项目"选项，或按快捷键 F11，将所有的项目列出，如图 10-37 所示。

图 10-37　列出项目

单击"字段"按钮，会弹出"字段"对话框，选择实体的分析属性，这里勾选"实体的链接"复选框，如图 10-38 所示。这样便可以看到每个电话号码出现的次数，便可以看出主号码与哪个电话号码联系得最频繁，分析结果如图 10-39 所示。

图 10-38 选择实体的分析属性

图 10-39 分析结果

下面对每个主号码进行分组，在主号码处单击鼠标右键，在弹出的快捷菜单中选择"选取连接关系"选项。之后再单击鼠标右键，在弹出的快捷菜单中选择"选取两端"选项，如图 10-40 所示。

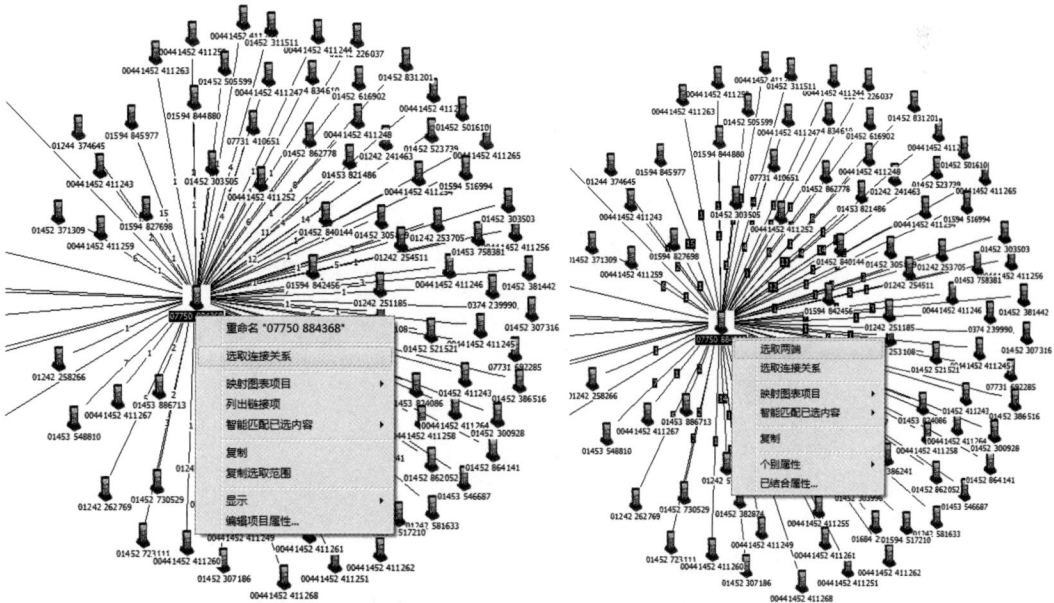

图 10-40 对每个主号码进行分组

这样就把与这个主号码的相关的联系人全部选择出来了。然后使用集合编组功能，将这些数据放入同一个分组中，这里放入集合 1 中，编组后的结果如图 10-41 所示。

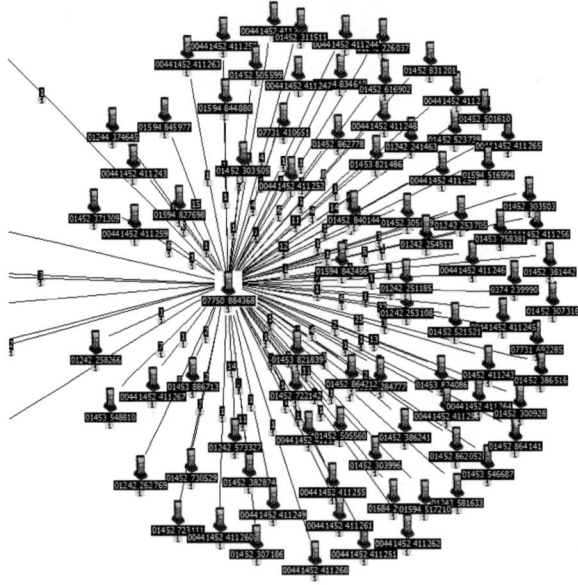

图 10-41　编组后的结果

　　同理，对其他 4 个电话号码及其相关联系人进行集合编组，将它们分别加入不同的集合中，如图 10-42 所示。

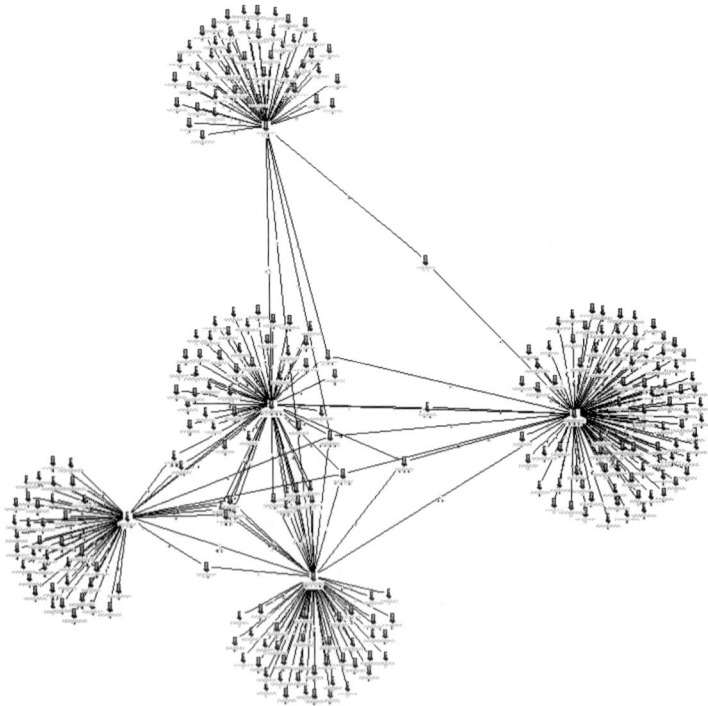

图 10-42　对其他 4 个电话号码及其相关联系人进行集合编组

　　集合分析。通过"过滤器及直方图"选项卡中"过滤器"选项卡进行综合分析，对所有集合选择"是"选项，便可得到同时在这 5 个集合中的所有电话号码，如图 10-43 所示。

图 10-43　"过滤器"选项卡

如图 10-44 所示，同时出现在 5 个集合中的电话号码被显示了出来。

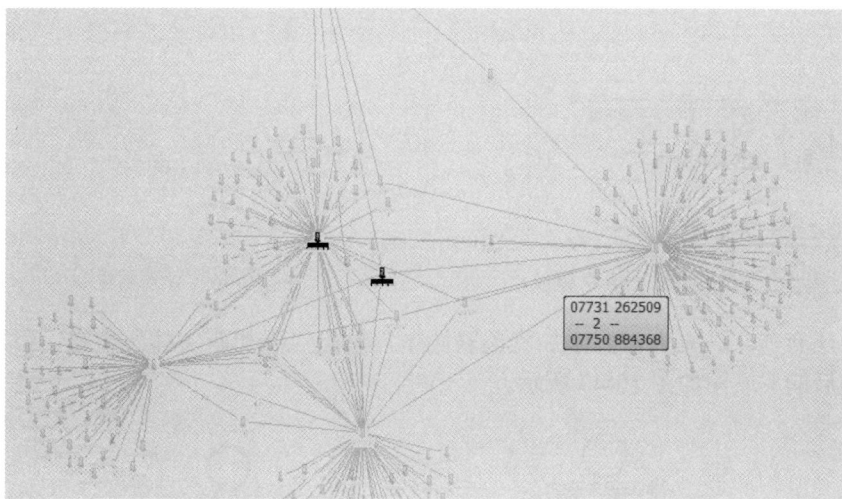

图 10-44　同时出现在 5 个集合中的电话号码被显示了出来

10.3.2　人员物品动态关系

案例背景

关联图是相互连接的事物及其关系的一种结构化表达方式，是最接近真实世界的数据组织结构，通过关联图可以将所有的数据连接起来，即时地传达消息，揭示复杂的关系模式。每个关联图由实体、链接及事件构成，可以将现实生活中可触摸、可见的实体（如某个人、某台计算机、某张银行卡等)，或无法触摸、不可见的事故、案件、意外等都抽象成关联图中的节点。

关联图包含非常丰富的关联信息，如两个电话号码之间的呼叫关系、邮件往来关系、亲属关系、拥有关系等，在社交网络、交通网络、通信网络、资金网络等场景下，关联图都能直观地展现实体间的关系链路。

基础数据

练习带类型的关联分析导入.xls

学习目标

业务目标

(1)分析出人员和物品之间的关系。

(2)分析出人员和人员之间存在的联系及可能的关系。

能力目标

学习如何导出关联图。

学习步骤

导入数据，步骤与 10.3.1 节一致，在此不再赘述。由于人物多，关系复杂，所以选择"更复杂的关联图表"模板，如图 10-45 所示。导入结果如图 10-46 所示。

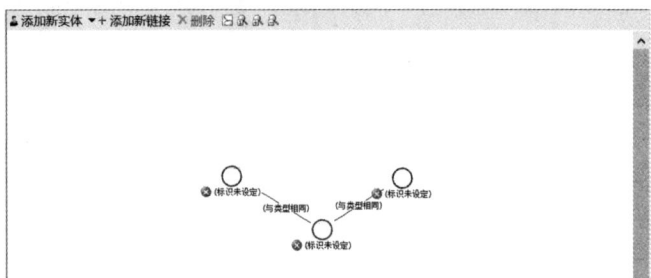

图 10-45　选择"更复杂的关联图表"模板　　　　　图 10-46　　导入结果

考虑到还有一个关系人需要添加到关联图中，单击"添加新实体"按钮，添加一个新的实体，添加后的关联图如图 10-47 所示。

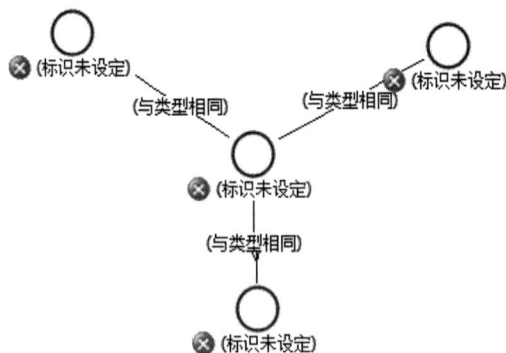

图 10-47　添加新实体后的关联图

指定实体。设置车牌号码、位置名称、位置地址、全名、姓氏等标签，建立相关关系，如图 10-48 所示。

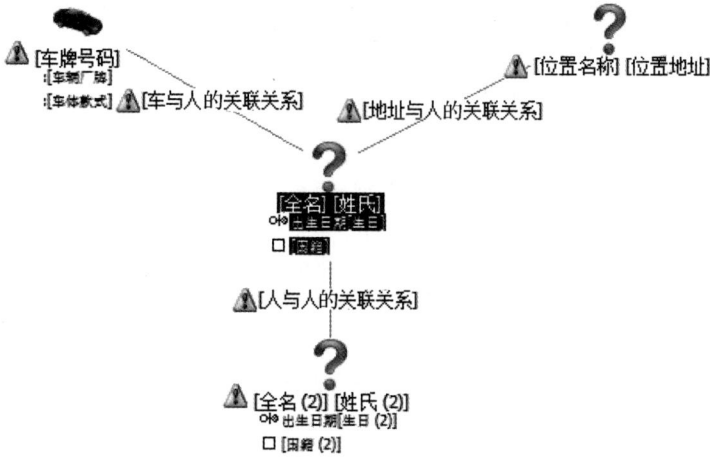

图 10-48　指定实体

人员实体的属性信息如图 10-49 所示。

图 10-49　人员实体的属性信息

车辆实体的属性信息如图 10-50 所示。

图 10-50　车辆实体的属性信息

地址实体的属性信息如图 10-51 所示。

图 10-51　地址实体的属性信息

人员(2)实体的属性信息如图 10-52 所示。

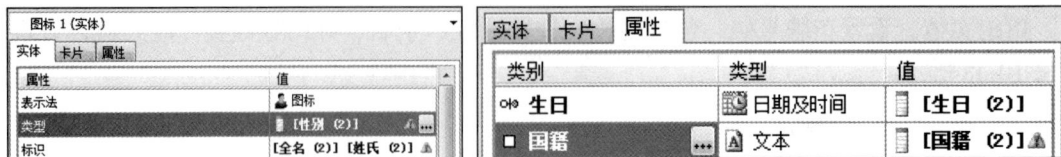

图 10-52　人员(2)实体的属性信息

人与人的关联关系如图 10-53 所示。

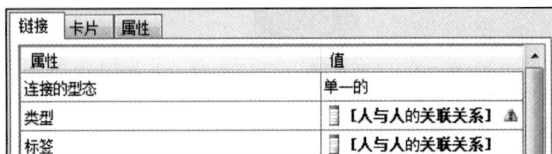

图 10-53　人与人的关联关系

车与人的关联关系如图 10-54 所示。

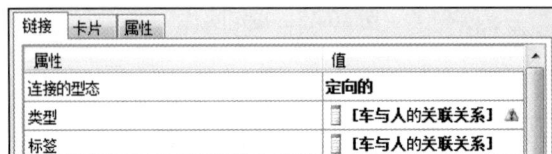

图 10-54　车与人的关联关系

地址与人的关联关系如图 10-55 所示。

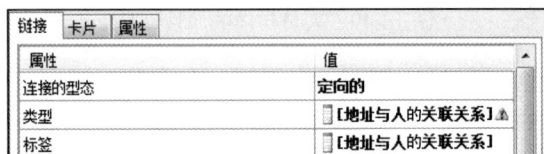

图 10-55　地址与人的关联关系

需要注意的是，要在这里对日期与时间的格式进行定义，如图 10-56 所示。如果没有定义日期与时间的格式，会导致导入数据时出现乱码。

设置后，导入过程如图 10-57 所示。

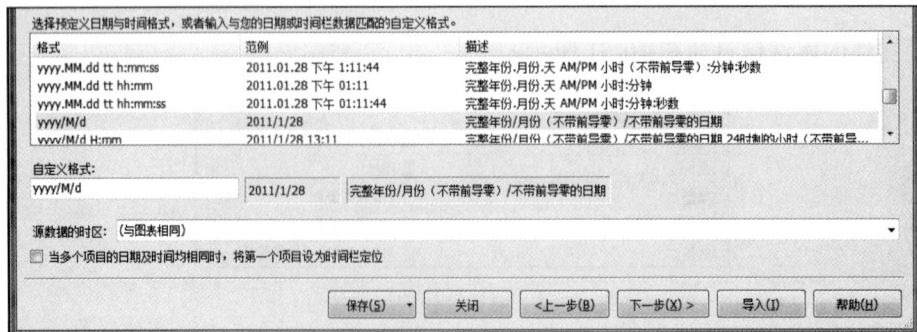

图 10-56　定义日期与时间的格式

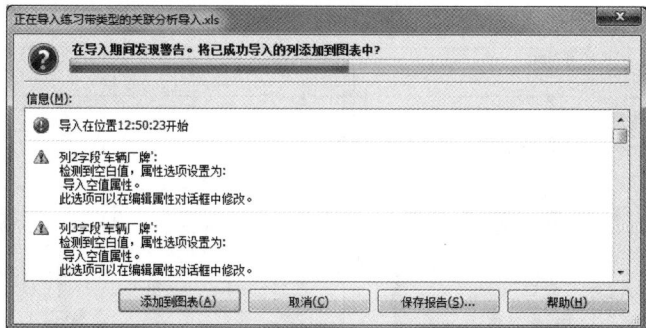

图 10-57　导入过程

图 10-58 是导出的关联图，通过这个结果可以直观、清晰地看出嫌疑人之间的关系和嫌疑人与具体车辆、地址的关系。

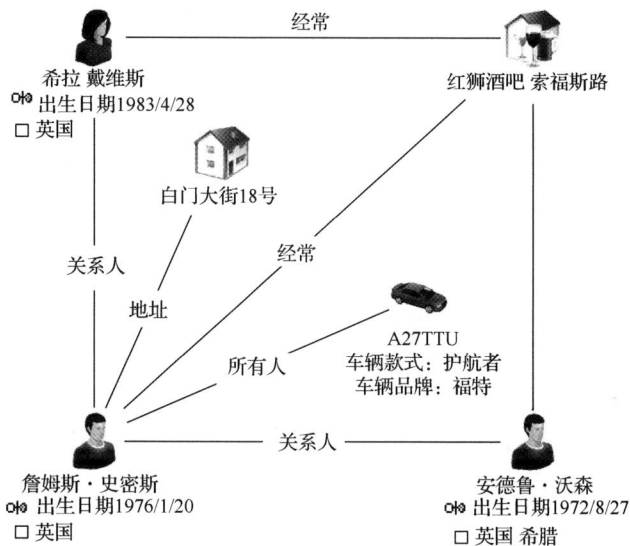

图 10-58　导出的关联图

10.3.3　银行账户交易分析

案例背景

假设分析人员已经确定了两名嫌疑人的银行账户，并采集了它们之间的交易信息，希望从数据中挖掘出特定的资金交易模式。为了便于后续内容的理解，此处先给出嫌疑人账户资金往来分析后的结果，如图 10-59 所示。

说明如下。

(1) 最左侧是 5 名嫌疑人的账户，图中对第 1 个和最后 1 个账户进行了简单编号。

(2) 5 个账户共进行过 3 笔完整的资金交易(用方框圈出，便于区分)，每笔交易又分成了 4 笔小的交易。

(3) 对每笔交易，都标明了交易的笔数和交易的金额。

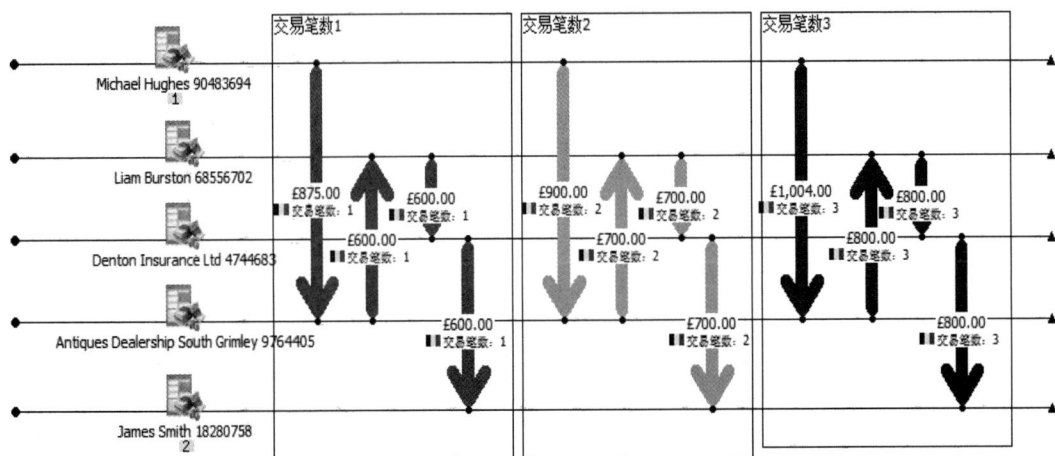

图 10-59　分析后的结果

基础数据

银行账户交易数据.xls。

学习目标

业务目标

寻找指定的两个银行账户之间可能存在的交易模式。

能力目标

(1)学习如何在图表中自定义属性类别，并利用该属性标识交易笔数。

(2)学习如何进行交易路径的查找。

学习步骤

导入数据，步骤与 10.3.1 节一致，在此不再赘述。选择"交易记录排序"模板，如图 10-60 所示，按照时间先后对账户交易记录进行排序。可以通过时间的角度来描述交易记录之间的关系。

指定实体。指定两个实体，将 Account Number(主账户)及 Destination Account Number(对方账户)分别指定给两个账户实体，作为标识(标签如同标识)，如图 10-61 所示。

图 10-60　选择"交易记录排序"模板

将主账户的标识改为 Account Holder Name(主账户持有者的名字)及 Account Number(主账户)(标签如同标识)，如图 10-62 所示。同理，将对方账户的标识改为 Destination Account Holder Name(对方账户持有者的名字)及 Destination Account Number(对方账户)(标签如同标识)。

对两个交易账户之间的链接，将标签改为 Transaction Amount(交易笔数)，日期改为 Transaction date(交易时间)，时间改为 time，修改结果如图 10-63 所示。

这里，同样要根据实际情况修改日期与时间格式，然后导入图表即可。导入后的结果如图 10-64 所示。

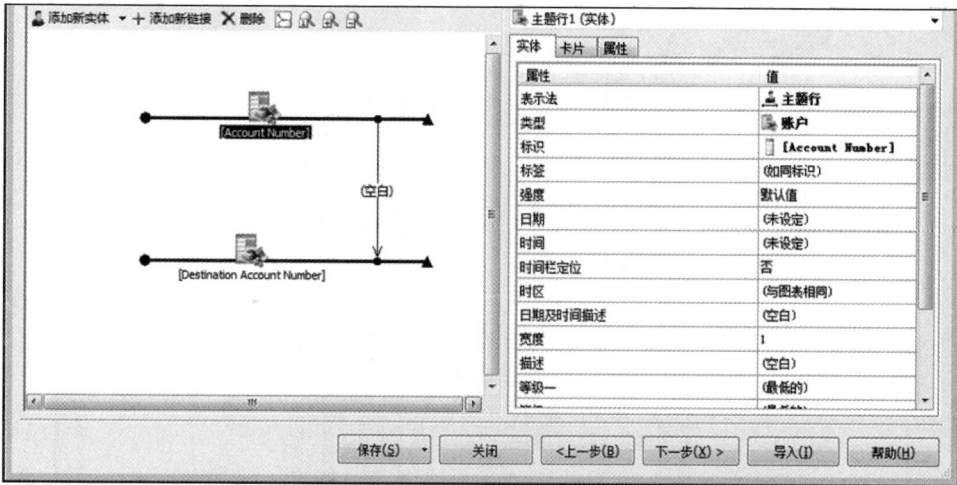

图 10-61　指定 Account Number（主账户）及 Destination Account Number（对方账户）

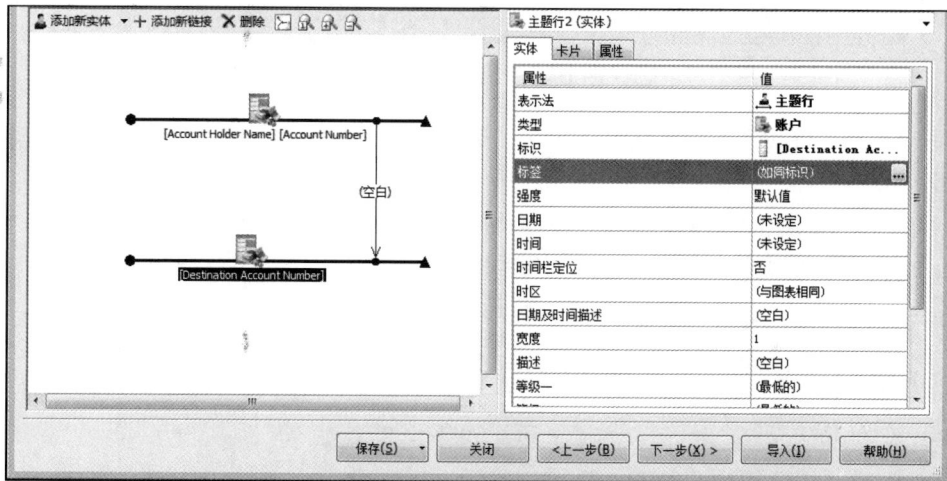

图 10-62　修改主账户的标签

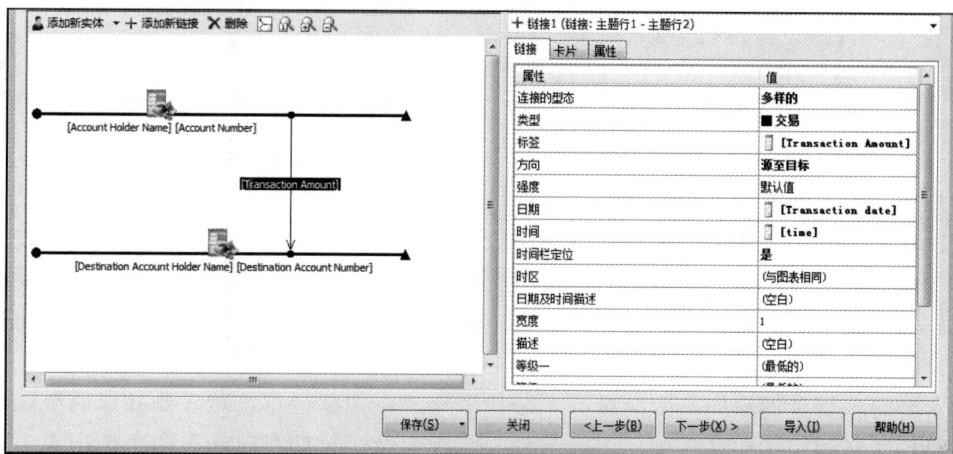

图 10-63　修改两个账户之间的链接

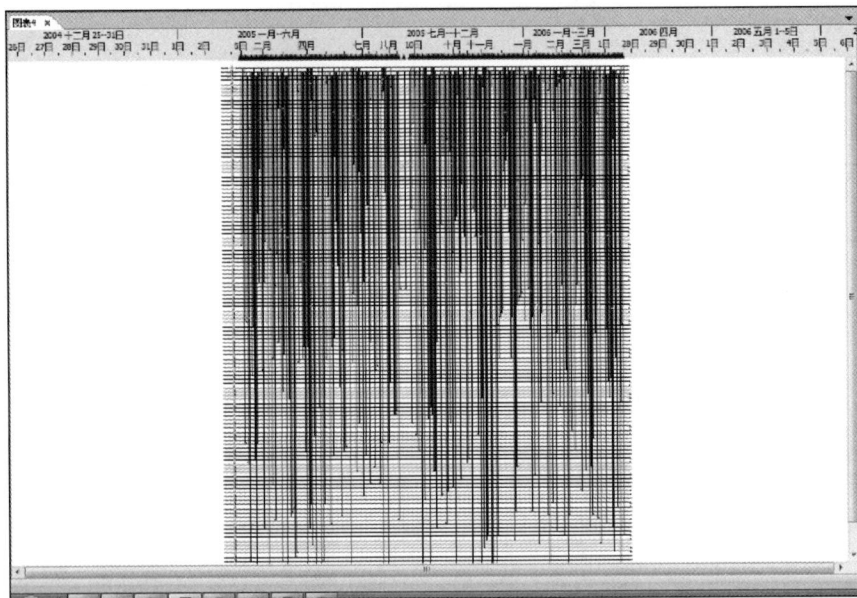

图 10-64　导入后的结果

接下来使用"查找文本"方法进行分析，选择"编辑"—"查找文本"选项或者按 Ctrl+F 键，弹出"查找文本"对话框，如图 10-65 所示。

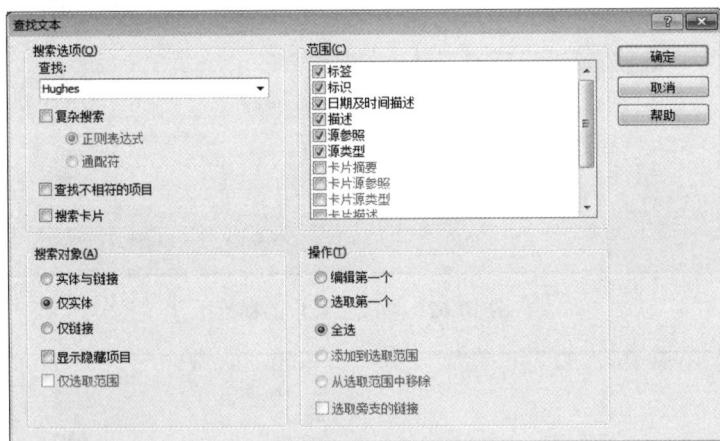

图 10-65　"查找文本"对话框

对查找到的实体进行属性的修改，将它们分别放入集合 1 和集合 2 中。在空白处单击鼠标右键，在弹出的快捷菜单中选择"编辑图表属性"选项，新建属性类别"交易笔数"，在"显示"区域勾选"符号"、"类别名称"、"前缀"（设置为冒号）、"显示在图表上"复选框，在"用户调色板"框中勾选"金融"复选框，如图 10-66 所示。编辑后进行预览，如图 10-67 所示。

由于要查找资金的流向，因此选择"分析"—"查找路径"选项，查找这两个账户之间的交易路径。在弹出的对话框中，可以看到"一般"及"日期及时间"两个选项卡，在"一般"选项卡中，勾选"使用链接方向"复选框，选中"顺向箭头"单选按钮，在"结果"区域，勾选"选取实体"和"选取链接"复选框，如图 10-68 所示。在"日期及时间"选项卡中，在"方向"区域选中"向前"单选按钮，在"日期及时间"区域选中"从链接"单选按钮，在"如果日期遗失"下，选择"停止"单选按钮，如图 10-69 所示。

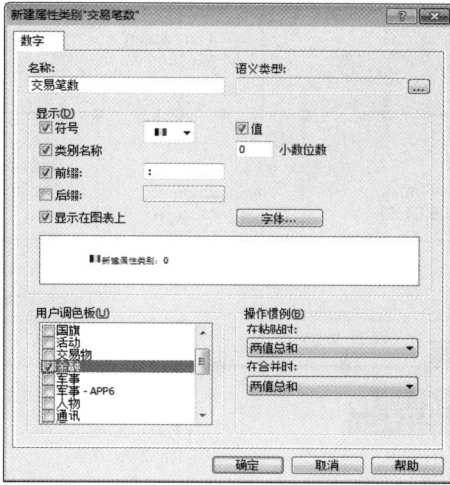

图 10-66　新建属性类别"交易笔数"

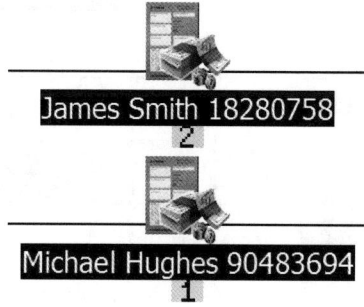

图 10-67　预览

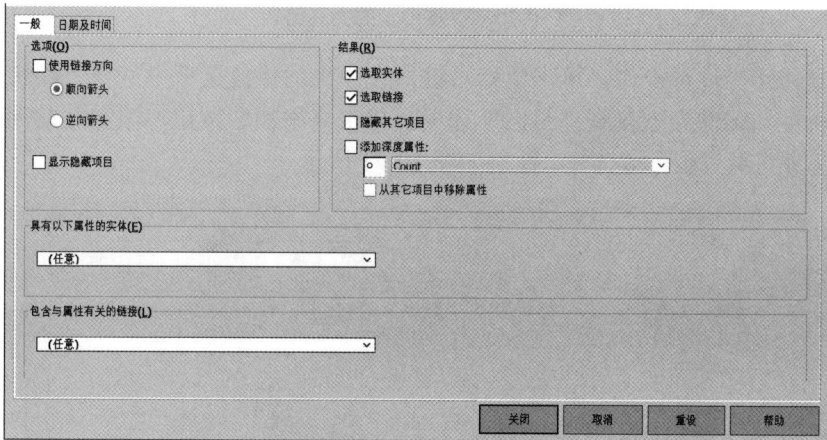

图 10-68　"一般"选项卡

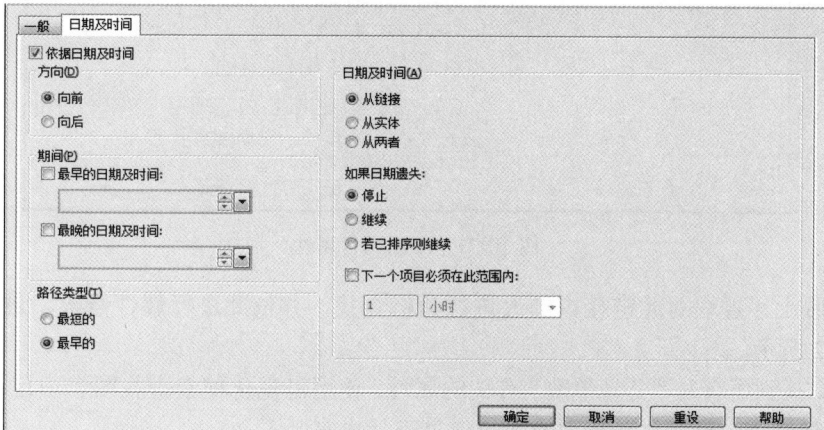

图 10-69　"日期及时间"选项卡

图 10-70 就是查找出来的交易路径。

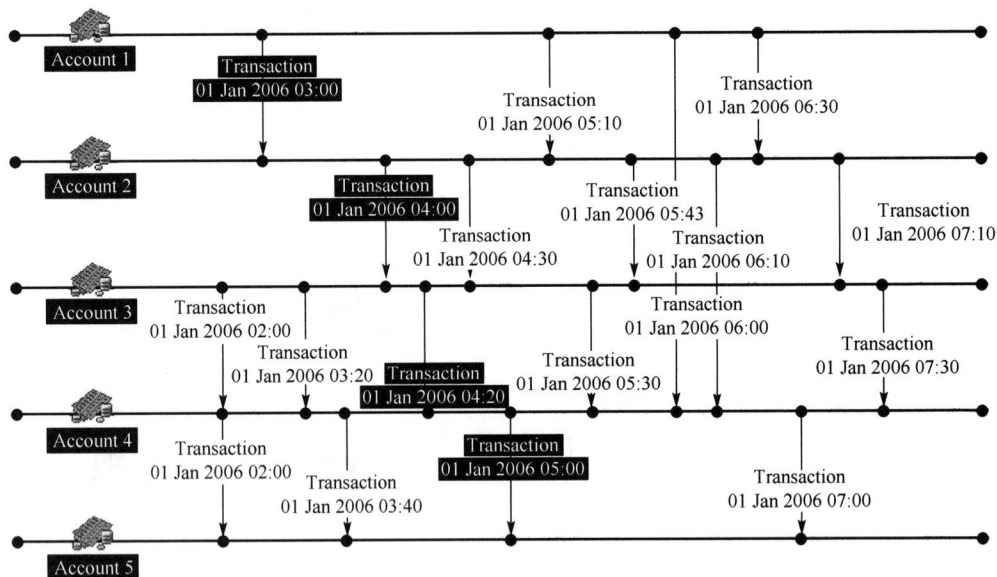

图 10-70　查找出来的交易路径

对这些交易路径进行操作。单击鼠标右键，在弹出的快捷菜单中选择"编辑项目属性"选项，在"属性"文件夹下找到"引例"选项，单击"添加"按钮，添加之前创建的交易笔数属性类别，并将其"值"改为 1，结果如图 10-71 所示。

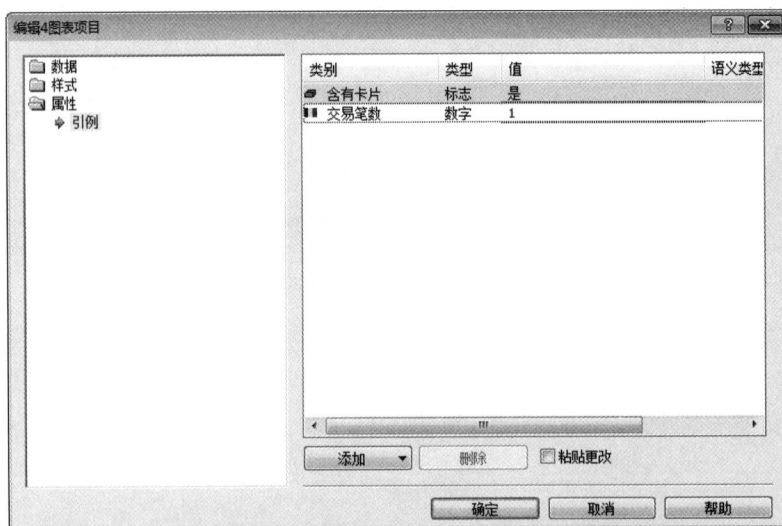

图 10-71　编辑项目属性

继续按照上述过程对此链接内的人进行分析查找，并依此进行属性修改，最终得到的图表如图 10-72 所示。

接下来，找到所有与"交易笔数"有关的属性，使用可视化搜索查找图表项目，如图 10-73 所示，将所有与"交易笔数"有关的用户信息查找出来。

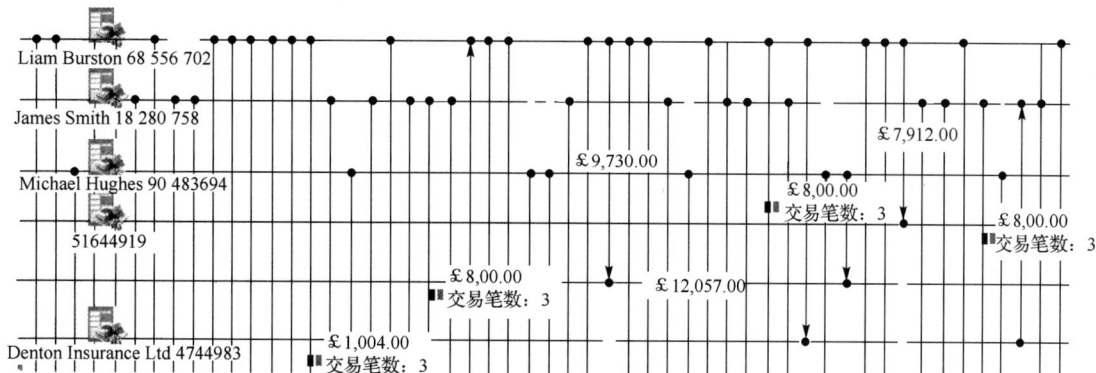

图 10-72　最终得到的图表

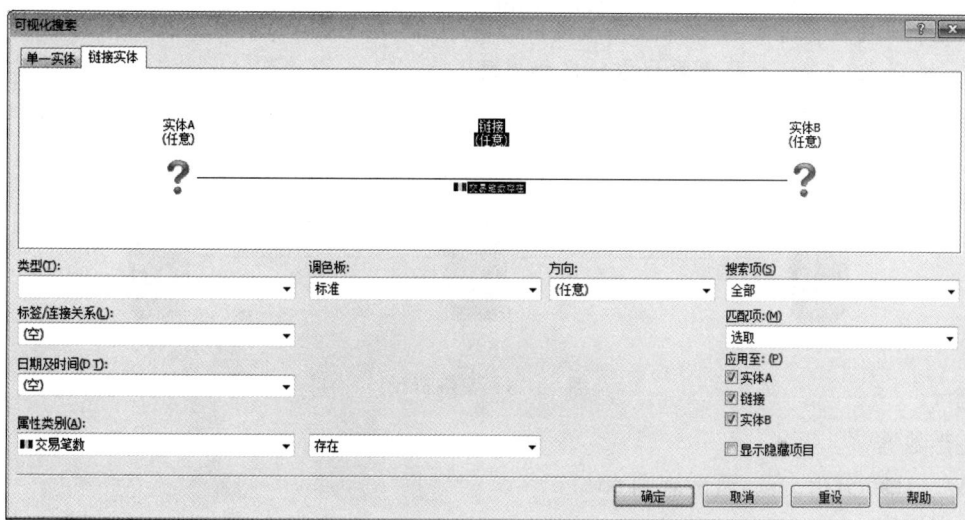

图 10-73　将所有与"交易笔数"有关的用户信息查找出来

因为所有账户信息的数据量较大，所以将查找结果复制到另一张图表中，查找结果如图 10-74 所示。

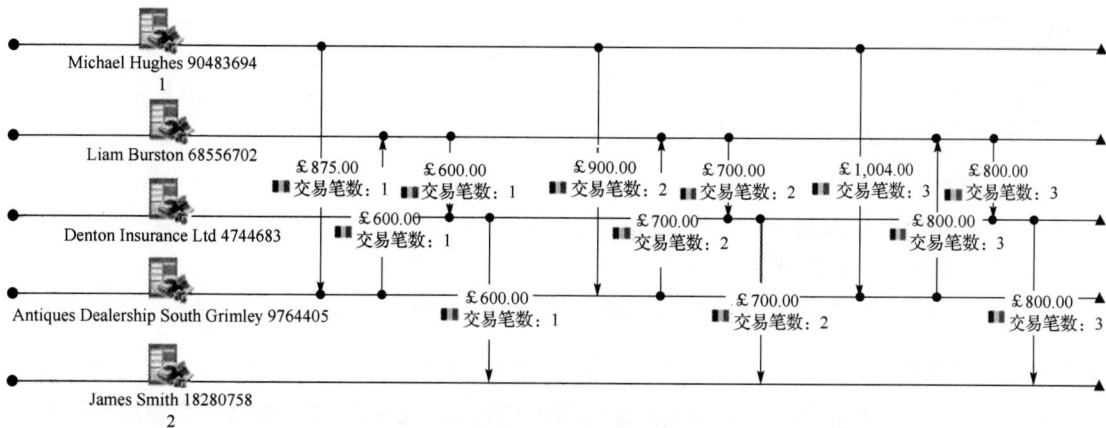

图 10-74　查找结果

对查找出来的实体链接进行高亮处理，在链接处单击鼠标右键，在弹出的快捷菜单中选择"编辑图表属性"选项，分别用红色、绿色、蓝色来表示账户之间的交易，最终结果如图 10-59 所示。

10.3.4　话单 ABC 分析

案例背景

警方正在分析嫌疑人王某的手机通话情况，发现其通话呈现出一定的规律性：王某在接收到一些人的来电后，经常性地在半个小时之内派遣司机和对方在指定的地点见面。警方为了找到证据，调取了王某的话单，再由分析人员结合以往的办案经验，溯源而上，找出了更多的嫌疑人。

在这个业务场景中，会涉及 3 类人员，如图 10-75 所示。

A：嫌疑人(未知)，警方要找出的目标嫌疑人。

B：嫌疑人王某(已知)。

C：司机(已知)。

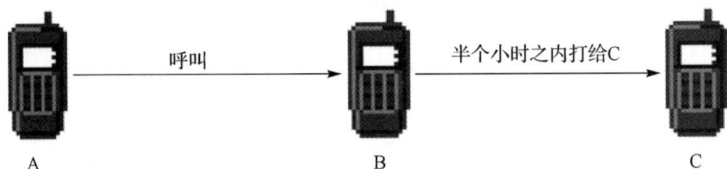

图 10-75　案例背景

基础数据

话单 ABC 分析.xls、通话规则.txt

数据说明：

(1)未对"呼叫类型"变量进行处理。分析人员需要根据"通话规则.txt"文件的内容对该变量进行处理，将其简化成 1 或 2。

(2)"通话开始时间"变量已经被分割成"通话日期"和"通话时间"两个变量。

学习目标

业务目标

分析出更多符合通话规律的嫌疑人。

能力目标

(1)学习如何在导入规则中使用文件替换功能。

(2)学习如何进行时间序列的相关布局。

(3)学习如何运用查找链接功能来挖掘符合通话规律的嫌疑人的电话号码。

学习步骤

导入数据，步骤与 10.3.1 节一致，在此不再赘述。需要对"呼叫类型"变量进行修改，由于呼叫类型种类繁多，因此需要将这些呼叫类型统一，这里进行"以另选文件替换"操作，选择"通话规则.txt"文件，如图 10-76 所示。

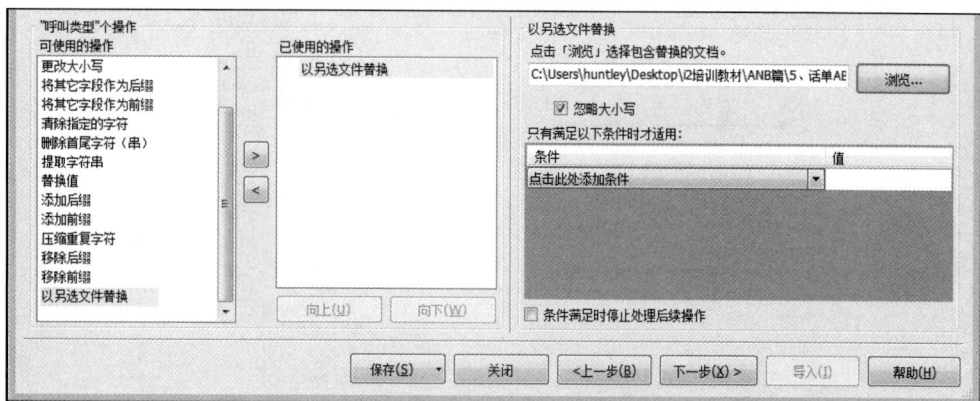

图 10-76　以另选文件替换

选择"电话通话网络"模板对通话的时间进行分析，如图 10-77 所示。选择模板之后指定实体，将"主号码""对方号码"设置为标识(标签如同标识)，分别放入模板中，如图 10-78 所示。

图 10-77　选择"电话通话网络"模板

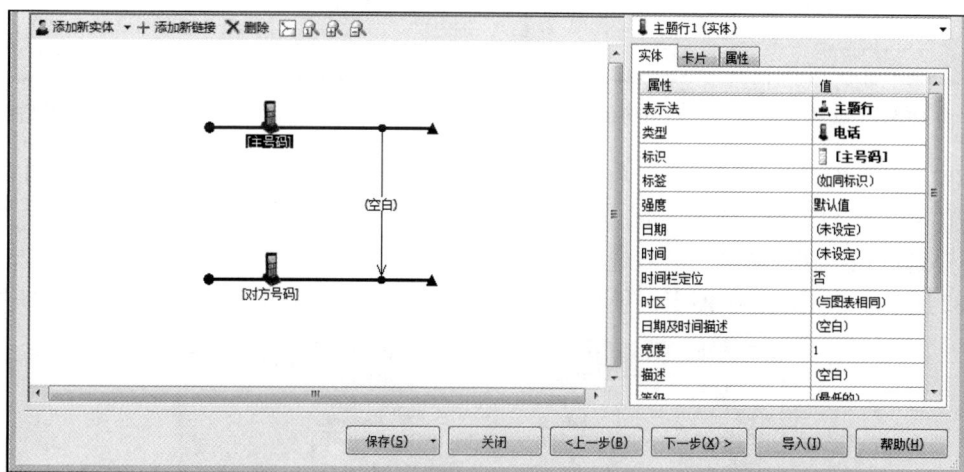

图 10-78　指定实体

将两个实体之间的链接修改为"通话时长"，通过通话时长可筛选出重要联系人，如图 10-79 所示。

编辑两个实体之间链接的方向，选中"单一字段"单选按钮，在下面的下拉菜单中选择"呼叫类型"选项，同时指定 1 代表将主题行 1 映射到主题行 2 的方向，2 代表将主题行 2 映射到主题行 1 的方向，如图 10-80 所示。

编辑两个实体之间链接的类型，选中"类型"单选按钮，将"颜色"调色板的类型改为蓝色，如图 10-81 所示。

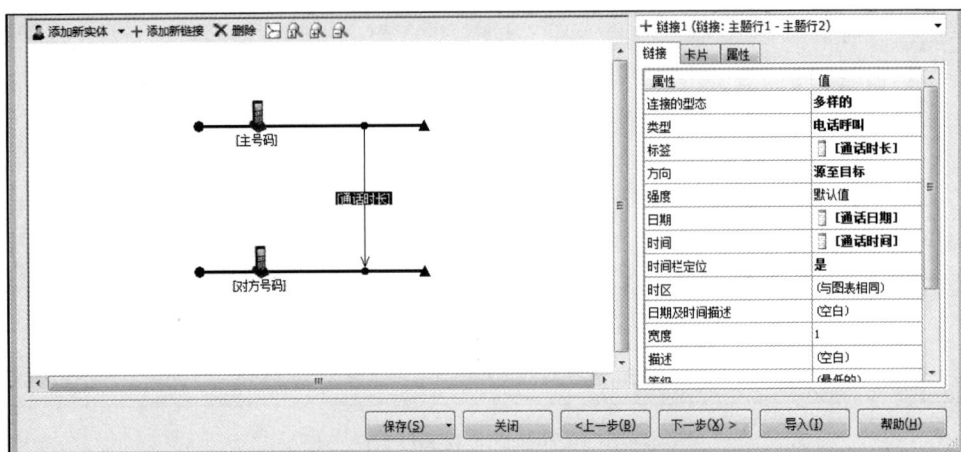

图 10-79　将两个实体之间的链接修改为"通话时长"

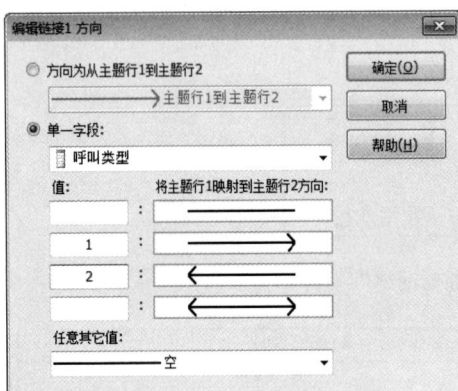

图 10-80　编辑两个实体之间链接的方向

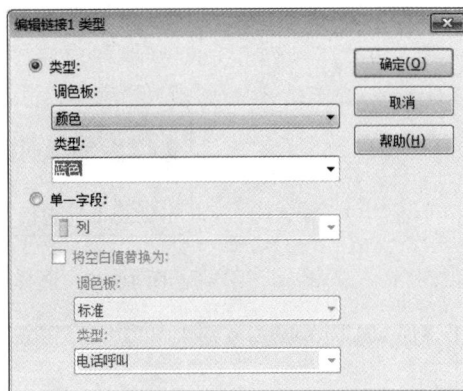

图 10-81　编辑两个实体之间链接的类型

指定日期与时间的格式之后，将数据导入。导入后，首先调整布局，单击图 10-17 所示的相应的布局排列按钮，设定布局，选择"成比例的"选项，在"应用至"区域选中"整个图表"单选按钮，在"宽度"区域选中"更改宽度"单选按钮，在下面的框中填入"75"，如图 10-82 所示。接下来调整图表，使其符合窗口、时间栏，最后得到的结果如图 10-83 所示。

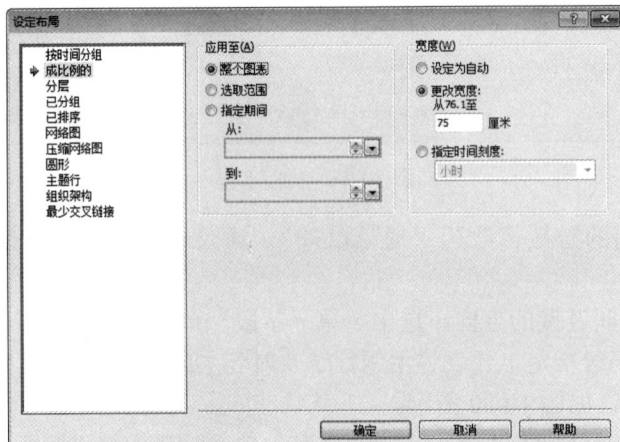

图 10-82　设定布局

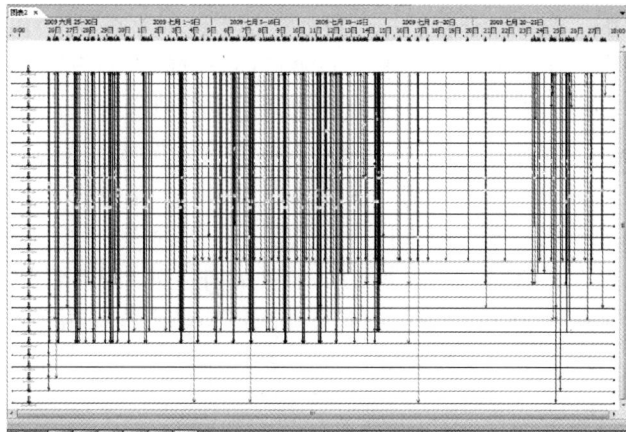

图 10-83　设定布局后的结果

　　下一步，进行定位操作，定位号码 136××××8818。使用"查找文本"方式查找这个号码，范围包括所有可能存在的地方，如标签、标识等，如图 10-84 所示。

图 10-84　查找文本

最终找到了一个实体，并将其标识出来，如图 10-85 所示。

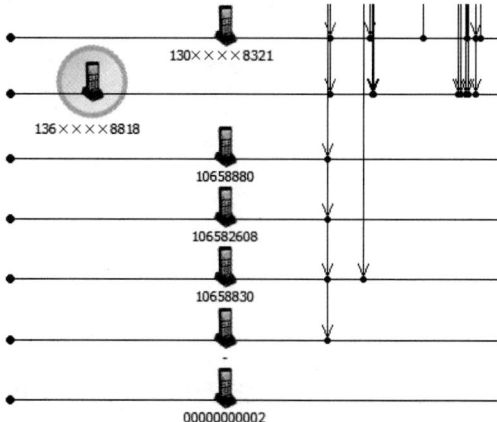

图 10-85　找到了一个实体

下面进行链接分析，选择"分析"—"查找路径"选项，查找与 13660108818 链接的实体。在弹出的对话框中，可以看到"一般"及"日期及时间"两个选项卡，在"一般"选项卡中，勾选"使用链接方向"复选框，选中"逆向箭头"单选按钮，在"结果"区域，勾选"选取实体""选取链接""添加深度属性"复选框，并设置搜索深度为 2，如图 10-86 所示。在"日期及时间"选项卡中，在"方向"区域选中"向后"单选按钮，在"日期及时间"区域选中"从链接"单选按钮，在"如果日期遗失"下，选择"停止"单选按钮，勾选"下一个项目必须在此范围内"复选框，并设置时间为 30 分钟，如图 10-87 所示。

最终找到了 5 个实体及 78 个链接，选取这些实体和链接并复制，如图 10-88 所示，将它们粘贴到新的图表中，便于下一步的分析。

图 10-86　"一般"选项卡

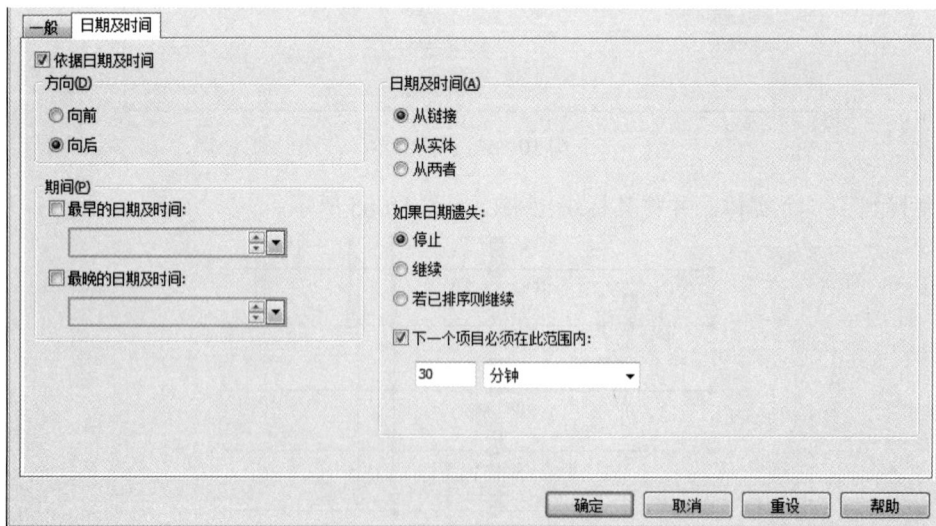

图 10-87　"日期及时间"选项卡

在新的图表中使用排序图表布局、主题行图表布局，并调整图表，使其符合窗口、时间栏，最后的结果如图 10-89 所示。

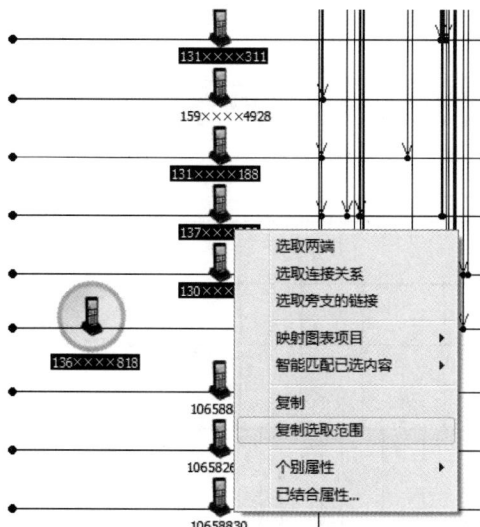

图 10-88　复制实体和链接

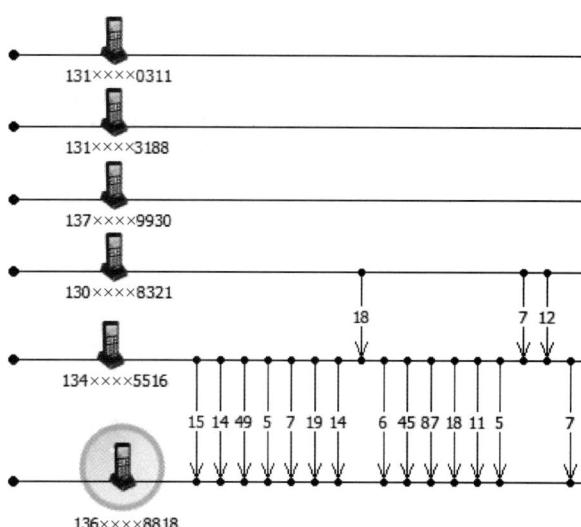

图 10-89　最后的结果

接下来，在之前的图表中继续进行链接查找，查找的规则不变，通过两次查找可以充分扩充整个图表内容，最后将查找到的 2 个实体和 33 个链接再次添加到新的图表中，再通过"编辑"菜单下的"反选"选项（如图 10-90 所示），找出需要的电话号码。

最后观察图表，对找出的电话号码进行高亮处理，在该电话号码处单击鼠标右键，在弹出的快捷菜单中选择"编辑主题行"选项，在弹出的对话框中，勾选"显示框架"复选框，并将"颜色"设置为红色，如图 10-91 所示。

图 10-90　"反选"选项

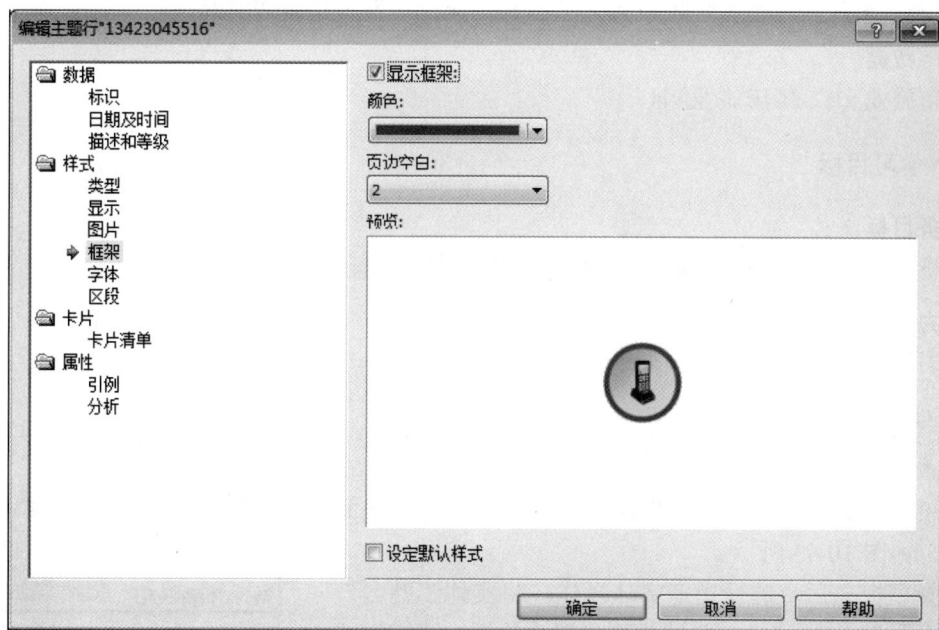

图 10-91　对找出的电话号码进行高亮处理

分析结果如图 10-92 所示。

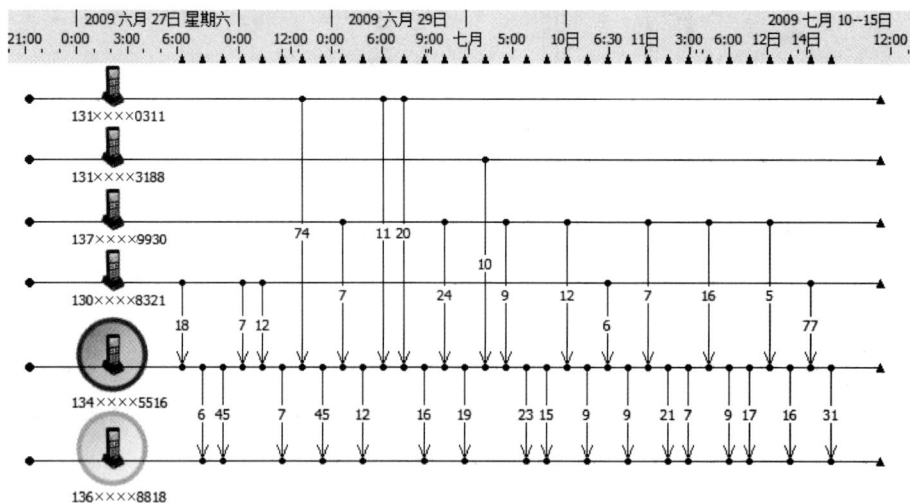

图 10-92　分析结果

10.3.5　盗窃案旅业分析

案例背景

在第 16 届亚运会举办前期，亚运火炬在广东省内传递时，警方出动大量警力保障火炬的顺利传递。警方发现，一些违法人员经常沿途跟踪，趁街面混杂实施违法行为，扰乱社会安定。广东省公安厅根据违法人员的活动轨迹和作案规律，调取了 8 个重点城市 2010 年 10 月和 11 月的住宿信息，从中挖掘出在多个火炬传递城市频繁住宿的嫌疑人。

基础数据

地市旅业.xls、肇庆旅业.xls

学习目标

业务目标

分析出亚运火炬传递期间在多个城市频繁住宿的嫌疑人。

能力目标

学习运用列表分析删除住宿城市少于 5 个的嫌疑人。

学习步骤

导入"地市旅业.xls"文件，步骤与 10.3.1 节一致，在此不再赘述。选择"关联图表"模板表现旅馆和旅客之间的关系，如图 10-93 所示。

选择模板之后，进行指定实体操作。将实体"姓名"的类型设置为男性，"地市"的类型设置为旅馆，将它们的标识分别设置为"身份证"和"地市"，如图 10-94 所示。

图 10-93　选择"关联图表"模板

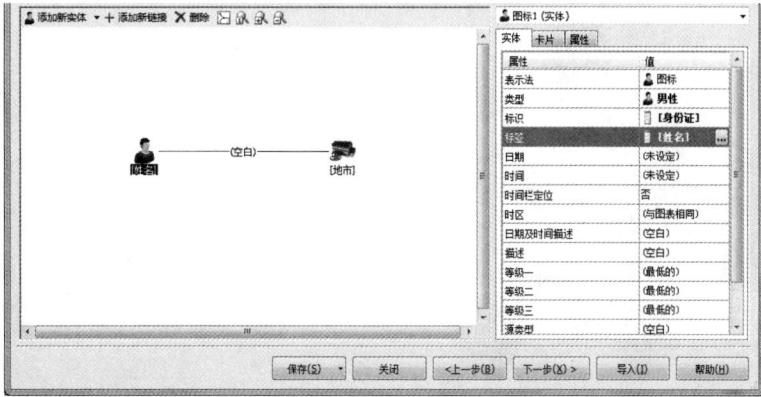

图 10-94　指定实体

　　接下来，导入"肇庆旅业.xls"文件，同样要注意时间与日期格式，导入结果如图 10-95 所示，要进行新增变量的操作，在图 10-96 中，在"输入新增字段的名称"框中输入"城市"。之后的操作与处理"地市旅业.xls"文件一样，最终结果如图 10-97 所示。

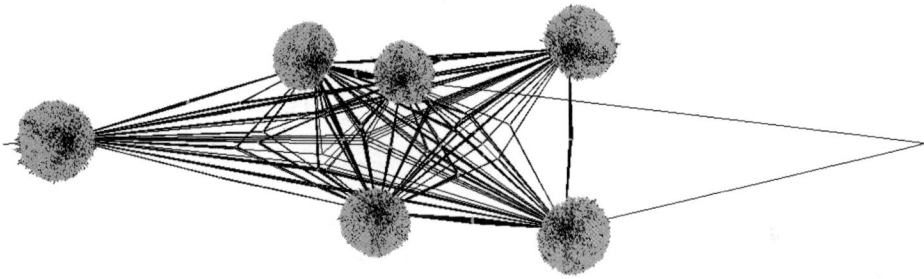

图 10-95　导入结果

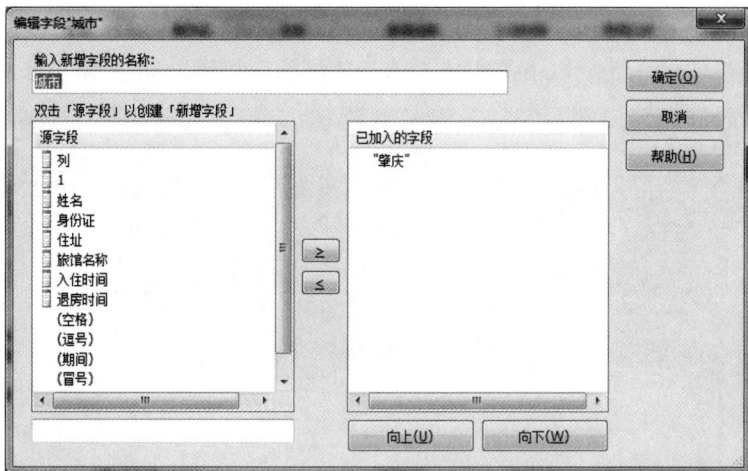

图 10-96　新增变量

　　通过"过滤器及直方图"选项卡中"过滤器"选项卡进行综合分析，可以发现，数据中共有 8 个旅馆，39971 名男性，如图 10-98 所示。

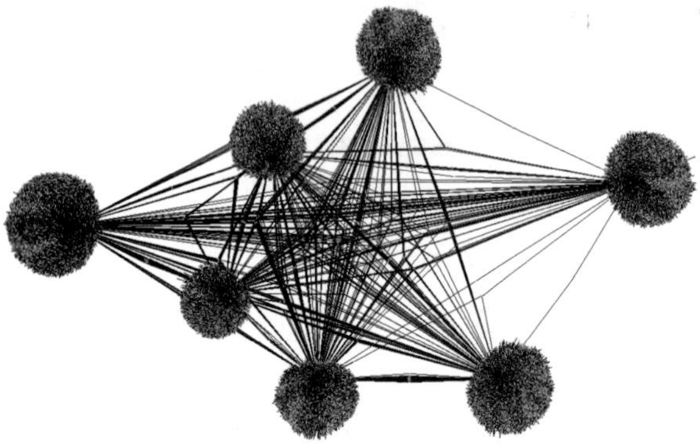

图 10-97　最终结果

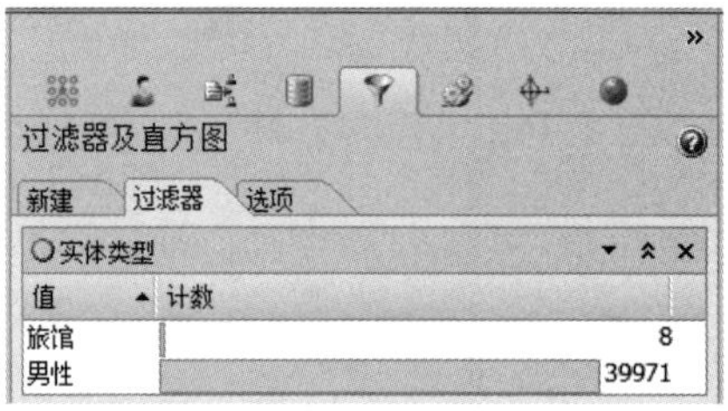

图 10-98　"过滤器"选项卡

按 F11 键,列出所有项目,将项目按照"实体的链接"列进行降序排列,结果如图 10-99 所示。

图 10-99　列出项目

选中实体链接数量在 5 个以下的实体,单击"删除"按钮,如图 10-100 所示。

图 10-100　删除实体链接数量在 5 个以下的实体

分析结果如图 10-101 所示。

图 10-101　分析结果

10.3.6　人员活动轨迹

案例背景

通过话单中的基站位置绘制人员活动轨迹。

学习目标

业务目标

分析人员活动轨迹。

能力目标

学习利用事件框架来表达活动轨迹。

原始数据

活动轨迹.xls

学习步骤

导入数据，步骤与 10.3.1 节一致，在此不再赘述。选择"事件排序"模板，该模板可将时间轴上的事件框架依时间先后进行排序，如图 10-102 所示。

选择模板之后，进行指定实体操作。将左侧的实体标识改成"手机号码"（标签如同标识），类型改为"手机"，如图 10-103 所示。

将事件框架 1 的相关属性按照图 10-104 进行设置。

同样要注意时间与日期格式，导入结果如图 10-105 所示。

图 10-102　选择"事件排序"模板

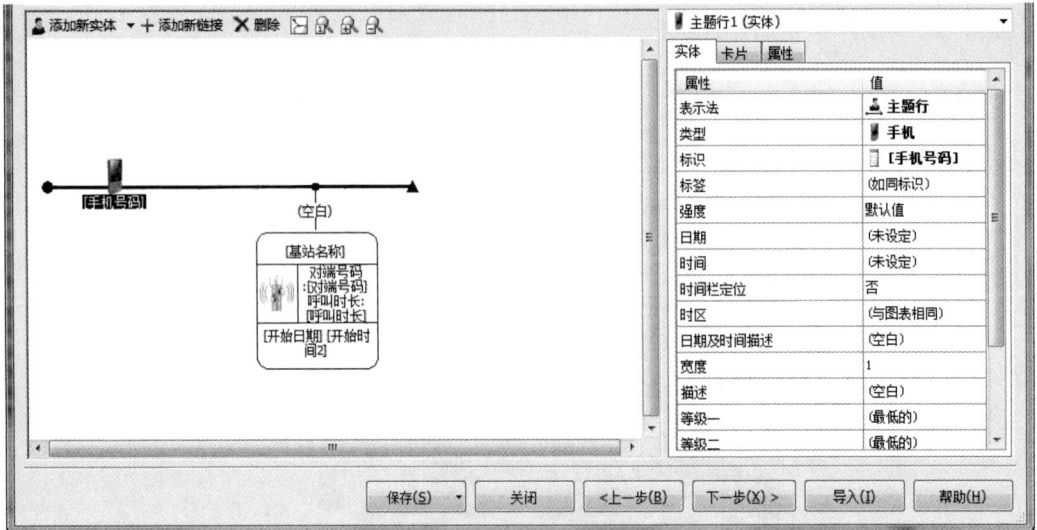

图 10-103　指定实体

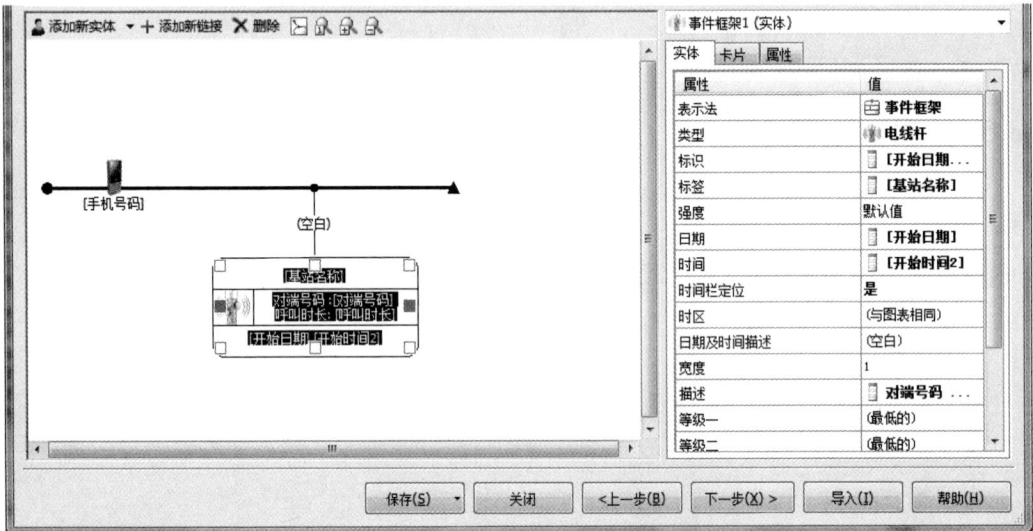

图 10-104　设置事件框架 1 的相关属性

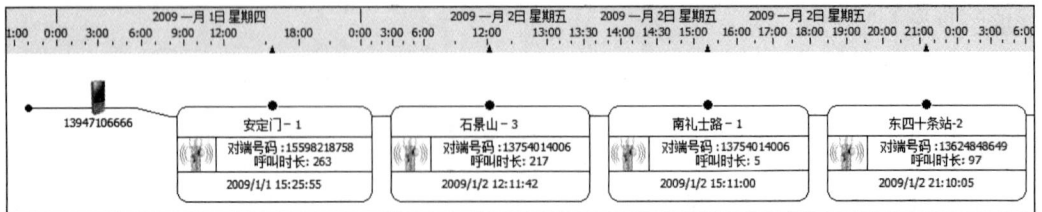

图 10-105　导入结果

在图 10-105 中，可以根据基站数据、对端号码、呼叫时长及时间等信息定位人员的活动轨迹，可以很清晰地看出这个人在什么时间段内、在什么地点和谁有过联系，可对案件的侦查提供一定的帮助。